Wolfgang Kiebert

Die Berliner S-Bahn

1924 bis heute

Die obere Aufnahme zeigt den Stettiner Vorortbahnhof von der Straßenseite im Jahr 1921 mit der darin befindlichen Bahnhofswirtschaft. Auf der unteren Aufnahme ist der Versuchszug D am Bahnsteig des Bahnhofs Bernau zu sehen. Bei diesem Zug soll es sich um den Eröffnungszug handeln. *Postkarten: Slg. Sigurd Hilkenbach, Repro: Wolfgang Kiebert*

Wolfgang Kiebert

Die Berliner S-Bahn 1924 bis heute

Geschichte • Technik
Hintergründe

transpress

Einbandgestaltung: Dos Luis Santos

Titelbilder:
oben: In der nordöstlichen Kehranlage des Bahnhofs Gesundbrunnen warten zwei Züge der Baureihe 481/482 und 485/885 auf ihren nächsten Einsatz auf dem Ring (S41) bzw. nach Lichterfelde Süd (S25). An den beiden Kehrzügen vorbei fährt ein 481er in Richtung Blankenfelde (S2).
unten: Zugbegegnung im Bahnhof Bornholmer Straße. Während sich auf den beiden innenliegenden Gleisen zwei Züge der Baureihe 485/885 auf ihrer Fahrt nach Grünau bzw. Pankow begegnen, wartet ein 481er auf seine Weiterfahrt nach Hennigsdorf.
Fotos: Wolfgang Kiebert, September 2003

Rücktitelbild:
Im nordöstlich von Berlin gelegenen Bernau endeten 1924 die ersten elektrischen S-Bahnzüge der späteren Baureihe 169. Knapp 80 Jahre später warten zwei Neubauzüge der BR 481/482 in unterschiedlichen Lackierungsvarianten auf ihre Fahrt nach Lichtenrade bzw. Blankenfelde.
Foto: Wolfgang Kiebert, Oktober 2003

ISBN 3-613-71242-3

1. Auflage 2004

Sie finden uns im Internet unter
www. transpress.de

Lektorat: Dr. Harald Böttcher
Innengestaltung: Viktor Stern
Reproduktionen: digi bild reinhardt, 73037 Göppingen
Druck: Schwertberger GmbH, 86687 Kaisheim
Bindung: Conzella, 85609 Aschheim-Dornach
Printed in Germany

Inhaltsverzeichnis

Im Wandel der Zeit – ein kurzer geschichtlicher Abriss

»Berlin – Bernau elektrisch«, so konnte man dem Berliner Tageblatt am 9. August 1924 entnehmen. Am Vortag hatte die Deutsche Reichsbahn-Gesellschaft (DRG) den elektrischen Betrieb auf der Vorortstrecke vom Stettiner Vorortbahnhof nach Bernau aufgenommen. Nach dem Bau der Berliner Stadtbahn, die auf 731 gemauerten Viaduktbögen den Stadtkern durchzieht und deren nördliches Gleispaar am 7. Februar 1882 für den *Localverkehr* in Betrieb genommen wurde, stellte der 8. August 1924 einen weiteren Meilenstein in der Entwicklung der Berliner Stadteisenbahn dar, die mit der »Großen Elektrisierung« und dem Bau der Nordsüd-S-Bahn vor dem 2. Weltkrieg abgeschlossen war.

Die paarweise kurzgekuppelten preußischen Abteilwagen, gezogen von Dampflokomotiven der Gattungen pr. T11, pr. T12 und pr. T14, wurden von elektrisch angetriebenen Wagen in genieteter Stahlbauweise mit einem ockergelb-ochsenblutroten Farbkleid abgelöst. Über den abgeschrägten Ecken der Stirnfront waren die Schlusslaternen angebracht, unterhalb des dreigeteilten Führerstandsfensters das Spitzenlicht.

In mehr als 80 Jahren haben stressgeplagte Großstädter die elektrische Berliner S-Bahn an den Wochenenden und Feiertagen zu Ausflügen in die Mark oder zur Fahrt in die Laube benutzt, Familien zu Verwandtenbesuchen. An rußgeschwärzten, reklameverzierten Brandmauern und engen Hinterhöfen

Preußische T11 (7536 Berlin, DR 74 040, Umbau in Heißdampf). *Foto: Archiv transpress Verlag*

vorbei hat sie wochentags Arbeiter in die Stadt zu den Fabriken gefahren. Nach dem 2. Weltkrieg hat sie Brennmaterial aus den umliegenden Wäldern und gehamsterte Lebensmittel für die hungernde und frierende Großstadtbevölkerung transportiert. Der kluge West-Berliner fuhr mit ihr zur Schönhauser Allee zum Einkauf in die »HO«, der Ost-Berliner zur »HO Gesundbrunnen«, um sich mit den begehrten Westwaren einzudecken. Grenzgänger nutzten sie für die Fahrt zur Arbeit, Verliebte für die »Knutschtour« auf dem Ring. Das Abenteuer Flucht hat sie miterlebt – über die Stadtbahn ab in den Westen. Als Sinnbild der ostdeutschen Staatsmacht wurde sie von den West-Berlinern nach dem Mauerbau am 13. August 1961 boykottiert. Missliebigen und Nörglern schickte man fortan eine kleine gelbe Pappkarte für eine S-Bahnfahrt in Richtung Osten. Die Schar der Benutzer wurde im Westen immer kleiner, häufig hatten sie nur ein Ziel: den Bahnhof »Intershop«, wie der West-Berliner den exterritorialen Bahnhof Friedrichstraße nannte, verbotene Einkaufsquelle für die einen, willkommene Devisenquelle für die anderen. »Schnapsbahn« oder »Geisterbahn« wurde sie genannt, »Geisterbahn«, weil sie mit Ausnahme des Bahnhofs Friedrichstraße alle anderen, nur schwach beleuchteten und von bewaffneten Grenzern bewachten Tunnelbahnhöfe ohne Halt durchfuhr.

Während sie zur verkehrlichen Erschließung der auf ehemaligen Rieselfeldern errichteten Trabantenstädte im Bereich Marzahn – Ahrensfelde und Hohenschönhausen – Wartenberg in Ost-Berlin ausgebaut und die dort eingesetzten Altbaufahrzeuge einer umfassenden Modernisierung unterzogen wurden, fristete sie in West-Berlin nach dem Reichsbahnstreik im Herbst 1980 nur noch ein kümmerliches Dasein. Es wurden nur noch die Nord-Süd-Strecken zwischen Heiligensee und Lichterfelde Süd, Frohnau und Lichtenrade sowie die Stadtbahn zwischen Friedrichstraße und Wannsee befahren. Betriebsschluss war um 21.00 Uhr mit Ausnahme der Stadtbahn als Zubringer zur Grenzübergangsstelle Friedrichstraße. Von der Betriebseinstellung bedroht, übernahm sie die BVG als neuer Betreiber im Auftrag des Senats von Berlin(West) im Januar 1984. 21 km betriebene S-Bahnstrecken zwischen Lichtenrade und Anhalter Bahnhof sowie Friedrichstraße und Charlottenburg ohne Verknüpfung, an eine Integration der S-Bahn in das West-Berliner Nahverkehrsnetz wollte anfangs kaum jemand angesichts der erforderlichen Sanierungskosten in Milliardenhöhe für ein marodes Betriebssystem glauben. Dem Vorwurf der »Schrumpfbahn-Politik« begegnete der Senat noch 1984 mit der Verlängerung der S2 über Anhalter Bahnhof und Gesundbrunnen nach Frohnau sowie der S3 über Charlottenburg nach Wannsee. Die »Wannseebahn« wurde im Wahljahr nach nur wenige Monate dauernder Bautätigkeit trotz widriger Witterungsverhältnisse am 1. Februar 1985 wieder in Betrieb genommen. Neue Fahrzeuge mit einem Design, das Eleganz und Schnelligkeit symbolisieren sollte, wurden entwickelt, das Farbkonzept von den Westberlinern jedoch nicht akzeptiert. In einer in der Öffentlichkeit inszenierten Abstimmung über die zukünftigen Farben der neuen S-Bahnfahrzeuge votierten sie für die Traditionsfarben.

Der Fall der Mauer am 9. November 1989 sollte der S-Bahn ihre ursprüngliche Bedeutung zurückgeben und eine neue Zukunft bescheren. Netzerweiterungen und Lückenschlüsse zur Wiederherstellung des S-Bahnnetzes mit dem Stand von 1961 sollten die neunziger Jahre beherrschen. Nordsüd-Bahn und Stadtbahn wurden grundlegend saniert, Hennigsdorf, Spandau, Potsdam und Lichterfelde Süd wieder an das S-Bahnnetz angeschlossen. Der Ring wurde abschnittweise wieder in Betrieb genommen, die letzte innerstädtische Lücke im Juni 2002 zwischen Gesundbrunnen und Westhafen geschlossen. Nun sind die einst so beliebten »Knutschtouren« wieder möglich, fährt doch die S-Bahn nach 41 Jahren Unterbrechung wieder Vollring über Papestraße, Ostkreuz, Gesundbrunnen, Westkreuz nach Papestraße.

In den kommenden Jahren wird die S-Bahn einer Grundinstandsetzung unterzogen, um den Anforderungen an einen modernen Stadtschnellverkehr gerecht zu werden. »Max der Maulwurf«, längst zur Symbolfigur für den Ausbau Berlins zum Bahnknoten geworden, informiert die Berliner stets darüber, wann sie wo pendeln oder auf den Schienenersatzverkehr (SEV) umsteigen müssen.

Max der Maulwurf, Informant und Sympathieträger der baugeplagten Berliner. *Foto: Wolfgang Kiebert, Juni 2002*

Prägten die Vorkriegsbaureihen bis weit in die neunziger Jahre das alltägliche Bild im S-Bahnverkehr, so sind es heute neben den Zügen der Baureihe 485/885 die Züge der Baureihe 481/482, von den Berlinern wegen der Frontpartie auch als »Taucherbrillen« bezeichnet. 500 Viertelzüge werden dem Betriebsdienst bis zum Sommer 2004 zur Verfügung stehen.

Für die letzten Vertreter der ab 1938 ausgelieferten und heute als Baureihe 477/877 bezeichneten Züge kam das Aus schneller als erwartet. Am 25. Juli 2003 endete ihr Einsatz im

Westlich des Bahnhofs Warschauer Straße begegnen sich drei Züge der BR 481/482. Im Hintergrund rechts sind die Fern- und S-Bahnhalle des Ostbahnhofs zu erkennen sowie ein in der Kehranlage stehender Reservezug (Res Osb). *Foto: Wolfgang Kiebert, 20.02.2004*

Plandienst auf der Relation Ostbahnhof–Erkner. Bereits im Dezember 1997 wurden die nicht modernisierten Züge der Bauart »Stadtbahn« mit einer Sternfahrt zum Bahnhof Ostkreuz aus dem Plandienst verabschiedet, nur ein halbes Jahr später folgten die modernisierten Stadtbahner. Zeitreisen in eine vergangene Epoche werden dennoch möglich sein, verfügt der »Verein Historische S-Bahn e.V.« doch über eine beachtliche Zahl an historischen S-Bahnwagen, von denen einige in Zusammenarbeit mit der S-Bahn Berlin GmbH betriebsfähig erhalten und auf Sonderfahrten eingesetzt werden.

Zeitreise – eine Fahrt durch neun Jahrzehnte

Halbzug der Bauart »BERNAU«.
Foto: Werkfoto Waggonbau Görlitz, April 1925

1928 war die Serienproduktion der Wagen der Bauart 1927 – 30 angelaufen. Auf dem Außengelände der Firma Waggonbau Görlitz GmbH stehen Wagenkästen, an denen noch die Seitenwandbleche montiert werden müssen. *Foto: Werkfoto Waggonbau Görlitz, 30.06.1928*

Nach Fertigstellung der Wagenkästen der Bauart »STADTBAHN« in den Herstellerwerken wurden die S-Bahnwagen im damaligen Raw Niederschöneweide verkabelt und mit der elektrischen Ausrüstung versehen.
Foto: Slg. Sigurd Hilkenbach, Aufnahme um1928/29

Blick vom Wasserturm der Reichsbahn am Hafenplatz auf den Potsdamer Bahnhof. *Foto: Slg. Reinhard Schulz, aufgenommen um 1935*

Im Anhalter Bahnhof steht der mit Girlanden geschmückte Eröffnungszug zur Aufnahme des durchgehenden Betriebs auf der Nordsüd-S-Bahn. *Foto: Slg. Reinhard Schulz, 09.10.1939*

Zum Aufbau des zerschossenen Wagenkastens war der EB 165 502 auf dem Außengelände des Raw Schöneweide abgestellt.
Foto: Slg. Hans-Joachim Hütter, Aufnahmedatum unbekannt

Auf seiner Fahrt zum Potsdamer Ringbahnhof befindet sich ein Vollzug der Baureihe ET/ES 165 kurz vor der Einfahrt in den Bahnhof Westkreuz.
Foto: M. Ittenbach (RVM), Slg.: Reinhard Schulz, aufgenommen um 1943

»Mußten wir auch lange warten, jetzt geht es elektrisch nach Hoppegarten«, so der Text auf dem Schild unterhalb des mittleren Führerstandsfensters. An der Spitze des mit Girlanden geschmückten Eröffnungszuges ist der ET 165 514 mit den während des Krieges angebrachten Schutzbügeln zu sehen.
Foto: P. Cürlis, Slg.: Sigurd Hilkenbach, 07.03.1947

Die von der Sowjetunion beschlagnahmten S-Bahnwagen der BR 167 wurden u. a. im Vorortverkehr zwischen Reval (Tallinn) und Baltischport (Paldiski) in Estland bis 1958 eingesetzt.
Foto: Adamson, Slg. Sigurd Hilkenbach, Aufnahmedatum unbekannt

Ab 1950 wurden in der Ukraine die von der Sowjetunion als Reparationsleistung beschlagnahmten S-Bahnwagen der Bauart 1927 – 30 auf der Strecke Kiew–Bojarka eingesetzt. Markanteste Änderungen an den Wagen waren der riesige Dachscheinwerfer, der Dachstromabnehmer und der Sowjetstern mit dem Porträt Stalins an der Frontpartie von EM 165-439.
Foto: Slg. Johannes Glöckner, Aufnahmedatum unbekannt

Elektrisch an die Ostsee. Mit beschlagnahmten S-Bahnwagen hatte die PKP in den fünfziger Jahren einen elektrischen Schnellverkehr in der Dreistadt Gdansk-Sopot-Gdynia aufgebaut. Hier verlässt ein als EW 91 bezeichneter Zug (ex DR-BR 167) Sopot in Richtung Gdynia Os (Gdingen Pbf).
Foto: Sigurd Hilkenbach, September 1964

Am 13. August 1961 hatte die DDR die S-Bahnstrecken an den Sektoren- und Stadtgrenzen im Zuge der Grenzschließung unterbrochen. Auf dem Bahndamm der Strecke nach Rangsdorf hatte die NVA in Mahlow einen hölzernen Wachturm errichtet.
Foto: Sigurd Hilkenbach, 15.09.1963

Auf der Fahrt nach Schönefeld. Ein S-Bahnzug der Bauart »STADT-BAHN« verlässt den Bahnhof Prenzlauer Allee Richtung Greifswalder Straße.
Foto: ZBDR, Slg.: DTM Berlin (Nachlass Kittlaus), aufgenommen um 1974

S-Bahn-Alltag im Winter 1975/76. Im Bahnhof Schöneweide treffen sich zwei auf der Zuggruppe O (»Mini-Otto«) verkehrende Viertelzüge der ehemaligen Peenemünder Werkbahn.
Foto: Hans-Joachim Hütter, 25.01.1976

Nachdem das »Blaue Wunder« nicht zur Serienreife gelangt war, präsentierte das Kombinat VEB Lokomotivbau-Elektrotechnische Werke »Hans Beimler« auf der Frühjahrsmesse 1980 in Leipzig den Baumusterzug der BR 270. *Foto: Sigurd Hilkenbach, 13.03.1980*

S-Bahn durch Mauer und Stacheldraht. Vom Lehrter Stadtbahnhof kommend fährt ein Stadtbahnzug zum Bahnhof Friedrichstraße.
Foto: Michael Klinec, Juni 1982

Nach knapp sieben Jahrzehnten im Plandienst kam 1997 das Ende der BR 475/875. Am letzten Plantag hielt ein auf der Linie S4 nach Jungfernheide fahrender Vollzug der Bauart »STADTBAHN« im Bahnhof Frankfurter Allee. *Foto: Wolfgang Kiebert, 21.12.1997*

In Ost-West-Richtung durchquert die S-Bahn auf gemauerten Viaduktbögen und Brücken die Berliner Innenstadt. Hier fährt ein Zug der BR 481/482 über die Museumsinsel zum Bahnhof Friedrichstraße.
Foto: Wolfgang Kiebert, Mai 2001

»Ende einer Dienstfahrt« hieß es im November 2003 für die letzten Züge der BR 167 (477/877). Im Bahnhof Wilhelmshagen steht der auf der S3 eingesetzte Sonderzug mit der Umlaufnummer 97.
Foto: Wolfgang Kiebert, 02.11.2003

Nach knapp 41 Jahren Unterbrechung konnte die Ringbahn im Juni 2002 wieder in ganzer Länge befahren werden. An der Zugspitze ist der Triebwagen 485 066 im neuen Design kurz vor der Einfahrt in den Bahnhof Ostkreuz (Ringbahn) zu sehen.
Foto: Wolfgang Kiebert, 15.06.2002

Die S-Bahn im Spiegel der Presse zu Beginn der zwanziger Jahre

Das Kleine Journal vom 23. September 1912

Die Elektrisierung der Großberliner Stadt- und Ringbahn.
Unter den diversen Vorlagen, die das preußische Abgeordnetenhaus in der Herbsttagung zu erledigen hat, befindet sich die, welche die Elektrisierung der Großberliner Stadt- und Ringbahn zum Gegenstande hat. Eine Vorlage, um die hinter den Kulissen zähe gekämpft wird. Den Finanzinteressen der Elektrizitätsindustrie stehen gegenüber außer den geschäftlichen Interessen der Lokomotivenfabrikation, die Lebensinteressen der Masse von Arbeitern und Beamten, die durch die Aufhebung des Dampfbetriebes der Stadt- und Ringbahn ihre ziemlich gesicherte Existenz einbüßen würden. Die Frage der Elektrisierung der Bahn hat also eine einschneidende volkswirtschaftliche Bedeutung. Sie hat daneben eine staatspolitische und finanz- und verkehrspolitische Bedeutung für die Großberliner Kommunen. Selbstverständlich ist die ganze Großberliner Bevölkerung aufs lebhafteste an der schwebenden Frage der Elektrisierung der Stadt- und Ringbahn interessiert.

Entwurf zu einer Notiz für die Berliner Tageszeitungen – Mai 1921 –

»Zur Elektrisierung der Berliner Stadt-, Ring- und Vorortbahnen erfahren wir: Die Arbeiten zur Einführung der elektrischen Zugförderung auf den Strecken Berlin–Stettiner Bahnhof–Bernau und Berlin–Hermsdorf sollen so beschleunigt werden, dass die Inbetriebnahme im Frühjahr 1923 erfolgen kann. Während früher Triebgestellzüge vorgesehen waren, bei denen die z. Zt. noch in Betrieb befindlichen Wagen verwendet werden sollten, sollen mit Rücksicht darauf, dass der Wagenpark der Berliner Bahnen nach und nach durch neuzeitliche Bauformen zu ergänzen sein wird, in Zukunft Triebwagen und Beiwagen leichter Bauart beschafft und daraus Triebwagenzüge gebildet werden. Diese Triebwagenzüge werden rd. 600 Sitzplätze aufweisen. Der Strom wird durch eine dritte Schiene zugeführt, in ähnlicher Weise wie bei den Hoch- und Untergrundbahnen. Es sei an dieser Stelle darauf hingewiesen, dass die 1,6 km lange Fahrleitungsstrecke zwischen den Bahnhöfen Pankow-Schönhausen und Pankow-Heinersdorf, die in mehreren Tageszeitungen vor einiger Zeit erwähnt worden ist, nicht für die Zugförderung auf den Berliner Stadt-, Ring- und Vorortbahnen in Aussicht genommen ist, sie dient vielmehr zum Studium vervollkommneter, einheitlicher Bauformen, wie sie für die nächsten zu elektrisierenden Vollbahnen zur Verwendung kommen soll.

Im Anschluss an die nördlichen Vorortstrecken ist nach dem vorliegenden Bauprogramm in Aussicht genommen, zunächst den Vollring mit seinen Anschlussstrecken nach Grunewald, Grünau und Lichtenberg zu elektrisieren. Sodann sollen der Reihe nach folgen: die Strecken Erkner–Stadtbahn –Potsdam, die Wannseebahn, Strausberg–Spandau West, Lehrter Bahnhof–Nauen, Stettiner Bahnhof–Velten. Die Strecke Hermsdorf–Oranienburg wird elektrisiert werden, sobald der viergleisige Ausbau bis Oranienburg fertiggestellt ist.«

In einem zweiten, deutlich gekürzten Entwurf wurde auf den Wagenpark eingegangen.

»Gegenwärtig werden die ersten Wagen beschafft. Der Presse wird gern Gelegenheit gegeben werden, diese zu besichtigen und an den Probefahrten teilzunehmen, wobei sicherlich auch Anregungen für die weitere Ausgestaltung der Wagen von der Verwaltung berücksichtigt werden.«

Berliner Allgemeine Zeitung vom 12. März 1922

Im Anschluss an diese Besprechung wurden interessante Mitteilungen über die Einführung der elektrischen Zugförderung auf den Berliner Stadt-, Ring- und Vorortbahnen gemacht. In Eichkamp und Stralau=Rummelsburg sollen zwei Umspannwerke gebaut werden, die den Fernstrom aufnehmen und ihn den verschiedenen Umformerwerken zuleiten. Es ist vorgesehen, ein neues Kraftwerk für die Eisenbahn zu errichten, das seine Kohlen aus dem Lübbenauer Braunkohlenbezirk beziehen soll. Für die volle Elektrisierung des Groß-Berliner Verkehrsnetzes ist eine Maschinenleistung von etwa 125 000 Kilowatt notwendig, die eine tägliche Verfeuerung von 40 000 Tonnen Braunkohle erfordern. Im Laufe dieses Sommers sollen vier verschiedene Wagenmodelle ausprobiert werden, die mit Schiebetüren und Mittelgang, im Gegensatz zu den jetzt üblichen Drehtüren und Seitengang, versehen sind. Man verspricht sich dadurch eine Verminderung der Betriebsunfälle. Die neuen Triebwagenzüge werden bei normaler Besetzung 1500 Personen, also 50% mehr als bisher, befördern können. Auch werden sie bedeutend schneller fahren. So wird man von Charlottenburg bis zum Schlesischen Bahnhof statt einer Fahrtdauer von 30 Minuten nur eine solche von 24 Minuten nötig haben. Mit der Eröffnung des elektrischen Verkehrs wird man im nächsten Jahre rechnen können.

Berliner Börsen-Courier vom 22. März 1922

Die neuen Stadtbahnwagen. Die neuerdings abgeänderten Pläne zur Durchführung der Elektrifizierung der Stadt-, Ring- und Vorortbahn haben u. a. die Verwendung von Triebwagen an Stelle der ursprünglich unter Benutzung des alten Wagenparks geplanten Triebgestelle gebracht. Es werden jetzt eine Reihe von Probewagen erbaut, die zunächst als Beiwagen in Dampfzügen erprobt werden sollen. Die einzelnen Züge werden später aus vier Triebwagen und sechs Beiwagen bestehen und rd. 140 Meter lang sein. An Sitzplätzen werden die Triebwagen nach dem neuen Entwurf 78, die Beiwagen 44 erhalten, während ein zweiter Entwurf, der nur Längssitze an den Wagenseiten vorsieht, 29 Sitzplätze, dagegen wesentlich mehr Stehplätze als die bisherigen Stadtbahnwagen vorsieht. Der 10=Wagenzug der heutigen Stadtbahn enthält 475 Sitzplätze, der neue 10=Wagenzug mit Quersitzen 565.

Pankower Generalanzeiger, Morgen-Ausgabe vom 1. Oktober 1923

Planlose Arbeiten. Bekanntlich sollte die Elektrifizierung der Stadt- bzw. Vorortbahn durch Verwendung von Leitungsmasten erfolgen. Diese Masten zur Oberleitung waren zum Teil schon an der Bernauer Strecke wie an der Nordbahnstrecke aufgerichtet. Jetzt sind nun alle diese Masten wieder weggenommen worden, um dafür die Unterleitung an den Schienen einzurichten.

Bernauer General-Anzeiger vom Sonntag, den 30. März 1924

Es geht wieder vorwärts! Die Arbeiten zur Elektrifizierung der Vorortstrecke Berlin-Bernau machen sichtliche Fortschritte. Sie werden jetzt mit Hochdruck ausgeführt. An den alten Vorortgleisen in der Richtung Bernau–Buch führen bereits Stromschienen entlang. Nachts sollen Probefahrten ausgeführt werden. Es dürfte mit der Aufnahme des elektrischen Verkehrs, wenn nicht unverhoffte Störungen eintreten, in der zweiten Hälfte des April bis Anfang Mai gerechnet werden können.

Dieses ist bedeutungsvoll. Einmal wird eine wesentliche Betriebsersparung an Brennmaterial, Lokomotiven und Bedienung eintreten, dann aber, namentlich an den Kopfstationen, wo die unter Dampf stehenden Lokomotiven standen, die arge Rauchbelästigung aufhören. Die Vorderseiten der Häuser geben hiervon ein anschauliches Bild. Ferner wird ein geräuschloser Verkehr erfolgen.

Wesentlich ist in Zukunft die Fahrzeitersparnis, namentlich auf langen Strecken, die vom Stettiner Bahnhof bis Bernau etwa 10 bis 15 Minuten betragen soll. Selbst wenn zwischen Blankenburg und Karow, ferner Zepernick–Bernau bzw. Bernau–Süd die Haltestellen errichtet werden, die gerechtfertigt sind, dürfte die Verkürzung der Fahrzeit noch wesentlich sein.

Bernauer General-Anzeiger vom Sonntag, den 18. Mai 1924

Bernauer Nachrichten. Eine Probefahrt eines elektrischen Triebwagenhalbzuges von Bernau bis Röntgental fand statt, eine weitere Bernau–Buch wird demnächst folgen.

Bernauer General-Anzeiger vom Sonntag, den 1. Juni 1924

Bernauer Nachrichten. Die Versuchsfahrten mit elektrischen Zügen auf der Strecke Berlin–Bernau sind, wie wir schon berichteten, im Gange. Die Fahrten haben den Zweck, die technischen Einzelheiten der elektrischen Ausrüstung zu erproben und das Personal anzulernen. Die teilweise Aufnahme des elektrischen Betriebes für den öffentlichen Verkehr dürfte zum 15. Juni d. J. zu erwarten sein.

Der Gliederzug.

Wir müssen sparsamer arbeiten als in der Vorkriegszeit; alle unsere Wirtschaftsbetriebe sind daraufhin zu untersuchen, wo sich Kosten verringern lassen. Im Verkehrswesen geht das Bestreben dahin, das tote Gewicht der Fahrzeuge zu vermindern. Bei den Eisenbahnen z. B. sind in den letzten Jahrzehnten die Personenwagen immer schwerer und damit in Herstellung und Betrieb immer teurer geworden. Nur ungern würde man hier aber das Gewicht der Wagenkasten beschränken, denn die festere Bauart sichert erhöhte Widerstandskraft bei Unfällen, zum Teil auch längere Lebensdauer und ruhigeres Fahren. Trotzdem muß versucht werden, das Wagengewicht zu verringern. Erfolgreiche Versuche sind nach dieser Richtung hin bei der Great Northern Railroad in England seit einer Reihe von Jahren durchgeführt worden, die auch für deutsche Verhältnisse Beachtung verdienen.

Man hat dort sogenannte Gliederzüge, wie unsere Abbildung einen zeigt, zusammengestellt und damit wesentliche Gewichtsersparnisse und eine Erhöhung der Leistungsfähigkeit der Verkehrsmittel erzielt. Während üblicherweise jeder schwerere Personenwagen auf zwei zweiachsigen Drehgestellen ruht und die einzelnen Wagen in sich eine Einheit bilden, und untereinander durch Kupplungen verbunden werden, ist bei der englischen Anordnung der ganze Zug eine feste Einheit. Zwar hat auch hier der erste und letzte Wagen vorne oder hinten ein Drehgestell für sich, die sich aneinander anschließenden Wagen haben aber an den beiden Enden ein Drehgestell mit den Nachbarwagen gemeinsam. Die Folge davon ist, daß der ganze Zug weniger Drehgestelle braucht, ein geringeres Gewicht aufweist (14 % Gewichtsersparnis bei einem Fünfwagenzug!) und im Betrieb ruhiger und billiger arbeitet. Auf der Great Northern Railroad hat man 200 derartiger Zugsätze in Gebrauch und die Erfolge während der letzten Jahre waren so befriedigend, daß man beschloß, das System noch weiter auszudehnen.

Der einzige Nachteil, der diesem Zugsystem anhaftet, besteht darin, daß das An- und Abkuppeln von Wagen nicht ohne weiteres möglich ist. Die Wagenkasten müssen nämlich hierfür hochgehoben werden; auch haben die Außenwagen andere Abmessungen als die Innenwagen. Dieser Nachteil fällt für viele Verwendungszwecke aber kaum ins Gewicht, weil meist z. B. auf Vorortstrecken immer dieselben Zugeinheiten in Betrieb sind.

Zeitungsartikel »Der Gliederzug«. *Landesarchiv Berlin, A Rep 080, Nr. 13525, Band 1*

Berliner Stadtblatt, Generalanzeiger des Berliner Tageblatts vom 9. August 1924

Berlin–Bernau elektrisch. Die gestrige Eröffnung der Bahnstrecke. – Baldiger Fortfall der 2.Wagenklasse
Der durch den Krieg in seiner Verwirklichung weit hinausgeschobene Plan der Elektrifizierung des Groß-Berliner Stadt- und Vorortbahnnetzes geht jetzt im beschleunigten Tempo voran. Gestern nachmittag ist die Strecke Berlin (Stettiner Bahnhof)–Bernau dem elektrischen Zugverkehr übergeben worden. Die zweite Strecke Berlin–Hermsdorf ist im Bau vollendet und wartet nur auf genügende Wagenzahl, um in Betrieb gesetzt zu werden.

Wie groß die Vorteile sind, die aus der Elektrifizierung der bisherigen Dampfbahnstrecken gerade im Großstadtverkehr sich ergeben, konnte gestern bei der Vorbesichtigung der Strecke Berlin–Bernau festgestellt werden. Die Dampflokomotive kann zwar ihre Leistungen noch steigern, aber auf alle Fälle bringen die elektrischen Züge schon bald ein Drittel an Fahrzeitersparnis, da sie ein leichteres und schnelleres Anfahren und Anhalten ermöglichen. Und schließlich kommt als wirtschaftliches Moment in Frage, daß der elektrische Betrieb mit der halben Anzahl von Wärmeeinheiten auskommt, und daß die Umstellung auf die in größeren Mengen vorhandene und billigere Braunkohle möglich ist. Schließlich entsteht aus dem nicht unwesentlichen Fortfall der Rauchplage eine Ersparnis, weil mit dem Rauch auch 10 Prozent des Heizstoffes nutzlos in die Luft gestoßen werden.

Die Nordstrecken des Vorortbahnnetzes sind deswegen als Versuchsfeld für den Anfang der Elektrifizierung gewählt worden, weil sie noch nicht allzusehr benutzt werden und sich außerdem leichter aus dem Gesamtbetriebsrahmen herauslösen ließen.

Die auf der Strecke laufenden Wagenzüge sind die dem Publikum schon bekannten Versuchszüge mit seitlichen Schiebetüren ohne besondere Abteilung, die seit längerer Zeit schon auf der Stadtbahn fahren. Alles ist auf Massenverkehr eingerichtet. Die Wagen sind ganz aus Eisen gebaut und die zurzeit leichtesten Eisenbahnwagen der Welt.

Die neu bestellten Züge erhalten gefälligere Form und einen hellen Farbanstrich, weil die Verschmutzung durch den Rauch fortfällt. Die zweite Klasse wird aus den Wagen gänzlich ausgeschaltet, so daß es auf den Nordstrecken dann nur noch eine Einheitsklasse gibt.

Bernauer General-Anzeiger vom Sonntag, den 10. August 1924

Bernauer Nachrichten.* Elektrischer Betrieb Berlin–Bernau. Freitag vormittag wurde der elektrische Betrieb der nördlichen Vorortbahn auf der Strecke Berlin–Bernau durch eine Besichtigungsfahrt eröffnet. Der erste Zug verließ 9.35 Uhr den Stettiner Vorortbahnhof mit Vertretern der Reichsbahn, der städtischen Behörde und der Berliner Presse unter Führung des Reichsbahnpräsidenten. Nach einer Fahrt von 37 Minuten, also etwa 13 Minuten früher als die Dampfbahn, langte der elektrische Zug am Ziel an. In Bernau wurden die dortigen Anlagen besichtigt. Um 11.51 Uhr erfolgte die Rückfahrt, die man in Röntgental unterbrach, um das Umformerwerk in Augenschein zu nehmen. Die Züge der neuen elektrischen Strecke bestehen aus zwei sogenannten Halbzügen.

Bernauer Generalanzeiger vom Sonntag, den 17. August 1924

Bernauer Nachrichten. Das erste Unglück auf der elektrischen Strecke Berlin–Bernau hat sich schon ereignet, und zwar in der Mitternacht zum Donnerstag, also nach noch nicht achttägiger Betriebszeit. Ein elektrischer Halbzug wollte auf das Abstellgleis des Bernauer Bahnhofs fahren und stieß dabei mit einem haltenden Halbzug zusammen. Bei zwei Triebwagen wurden die Stirnwände eingedrückt, an fast allen Wagen die Puffer abgebrochen, viele Scheiben zertrümmert usw.. Der Materialschaden ist sehr beträchtlich. Man rechnet mit einer etwa zehnwöchigen Dauer, um die Wagen wieder instand zu setzen. Ein besonderes Glück ist es noch, daß es sich beim Zusammenstoß um Leerzüge handelte, sonst hätte es ein unabsehbares Unglück geben können.

Quelle: Landesarchiv Berlin, A Rep 080, Nr. 13525

Bezugspreis: Vierteljährlich 90 G.-Pf. bei allen Postanstalten sowie in der Geschäftsstelle. / Erscheint an jedem Sonnabend abend. / Bei nichtverlangten Zuschriften keine Gewähr für Aufnahme

Anzeigenpreis: Die 6-gespaltene Petitzeile oder deren Raum 20 G.-Pf. Bei Wiederholungen Nachlaß. An besonderer Stelle nach Uebereinkunft. / Anzeigenannahme bis Freitag vor Erscheinen der Nummer

Bernauer General=Anzeiger

Zeitung für Wahrheit, Ordnung und Recht

Druck und Verlag: Gietzmann & Bartsch G.m.b.H.
Fernsprecher: Amt Pankow Nr. 371

Geschäftsstelle und Schriftleitung
Berlin-Pankow, Kreuzstr. 3-4, Ecke Wilhelm-Kuhr-Str.
(am Bürgerpark)

Verantwortlicher Schriftleiter: Wilhelm Friedlaender
Für den Anzeigenteil: Carl Müller

1. Jahrgang | Sonntag, den 17. August 1924 | Nummer 22

Berlin—Bernau elektrisch!

Der Verkehrsverband an der Stettiner Bahn E. V. (Sitz Pankow) als Mithelfer am Werk.

Zu wiederholten Malen war die Inbetriebnahme der elektrifizierten Strecke Berlin-Bernau angekündigt worden, ohne daß die angesetzten Termine innegehalten worden wären. Da, am 8. August, ward die Eröffnung verwirklicht, unvermutet und erst im allerletzten Augenblick bekannt gegeben.

Wenn heute die Zeitungen über dieses Ereignis berichten, so geschieht es in einer besonderen Weise, einmal weil unsere Strecke die erste elektrifizierte Vorortbahn Berlins ist (sofern man von der alten Militärbahn Potsdamer Bahnhof—Zossen absieht), dann auch, weil Berlin—Bernau gewissermaßen eine Versuchsstrecke darstellt. Die Erfahrungen, die hier gesammelt werden sollen, werden noch zu manchen Neuerungen dienen. Schon nach Beginn der Ausbauarbeiten verwarf man das Anfängliche und ging an eine Umgestaltung. Bekanntlich wurden zuerst Masten errichtet, um den Strom von oben herbeizuführen. Diese Arbeiten waren immerhin schon beträchtlich vorgeschritten, als das staunende Publikum dann bemerkte, daß alle diese Arbeiten vergebens gewesen waren; es wurde alles wieder beseitigt.

Dafür wird die Stromzuführung von den Schienen aus geleitet, und zwar durch eine dritte Weicheisenschiene von besonders hoher Leistungsfähigkeit. Sie ist von Krupp geliefert. Die Schiene ist alle fünf Meter an eisernen Böcken aufgehängt und mit Porzellanisolatoren von besonderer Bauart isoliert. Statt der Porzellanisolatoren sind auch solche aus Glas, gegossenem Basalt und ähnlichen Massen verwendet, um hiermit Versuche anzustellen. Der Stromabnehmer bestreicht die Schiene nach unten. Um die gefürchtete Glatteisbildung an der Stromabnahmefläche wirksam zu verhindern und um ein gefahrloses Ueberschreiten der Schienen zu ermöglichen, sind letztere mit Brettern umhüllt.

Die Besichtigungsfahrt erfolgte, wie bekannt, am 8. August. Der erste Zug verließ 9^{30} Uhr den Stettiner Vorortbahnhof mit Vertretern der Reichsbahn, der städtischen Behörde und der Berliner Presse unter Führung des Reichsbahnpräsidenten. Die elektrische Bahn machte die Fahrt bis Bernau, das sind 23 Kilometer, in einer Zeit von 37 Minuten, nach anderen Berichten in 28 Minuten. Da die Dampfbahn durchschnittlich 48 Minuten Fahrzeit gebraucht, erreicht der elektrische Betrieb also einen beträchtlichen Zeitgewinn. In Bernau gelangten die dortigen Anlagen zur Besichtigung, und um 11^{30} Uhr erfolgte die Rückfahrt. Letztere wurde in Röntgental unterbrochen, um das Umformerwerk zu besichtigen.

Auf der Besichtigungsfahrt erläuterte Baurat Schlemmer die wirtschaftlichen Vorteile der neuen Bahn. Die Kohlenfrage spielt im Bahnbetrieb eine außerordentliche große Rolle, und es ist ja bekannt, wie diese Kosten bei Fahrpreiserhöhungen so oft betont wurden. Es war nun bemerkenswert, zu hören, daß in Berlin täglich durchschnittlich 70 Tonnen Kohlen (eine Tonne gleich 1000 Kilogramm) nutzlos durch die Schornsteine der Lokomotiven gehen, die dann in Form von Rauch und Ruß sich über Berlin ausbreiten. Dieser unnütze Energieverlust, der sich um so größer auswirkt, je kürzer die Fahrstrecken sind, wird durch den elektrischen Antrieb am besten auf das allermindeste Maß beschränkt. Alle Neuerungen geschehen unter dem Gesichtspunkt, daß ihnen Fehler anhaften und aus der Praxis gelernt werden muß. Darum hat man für die Umwandlung der Berliner Dampfbahnen in solche elektrischer Energie bei den Strecken des Nordens begonnen, weil die Verkehrsverhältnisse usw. hier die besten Beobachtungen und etwaige Abstellung von Fehlern gestatten.

Auch die Nordbahnstrecke ist bis Hermsdorf fast fertig gestellt. Der weitere Ausbau bis Oranienburg wird derart gefördert, daß die Aufnahme des elektrischen Betriebes wohl im Frühjahr 1925 erfolgen kann. Vorläufig fehlt es noch an Wagen. Dann dürfte als dritte Strecke die nach Tegel an die Reihe kommen.

Bei der Besichtigung in Bernau wies Baurat Schlemmer besonders auf die obenerwähnte Stromzuführung und die Betriebssicherheit hin. Die Stromzuführung erfolgt vom Städtischen Elektrizitätswerk Südufer am Bahnhof Putlitzstraße aus. Das Werk liefert 30 000 Volt Drehstrom bis zum Umformerwerk Pankow. Dort wird die Energie mit Kabeln auch auf die beiden anderen Vorortstrecken verteilt. Mittels Einankerumformer wird der hochgespannte Drehstrom in Gleichstrom von 800 Volt umgewandelt und der oben erwähnten dritten Schiene zugeführt, die von den Fahrzeugen der Stromabnehmer bestrichen wird. Es möge hier eingeschaltet werden, daß sämtliche Berliner Verkehrsunternehmen mit einer Gleichstromspannung von 800 Volt arbeiten. Diese Spannung wurde aus Gründen der Sicherheit gewählt, obwohl eine höhere Spannung sonst wirtschaftlicher sein würde.

Für die Strecke Berlin—Bernau dienen die beiden Umformerwerke Pankow und Röntgental. Ersteres hat drei Ankerumformer von je 2000 Kilowatt-Leistung und letzteres drei Umformer zu je 1000 Kilowatt aufgestellt. In Pankow sowohl wie in Röntgental sind zwei Umformer zum Betrieb ausreichend, während der dritte in Bereitschaft steht. Pankow wird später auch einen Teil des Nordrings und auch die anderen beiden nördlichen Vorortstrecken mit zu versorgen haben. Das Aeußere der Umformerwerke ist aus Ersparnisrücksichten aufs einfachste gehalten, trotzdem hat sich ein ansprechend architektonisches Aeußere erzielen lassen.

Die Züge sind aus zwei Halbzügen mit je zwei Triebwagen und drei Beiwagen zusammengesetzt, die breiter als die gewöhnlichen Wagen sind. Jedes der 8 Abteile hat eine Schiebetür. Obwohl die Wagen ganz aus Eisen gebaut sind, sind sie doch die leichtesten der Welt. Das Gewicht beträgt je Platz 160 Kilogramm, bei der Hochbahn 220 Kilogramm. Während die gewöhnlichen Züge eine Höchstgeschwindigkeit von 55 Kilometer fahren, erreichen die elektrischen Züge bis zu 72 Kilometer die Stunde.

Eine sehr verständige Einrichtung ist, daß die neuen Züge nur die 3. Klasse als Einheitsklasse führen.

Vorerst machen die Züge in ihrer eintönigen grauen Farbe noch keinen schönen Eindruck in ihrem Aeußern. Sie werden erst späterhin mit einem freundlichen hellen Anstrich versehen werden, da vorerst noch Dampfzüge auf der Strecke fahren. Wie es heißt, soll die ausschließliche elektrische Zugförderung mit dem Winterfahrplan am 15. Oktober einsetzen.

Was in den Berliner Zeitungen nicht erwähnt wurde, ist die Arbeit des Verkehrs-Verbandes an der Stettiner Bahn E. V. (Sitz Pankow), dem die Grundbesitzervereine an der Bernauer Strecke angehören, und der schon elf Jahre vor dem Kriege für bessere Verkehrsverhältnisse im Norden Berlins wirkte, insbesondere für die Bernauer Strecke. Auch in der Frage der Elektrifizierung hat er unermüdliche Pionierarbeit geleistet, ihm zur Seite stand der Verein der Berliner Vororte (jetzt Märkischer Verband). Es ist bezeichnend, daß der Wirksamkeit dieser großen Verbände, die zuerst in jahrelanger Vorarbeit auf dem Plan waren, mit keinem Wort gedacht wird. Es sei daher an dieser Stelle nachgeholt.

Im nachstehenden sei noch besonders auf einige Ausführungen verwiesen, worin zwei geschätzte Mitarbeiter unseres Blattes das Wort ergreifen. Wir selbst werden noch Gelegenheit nehmen, gelegentlich auf Einzelheiten etwas näher einzugehen.

*

△ **Elektrischer Betrieb Berlin—Bernau.** Man schreibt uns: In Ihrer letzten Nummer heben Sie hervor, daß der elektrische Zug „nach einer Fahrt von 37 Minuten, also etwa 13 Minuten früher als die Dampfbahn" in Berlin anlangte. *) Ich gestatte mir, dazu zu bemerken, daß die Vorortzüge Berlin—Bernau schon vor dem Kriege zum Teil nur 36 Minuten gebraucht haben und daß die jetzigen langen Fahrzeiten von 46 Minuten nur aus alter, liebgewordener Kriegsgewohnheit uns belassen wurden, obgleich die Vorortzüge nach Potsdam, Wannsee und selbst die Ringbahnzüge schon seit Jahren wieder ihre alte Friedensgeschwindigkeit angenommen haben. Auf mein Ersuchen, auch die Bernauer Züge wieder mit Friedensgeschwindigkeit zu fahren, wurde ich von der Reichsbahndirektion auf den Schnellverkehr des elektrischen Betriebes vertröstet. Wenn nun die elektrischen Züge tatsächlich nicht schneller als 37 Minuten fahren sollten, dann hätte man sich die gesamten Ausgaben dafür sparen können und nur den Dampfbetrieb mit Friedensgeschwindigkeit wieder aufzunehmen brauchen. Bei dem bedeutend schnelleren Anfahren des elektrischen Zuges dürfte derselbe **allerhöchstens** eine Fahrzeit von 25 Minuten für die Strecke Bernau—Berlin beanspruchen.

*) Die Berliner Zeitungen wiedersprechen sich. Sie geben 28, 35 und unseres Wissens die meisten, 37 Minuten Fahrzeit an.
Die Schriftleitung.

Die erste elektrische Strecke.

Langsam voran.

△ Wir sind wieder einen Schritt vorwärts. Die „Neidköpfe", die in den „veralteten" Dampfzügen ihre Fahrt nach Berlin zurücklegen mußten und seit Monaten scheel auf die in den „modernen" elektrischen Probezügen fahrenden Dienstbeamten guckten, sind nun auf ihre Rechnung gekommen und die Lachenden — oder doch nicht ganz. Als Neuerung wird auf unserer Strecke der einheitliche „Dritte-Klasse-Zugverkehr" durchgeführt werden, so daß also der hier ansässige reichste Berliner Bürger und der oberste Beamte in Zukunft mit den unteren Klassen etwas mehr Fühlung nehmen „müssen", wenn sie es nicht vorziehen, auf Gummi nach Berlin zu rutschen, — aber das schleift sich mit der Zeit ja ab — und ohne sich beklagen zu können, „daß man sich habe etwa 45 Minuten mit den Leuten unterhalten müssen". — Also wir kämen hier schon etwas mehr zur „Volksgemeinschaft." Der „General-Anzeiger" hat ja oft genug auf die unnütz laufenden Wagen höherer Klasse und ähnliche Sachen hingewiesen — jetzt haben wir hier den Erfolg!

Aber auch andere kleine Neuerungen sind eingeführt, die die Freude doch arg dämpfen, und zwar bei jenen, die als „Stehpassagiere" ihre sitzenden Mitfahrenden zwar „über die Achseln" angucken, aber doch selbst die Leidtragenden sind und deren sind es nicht wenige. Das Zentrumsorgan „Die Germania" und die „Märkische Volkszeitung" führten am Montag, dem 11. August, hierzu aus:

„Von den bisherigen Probefahrten ist die Eisenbahndirektion nunmehr auf der Stettiner Vorortstrecke zu den Versuchsfahrten übergegangen. Da bei allen Neuerungen sich auch Mängel einstellen, möge hier auf solche und auf alte Wünsche der Anlieger der Stettiner Vorortstrecke kurz hingewiesen werden.

Bernau besitzt noch immer das alte Bahnhofsgebäude. Es ist seit dem viergleisigem Ausbau der Strecke, also seit Jahren, der Wunsch, ein den übrigen Haltestellen an der Strecke entsprechendes Bahnhofsgebäude zu erhalten und volle Ueberdachung des Bahnsteiges, so daß die Fahrgäste beim Aus- und Einsteigen gegen Regen und Schneetreiben geschützt sind.

Die Anwohner der Strecke wünschen ferner 1. Einführung der vollen halbstündigen Zugfolge wie auf der Oranienburger Strecke unter Beibehaltung der bisherigen Abfahrzeiten ab Bernau 1 Minute nach voll und 1 Minute nach halb; 2. die Zuglänge am Sonnabend früh 8,01 Uhr genügte nicht, ebenfalls war der 9-Uhr-Zug am Montag früh ab Buch überfüllt. In Zepernick war der Zug Sonnabend so besetzt, daß ab Röntgental die einsteigenden Fahrgäste stehen mußten. Es handelt sich um Fahrgäste, die dauernd ihrer Beschäftigung nachgehen, nach Ablauf der Ferien erhöht sich sogar die Zahl; 3. Vorrichtungen zum Festhalten in den Wagen für stehende Mitreisende — etwa durchgehende leichte Stangen wie in den Untergrundbahnen fehlen. Diese Wagen schleudern, insbesondere an Kurven; 4. Vergrößerung der Abteile für Reisende mit Traglasten im Interesse der Reinhaltung der übrigen Abteile; 5. Trennung der Hundeabteile von den Abteilen für Reisende mit Traglasten. In letzteren werden von den Siedlern überwiegend Lebensmittel, Gemüse, Früchte (Obst) mitgeführt. Da an der Strecke eine Hundedressuranstalt sich befindet, wirkt es unangenehm, Hunde hierin mitzuführen, außerdem wird der Raum dadurch noch mehr beschränkt. Hunde und Hundebesitzer zahlen ja auch Fahrgeld und dürften diese doch auch Anspruch auf gute Unterbringung haben."

Wir können diese Wahrnehmung der „Germania" nur bestätigen. Auch am Dienstagmorgen um 9,01 mußten von Karow ab die Zusteigenden stehen. Da es sich aber — wie die Eisenbahnbehörde ausführte — noch um Versuchsfahrten handelt, ist wohl anzunehmen, daß diese Mängel abgestellt werden, insbesondere wenn der halbstündige Verkehr durchgeführt wird. Hoffentlich bewährt sich hier der Versuch, so daß die Elektrifizierung der Stadt- und Ringbahn und Vorortstrecken, wenn auch langsam, Schritt um Schritt durchgeführt werden kann.

Fr. Pfingsten, Bernau.

Fahrpreiserhöhung auf Umwegen.

* Unter dieser Ueberschrift brachten wir in Nr. 20 eine Mitteilung, die wir, wie angegeben, der Nr. 350 des „Vorwärts" entnommen hatten. In seiner Nr. 370 bringt er folgende Erwiderung der Reichsbahndirektion:

„Im Berliner Stadt-Ring-Vorortverkehr werden die Preise der Einzel- und Zeitkarten grundsätzlich nach der

Die heutige Nummer umfaßt 8 Seiten

Zeitungsartikel »Berlin – Bernau elektrisch« aus dem Bernauer General= Anzeiger vom 17. August 1924.
Landesarchiv Berlin, Zeitungen

DIE ZWANZIGER JAHRE

Die Elektrisierung der Stadt-, Ring- und Vorortbahnen

Heute vormittag wurde unter Leitung des Eisenbahnpräsidenten Dr. Weihrauch die erste Fahrt auf der elektrifizierten Bahnstrecke Berlin–Bernau aufgenommen. ... Die Nordstrecke wurde zum Versuchsfeld gewählt, weil sie sich am leichtesten aus dem übrigen Verkehrsfeld herauslösen wird. Etwa zu erwartende Störungen des Betriebes würden sich hier nicht auf die anderen Teile übertragen. … Die Wagen der neuen Bahn sind ganz aus Eisen gebaut und die leichtesten der Welt. Die Steuerung der Züge erfolgt vom Führerstand aus am vorderen Ende des Zuges. Das Bild gleicht dem Aussehen des Straßenbahnführerstandes. Es werden die neuen, schon von der Stadtbahn her bekannten Wagen verwendet, die anstatt der Klapptüren Schiebetüren haben. Das Aussehen dieser Züge wird freundlicher sein als das der Stadtbahnzüge, da man wegen des Fortfalls des Rauchs hellen Lack für das Äußere der Waggons verwenden wird. Die zweite Klasse wird in Fortfall kommen, und es wird auf den Nordstrecken nur eine Einheitsklasse geben.

Vossische Zeitung, Abendausgabe vom 8. August 1924

Berlin–Bernau elektrisch, so hieß es am 8. August 1924. An diesem Tag fuhr in den Mittagsstunden erstmals ein elektrischer Zug im Plan der Dampfzüge vom Stettiner Vorortbahnhof nach Bernau. Der erste Schritt auf dem Weg zur *Großen Elektrisierung* war getan.

Planungen und Bauprogramme zur Elektrifizierung

Pläne, die Berliner Stadt-, Ring- und Vorortbahnen auf elektrischen Betrieb umzustellen, reichen bis in die neunziger Jahre des 19.Jahrhunderts zurück. 1899 schlug die Union Elektricitäts-Gesellschaft (später: AEG) vor, die Stadt- und Ringbahn zu elektrifizieren. Der elektrische Betrieb sollte im Westen in Grunewald und im Osten in Niederschöneweide-Johannisthal (heute: Schöneweide) enden. Die angrenzenden Vorortbahnen sollten von der Elektrifizierung ausgenommen werden. Als Betriebsspannung waren 600 Volt vorgesehen. Wiederholt wurden die Pläne zur Elektrifizierung der Stadt-, Ring- und Vorortbahnen im Jahr 1907 von der Firma Siemens & Halske. Mit der Umstellung auf elektrische Zugförderung sollte die Wannseebahn mit dem Stettiner Bahnhof durch eine Untergrundstrecke verbunden werden, wozu eine Elektrisierung Voraussetzung war, wollte man den Verkehr nicht unterbrechen. Bei der Wahl der Stromart sollten die Erfahrungen aus den Versuchsbetrieben zwischen Berlin Wannseebahnhof und Zehlendorf (750 Volt Gleichspannung), Berlin Potsdamer Ringbahnhof und Groß Lichterfelde Ost (550 Volt Gleichspannung), Niederschöneweide-Johannisthal und Spindlersfeld (6,3 kV und 25 Hertz Wechselspannung) sowie aus den Schnellfahrversuchen auf der Militärbahn zwischen Marienfelde und Zossen zugrunde gelegt werden. Die ständig steigenden Fahrgastzahlen – zwischen 1897 und 1906 hatten die Fahrgastzahlen um gut 62% zugenommen – verlangten nach einer baldigen Lösung. Einen angenommenen Verkehrszuwachs von 7% pro Jahr glaubte man nur durch einen elektrischen Betrieb mit einer verdichteten Zugfolge bewältigen zu können. Aus diesem Grund schrieb der Minister der Öffentlichen Arbeiten, Paul von Breitenbach, am 30. Juni 1907 an die Königliche Eisenbahndirektion (KED) Berlin:

Ich beabsichtige, der Einrichtung elektrischer Zugförderung auf den Berliner Stadt=, Ring= und Vorortbahnen näher zu treten und die Mittel dafür zum Etat 1909 anzufordern. Die Königliche Eisenbahndirektion beauftrage ich demgemäß, eine zur Vorlage beim Herrn Finanzminister geeignete Denkschrift über die Einführung der erwähnten Betriebsweise auszuarbeiten und spätestens bis zum 1. Juli 1908 hierher einzureichen.

Die Pläne sahen vor, zunächst die Stadt- und Ringbahn zu elektrisieren. Bis 1913 sollten die an die Stadtbahn anschließenden Vorortstrecken und die Wannseebahn folgen. Die Strecken nach Tegel, Oranienburg und Bernau sollten frühestens nach dem Bau eines eigenen Gleispaares für den Vorortverkehr elektrifiziert werden. Ende 1920 sollten alle übrigen Vorortstrecken auf elektrischen Betrieb umgestellt sein. Dem 1909 erschienenen ersten Entwurf für eine Denkschrift über die Einrichtung der elektrischen Zugförderung war zu entnehmen, dass aus Kostengründen die paarweise kurzgekuppelten dreiachsigen Abteilwagen preußischer Bauart weiter verwendet und durch zweiachsige Triebgestelle angetrieben werden sollten. Als Stromart wurde der von Siemens & Halske vorgeschlagene Einphasenwechselstrom favorisiert, der von den Motorwagen über zwei Dachstromabnehmer aufgenommen werden sollte. Über das von der KED Berlin vorgestellte Projekt äußerte sich der Geheime Baurat Professor Sauer im April 1913 in der Berliner Zeitung »Der Tag« wie folgt:

Man will die alten Wagen retten, anstatt sie bei allmählicher Elektrisierung langsam auf den nicht elektrisierten Strecken aufzubrauchen, und versäumt darüber die Gelegenheit, für die Stadtbahn das wirklich leistungsfähige Gleichstromtriebwagensystem zu wählen und für dieses neue Betriebsmittel zu beschaffen, etwa Wagen mit Schiebetüren, die dann 3,1 Meter breit sein könnten anstatt 2,6 Meter wie die jetzigen Wagen. Solche breiteren Wagen würden eine wesentliche Erhöhung der Platzzahl bedeuten oder bei gleicher Platzzahl eine Verringerung der Zuglänge und damit eine Möglichkeit dichterer Zugfolge. Solche modernen Triebwagen, als Drehgestellwagen ausgeführt, würden Kurven von 60-80 Meter und Steigungen von 1:30 nehmen können und den weiteren Ausbau des Netzes sehr erleichtern.

Ende 1911 beantragte das preußische Ministerium der öffentlichen Arbeiten für das Jahr 1912 die Mittel für die Einrichtung der elektrischen Zugförderung. Im April 1913 wurde den Abgeordneten des Preußischen Landtags die Planung für die Einführung des elektrischen Betriebs zur Entscheidung vorgelegt. In einer sechsjährigen Planungsphase waren die Fragen Dampftraktion oder elektrischer Betrieb, Gleich- oder Wechselstrom und Triebwagen oder Elektrolokomotiven bzw. Triebgestelle zu klären, die aufgrund finanzieller Zwänge immer neue Wirtschaftlichkeitsberechnungen verlangten. Am 2. April 1913 nahm der Preußische Landtag in zweiter Beratung die Vorlage in namentlicher Abstimmung an und ermächtigte die Regierung, 25 von den beantragten 50 Millionen Mark für die Vorbereitung zur Einführung der elektrischen Zugförderung zu verwenden. Die bewilligten Mittel sollten für die Ausführung baulicher Anlagen, für den Bau von Werkstätten und Schwachstromanlagen, für die Einrichtung von Fahrleitungen sowie für die Änderung von Bahnhofsanlagen verwendet werden. Die Elektrisierung sollte in zwei Stufen erfolgen. In der ersten Stufe sollten die Stadt- und Ringbahn mit den unmittelbar daran anschließenden Vorortstrecken, die Strecke Spandau–Strausberg und die Wannseebahn elektrisiert werden. *Die Züge der Strecke Spandau–Strausberg werden zweckmäßig von den Ferngleisen auf die Stadtgleise der Stadtbahn übernommen, weil hierdurch eine Entlastung der bereits jetzt zeitweise mit Fernzügen vollbelasteten Ferngleise und eine Ersparnis an Wagenzügen zur Verdichtung der Zugfolge auf der Strecke Stadtbahn–Kaulsdorf erreicht, eine nachteilige Beeinflussung der elektrischen Leitungseinrichtungen durch den Lokomotivbetrieb vermieden und der Vorteil des elektrischen Betriebes durch das Verkehren von Dampfzügen auf denselben Gleisen nicht beeinträchtigt werden wird. Die letzten beiden Gründe dürften auch bestimmend sein, die Einführung elektrischer Zugförderung auf den mit Fernzügen belegten Strecken Spandau–Nauen, Potsdamer Fernbahnhof–Werder, Potsdamer Vorortbahnhof–Zossen und Görlitzer Bahnhof–Königswusterhausen aufzugeben. Die dann noch verbleibenden Vorortstrecken Stettiner Vorortbahnhof–Tegel, –Oranienburg und Bernau erhalten die neue Betriebsweise vorteilhaft erst zu einem späteren Zeitpunkte, frühestens nach Herstellung der 3. und 4. Gleise.*

Für die Stromerzeugung sollten in Staatsregie Kraftwerke gebaut werden, um von privaten Stromerzeugern unabhängig zu sein. Nach Abschluss aller Vorarbeiten der fünf Jahre dauernden Versuchsbetriebe und der Klärung der Frage nach der für die Stromerzeugung einzusetzenden Primärenergie ordnete der Minister der öffentlichen Arbeiten im Februar 1919 an, die Eisenbahndirektion Berlin soll die seit langer Zeit geplante Einführung des elektrischen Betriebs auf der Vorortstrecke Berlin–Oranienburg als Notstandsarbeit in Angriff nehmen. Entgegen früheren Planungen sollten die vom Stettiner Bahnhof ausgehenden Nordstrecken zuerst elektrifiziert werden, weil auf diesen Strecken die geringsten Anpassungsarbeiten zu erwarten waren. Eine durchgehende Elektrifizierung der Nordbahn bis nach Oranienburg erschien zu Beginn der zwanziger Jahre jedoch wenig sinnvoll, da der Abschnitt Hermsdorf–Oranienburg nur zwei Gleise aufwies und für den viergleisigen Ausbau komplett saniert werden musste. Zudem hätte die Eisenbahndirektion bei einer Elektrifizierung der Strecke mit Gleichstrom in Oranienburg ein Umformerwerk errichten müssen, was bei einer stetig zunehmenden Inflation erhebliche Mehrkosten verursacht hätte. So sollte die Elektrifizierung zunächst auf den Abschnitt Stettiner Vorortbahnhof–Hermsdorf beschränkt werden. Gleichzeitig sollte die Stettiner Bahn bis nach Bernau elektrifiziert werden. Bis 1916 hatte die KED Berlin die Trasse höher gelegt und die Strecke vom Stellwerk Nga (Pankow-Schönhausen) bis nach Bernau viergleisig ausgebaut. Im Gegensatz zur Nordbahn, auf der zunächst nur ein gemischter Betrieb möglich gewesen wäre – ein Umsteigen der Fahrgäste, die über Hermsdorf hinaus in Richtung Oranienburg fahren wollten, sollte möglichst vermieden werden – hätte man den Vorortverkehr nach Bernau ausschließlich elektrisch abwickeln können. Damit wäre auch die Möglichkeit gegeben, die Überlegenheit der elektrischen Antriebsart gegenüber der Dampftraktion zu demonstrieren. Aus diesen Gründen entschied man sich zuerst die Stettiner Bahn zu elektrifizieren, der die Strecke nach Hermsdorf folgen sollte. Die Aussicht, den Wagenpark für den Vorortverkehr in naher Zukunft ersetzen zu müssen, die Forderung nach einer verdichteten Zugfolge von knapp 90 Sekunden bei 42 anstatt 36 Zügen pro Stunde auf der Stadtbahn sowie die von der Elektroindustrie wesentlich verbesserten Gleichrichter ließen eine erneute Diskussion um die geeignete Stromart aufkommen. Auf der Basis neuer Wirtschaftlichkeitsberechnungen wurde dann am 2. April 1921 von den bei einer Besprechung im Reichsverkehrsministerium (RVM) Anwesenden dem Gleichstrom- gegenüber dem Wechselstrombetrieb der Vorzug gegeben. Die Fahrspannung von 800 Volt sollte über eine seitlich der Gleise angeordnete und von unten bestrichene Stromschiene entnommen werden. Für die Gesamtelektrifizierung wurde folgendes Bauprogramm festgelegt:

bis 1923:	Berlin–Bernau
	Berlin–Hermsdorf
bis 1925:	Hermsdorf–Oranienburg
	Ringbahn mit Anschlüssen nach Grünau und Lichtenberg
bis 1927:	Erkner–Potsdam
bis 1928:	Wannseebahn
	Strausberg–Spandau West
bis 1930:	Lehrter Bahnhof–Nauen
bis 1931:	Schönholz-Reinickendorf–Velten

Der Termin für die geplante Eröffnung des elektrischen Betriebs auf den Nordstrecken ließ sich jedoch nicht einhalten, da sich das Elektrifizierungstempo wegen der Geldknappheit sowie der fortschreitenden Geldentwertung verlangsamte. Am 8. August 1924 konnte dann der elektrische Betrieb nach 17 Jahren des Planens und Bauens auf der Strecke Berlin Stettiner Bahnhof–Bernau aufgenommen werden.

Die »Große Stadtbahnelektrisierung«

Sinkende Fahrgastzahlen sowie der den betrieblichen und verkehrlichen Ansprüchen nicht mehr genügende Dampfbetrieb veranlassten den Verwaltungsrat der Deutschen Reichsbahn-Gesellschaft (DRG) Anfang Juli 1926 die Elektrisierung der Stadt- und Ringbahn sowie der anschließenden Vorortstrecken nach Spandau West, Potsdam, Stahnsdorf, Kaulsdorf, Erkner, Grünau und Spindlersfeld zu genehmigen. Die *Große Stadtbahnelektrisierung* war damit beschlossen. Neben dem Einbau der elektrischen Anlagen wurden ein selbsttätiges Signalsystem (Sv-Signale) für eine Zugfolge von 90 Sekunden errichtet und die Bahnsteige mit einer Ausnahmegenehmigung von der Eisenbahnbau- und -betriebsordnung (EBO) um 20 cm auf 96 cm erhöht. Auf einem 22,3 Hektar großen Gelände an der Strecke Niederschöneweide-Johannisthal – Spindlersfeld nördlich des Rangierbahnhofs Schöneweide ließ die DRG ein ausschließlich für die Instandhaltung der elektrischen Triebwagenzüge zuständiges Reichsbahnausbesserungswerk (RAW) errichten, das nach nur 14-monatiger Bauzeit am 15. Oktober 1927 seiner Bestimmung übergeben werden konnte. Neben der Aufarbeitung der bereits vorhandenen Triebwagenzüge der Bauarten »Bernau« und »Oranienburg« sowie der Lichterfelder Züge wurden in den Anfangsjahren die elektrischen Einrichtungen in die im Zuge der *Großen Elektrisierung* neubeschafften Fahrzeuge durch die Elektrofirmen eingebaut. Zur Energieversorgung – die Reichsbahndirektion Berlin hatte mit der Elektrowerke AG (EWAG) und den Berliner Städtischen Elektrizitätswerken AG (BEWAG) einen Stromlieferungsvertrag geschlossen – wurden das Kraftwerk Klingenberg neu gebaut sowie 43 Stromversorgungsbauten errichtet. Da der elektrische Betrieb mit einer vergleichsweise niedrigen Spannung von 800 Volt Gleichstrom durchgeführt werden sollte, wurden die Einspeisepunkte über das gesamte Netz verteilt. Allein 31 ferngesteuerte Kleingleichrichterunterwerke wurden an der Stadt- und Ringbahn errichtet, an deren Schnittpunkten im Westen und Osten der Stadt die Schalt- und Gleichrichterwerke Halensee (Hal) und Markgrafendamm (Mkd). Die beiden Schaltwarten hatten die Aufgabe, den von den Kraftwerken Charlottenburg und Klingenberg übernommenen 30 kV-Drehstrom über ein bahneigenes Kabelnetz an die nachgeordneten Gleichrichterwerke zu verteilen sowie einen Teil des Drehstroms in die benötigte Fahrspannung umzuformen. Zusammen mit den beiden Schaltwerken Böttgerstraße am Nordring (Wedding) und Ebersstraße am Schnittpunkt zwischen Ring- und Wannseebahn (Schöneberg) steuerten sie die unbesetzten Unterwerke. Das Prinzip der so genannten verteilten Speisung mit einer recht hohen Anzahl an Gleichrichterwerken wurde wegen der dichten Zugfolge auf der Stadt- und Ringbahn gewählt, um Spannungsabfälle, wie sie auf längeren Speiseabschnitten auftreten, zu vermeiden. Auf den Vorortstrecken hatten die mit Personal besetzten Unterwerke längere Speiseabschnitte zu versorgen und waren deshalb mit drei bis vier Gleichrichtergruppen ausgestattet.

Zusätzlich zu den im Zuge der Elektrifizierung notwendigen Baumaßnahmen mussten etliche Umbaumaßnahmen an Bahnhöfen und Bahnanlagen vorgenommen werden. Westlich des Bahnhofs Charlottenburg wurden die Bahnanlagen so umgebaut, dass die Stadtbahngleise mit den Gleisen der Vorortbahn nach Spandau verbunden werden konnten. Im Bahnhof Charlottenburg wurden die niveaugleichen Schienenkreuzungen zwischen der Fern- und der Stadtbahn beseitigt und Abstellgleise für die Triebwagenzüge errichtet. Der Bahnhof Eichkamp (heute: Messe Süd) wurde an die Strecke nach Spandau verlegt. Am westlichen Kreuzungspunkt der Stadt- und Ringbahn wurde der Bahnhof Ausstellung (heute: Westkreuz) gebaut. Ab 1922 wurden die Stadtbahnbögen einer Grundinstandsetzung unterzogen. Eine immer dichter werdende Zugfolge sowie die Erhöhung der Achslasten hatten zu Rissen in Bögen und Pfeilern geführt. Als Folge gerissener Abdichtungen und einer ungenügenden Entwässerung traten Wasserschäden auf, die die bauliche Substanz der Viaduktbögen angegriffen hatten. Im Zuge der Sanierungsarbeiten ließ die DRG gleichzeitig einen Großteil der Brücken erneuern. Um das 1926 beschlossene Programm zur »Großen Elektrisierung« im beschleunigten Tempo durchführen zu können – die Pläne dafür lagen bereits im Januar 1926 vor und wurden der Öffentlichkeit im April 1926 vorgestellt – hatte man eine Oberste Leitung für die Stadtbahn-Elektrisierung bei der Hauptverwaltung sowie eine Abteilung für die Stadtbahn-Elektrisierung bei der Reichsbahndirektion Berlin eingerichtet. So konnten die üblichen langwierigen Verwaltungswege zur Planentscheidung und Materialbeschaffung umgangen werden. Nach nicht einmal zwei Jahren waren die Anlagen so weit fertiggestellt, dass im März 1928 erste Probefahrten mit den neu beschafften Zügen der Bauart 1927/1928 durchgeführt werden konnten. Zu einer Sonderfahrt mit den neu beschafften Zügen der Bauart 1927/28 von Erkner über die Stadtbahn lud die DRG am 9. Juli 1928 die Presse ein, um die bevorstehende Umstellung der Stadtbahn auf elektrischen Betrieb anzukündigen.

Heute morgen um 10 Uhr stand man auf dem farbenschmucken Bahnhof Erkner. Beamte der Bahn führten in den neuen Schuppen, in dem bunt und glänzend die ersten elektrischen Züge zur baldigen Fahrt bereit standen. Hier versammelten sich die Vertreter der Behörden … und die Vertreter der Presse. Die Fachdezernenten der Reichsbahn (…) gaben an Hand von Skizzen und Plänen aufschlußreiche und interessante Schilderungen von der Stromversorgung und Stromverteilung auf der neuen Strecke, von der Bauart der elektrischen Wagen, von den Sicherungsanlagen und dem neuen Signalsystem der Stadtbahn, so die Schilderung des Berliner Lokal-Anzeigers vom 9. Juni 1928. *Dann bestieg man einen der Züge, und zum ersten Male fuhr ein elektrischer Stadtbahnzug mit Vertretern der Oeffentlichkeit den Schienenweg entlang, von Erkner bis zum Bahnhof Friedrichstraße. Die Wagen gingen – vorläufig noch im Tempo der Dampfzüge – in ruhig gleitendem Lauf. Auf den einzelnen Stationen standen die Menschen und bewunderten das gegensätzliche Bild. Hier kam eine freundliche, fixe, saubere Wagenreihe. Hält in sanftem Ruck. Bequem können zwei Menschen nebeneinander durch die breiten Türen. Mühelos, denn der Wagenfußboden liegt ziemlich in Bahnsteighöhe. All das beschleunigt die Zugabfertigung und schon geht es mit raschem Antrieb weiter. Dagegen: Auf der anderen Bahnsteigseite faucht der Dampfzug. Schmutzig, berußt, Schwärze verbreitend. Es wird einem in diesem Augenblick klar, wie völlig die Reichsbahnelektrisierung den Bahnhofseindruck, an den man seit Jahrzehnten gewöhnt ist, umgestalten wird. Aeußerlich und innerlich.*

Während letzte Arbeiten am Bahnsteigdach durchgeführt werden, fährt ein aus Grunewald kommender Zug der Bauart »STADTBAHN« in den am 10.12.1928 in Betrieb genommenen Bahnhof Westkreuz ein.
Foto: Slg. Reinhard Schulz, Aufnahme um 1928/29

Zwei Tage später wurde auf der Strecke Erkner–Potsdam der elektrische Betrieb mit fünf Vollzügen aufgenommen, die im Plan der Dampfzüge fuhren. Bis zum Fahrplanwechsel am 15. Mai 1929 konnten alle oben genannten Strecken auf vollelektrischen Betrieb umgestellt werden. Ergänzt wurde das elektrisch betriebene Netz bis zum 15. Dezember 1930 durch den Bau der Siemensbahn von Jungfernheide nach Gartenfeld sowie den Bau eigener Vorortgleise zwischen Kaulsdorf und Mahlsdorf.

Die Siemensbahn

Mit dem Bau der Siemensbahn wurden erstmals neue Wege beschritten. Das bei Spandau liegende Industriegelände des in den zwanziger Jahren expandierenden Siemens-Konzerns war durch die Straßenbahn und den dampfbetriebenen Vorortverkehr nur unzureichend erschlossen. Um den Strom der Beschäftigten zu Schichtbeginn und Schichtende besser bewältigen zu können, entschloss sich der Siemens-Konzern 1925, den Bau einer Stichbahn von Jungfernheide nach Gartenfeld zu finanzieren. Aus diesem Grund schlossen die Siemens-Werke und die Deutsche Reichsbahn einen Sondervertrag, in dem die Konditionen für die private Finanzierung des Bahnbaus geregelt

Ein aus Gartenfeld gekommener Viertelzug der Bauart »STADTBAHN« steht in Siemensstadt bereit zur Weiterfahrt nach Jungfernheide.
Foto: Slg. Reinhard Schulz, Aufnahme um 1931

waren. Der Bau der Bahnanlagen erfolgte im Auftrag der Reichsbahn, da er zum Programm der Elektrisierung der Stadt- und Ringbahn gehörte. Die Bauleitung wurde von der Bauabteilung des Siemens-Konzerns in Zusammenarbeit mit einem Reichsbahnaufsichtsbüro wahrgenommen. Nach zweijähriger Bauzeit, die von etlichen Schwierigkeiten begleitet war, wurde die Stichbahn nach Gartenfeld am 18. Dezember 1929 in Betrieb genommen. In der Planung und Bauausführung des Bahnhofs Gartenfeld bereits berücksichtigt war die Verlängerung der Stichstrecke über Haselhorst zum Johannisstift und weiter nach Hennigsdorf. Dieser Plan wurde jedoch nie realisiert.

Die Versuchszüge A bis F und die ersten elektrischen Probefahrten

Für den elektrischen Betrieb auf der Stettiner Bahn bestellte das Eisenbahnzentralamt (EZA) 1922 bei vier verschiedenen Waggonbaufirmen sechs Probezüge, die als Zug A bis F bezeichnet wurden. Die Züge A, E und F wurden von der Waggon- und Maschinenbau AG (WUMAG) in Görlitz geliefert, der Zug B von der Waggonfabrik Uerdingen, der Zug C von der Waggonfabrik van der Zypen in Köln-Deutz und der Zug D von den Linke-Hofmann-Werken in Breslau. Ausgeliefert wurden die Probezüge ab Februar 1923, nachdem die inflationsbedingten Finanzprobleme zwischen dem RVM und der Waggonbauindustrie gelöst waren. Die Züge A bis E bestanden aus vier vierachsigen Trieb- und sechs zweiachsigen Beiwagen und ließen sich in zwei Halbzüge teilen. Der Prototyp F wurde als fünfteiliger Zug mit Jacobs-Drehgestellen ausgeliefert, wobei die Enden zweier Wagenkästen auf einem Drehgestell lagen. Alle Prototypen unterschieden sich in der Anzahl der Fenster und Türen sowie in der Anordnung der Sitzplätze. Während die Züge A, B, D und F einen Mittelgang mit links und rechts davon angeordneten Quersitzen aufwiesen, hatte man die vierplätzigen Quersitze im Zug C versetzt ohne Mittelgang angeordnet. Im Zug E hatte man die Sitze in Anlehnung an die Hochbahn längsseitig eingebaut. Komplettiert wurde die Inneneinrichtung durch eine in Reihe geschaltete 110 Volt-Glühlampenbeleuchtung, die aus der Stromschiene gespeist werden sollte, sowie durch eine elektrische Heizung mit drei Heizstufen. Hierzu hatten die Waggonbaufirmen Heizkörper unter den Sitzen eingebaut. Die Wagen wurden über Wendlersauger, die auf dem Dach angebracht waren, sowie durch herablassbare Seitenfenster belüftet. Erprobt wurden die Versuchszüge zunächst hinter Dampflokomotiven, da sie aufgrund der späten Entscheidung über die Traktionsspannung ohne elektrische Ausrüstung ausgeliefert worden waren. Im Gegensatz zu den Zügen A bis E bestellte das Eisenbahnzentralamt (EZA) vom Prototyp F zunächst nur zwei Wagen, mit denen am 1. Juni 1923 Fahrten zur Erprobung des Jacobs-Drehgestells aufgenommen wurden. Da der Zweiwagenzug in der Laufruhe überzeugen konnte, wurde der WUMAG der Auftrag zum Bau der restlichen Wagen erteilt. Die Übergabe dieser Wagen erfolgte bis zum 17. August 1923. Den Vorzügen wie Laufruhe und eine geringere Masse standen erhebliche betriebliche Unzulänglichkeiten gegenüber. Neben dem höheren finanziellen Aufwand beim Herauslösen einzelner Wagen aus dem Zugverband zu Untersuchungszwecken konnten in die Jacobs-Drehgestelle konstruktionsbedingt keine Fahrmotoren eingebaut werden. So wurde der Versuchszug F vom Einbau einer elektrischen Ausrüstung ausgenommen. Die anderen Versuchszüge erhielten Anfang 1924 im RAW Tempelhof eine elektrische Ausrüstung, wobei die Züge entsprechend dem Fertigstellungstermin neu zusammengestellt wurden. So bestanden die innerbetrieblich als H6 und H9 gekennzeichneten Halbzüge aus folgenden Wagen:

Halbzug H6: Tw 2056(C)+Bw 5060(C)+Bw 5070(E)+
Bw 5084(B)+Tw 2058(C)
Halbzug H9: Tw 2065(E)+Bw 5053(A)+Bw 5055(A)+
Bw 5068(D)+Tw 2073(B).

Die ersten elektrischen Probefahrten wurden ab Mai 1924 auf dem Streckenabschnitt Buch – Bernau aufgenommen. Nach knapp zehn Jahren sollte ihre Einsatzzeit beendet sein. Zu Beginn der dreißiger Jahre wurden die sechs Versuchszüge in der Regel abwechselnd auf der Strecke Stettiner Vorortbahnhof –Velten als 18. Umlauf eingesetzt. So kamen sie in der zehnmonatigen Untersuchungsfrist nur noch auf eine Laufleistung von 3000 km. In der Unterhaltung zu teuer, wurden die Züge der Bauart 1922/23 im Frühjahr 1931 mit Rücksicht auf den Sonntagsverkehr in den Sommermonaten betriebsfähig in Hennigsdorf und im Triebwagenschuppen Velten abgestellt. Der Fehlbestand von acht Vierteln konnte durch abgestellte C-Viertel der Bauart »Stadtbahn« des Betriebswerkes Grünau ausgeglichen werden. Ab 1933 begann die DRG mit der Ausmusterung der Versuchszüge. Als letzte wurden die Halbzüge H4 und H8 am 7. März 1934 ausgemustert. Da die Untersuchungsfristen schon überschritten waren, mussten die Versuchszüge mit Dampflokomotiven in die Ausbesserungswerke Niederschöneweide (RAW Nw, heute: Hauptwerkstatt Schöneweide Sw) und Tempelhof (RAW Tf) überführt werden. Aus einem der Versuchszüge wurde dem Institut für Elektrotechnik der TH Aachen auf Anfrage eine vollständige Steuerung nebst Pumpensatz zu Studienzwecken überlassen.

Der Einsatz der Bauarten »Bernau«, »Oranienburg« und »Stadtbahn«

Für die Umstellung auf einen vollelektrischen Betrieb zwischen dem Stettiner Vorortbahnhof und Bernau beschaffte die DRG siebzehn Halbzüge der Bauart 1924/25. Im wagenbaulichen Teil waren diese S-Bahnwagen eng an die Versuchszüge angelehnt und galten bei ihrer Indienststellung bereits als überholt. Immer wieder hatten sich Fahrgäste bei der Reichsbahn über das laute Fahrgeräusch, schlecht schließende Fenster und Türen sowie eine zu geringe Heizleistung beschwert. So verzichtete die DRG trotz der Erweiterung des elektrischen Betriebs auf den Nordstrecken auf eine weitere Bestellung von Zügen der Bauart »Bernau«. Stattdessen wurden 1925/1926 fünfzig Triebwagenzüge beschafft, die aus je einem gleich langen vierachsigen Trieb- und Steuerwagen (ET/ES) bestanden. Die wagenbauliche Konzeption wurde von der Waggonfabrik Görlitz auf der Grundlage eines veränderten Antriebkonzepts erarbeitet. Statt des bislang üblichen zweiachsigen Antriebs in den Triebwagen der Bauart »Bernau« sollte die Antriebsleistung auf alle vier Achsen des Triebwagens verteilt werden. Ergänzt durch ein selbsttätig arbeitendes Steuersystem sollte so die häufig auftretende Schleuderneigung, die zu Verzögerungen beim Anfahren führte, beseitigt werden. Mit diesem Antriebskonzept war die Möglichkeit gegeben, kleinere Fahrmotoren einzubauen und Räder gleichen Durchmessers in Trieb- und Laufgestell zu verwenden, so dass das Untergestell ungekröpft und gerade ausgeführt werden konnte. An den Stirnseiten von Trieb- und Steuerwagen befanden sich die Führerstandseinrichtungen sowie eine Scharfenbergkupplung, über die auch die Druckluftleitungen geführt wurden. Die Scharfenbergkupplung ermöglichte erstmals ein schnelles, den Verkehrsbedürfnissen angepasstes Schwächen oder Verstärken eines Zugverbandes. Außerdem befanden sich an den abgeschrägten Seiten der Stirnfront Trittstufen, über die man auf das Wagendach gelangte. Wagenbaulich unterschieden sich Trieb- und Steuerwagen in der Aufteilung des Fahrgastraumes. An den Führerstand des Triebwagens schloss sich ein Traglastenabteil für die Beförderung von Fahrrädern, Kinderwagen und sonstigem großen Gepäck an, das vom übrigen Fahrgastraum durch eine mit einer Schiebetür versehenen Zwischenwand abgetrennt war. Die Inneneinrichtung mit Holzsitzen entsprach der Ausstattung eines 3.Klasse-Abteils. Der Fahrgastraum des Steuerwagens bestand aus einem Abteil der 2. und 3.Klasse, die durch eine mit einer Drehtür versehenen Wand getrennt waren. Um einen schnellen Fahrgastwechsel zu ermöglichen, hatte man auf jeder Wagenseite vier Doppelschiebetüren eingebaut. Ausgeliefert wurden die Wagen, an deren Bau vierzehn Fahrzeughersteller beteiligt waren, ohne elektrische Ausrüstung in grüner Farbgebung. Der Einbau der Fahrmotore sowie der übrigen elektrischen Ausrüstung erfolgte im RAW Tempelhof, damals auch zuständig für die Wartung und Instandsetzung der Lichterfelder Züge. Die gelbrote Farbgebung, die für die Berliner S-Bahnwagen typisch werden sollte, erhielten die Wagen der Bauart »Oranienburg« erst nach Inbetriebnahme des RAW Niederschöneweide im Zuge bahnamtlicher Untersuchungen. Der erste Viertelzug, der das RAW Niederschöneweide mit neuer Farbgebung am 30. Juni 1928 verließ, bestand aus den Wagen 2160/5174 (ab 1942: ET/EB 168 043). Der 1926 gefasste Beschluss zur Elektrifizierung der Stadt-, Ring- und Vorortbahnen zwang die DRG zur Bestellung weiterer Triebwagenzüge.

Firmenwerbung von Orenstein & Koppel für die Berliner Stadtbahnwagen. *Slg.: Sigurd Hilkenbach*

Aufbauend auf dem Typ »Oranienburg« wurde die Bauart »Stadtbahn« entwickelt, bei der die Laufeigenschaften verbessert und das Leergewicht verringert werden sollten, um die Motorantriebsleistung herabsetzen zu können.

Im September 1926 wurden die Waggon- und Maschinenbau AG Görlitz sowie die Firma Orenstein&Koppel (O&K) in Berlin mit dem Bau je eines Halbzuges in Viertelzugteilung nach grundsätzlich verschiedenen Bauarten beauftragt. Nach Probe- und Vergleichsfahrten wurde die Bauart O&K als Ausführungsform festgelegt. Ende 1926 und Anfang 1927 wurden die Firmen Orenstein&Koppel AG Berlin, die Waggon- und Maschinenbau AG Görlitz (WuMAG), Wegmann&Co. in Kassel, die Vereinigten Westdeutschen Waggonfabriken AG in Köln-Deutz sowie die Linke-Hofmann-Busch-Werke in Breslau und Bautzen mit dem Bau von 780 Fahrzeugen beauftragt, die sich in 404 Trieb- und 376 Steuerwagen aufteilten.

Ein Abweichen von den Konstruktionszeichnungen beim Bau der später als Stadtbahnzüge bezeichneten Wagen war den Firmen nicht gestattet. Die DRG legte größten Wert auf eine schnelle, rationelle und kostengünstige Herstellung der Wagen im Austauschbau. Das Einhalten aller in den Konstruktionszeichnungen festgelegten Maße wurde im RAW Niederschöne-

Stadtbahnwagen des bei der WuMAG gebauten Versuchszuges, links ein Triebwagen mit zweifenstriger Rückwand, rechts ein Steuerwagen in zweifarbiger Lackierung mit Kassettentüren. *Fotos: Werkfoto Waggonbau Görlitz, Aufnahmen um 1927*

Serienproduktion der Stadtbahnwagen bei der WuMAG in Görlitz. *Fotos: Werkfoto Waggonbau Görlitz, Juni 1928 (Bild links)/Juli 1928 (Bild rechts)*

weide genau überprüft. Hierzu zerlegte man die von verschiedenen Waggonbaufirmen gelieferten Wagenkästen und baute sie anschließend mit vertauschten Teilen neu auf. Dank strenger Kontrollen waren Nacharbeiten nicht erforderlich. Entsprechend den Einrichtungen der mit dem Wagenbau beauftragten Firmen wurde ein genauer Aufteilungsplan für die herzustellenden Einzelteile aufgestellt.

Es wurden immer zwei Werke mit der Herstellung gleicher Teile betraut, um nicht von einem einzigen Werk abhängig zu sein. In den Jahren 1928 und 1929 wurden nochmals 230 Trieb- sowie 85 Steuer- und 173 Beiwagen von der DRG bestellt, die bis 1931 ausgeliefert wurden (s. Fahrzeugkarte des ET 165 144, Seite 28/29). Ende 1929 hatte die DRG nach vollständiger Auslieferung der ersten beiden Bauserien 23 Triebwagen im Überhang, die als Betriebsreserve schadhafte Triebwagen ersetzen sollten. Da die Kuppelarbeiten an der Kurzkupplung zu zeitaufwändig waren, verzichtete die DRG auf einen Austausch im Störungsfall. So wurden 22 Triebwagen vorübergehend zu Viertelzügen gekuppelt und zwischen Dezember 1929 und 1930 auf untergeordneten Strecken oder in Notfällen eingesetzt.

Mit der Auslieferung der dritten Bauserie standen genügend Beiwagen zur Verfügung, um die Reservetriebwagen zu neuen Viertelzügen zusammenzustellen. Trieb-, Bei- und Steuerwagen wiesen unterschiedliche Einteilungen auf. Hinter dem Führerstand befand sich im Triebwagen ein Dienstabteil mit Längssitzen und daran anschließend ein Fahrgastabteil 3. Klasse. Bei- und Steuerwagen waren jeweils in ein Fahrgastabteil der 2. und 3. Klasse unterteilt. Äußerlich erkennbar waren die Wagenklassen an der unterschiedlichen Lackierung. Die Abteile der 2. Klasse wurden bordeauxrot-blau lackiert, die der 3. Klasse bordeauxrot-gelb. Innen hatte man das 2. Klasse-Abteil mit Mahagoniholz verkleidet und mit gepolsterten Sitzen ausgestattet. An der Fensterseite waren Armlehnen, ein kleiner Tisch sowie Sonnenschutzvorhänge angebracht. Oberhalb der Fenster befanden sich Lüftungsklappen aus grünem Glas. Die Abteile der 3. Klasse wurden mit Teak- und Eichenholz verkleidet und hatten Sitzbänke in Holzlattenbauweise. Beheizt wurden die Viertelzüge, die steuerstromseitig über eine Kabelkupplung mit Stecker und mechanisch wie druckluftseitig über die halbselbsttätige Scharfenbergkupplung verbunden waren, durch dreistufig regelbare Widerstandsheizkörper, die unter den Sitzbänken eingebaut wurden. Die Beleuchtung erfolgte über in Reihe geschaltete Glühlampen.

Probleme bei der Lackierung der S-Bahnwagen

Die von den Waggonbaufirmen zur Lackierung der Wagenkästen verwendeten Ölfarben sollten schon nach kurzer Zeit zu unübersehbaren Problemen führen. Die Farbtöne, insbesondere der blaue Anstrich der 2. Klasse, waren nicht lichtecht, die Lackfarben neigten aufgrund der unterschiedlichen Witterungsbedingungen und der zur Außenreinigung verwendeten Chemikalien zur Rissbildung und blätterten ab, der Lacküberzug verlor relativ schnell seinen Glanz. Um die genannten Mängel beim Lackieren der Stadtbahnwagen der vierten Lieferserie vermeiden zu können, wurden neben den bisher für den Außenanstrich zuständigen Zoellner-Werken sowie der Lackfabrik Warnecke&Böhm zusätzlich sechs Lackfabriken sowie das RAW Niederschöneweide zu Versuchsanstrichen herangezogen. Für diese Versuchsreihe, ausgeführt an ausgewählten Viertelzügen sowie auf Blechtafeln, deren Aufstellungsort die Reichsbahndirektion Berlin den Lackfabriken überließ, wurden die RAL-Farbtöne Nr.10 für rot, Nr.16 für gelb und Nr.31 für blau verbindlich festgelegt. Verfahren, deren Anstrichdauer vier Wochen betrug, schieden aus wirtschaftlichen Gründen aus. Bevorzugt wurden Schnellanstriche, von denen Ende der zwanziger Jahre der Zellstoffanstrich nach Zoellner, der Holzölanstrich nach Warnecke&Böhm, das Telluran Nass auf Nass-Verfahren nach Zoellner sowie das Vernicit-Verfahren nach Warnecke&Böhm bekannt waren. Aufgrund der Erfahrungen im RAW Niederschöneweide plädierte die Reichsbahndirektion Berlin für die Einführung ölhaltiger Celluloseanstriche mit der Begründung, sie seien härter und damit verschleißfester, würden im Film nicht nachdunkeln und den Farbton besser halten. Die ölhaltige Nitrofarbe sollte auf eine Grundierung aus Mennige oder Bleigrund, auf die Spachtelmasse aufgetragen war, gespritzt und zwei- bis dreimal mit Nitrolack überzogen werden. Nach ersten Erfahrungen mit den seit Juli 1929 ausgeführten Anstrichen sollten die 162 Stadtbahnwagen der vierten Lieferserie zu ungefähr gleichen Teilen mit einem Leinöl-Standölanstrich mit Klarlacküberzug auf Vorschlag der Deutschen Wagenbau-Vereinigung (DWV) bzw. einem Nitro-Kombinationsanstrich, der möglichst kein Holzöl enthalten sollte, auf Vorschlag des RAW Niederschöneweide lackiert werden. Als Farbkörper wurden Erdfarben gewählt, die für die einzelnen Farbtöne aufgrund verschiedener, in der chemischen Versuchsabteilung des Reichsbahnwerks Brandenburg-West ausgeführter Versuchsreihen wie folgt zusammengestellt wurden:

Dunkelgrau:	Bleiweiß und Ruß
Hellgrau:	Bleiweiß und Ruß
Gelb:	Zinkoxid und Hansagelb
Rot:	Eisenoxidrot mit mindestens 80% Eisen(III)oxid

Als Bindemittel für die Ölfarben wurde Leinölfirnis, für die Schleiflack- und Überzugslackfarben ein Gemisch aus Leinöl-Standölfirnis und Kopal (halbfossile Harze) in unterschiedlichen Gewichtsanteilen verwendet. Nach einer Besichtigung der mit Probeanstrichen versehenen Stadtbahnwagen im RAW Niederschöneweide wurde bestimmt, dass kein durchlaufender roter Streifen unterhalb des Daches angebracht und die Art und bisherige Farbenzusammenstellung unter Verwendung der RAL-Farbtöne beizubehalten war. So musste der von der Lackfabrik Warnecke&Böhm am Viertelzug »Berlin 2480/5217« ausgeführte Probeanstrich, bei dem die 2. Klasse mit Streifen abwechselnd gelb und rot lackiert war, nach dem o. g. Farb-

~~5274~~ IV. VV.

Gattung	Nummer	Heimatbw.	Zug Nr.	Lieferjahr	Lieferer	Vertrag	Gewicht k
ET	165 144	Frf		1928 3.12.28	Orenstein u. Koppel	03. 966 W. 6844	38 100

Beschaffungspr. RM		Art der Bremse	Abschluß zw. den Abteilen	Zahl der Abteile	Zahl der	Klasse II.	Klasse III.
Wagen	99071	Handbr. ~~Kpbr.~~ ~~Kpbr-esé~~ Kpbr-el	Drehtür	2	Sitzplätze	–	54
Radsätze	~~9674~~ 4837				Stehplätze	–	100
Zug	~~108745~~ 103908						

Besondere Einrichtungen wagenbaulicher Art

Lüftungsgitter

Elektrische Ausrüstung

Steuerungsgruppe	Lieferfirma der Schalter für: Schalttafel	Steuerstrom	Heizung	Schütze	Signallicht	Type	Bahnmotoren: Lager	Verzahnun
BMS	SSW G. Müller	SSW ABV 3.55	SSW ABV 3.71	SSW ABV 3.71	SSW ABV 7.18	G Bm 700	Rollen	gerade

Beleuchtung: Anzahl der Stromkreise	Spannung d. Glühlampen	Anzahl d. Lampen in 1 Körper	Heizung: Spannung	Stromstärke	Anzahl der Heizstufen	Luftkompressoren: Type des Kompressors	Type des Motors	Pumpenregler: Type
5	110 V 5,5 V	1	750 V	0,734 A	3	VV 100/75 G	VV 100/75	MD 3 F

Heizregler Type AEG Bpr 715	**Stromabnehmer Type** AEG	**Starkstromkupplung Type** AEG Bpr 722	**Steuerstromkupplun Type** SSW ABV 8 Nr 1
Schaltwalze Type SW 301	**Maxim.-Relais Type** MR 1001	**Fahrtwender Type** FW 301	**Klinkwerk Type** KW 304
Anfahrwiderstand Type AW 301	**Steustromwiderstand Type** StW 301	**Hauptschütz Type** DS II/601	**Steuerstromschütz Typ** MS I/11
Wagensicherung Type EG BSG 24	**Hilfsbatterie Type** 3. I GV 50/190	**Fortschaltrelais Type** FR 301	**Fahrschalter Type** FGL 3
Wagenabschalter Type WS 6	**Türschließschalter Type** Knorr	**Türschließvorrichtung Type** Knorr	**Scheibenwischer Type** G. Müller Tu
Fahrsperre Type SSW R 24461	**Steuerstromautomat Type** SSW ABV 3.53	**Lampenregler Type** Pintsch 53/II	

Besondere elektrische Einrichtungen

elektr. gesteuerte Druckluftbremse

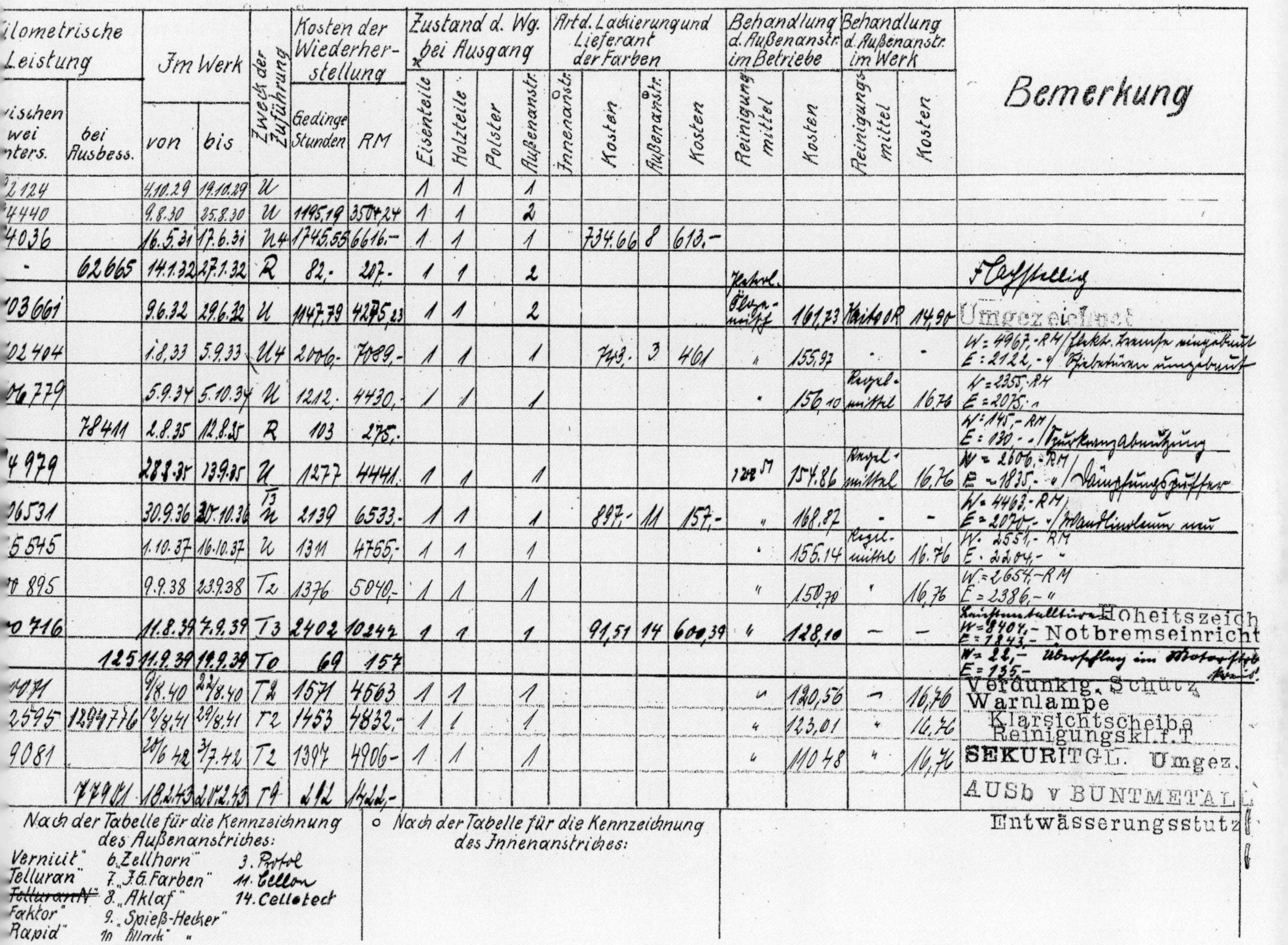

Kilometrische Leistung zwischen zwei Unters.	bei Ausbess.	Im Werk von	bis	Zweck der Zuführung	Kosten der Wiederherstellung Gedinge Stunden	RM	Zustand d. Wg. bei Ausgang Eisenteile	Holzteile	Polster	Außenanstr.	Art d. Lackierung und Lieferant der Farben Innenanstr.	Kosten	Außenanstr.	Kosten	Behandlung d. Außenanstr. im Betriebe Reinigungsmittel	Kosten	Behandlung d. Außenanstr. im Werk Reinigungsmittel	Kosten	Bemerkung
2124		4.10.29	19.10.29	U			1	1		1									
4440		9.8.30	25.8.30	U	1195,19	3504,24	1	1		2									
4036		16.5.31	17.6.31	U4	1745,55	6616,-	1	1		1		734,66	8	613,-					
-	62665	14.1.32	27.1.32	R	82,-	207,-	1	1		2					[illegible]				[illegible]
103661		9.6.32	29.6.32	U	1147,79	4275,23	1	1		2					[illegible]	161,73	[illegible]	14,90	Umgezeichnet
102404		1.8.33	5.9.33	U4	2006,-	7089,-	1	1		1		749,-	3	461	"	155,97	-	-	W: 4967,- RM / [illegible] E: 2122,- " [illegible]
106779		5.9.34	5.10.34	U	1212,-	4430,-	1	1		1					•	156,10	Reinigungsmittel	16,76	W=2255,- RM E=2075,- "
	78411	2.8.35	12.8.35	R	103	275,-													W: 145,- RM E: 130,- " [illegible]
4979		28.8.35	13.9.35	U	1277	4441,-	1	1		1					[illegible]	154,86	Reinigungsmittel	16,76	W = 2606,- RM E = 1835,- " [illegible]
06531		30.9.36	20.10.36	T3 U	2139	6533,-	1	1		1		897,-	11	157,-	"	168,87	-	-	W= 4463,- RM E= 2070,- " [illegible]
5545		1.10.37	16.10.37	U	1311	4755,-	1	1		1					•	155,14	Reinigungsmittel	16,76	W. 2551,- RM E. 2204,- "
0895		9.9.38	23.9.38	T2	1376	5040,-	1	1		1					"	150,70	•	16,76	W=2654,- RM E=2386,- "
0716		11.8.39	7.9.39	T3	2402	10242	1	1		1		91,51	14	600,39	"	128,10	—	—	[illegible] Hoheitszeich W=9404,- E=7843,- Notbremseinricht
	125	11.9.39	19.9.39	T0	69	157													W= 22,- E= 135,- [illegible]
1071		9/8.40	22/8.40	T2	1571	4563	1	1		1					"	120,56	-	16,76	Verdunklg. Schütz Warnlampe
2595	129?776	13/8.41	29/8.41	T2	1453	4832,-	1	1		1					"	123,01	"	16,76	Klarsichtscheibe Reinigungskl. f. T
9081		20/6 42	3/7.42	T2	1397	4906,-	1	1		1					"	110,48	"	16,76	SEKURITGL. Umgez.
	77901	18.2.43	2.12.43	T4	212	1422,-													AUSb v BUNTMETALL
																			Entwässerungsstutz

Nach der Tabelle für die Kennzeichnung des Außenanstriches:
"Vernicit" 6. "Zellhorn" 3. Protol
"Telluran" 7. "I.G. Farben" 11. Cellon
~~"Telluran N"~~ 8. "Aklaf" 14. Cellotect
"Faktor" 9. "Spieß-Hecker"
"Rapid" 10. [illegible] "

° Nach der Tabelle für die Kennzeichnung des Innenanstriches:

Fahrzeugkarte (»Lebenslauf«) des ET 165 144. *Slg.: Hans-Joachim Hütter*

konzept beseitigt werden. Da die Lackierarbeiten offensichtlich aus Gewährleistungsgründen in bahneigenen Werken ausgeführt werden sollten, lieferte die Industrie deshalb die zwischen 1932 und 1936 gebauten Wagen der Bauarten »Wannsee« und »Olympia« unlackiert aus.

Beim Serienbau der als »Stadtbahner« bezeichneten Züge hatte die DRG auf eine Verringerung des Fahrzeuggewichts geachtet. Gegenüber den Steuervierteln der Bauart »Oranienburg« wiesen die Viertelzüge der Bauart »Stadtbahn« mit 65 Tonnen eine um 13 Tonnen geringere Masse auf. Um Zugförderungskosten durch eine weitere Reduzierung des Energieverbrauchs zu sparen, erprobte die DRG vier in kombinierter Bauweise aus Stahl und neuentwickelten Leichtmetalllegierungen errichtete Viertelzüge (Vz 165 428/429/430/431), die am

22. Mai 1931 in Dienst gestellt wurden. Mangelnde Erfahrung mit derartigen Werkstoffen sowie das Problem der elektrochemischen Korrosion an den Verbindungsstellen zwischen Stahl- und den Leichtmetallteilen veranlasste die DRG auf eine weitere Verwendung von Leichtmetalllegierungen zu verzichten. Mit 638 Triebwagen (ET), 465 Steuerwagen (ES) und 173 Beiwagen (EB) ist die Bauart »Stadtbahn« die größte nach einheitlichen Kriterien in Deutschland gebaute elektrische Triebwagenbaureihe, die über sieben Jahrzehnte die Hauptlast des elektrischen S-Bahnbetriebs tragen sollte.

S-Bahnwagen der Bauart »Stadtbahn«

	Baujahr	Anzahl	Hersteller (Wagenbau)	Nummerierung bis 1930	ab 1930
Prototypen					
ET	1927	4	O&K WuMAG	2185-2188	3107-3110
ES	1927	4	O&K WuMAG	5202-5205	5051-5054
Bauart 1928					
ET	1928/29	404	O&K WuMAG Busch LH	2189-2592	3111-3514
ES	1928/29	376	v. d. Z. WuMAG Wegmann LH	5206-5581	5055-430
Bauart 1929					
ET	1929	160	O&K WuMAG Busch Wegmann	2593-2752	3515-3674
EB	1929	80	v. d. Z. LH Wegmann	5657-5746	6082-6161
ES	1929	85	v. d. Z. LH Busch Wegmann	5582-5666	5431-5515
Bauart 1930					
ET	1930/31	70	O&K		3675-3744
EB	1930/31	93	Busch Wegmann		6162-6254

Elektrische Ausrüstung:
ET: AEG/SSW/BEW/MSW
ES: AEG/SSW

v.d.Z.: Waggonfabrik van den Zypen
SSW: Siemens-Schuckert-Werke
BEW: Bergmann-Elektrizitäts-Werke
MSW: Maffei-Schwarzkopff-Werke

Quelle: Carl W. Schmiedeke, Wagenpark der Berliner S-Bahn, Berlin 1982.

CHRONIK DER ZWANZIGER JAHRE

1924

8. August	Aufnahme des elektrischen S-Bahnbetriebs auf der Strecke Stettiner Vorortbahnhof–Bernau mit den Versuchszügen A-E im gemischten Betrieb mit Dampfzügen
...	Inbetriebnahme der Triebwagenhalle (Twh) Bernau
...	Beginn der Indienststellung von S-Bahnwagen der Bauart »BERNAU« (später: BR 169)

1925

5. Juni	Umstellung der Strecke nach Bernau auf voll elektrischen Betrieb
5. Juni	Aufnahme des elektrischen S-Bahnbetriebs auf der Strecke Gesundbrunnen – Birkenwerder
4. Oktober	Aufnahme des elektrischen S-Bahnbetriebs auf der Strecke Birkenwerder–Oranienburg
...	Inbetriebnahme der Triebwagenhalle Oranienburg

1926

Juli	Beschluss des Verwaltungsrats der Deutschen Reichsbahn-Gesellschaft (DRG) zur »Großen Stadtbahn-Elektrisierung«
August	Beginn der Bauarbeiten für das Reichsbahn-ausbesserungswerk (RAW) Schöneweide
...	Inbetriebnahme des S-Bahnbetriebswerks (S-Bw) Stettiner Bahnhof
...	Indienststellung von S-Bahnviertelzügen (ET/ES) der Bauart »ORANIENBURG« (später: BR 168)

1927

Jahres-anfang	Auslieferung der Prototypen der Bauart »STADTBAHN«
16. März	Aufnahme des elektrischen S-Bahnbetriebs auf der Strecke Schönholz – Velten
15. Oktober	Eröffnung des RAW Schöneweide (heute: Hauptwerkstatt S-Bahn)
...	Inbetriebnahme der Triebwagenhalle Velten
31. Dezember	Überführung der ersten Serienfahrzeuge der Bauart »STADTBAHN« (später: BR 165.0-6; 275.0-8; 276.1; 475/875; 476/876) in das RAW Schöneweide zum Einbau der elektrischen Ausrüstung

1928

...	Inbetriebnahme der S-Bahnschaltwerke Markgrafendamm und Halensee
1. Juni	Inbetriebnahme des selbsttätigen Streckenblocks mit so genannten Doppellichtsignalen (später: Sv-Signale) zwischen Charlottenburg und Schlesischem Bahnhof (heute: Ostbahnhof)
11. Juni	Aufnahme des elektrischen S-Bahnbetriebs auf der Strecke Potsdam–Wannsee–Stadtbahn–Erkner im gemischten Betrieb mit Dampfzügen
10. Juli	Aufnahme des elektrischen S-Bahnbetriebs auf der Strecke Wannsee–Dreilinden–Stahnsdorf (»Friedhofsbahn«)
21. August	Inbetriebnahme eines zusätzlichen Bahnsteigs im Bf. Wannsee für den Vorortverkehr (Umstellung von Linien- auf Richtungsbetrieb)
23. August	Aufnahme des elektrischen S-Bahnbetriebs auf der Strecke Charlottenburg–Spandau West
23. August	Eröffnung des Bahnhofs Eichkamp
7. Oktober	Elektrischer Regelbetrieb auf den Strecken Potsdam–Erkner und Charlottenburg–Spandau West
6. November	Umstellung der folgenden S-Bahnstrecken auf elektrischen Betrieb:

	Schlesischer Bahnhof (heute: Ostbahnhof)–Kaulsdorf; Charlottenburg–Südring–Grünau; Neukölln–Treptow (heute: Treptower Park)–Abzweig Vsr (Nähe Warschauer Straße)–Stadtbahn
10. Dezember	Inbetriebnahme des Bahnhofs Ausstellung (heute: Westkreuz)
...	Inbetriebnahme der S-Bahnbetriebswerke Erkner und Papestraße(Neubau) sowie Friedrichsfelde und Grünau (Umbau von Dampf- auf elektrischen Betrieb)
1929	
1. Februar	Aufnahme des elektrischen S-Bahnbetriebs auf den folgenden Strecken: Charlottenburg–Nordring–Baumschulenweg; Kurve Nordring–Stralau-Rummelsburg (heute: Ostkreuz)–Stadtbahn: Niederschöneweide-Johannisthal (heute: Schöneweide)–Spindlersfeld
18. April	Aufnahme des elektrischen S-Bahnbetriebs auf den folgenden Strecken: Potsdamer Ringbahnhof–Papestraße (Abzweig Vdp); Potsdamer Ringbahnhof–Ebersstraße (Abzweig Vp)–Halensee–Westend
15. Mai	Vollelektrischer Betrieb auf der Ringbahn
2. Juli	Umstellung der Strecke Potsdamer Ringbahnhof–Lichterfelde Ost von 550 Volt Gleichstrom auf 800 Volt
6. Oktober	Umbenennung der Bahnhöfe Niederschöneweide-Johannisthal in Schöneweide und Sadowa in Wuhlheide
18. Dezember	Eröffnung des elektrischen S-Bahnbetriebs auf der Strecke Jungfernheide – Gartenfeld (»Siemensbahn«)
...	Inbetriebnahme des S-Bahnbetriebswerks Hundekehle (zuvor Dampfbetrieb)

Quelle: Berliner Verkehrsblätter, 75 Jahre Berliner S-Bahn-Eine Chronik, 46.Jahrgang, Nr.8, August 1999

Zeugen der Vergangenheit

Aus Anlass des 150jährigen Jubiläums zur Eröffnung der Eisenbahnstrecke Berlin–Potsdam setzte die BVG im September 1988 auf der Zuggruppe 1a (Anhalter Bahnhof–Wannsee) einen aus zwei Passvierteln bestehenden Sonderzug der BR 275 ein.
Foto: Wolfgang Kiebert, September 1988

Im September 1990 befanden sich die als Lagerraum genutzten S-Bahnwagen ET/EB 168 030 auf dem Außengelände des RAW Schöneweide.
Fotos: Wolfgang Kiebert, September 1990

Für museale Zwecke wurde dem Verein »Historische S-Bahn e.V.« das Kopfteil des ET 169 005b überlassen. Im Mai 1995 wurde es auf dem Gelände des ehemaligen Abstellbahnhofs Hundekehle in Grunewald abgestellt. *Foto: Bernd Schäfer, 13.05.1995*

Abgestellt und von der Natur erobert – ein Beiwagen der Bauart »Bernau« auf dem Außengelände der ehemaligen Triebwagenhalle Velten. *Foto: Bernd Schäfer, 1991*

1987 der Öffentlichkeit zur 750-Jahr-Feier Berlins präsentiert, wird der Museumszug »Berlin 2303/5447« für Sonderfahrten eingesetzt. Hier befindet sich der Viertelzug mit dem Steuerwagen an der Spitze kurz vor der Einfahrt in den Haltepunkt Bornholmer Straße (Ost).
Foto: Wolfgang Kiebert, 1993

Zum 75jährigen Jubiläum des elektrischen Verkehrs auf der Strecke Potsdam–Erkner wurde der Traditionszug der BR 167 eingesetzt. Hier hat er seinen Endbahnhof Erkner erreicht.
Foto: Wolfgang Kiebert, Mai 2003

DIE DREISSIGER JAHRE

Unterm Hakenkreuz

Es war am 14. Mai 1933 kurz vor Mitternacht, als sich vom Lokschuppen her langsam die alte T12-Lokomotive mit der Reichsbahnnummer 74 1166 dem Betriebswerk näherte. Unser Rangierer schwang die Handlampe, die Maschine hielt. Feierlich trugen Kumpels der Gruppe »B« einen mit Trauerschleife versehenen Kranz herbei und hingen ihn an der Führerhausrückwand auf.

»Und was wird aus Euch?« ging währenddessen die Frage hinauf zum Personal. »Mich wollen sie in den Rangierdienst übernehmen.« Bitterkeit lag in der Stimme des Lokführers, der an die fünfzig Jahre alt gewesen sein mochte. »Ick jehe bei die Knoppdrücker«, lachte der junge Heizer. »Ist doch ville leichter und kein Dreckigmachen.«

Dann rollte die Maschine weiter zum Wannseebahnhof. Alle Wagenwäscher bildeten am Wannseegleis Spalier, die noch auf Gruppe »B« abgestellten Abteilzüge waren erleuchtet, und als der letzte Dampfzug der Wannseebahn in jener historischen Nacht langsam an ihnen vorbeifuhr, hoben alle wie auf Kommando die Waschbesen zum letzten Gruß.

Kurt Pierson: Dampfzüge auf Berlins Stadt- und Ringbahn

Die Elektrifizierung der Wannseebahn

Während die Fahrgastzahlen auf den elektrisch betriebenen S-Bahnstrecken der Stadt- und Ringbahn durch verkürzte Fahrzeiten, eine erhöhte Zugfolge und einen verbesserten Fahrkomfort wieder anstiegen, nahmen sie auf der Wannseebahn ständig ab. Aus Kostengründen im Programm der Großen Elektrisierung nicht berücksichtigt, hatte die Wannseebahn im Zeitraum zwischen 1913 und 1930 einen Verkehrsrückgang von knapp 35% zu verzeichnen. Einer der Gründe war der immer unattraktiver werdende Dampfbetrieb auf der ältesten Vorortbahn Berlins sowie der unzulängliche Übergang auf die Ringbahn zwischen den Bahnhöfen Großgörschenstraße und Schöneberg (ab 01.12.1932 Kolonnenstraße). Mit einem ständig verbesserten und erweiterten Nahverkehrsangebot – in Lichterfelde verkehrten vier Straßenbahnlinien mit unterschiedlicher Linienführung, z. T. parallel zur Wannseebahn, die sich bis zum Potsdamer Platz zu einem Netz von acht gleichlaufenden Linien verdichteten, die U-Bahn wurde über den ehemaligen Endpunkt Thielplatz bis Krumme Lanke verlängert, zwei Autobuslinien wurden in das Zehlendorfer Zentrum geführt – trat die BVG verstärkt als Konkurrent zur Reichsbahn auf.

Um einen weiteren Verlust von Fahrgästen an die BVG zu stoppen, entschloss sich die Deutsche Reichsbahn-Gesellschaft (DRG) die Wannseebahn vom Potsdamer Wannseebahnhof über Zehlendorf Mitte (heute: Zehlendorf) bis Wannsee zu elektrifizieren. Erst eine Anleihe von ungefähr 32 Millionen Reichsmark ermöglichte es der Reichsbahn, das Projekt ab Ende 1931 in das Bauprogramm zu übernehmen. Da die »Bankierzüge« ebenfalls auf elektrischen Betrieb umgestellt werden sollten, wurden gleichzeitig die parallel zur Wannseebahn verlaufenden Gleise der Potsdamer Stammbahn zwischen Berlin Potsdamer Fernbahnhof und Zehlendorf Mitte sowie die Verbindungsgleise zur Wannseebahn elektrifiziert. Zur besseren Verkehrsanbindung bereits bebauter bzw. zu bebauender Gebiete errichtete die Deutsche Reichsbahn-Gesellschaft drei neue Haltepunkte, den Bahnhof Schöneberg als Turmbahnhof am Schnittpunkt der Ring- und Wannseebahn sowie die Haltepunkte Feuerbachstraße und Sundgauer Straße. Südlich des Bahnhofs Wannsee wurde ein Abstellbahnhof (Wsa) mit angeschlossenem Betriebswerk (S-Bw Wannsee) zur Behandlung der S-Bahnzüge gebaut. Der Triebwagenschup-

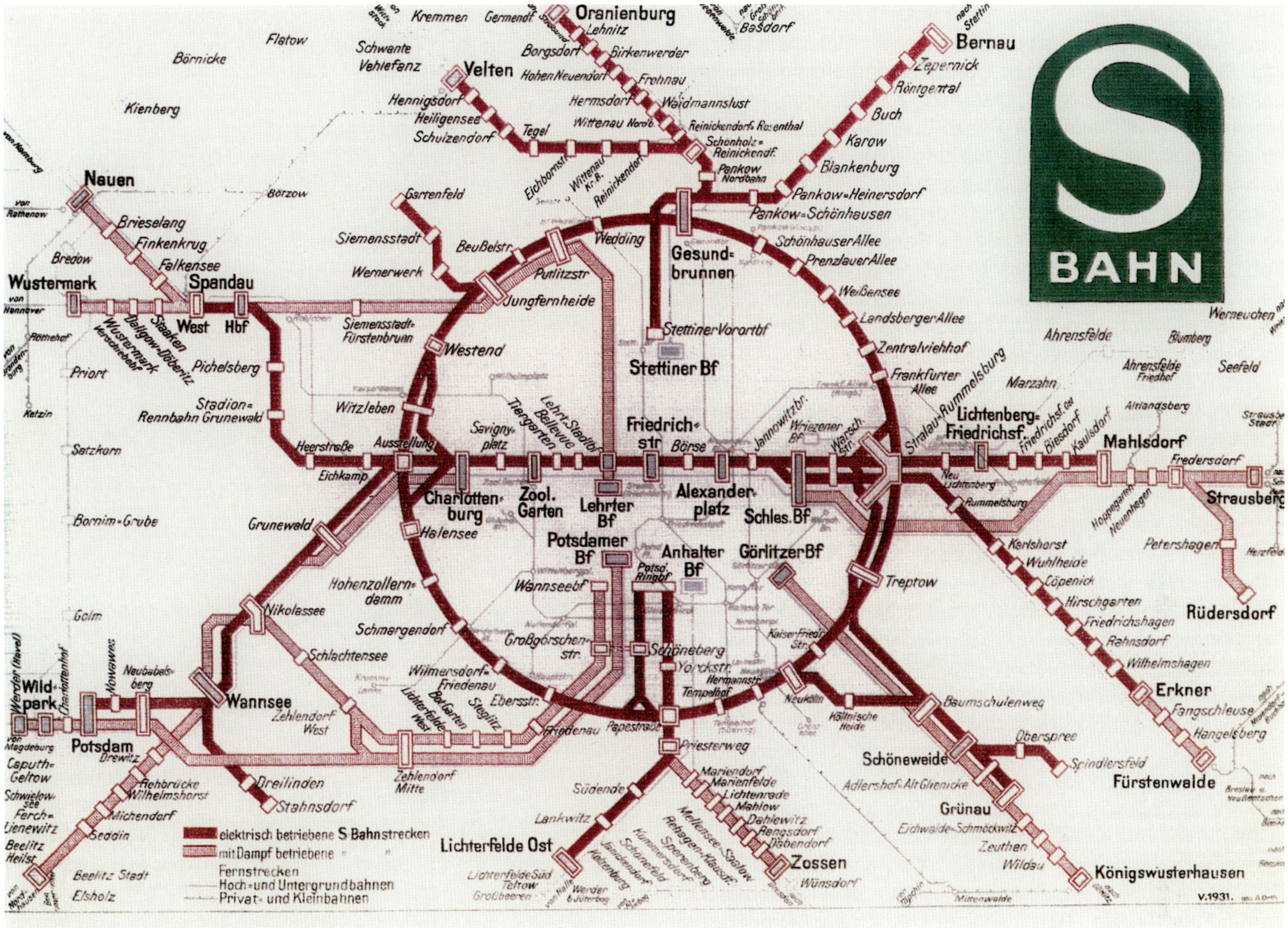

Netzplan von 1931. *Slg.: Wolfgang Kiebert*

pen, im Stil der Neuen Sachlichkeit als Rechteckhalle errichtet, konnte auf vier Stumpfgleisen 16 Viertelzüge aufnehmen. Seitlich an den Triebwagenschuppen war eine Werkstatt mit einem Stumpfgleis für einen Viertelzug angebaut. In der nächtlichen Betriebspause vom 14. zum 15. Mai 1933 wurden dann nach zweijähriger Bauzeit die elektrischen Züge im Betriebswerk bereitgestellt, um am darauf folgenden Tag den Betrieb aufnehmen zu können. Ende 1937 begann die Reichsbahn mit der Planung zur Erweiterung der Abstellanlage, da die Kapazität für den Betrieb auf der im Bau befindlichen Nordsüd-S-Bahn nicht ausreichte. Im Juli 1938 begannen die Arbeiten zum Bau zweier Abstellgruppen für zwölf weitere Vollzüge, zu deren Bedienung ein Stellwerk (Wsw) errichtet wurde. Die Rückwand des Triebwagenschuppens wurde durchbrochen, um die Stumpfgleise rückseitig an eine der beiden Abstellgruppen anschließen zu können. Am 8. Oktober 1939, einen Tag vor der Aufnahme des durchgehenden Betriebs auf der Nordsüd-Bahn, gingen die neu errichteten Abstellanlagen in Betrieb.

Der Bau des Nordsüd-Tunnels

Nach Abschluss der *Großen Elektrisierung* nahm die Deutsche Reichsbahn-Gesellschaft als zweites Großprojekt den Bau des Nordsüd-Tunnels in Angriff. Bereits zehn Jahre nach Eröffnung der Stadtbahn schlug Werner von Siemens den Bau einer Nord-Süd-Verbindungsbahn als Ergänzung zur in Ost-West-Richtung verlaufenden Stadtbahn vor, die überwiegend unterirdisch verlaufen und elektrisch betrieben werden sollte. In Hochlage ließ sich der Plan nicht verwirklichen, da die Bebauung der Innenstadt bereits zu weit fortgeschritten war. Um der Befürchtung des Stadtbaurates J. Hobrecht zu entgegnen, das unterirdisch verlegte Versorgungsnetz, insbesondere die Kanalisation, würde gefährdet, sollte die »Unterpflasterbahn« vom Potsdamer Bahnhof am Tiergarten vorbei zum Reichstag, dann entlang des linken Spreeufers zum Bahnhof Friedrichstraße und weiter längs der Panke über Gesundbrunnen nach Pankow geführt werden. Die als Spreeufer- oder Galeriebahn bezeichnete Nord-Süd-Verbindung erhielt 1897 die königliche Zustimmung, wurde jedoch nicht gebaut. Nach einer Planung von 1906, die eine Neuordnung der Fern- und Vorortgleise der Potsdamer und Anhalter Fern- und Vorortbahn mit Einführung in den neu zu bauenden Süd-West-Centralbahnhof auf dem Gelände des Potsdamer Bahnhofs vorsah, sollte die Wannseebahn als Unterpflaster-Verbindungsbahn vom Süd-West-Centralbahnhof über den Lehrter zum Stettiner Bahnhof geführt werden. Im Gegensatz zur modifizierten Planung von Siemens & Halske sahen die Preisträger des Wettbewerbs »Groß Berlin« von 1910 eine Verknüpfung der südlichen Vorortbahnen aus Zossen, Lichterfelde Ost und Wannsee mit den nördlichen Vorortbahnen vor. Zudem sollten die Fernbahnen in Nord-Süd-Richtung miteinander verknüpft werden. In Opposition zu denen, die einen durchgehenden Vorortverkehr ohne Umsteigen zwischen den verschiedenen Verkehrsmitteln forderten, stand der preußische Minister der Öffentlichen Arbeiten, Paul von Breitenbach, mit seinen Äußerungen kurz vor dem Ersten Weltkrieg. Die Staatsbahnverwaltung würde nicht beabsichtigen, die Wannsee- mit der Nordbahn und der Stettiner Bahn durch eine Tunnelbahn zu verbinden, um auf dieser die staatlichen Vorortzüge durchzuführen. Es sei nicht ihre Aufgabe für den örtlichen Verkehr zu sorgen. Trotz kontroverser Auffassung berücksichtigte man in der Planung die Möglichkeit, den Bahnhof Friedrichstraße zu einer Umsteigestation umbauen zu können. Eine wesentliche Voraussetzung für den Bau der Nord-Süd-Verbindung wurde 1913 von der Königlich Preußischen Eisenbahnverwaltung (KPEV) mit dem Entschluss zur Elektrifizierung der Stadt-, Ring- und Vorortbahnen geschaffen, ließ sich ein durchgehender Verkehr doch nur mit einem einheitlichen, elektrisch angetriebenen Fahrzeugpark realisieren. Um die Kosten möglichst gering zu halten, verzichtete man auf den Bau des Fernbahntunnels und schränkte das Lichtraumprofil bei den elektrischen Vorortzügen auf 80% der Höhe von Fernbahnen ein. Obwohl eine Linienführung über den Potsdamer Wannseebahnhof bevorzugt wurde, wich man von der ursprünglichen Planung ab und sah eine Anbindung des durch öffentliche Verkehrsmittel nur unzureichend erschlossenen Anhalter Bahnhofs vor, war er doch für den Fernreiseverkehr von erheblicher Bedeutung.

Anfang Juli 1933 verkündete der Verwaltungsrat der Deutschen Reichsbahn-Gesellschaft auf seiner 56. Tagung ein erweitertes Arbeitsbeschaffungsprogramm. Projekte wie der Bau der Nordsüd-S-Bahn wurden durch die Nationalsozialisten nach deren Machtergreifung vorrangig gefördert, dienten sie doch der Beseitigung der Arbeitslosigkeit. Organisatorisch hatte die Deutsche Reichsbahn-Gesellschaft den Bau

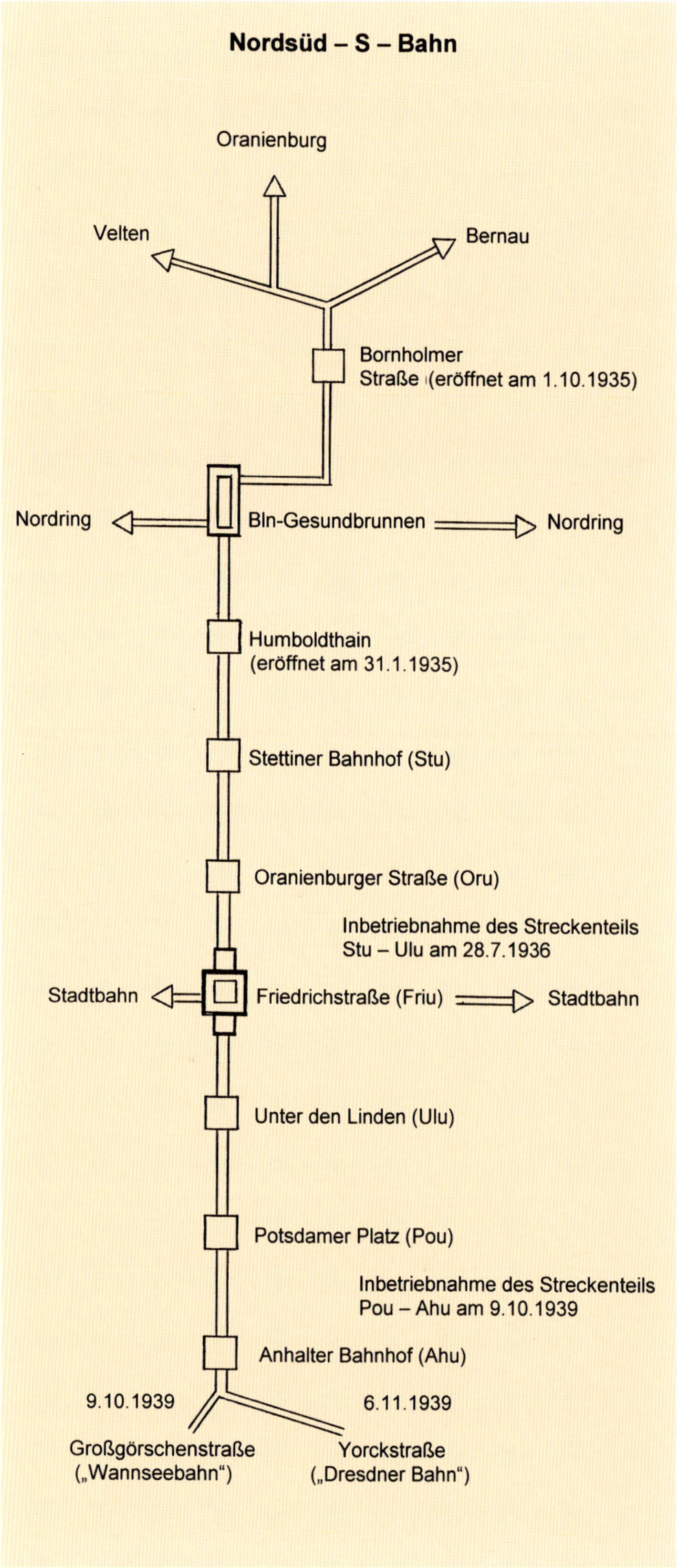

Teilnetzkarte »Nordsüd-S-Bahn«. *Zeichnung: Wolfgang Kiebert*

der Tunnelstrecke in drei Abschnitte unterteilt. Der Nordabschnitt reichte vom Stettiner Bahnhof bis zur Spreekreuzung, der Mittelabschnitt von der Spreekreuzung bis zur Hermann-Göring-Straße (heute: Ebertstraße) und der Südabschnitt bis zum Anschluss an die von Süden kommenden Vorortstrecken.

Die Fertigstellung der Tunnelstrecke war für Anfang 1938 geplant. Im Zuge dieser Baumaßnahme sollten zwei zusätzliche S-Bahnstationen gebaut werden, um die Wohngebiete südlich des Bahnhofs Gesundbrunnen verkehrlich besser erschließen zu können. Nördlich des Bahnhofs Gesundbrunnen sollte ein Übergang von der verkehrsreichen Bornholmer Straße zur S-Bahn geschaffen werden. Ende Januar 1935 wurde der Haltepunkt Humboldthain eröffnet, am 1. Oktober des selben Jahres der Bahnhof Bornholmer Straße. 1934 begannen die Baumaßnahmen im Bereich des Stettiner Bahnhofs sowie an den Unterfahrungen von Landwehrkanal und Spree. Überschattet wurde der Bau der Tunnelstrecke durch den Einsturz der Baugrube in der Nähe des Brandenburger Tores, bei dem 19 Arbeiter nur noch tot und vier verletzt geborgen werden konnten. Offensichtlich wurde die Baugrube nur unzureichend ausgesteift, hatte man sie einen Meter tiefer ausgehoben als geplant, ohne die Rammträger entsprechend tief in das Erdreich zu schlagen.

Im Vorfeld des Stettiner Bahnhofs werden am nördlichen Tunnelmund die 17 m langen Gleisbrücken auf die Unterzüge gelegt. *Foto: Slg. Reinhard Schulz, 18.04.1934*

Im Zuge des Baus der Nordsüd-S-Bahn wurde der Bahnhof Bornholmer Straße im Oktober 1935 eröffnet. Ein Halbzug der Bauart »ORANIENBURG« steht am Bahnsteig und erwartet den Abfahrauftrag nach Stettiner Bahnhof.
Foto: Slg. Wolfgang Kiebert, Aufnahmedatum 1935

Am 20.08.1935 stürzte der S-Bahntunnel in der Hermann-Göring-Straße nahe dem Brandenburger Tor ein. Nur 10 Tage später war die Baugrube neu ausgesteift.
Fotos: Max Krajewsky (DR), Slg.: DTM Berlin, 22.08.1935 (Bild links) und 30.08.1935 (Bild oben)

S-Bahn-Baustelle Unter den Linden Ecke Wilhelmstraße.
Foto: F. Bettge (RVM), Slg. Reinhard Schulz, Aufnahmedatum um 1935

Am 28. Juli 1936 wurde der Tunnelabschnitt Stettiner Bahnhof–Unter den Linden für den elektrischen S-Bahnbetrieb freigegeben. Auf diesem Foto ist das Empfangsgebäude des Stettiner-S-Bahnhofs am Eröffnungstag zu sehen. *Foto: Slg. Reinhard Schulz, 28.07.1936*

Der unterirdische Stettiner S-Bahnhof kurz nach der Eröffnung.
Foto: Slg. Reinhard Schulz, Aufnahmedatum 1936

Tunnel der Nordsüd-S-Bahn neben dem Anhalter Fernbahnhof.
Foto: Slg. Reinhard Schulz, Aufnahmedatum um 1938

Trotz der Havarie konnte der erste Abschnitt vom Bahnhof Humboldthain bis zur Station Unter den Linden rechtzeitig vor Beginn der olympischen Spiele 1936 in Betrieb genommen werden. Mit der Inbetriebnahme des Nordabschnitts der Nordsüd-S-Bahn wurde der in den Jahren 1895 – 1903 errichtete Stettiner Vorortbahnhof für den Personenverkehr geschlossen. Die Anlagen wurden in das dort befindliche S-Bahnbetriebswerk, das über eine Spitzkehre mit dem unterirdischen Stettiner S-Bahnhof verbunden war, einbezogen. Bedingt durch schwierige Bauarbeiten im Bereich des Potsdamer Platzes sowie Umplanungen als Resultat Hitlerscher Pläne zur Neugestaltung Berlins konnte der unterirdische S-Bahnhof erstmals im April 1939 von Norden her angefahren werden. Ab Oktober bzw. November 1939 konnten dann S-Bahnzüge von den Nordstrecken über die Tunnelstrecke auf die Südstrecken nach Wannsee bzw. Lichterfelde Ost übergehen. Um die Gleise der Wannseebahn in den Nordsüd-S-Bahntunnel einführen zu können, musste ihre Lage nördlich des Bahnhofs Schöneberg verändert werden. An der Nordausfahrt sollten die Gleise der Wannseebahn die Ferngleise durch einen Unterfahrungstunnel niveaufrei kreuzen und dann am Bahnhof Kolonnenstraße mit den vom Südring kommenden Gleisen vereint werden. Im Plan von 1937 war der Bau eines zweiten Inselbahnsteigs für einen Richtungsbetrieb vorgesehen, wobei die innen liegenden Gleise von den Wannseebahnzügen befahren werden sollten. Nördlich und südlich des Bahnhofs war der Einbau je einer doppelten Gleisverbindung zum Überleiten der Züge auf die Wannseebahn oder den Südring geplant. Die vom Südring kommenden Züge sollten den nach Norden an die Yorckstraße verschobenen neuen Haltepunkt Großgörschenstraße ohne Halt passieren und über den neu zu bauenden unterirdischen Haltepunkt Hafenplatz südlich des Landwehrkanals in den Tunnelbahnhof Potsdamer Platz eingeführt werden. Mit den Bauarbeiten wurde etwa Mitte Mai 1936 begonnen. Das Empfangsgebäude des Bahnhofs Kolonnenstraße am Ostkopf der Sedanbrücke (heute: Julius-Leber-Brücke) wurde abgetragen und durch ein in die Böschung gesetztes Provisorium an der Czeminskistraße ersetzt. Der Inselbahnsteig konnte nur über eine hölzerne Fußgängerbrücke erreicht werden. Um die nötige Baufreiheit für den Unterfahrungstunnel zu schaffen, wurden die Kehranlage sowie das westlich der Ringbahngleise liegende Gütergleis abgebaut. Nach gut dreijähriger Bauzeit wurden die Gleise nördlich von Schöneberg am 7. und 8. Oktober 1939 an den Wannseebahn-Tunnelmund angeschwenkt. Mit der Einführung der Wannseebahn in die Nord-Süd-Tunnelstrecke wurden der Potsdamer Wannseebahnhof und der alte Bahnhof Großgörschenstraße – in seiner Lage an der Fernstrecke ohne Funktion – geschlossen. Geschlossen werden konnte auch der Potsdamer Vorortbahnhof, nachdem im November 1939 die aus Mahlow und Lichterfelde kommenden Vorortzüge in den Tunnel eingeführt wurden. Lediglich die Ringbahnzüge fuhren noch den Potsdamer Bahnhof bis Anfang Juli 1944 an.

Weitere Planungen zur Erweiterung des S-Bahnnetzes

Der geplante Umbau Berlins zur »Welthauptstadt Germania« sollte für die Fern- wie für die S-Bahn weitreichende Konsequenzen haben. Nach einer im Oktober 1942 vom Generalbauinspektor (GBI) für die Reichshauptstadt vorgelegten Schnellbahnplanung sollte das S-Bahnnetz um 341 km erweitert werden. Mit dem geplanten Ausbau wurden folgende drei Ziele verfolgt:

1. Innerhalb des Innenrings sollte das Streckennetz so verdichtet werden, dass der den Autoverkehr behindernde Straßenbahnbetrieb eingestellt werden kann. Die neu zu bauenden Strecken sollten im Innenstadtbereich grundsätzlich unterirdisch verlaufen.
2. Die im Umland geplanten Trabantenstädte sowie vorhandene Siedlungen sollten erschlossen werden, wobei dampfbetriebene Strecken zu elektrifizieren und neue Strecken zu bauen waren.
3. Um die Fahrzeiten aus den Vororten in das Stadtzentrum verkürzen zu können, sollten Fern-S-Bahnzüge (FS-Bahn) eingerichtet werden. Die FS-Züge sollten im Umland auf allen Bahnhöfen halten, im Stadtgebiet jedoch nur auf wenigen.

Folgende Strecken sollten von FS-Bahnzügen befahren werden:

1. Strausberg/Rüdersdorf (b. Bln.)–Stadtbahn–Nauen
2. Fürstenwalde (Spree)–Erkner–Stadtbahn–Potsdam–Werder (Havel)
3. Berlin-Köpenick–Stadtbahn–Westkreuz
4. Königs Wusterhausen–Stadtbahn–Wilhelmstadt
5. Südgelände Süd–Südbahnhof–Nordbahnhof–Berlin-Spandau
6. Werder–Potsdam–Anhalter Bahnhof–Gesundbrunnen–Oranienburg bzw. Bernau.

Offensichtlich zur Taktverdichtung waren zusätzliche FS-Züge auf der Relation Wannsee–Zehlendorf–Anhalter Bahnhof–Gesundbrunnen gedacht. Um die FS-Bahnzüge über die Stadtbahn führen zu können, sollte der Fernverkehr über den hierfür auszubauenden Innenring abgewickelt werden. Die Fernstrecken waren so in den Innenring einzufädeln, dass die Fernzüge die geplanten Fernbahnhöfe Nord im Bereich Putlitzstraße –Wedding und Süd im Bereich Schöneberg–Papestraße–Tempelhof anfahren konnten. Das dort befindliche S-Bahnbetriebswerk (S-Bw Par) sollte abgerissen und durch einen Neubau an der Oderstraße ersetzt werden. Am Südbahnhof sollten nach einer Planskizze der Reichsbahndirektion Berlin vom April 1938 zwei Verbindungskurven zur Anhalter und Dresdner Bahn entstehen, auf denen aus Osten kommende Ringbahnzüge in Richtung Stadtmitte hätten fahren können. Am Bahnhof Schöneberg, der in veränderter Lage auszubauen war, sollte der Ring mit der Wannseebahn über zwei Verbindungskurven verknüpft werden, so dass ein Überleiten der aus Westen kommenden Ringbahnzüge auf die stadteinwärts führenden Gleise der Wannseebahn ebenso möglich gewesen wäre wie ein Überleiten der stadtauswärts fahrenden Züge auf den Ring in Richtung Westkreuz. Somit wären Zugläufe von Westkreuz über Schöneberg, Anhalter Bahnhof, Gesundbrunnen und Ostkreuz nach Südbahnhof und weiter über Hornstraße, Lützowstraße und Nordbahnhof nach Westkreuz (Doppelring) möglich gewesen. Die Gleisanlagen und Bahnhöfe auf der Stadtbahn waren so umzubauen, dass S- und FS-Bahnzüge im Richtungsbetrieb verkehren können. Die FS-Züge sollten die außen liegenden Gleise befahren, um die S-Bahnzüge fliegend überholen zu können. Das Umsteigen zwischen S- und FS-Zügen sollte ohne Bahnsteigwechsel möglich sein. Als Haltestellen der FS-Bahnzüge auf der Stadtbahn waren die Stationen Zoologischer Garten, Stadtkreuz (Lehrter Stadtbahnhof), Friedrichstraße, Alexanderplatz und Schlesischer Bahnhof (heute: Ostbahnhof) vorgesehen. Die Personenbahnhöfe Nord und Süd, die als Ersatz für die Kopfbahnhöfe geplant waren, sollten durch eine weitere unterirdische Nordsüd-S-Bahn verbunden werden. Als Verknüpfungspunkte der beiden Nord-Süd-Strecken waren die Bahnhöfe Potsdamer Platz und Hornstraße vorgesehen. Beim Bau des S-Bahnhofs Potsdamer Platz hatte man die weitere S-Bahnplanung bereits berücksichtigt. So hatte die Reichsbahn am nördlichen Ende des Bahnhofs eine zweigleisige Abstell- und Kehranlage errichtet, deren Weichenstraße so angelegt war, dass beide Gleise zum Ein- und Aussetzen von den zum Ring und den südlichen Vorortstrecken kommenden Zügen benutzt werden konnten. Der Bahnhof Hornstraße, der unter dem Areal des Potsdamer Güterbahnhofs nach dessen Abriss gebaut werden sollte, sollte an die Wannseebahn und die Südringspitzkehre angeschlossen werden. Er war als Umsteigebahnhof mit fünf Bahnsteigen geplant, da die Wannseebahn den Südbahnhof nicht berührte. Einer der Bahnsteige sollte zur Anbindung der geplanten U-Bahnlinie G genutzt werden.

Die begradigte Stadtbahn sollte am Lehrter Stadtbahnhof, den man in Stadtkreuz umbenennen wollte, gekreuzt werden. Am Nordbahnhof war die Einführung der neuen Nordsüd-S-Bahn in den Nordring Richtung Wedding bzw. Putlitzstraße (heute: Westhafen) vorgesehen. Der Görlitzer Bahnhof, von dem der Vorortverkehr nach Königs Wusterhausen ausging, sollte über eine unterirdische S-Bahnstrecke an die Nordsüd-Bahn angeschlossen werden. Der ursprüngliche Plan, diese Strecke in den Bahnhof Potsdamer Platz einzuführen, wurde auf Anordnung der Eisenbahnabteilung des Reichsverkehrsministeriums (RVM) vom 2. April 1938 zugunsten einer Einführung am Anhalter Bahnhof geändert.

Die Lichterfelder S-Bahnstrecke sollte am Bahnhof Lichterfelde Süd verzweigt werden. In südlicher Richtung war der Bau einer zweigleisigen S-Bahnstrecke über Teltow und Großbeeren nach Ludwigsfelde geplant, um die Arbeiter zu den dortigen Flugzeugwerken befördern zu können. In einer zweiten Phase sollte die S-Bahn über Thyrow nach Trebbin verlängert werden. Zur Behandlung der elektrischen S-Bahnzüge war in Trebbin der Bau eines S-Bahnbetriebswerkes vorgesehen. In südwestlicher Richtung war die Verknüpfung mit der in Stahnsdorf endenden »Friedhofsbahn« geplant. Um das Industriegebiet des Teltowkanals am 4. Straßenring und an der Goerzallee an das S-Bahnnetz anschließen zu können, war der Bau einer S-Bahnverbindung von Teltow Stadt nach Lichterfelde West geplant. Nach einer Untersuchung gemäß Auftrag vom 12. Januar 1942 sollten an der Verbindungsstrecke die Haltepunkte Lichterfelder Straße, Goerzallee, Telefunken, Hochbaumstraße

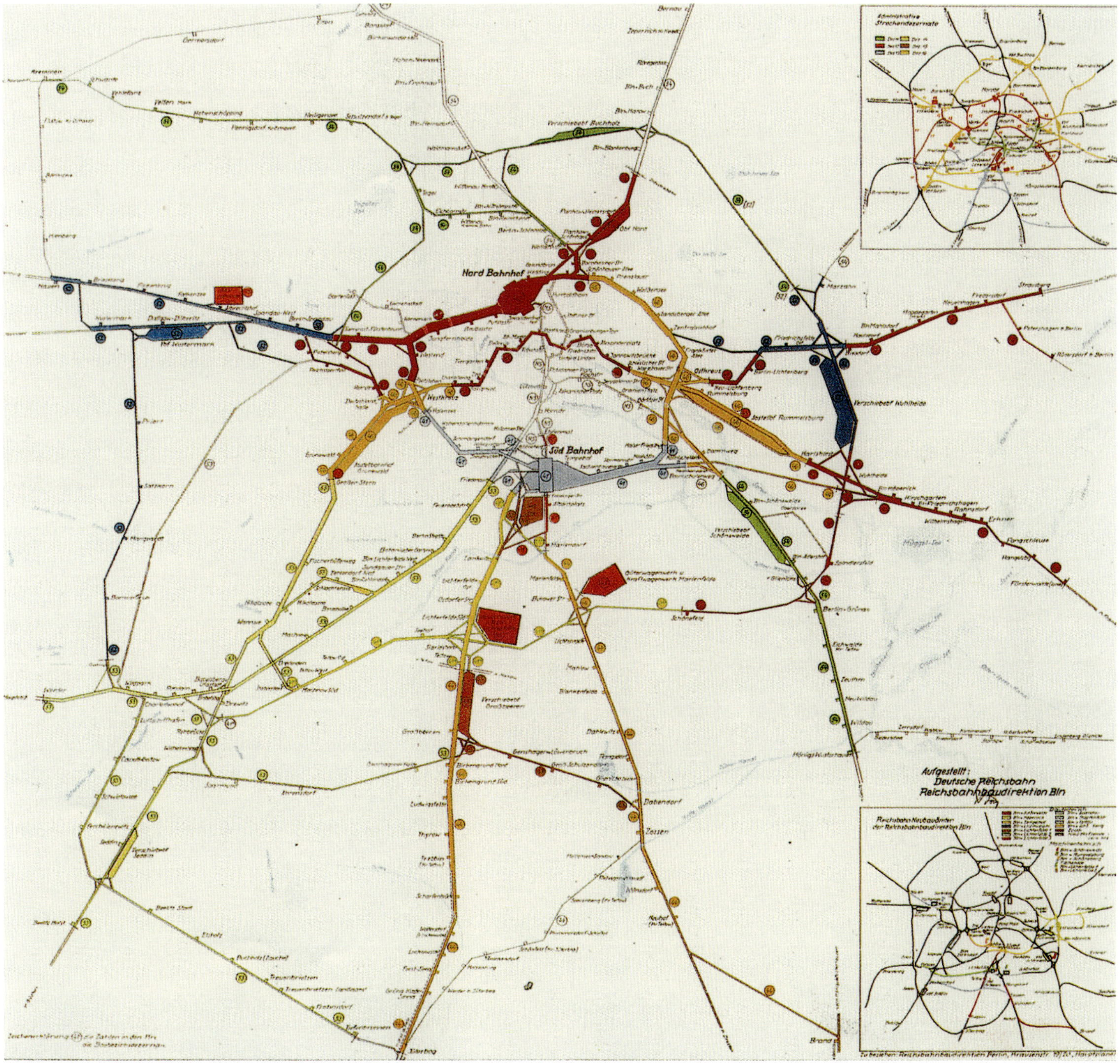

Plan der Reichsbahnbaudirektion Berlin von 1939 zum Umbau der Bahnanlagen. Im Zuge der geplanten »Neugestaltung der Reichshauptstadt« wollte die Reichsbahndirektion Berlin ihre Bahnanlagen erweitern und modernisieren. In einer dafür eingerichteten Baudirektion wurden entsprechende Pläne ausgearbeitet, die auf der von 1939 stammenden Karte wiedergegeben sind. Die unterschiedlichen Farben und eingekreisten Ziffern markieren die Baubezirksgrenzen. *Alfred B. Gottwaldt: Das Berliner U- und S-Bahnnetz, 1. Auflage 2004, transpress Verlag, S.37*

und Finckensteinallee gebaut werden. Mit Rücksicht auf das Bauvolumen hielt der Generalbauinspektor die Ausführung während des Krieges für nicht angängig. Der elektrische Betrieb auf der Dresdner Bahn sollte bis Wünsdorf ausgedehnt werden. Zu einem späteren Zeitpunkt war die Trennung zwischen Fern- und S-Bahn durch den Bau eigener Vorortgleise vorgesehen. Die Stammbahn sollte zwischen Zehlendorf und Babelsberg-Ufastadt (heute: Griebnitzsee) elektrifiziert und über Potsdam nach Werder (Havel) verlängert werden. Neben dem Ausbau des Haltepunkts Dreilinden zum Kreuzungsbahnhof am Schnitt-

Im Zuge der geplanten S-Bahnstrecke nach Trebbin hatte die Reichsbahnbaudirektion in Großbeeren zu Beginn der vierziger Jahre den Damm aufgeschüttet und den S-Bahnzugang gebaut. Im Mai 2001 wurden der Bahndamm abgetragen und das Zugangsbauwerk abgerissen, um die Straße verbreitern zu können.
Foto: Wolfgang Kiebert, Mai 2001

Bahnhof Caputh-Geltow. Nach den Planungen der Reichsbahnbaudirektion Berlin sollte das S-Bahnnetz erheblich ausgedehnt werden. So war in diesem Bahnhof ein Halt für elektrische S-Bahnzüge vorgesehen. *Foto: Wolfgang Kiebert, Februar 2001*

punkt zwischen »Friedhofsbahn« und »Stammbahn« war die Ausfädelung einer S-Bahnstrecke nach Ferch-Lienewitz am Bahnhof Charlottenhof geplant, um an den Wochenenden den Ausflugsverkehr bewältigen zu können.

Zwischen Kohlhasenbrück und Beelitz wollte die Reichsbahn den dampfbetriebenen Vorortverkehr durch elektrischen Betrieb ersetzen. Im Westen von Berlin sollte die über Reichssportfeld (heute: Olympiastadion) und Pichelsberg nach Spandau führende Strecke aufgegeben und durch eine über die geplanten Bahnhöfe Olympische Straße und Ruhleben führende Neubaustrecke nach Verbreiterung der Trasse der Hamburger Verbindungsbahn ersetzt werden. Am Bahnhof Heerstraße war die Verzweigung der Strecken nach Spandau und Potsdam vorgesehen. Dementsprechend sollte der Bahnhof für den S-Bahnbetrieb viergleisig mit zwei Inselbahnsteigen ausgebaut werden. Nördlich des Bahnhofs Olympische Straße sollte ein Abzweig zum Nordring über Siemensstadt-Fürstenbrunn und ein Abzweig nach Tegel aus der Spandauer Strecke ausgefädelt werden. An der Kreuzung der Siemensbahn zwischen Siemensstadt und Gartenfeld war der Bau eines Umsteigebahnhofs geplant. Westlich des Bahnhofs Spandau West (heute: Spandau) sollten die Strecken nach Nauen über Falkensee, Finkenkrug und Brieselang sowie nach Wustermark über Staaken, Dallgow-Döberitz, Rohrbeck und Elstal verzweigen. Im Norden sollte der Abschnitt Borgsdorf – Oranienburg viergleisig ausgebaut werden. Im nordöstlichen und östlichen Berliner Raum wollte die Reichsbahn den elektrischen Betrieb bis Werneuchen, Strausberg und Rüdersdorf ausdehnen, im südöstlichen Raum über Erkner nach Fürstenwalde (Spree). Zwischen Petershagen an der Stichstrecke nach Rüdersdorf und Erkner sollte eine Neubaustrecke für einen Gemeinschaftsbetrieb zwischen Fern- und S-Bahn entstehen. Nach dem Stand der Planung Mitte 1939 sollten bis Oktober 1943 folgende Strecken neu elektrifiziert werden:

Spandau West–Finkenkrug	bis Mai	1940
Mahlow–Wünsdorf	bis Oktober	1940
Mahlsdorf–Hoppegarten	bis Oktober	1940
Finkenkrug–Nauen	bis Dezember	1940
Lehrter Bahnhof–Wustermark	bis April	1941
Lichterfelde Ost–Ludwigsfelde	bis Mai	1941
Lichterfelde Süd–Stahnsdorf	bis Mai	1941
Grünau–Königs Wusterhausen	bis Mai	1942
Hoppegarten–Strausberg	bis Oktober	1942
Wannsee–Beelitz Heilstätten	bis Oktober	1943
Ludwigsfelde–Trebbin	bis Oktober	1943

Wie die anstehenden Elektrifizierungsvorhaben für die Strecken nach Wustermark und Nauen durchgeführt werden sollten, wurde auf einer Konferenz am 14. Juni 1939 im Unterwerk Spandau West besprochen. Die Stromzuführung auf dem Streckenabschnitt Lehrter Bahnhof–Jungfernheide sollte nach dem Prinzip der verteilten Speisung durch die ferngesteuerten und parallelgeschalteten Unterwerke Jungfernheide und Putlitzstraße (heute: Westhafen) erfolgen. Der im Unterwerk Putlitzstraße eingebaute 1200 kW-Gleichrichter sollte durch einen Gleichrichter mit einer Leistung von 2970 kW ausgetauscht werden. Der ausgebaute 1200 kW-Gleichrichter war für das geplante Unterwerk in Thyrow vorgesehen. Nach einer Veränderung der Planung zur Verstromung teilte die Reichsbahnbaudirektion Berlin mit Schreiben vom 18. August 1939 folgende Daten zur Streckenelektrifizierung mit:

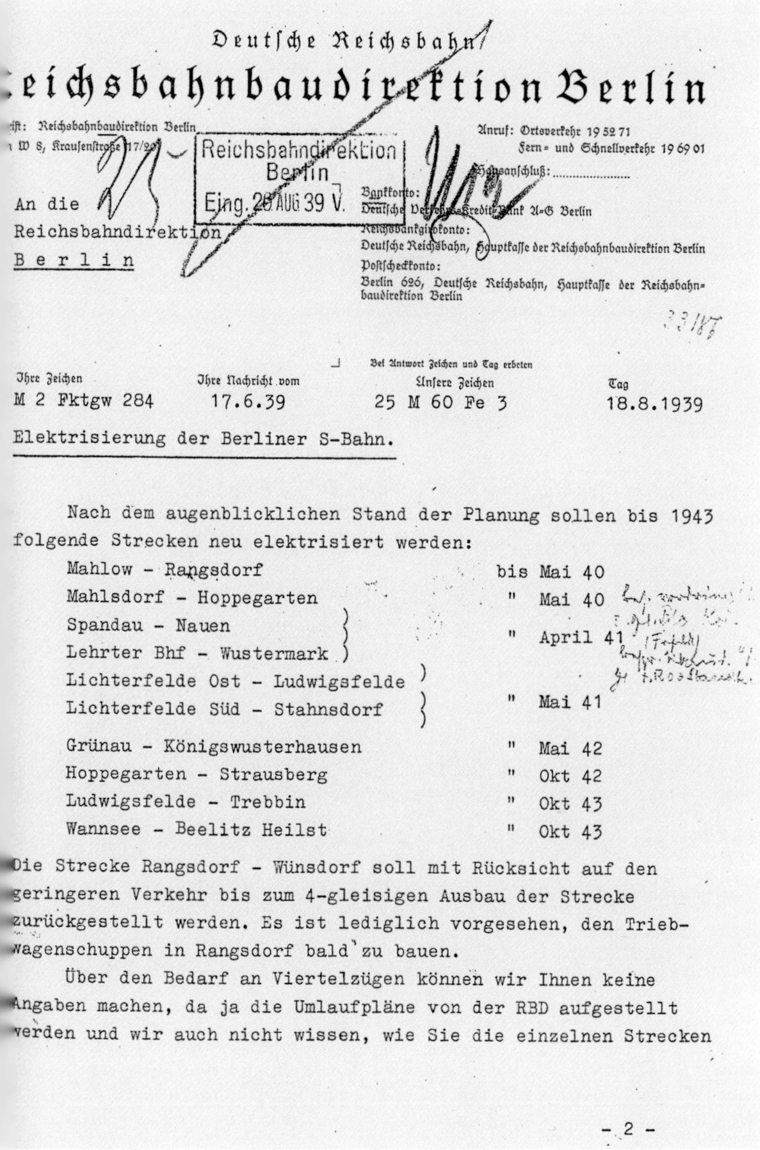
Deutsche Reichsbahn
Reichsbahnbaudirektion Berlin

Reichsbahndirektion Berlin
Eing. 28 AUG 39 V.

An die
Reichsbahndirektion
Berlin

Ihre Zeichen	Ihre Nachricht vom	Unsere Zeichen	Tag
M 2 Fktgw 284	17.6.39	25 M 60 Fe 3	18.8.1939

Elektrisierung der Berliner S-Bahn.

Nach dem augenblicklichen Stand der Planung sollen bis 1943 folgende Strecken neu elektrisiert werden:

Mahlow - Rangsdorf	bis Mai 40
Mahlsdorf - Hoppegarten	" Mai 40
Spandau - Nauen, Lehrter Bhf - Wustermark	" April 41
Lichterfelde Ost - Ludwigsfelde, Lichterfelde Süd - Stahnsdorf	" Mai 41
Grünau - Königswusterhausen	" Mai 42
Hoppegarten - Strausberg	" Okt 42
Ludwigsfelde - Trebbin	" Okt 43
Wannsee - Beelitz Heilst	" Okt 43

Die Strecke Rangsdorf - Wünsdorf soll mit Rücksicht auf den geringeren Verkehr bis zum 4-gleisigen Ausbau der Strecke zurückgestellt werden. Es ist lediglich vorgesehen, den Triebwagenschuppen in Rangsdorf bald zu bauen.

Über den Bedarf an Viertelzügen können wir Ihnen keine Angaben machen, da ja die Umlaufpläne von der RBD aufgestellt werden und wir auch nicht wissen, wie Sie die einzelnen Strecken

- 2 -

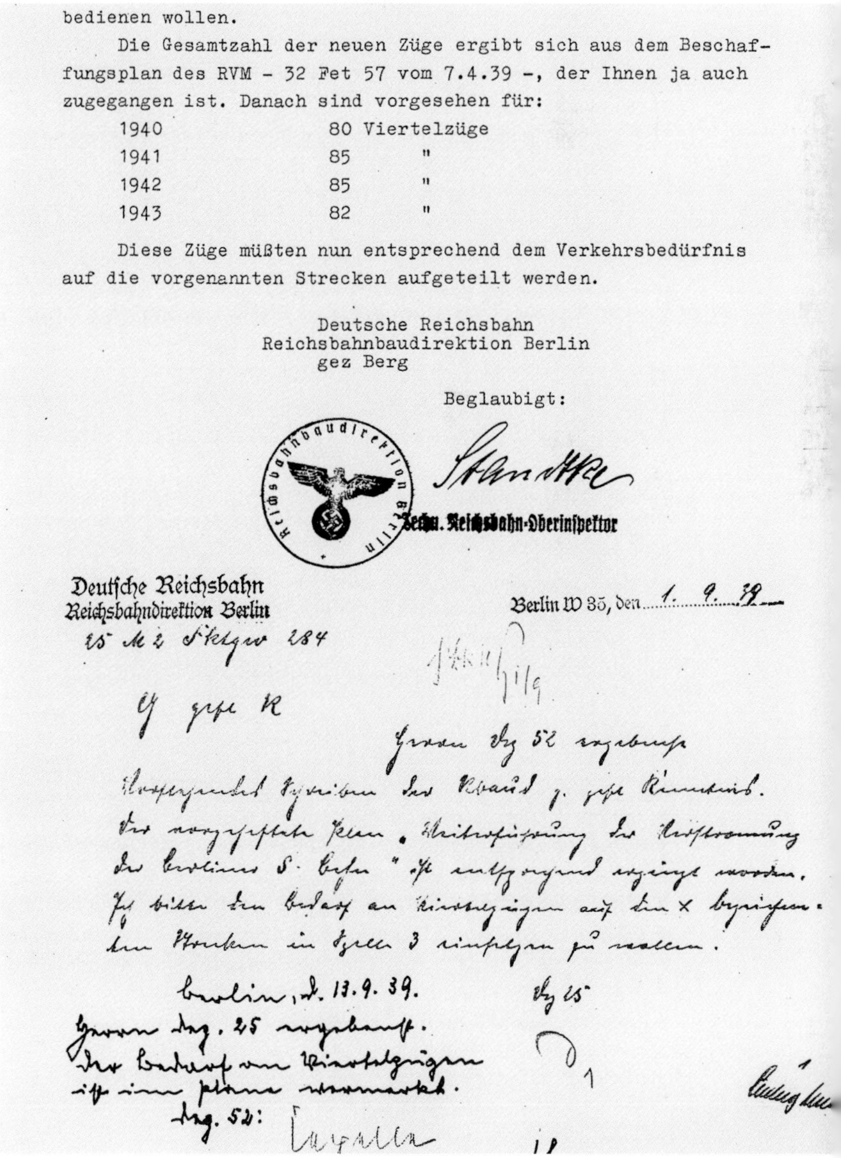
bedienen wollen.

Die Gesamtzahl der neuen Züge ergibt sich aus dem Beschaffungsplan des RVM - 32 Fet 57 vom 7.4.39 -, der Ihnen ja auch zugegangen ist. Danach sind vorgesehen für:

1940	80 Viertelzüge
1941	85 "
1942	85 "
1943	82 "

Diese Züge müßten nun entsprechend dem Verkehrsbedürfnis auf die vorgenannten Strecken aufgeteilt werden.

Deutsche Reichsbahn
Reichsbahnbaudirektion Berlin
gez Berg

Beglaubigt:
Techn. Reichsbahn-Oberinspektor

Deutsche Reichsbahn
Reichsbahndirektion Berlin
Berlin W 35, den 1. 9. 39

Schreiben der Reichsbahnbaudirektion Berlin vom 18.08.1939 zur Elektrisierung der Berliner S-Bahn. *Landesarchiv Berlin, A Rep 080, Nr. 17430*

Die Strecke Rangsdorf–Wünsdorf sollte aufgrund des geringeren Verkehrs bis zum viergleisigen Ausbau von der Elektrifizierung zurückgestellt werden. Es war lediglich vorgesehen, den Triebwagenschuppen in Rangsdorf möglichst bald zu bauen. Im Zuge der Baumaßnahmen sollte ein zusätzlicher Speisepunkt in Dahlewitz eingerichtet werden. Hierfür war das in Lichtenrade stationierte fahrbare Unterwerk vorgesehen. Als Ersatz für das fahrbare Unterwerk sollte in Lichtenrade-Kreuzungsbahnhof ein stationäres Unterwerk errichtet werden. Für die Erweiterung des elektrischen S-Bahnnetzes hatte die Reichsbahndirektion Berlin einen voraussichtlichen Mehrbedarf von 327 Viertelzügen genannt, von denen 252 Viertelzüge in den Jahren 1941–1943 angefordert wurden. Weitere 348 Viertelzüge wurden für die zwischen 1944 und 1950 im Zusammenhang mit den Umbauten Berlins zu elektrifizierenden Strecken bestellt. Die in

Geplante Zugläufe im S-Bahnverkehr in Abänderung des Gesamtplans vom 10.6.1938

- Wannsee–Anhalter Bahnhof–Potsdamer Platz–Friedrichstraße–Oranienburg (6)
- Wannsee–Zehlendorf Mitte–Schöneberg–Anhalter Bahnhof–Potsdamer Platz–Friedrichstraße–Gesundbrunnen (»Bankierzüge«) (4)
- Werder–Schöneberg–Anhalter Bahnhof–Hermsdorf (3)
- Potsdam–Schöneberg–Anhalter Bahnhof–Buch (3)
- Wannsee–Schöneberg–Anhalter Bahnhof–Görlitzer Bahnhof–Grünau (6)
- Wannsee–Lichterfelde Ost–Anhalter Bahnhof–Potsdamer Platz–Stettiner Bahnhof–Bernau (6)
- Trebbin–Lichterfelde Ost–Anhalter Bahnhof–Potsdamer Platz–Stettiner Bahnhof–Tegel (6)
- Wünsdorf–Südbahnhof–Hornstraße–Potsdamer Platz–Nordbahnhof–Velten (6)
- Südgelände–Südbahnhof–Hornstraße–PotsdamerPlatz–Nordbahnhof–Putlitzstraße (6)
- Westkreuz–Schöneberg–Anhalter Bahnhof–Potsdamer Platz–Friedrichstraße–Gesundbrunnen–Ostkreuz–Südbahnhof–Hornstraße–Nordbahnhof–Westkreuz (Doppelring/6)

Anmerkung: In Klammern ist die Anzahl der Züge pro Stunde und Richtung angegeben.
Quelle: LOKRUNDSCHAU, Ausgabe 2/2000, Nr. 188 vom März/April 2000

Zugläufe im S-Bahnverkehr in Abänderung der Planungen von 1941

Der bereits 1938 geplante Zuglauf auf dem Doppelring mit sechs Zügen pro Stunde und Richtung sollte beibehalten werden, ebenso der Zuglauf Wünsdorf–Velten (Mark), allerdings mit neun statt der bisher geplanten sechs Umläufe pro Stunde und Richtung. Die aus Trebbin kommenden Züge sollten statt nach Bln-Tegel nach Bln-Hermsdorf (6) bzw. Oranienburg (3) geführt werden. Für die in Wannsee einsetzenden Züge waren folgende neue Linienführungen vorgesehen:
Bln-Wannsee–Stahnsdorf–Lichterfelde Süd–Südbahnhof–Wedding–Gesund-brunnen–Bln-Buch (6/Bernau b. Bln/3) und
Bln-Wannsee–Zehlendorf–Schöneberg–Gesundbrunnen–Bln-Tegel (6).
Außerdem sollten folgende Zugläufe eingerichtet werden:

- Nord-Halbring über Stadtbahn (6)
- Süd-Halbring über Stadtbahn (6)
- Bln-Gartenfeld–Nordring–Ostkreuz–Hermannstraße (6)
- Teltow Stadt–Lichterfelde West–Schöneberg–Gesundbrunnen–Weißensee (heute: Greifswalder Straße/6)
- Bln-Grünau–Görlitzer Bahnhof–Anhalter Bahnhof–Zehlendorf–Wannsee–Potsdam (6)
- Bln-Grünau–Südring–Westkreuz–Jungfernheide (6)
- Bln-Spindlersfeld–Ostkreuz–Nordring–Siemensstadt-Fürstenbrunn–Olympische Straße (6)
- Bln-Friedrichshagen–Stadtbahn–Wannsee–Beelitz Heilstätten bzw. Beelitz Stadt (6)
- Bln-Mahlsdorf–Stadtbahn–Heerstraße–Groß Glienicke–Potsdam (3)
- Bln-Mahlsdorf–Stadtbahn–Spandau–Wustermark (6)
- Werneuchen–Stadtbahn–Heerstraße–Tegel (6)

Anmerkung: In Klammern ist die Anzahl der Züge pro Stunde und Richtung angegeben.
Quelle: Kuhlmann, Bernd: Eisenbahn-Größenwahn in Berlin, Die Planungen von 1933 bis 1945 und deren Realisierung, Verlag GVE, Berlin 1996

Berlin und dem Umland vorhandenen S-Bahnbetriebswerke wollte die Reichsbahn weiter betreiben. Für bahnamtliche Untersuchungen hatte die Reichsbahn nach einjähriger Vorbereitungszeit 1939 mit dem Bau eines Triebwagenwerks nahe Falkensee (RAW Albrechtshof) begonnen. 1943 fertiggestellt, wurde es von der Wehrmacht beschlagnahmt, um darin Panzer zu bauen.

Der im Zusammenhang mit der Ausdehnung des elektrischen S-Bahnbetriebs genannte Bedarf an Viertelzügen sollte offenbar durch Neubaufahrzeuge gedeckt werden. Am 23. Juni 1938 erteilte die Reichsbahn den Auftrag zum Bau von vier Viertelzügen als Erprobungsträger in Stahlleichtbauweise anstatt, wie ursprünglich vorgesehen, aus Leichtmetall. Mit Beendigung der Auslieferung der Bauart 1941 sollten Entwicklung und Erprobung abgeschlossen sein, um die Produktion dieser als Baureihe 151 bezeichneten Züge sofort aufnehmen zu können. In einer Wagenstandsliste des RAW Schöneweide vom April 1941 wurde die Prototypen dieses Leichtstahlzuges mit der Baureihennummer 151 001 – 008 geführt. Über einen (auch nur probeweisen) Einsatz dieser Neukonstruktion ist jedoch nichts bekannt.

Einige Pläne der Reichsbahnbaudirektion Berlin waren noch 1948 aktuell. Wie einer Übersichtskarte von 1948 zu den vorgesehenen Änderungen des Berliner Eisenbahnnetzes zu entnehmen ist, beabsichtigte die Reichsbahn die Tunnelstrecke zwischen Anhalter und Görlitzer Bahnhof zu bauen. Der elektrische Vorortverkehr sollte über Grünau nach Königs Wusterhausen im Südosten und über Zehlendorf auf der Stammbahn nach Potsdam im Südwesten ausgedehnt werden. Die dampfbetriebene Strecke zwischen Spandau und Jungfernheide sollte elektrifiziert und bis zum Lehrter Bahnhof verlängert werden. In südöstlicher Richtung sollte sie unterirdisch weitergeführt und in die Vorortstrecke nach Königs Wusterhausen eingebunden werden.

Die neuen Bauarten der 30er Jahre

Unter den in den Jahren 1928/29 von der Deutschen Reichsbahn-Gesellschaft bestellten 173 Beiwagen der Bauart »Stadtbahn« befanden sich 56 ausschließlich mit der 3. Klasse ausgestattete Wagen, die auf der Ringbahn eingesetzt werden sollten. Offenbar ging man davon aus, dass die Bewohner der an der Ringbahn liegenden Arbeiterviertel kaum bereit waren, den Fahrpreis für die 2. Klasse zu bezahlen. Bereits 1933, so ist dem von H.-J. Hütter verfassten Artikel *70 Jahre »Stadtbahner«* zu entnehmen, wurden 14 Beiwagen zu kombinierten 2./3. Klasse-Fahrzeugen umgebaut, denen 1938 nochmals 33 Beiwagen folgten.

Zeitgleich mit dem 1938 vorgenommenen Umbau von 33 Stadtbahnwagen wurden aus 33 Wagen der älteren Bauart »Oranienburg« die inzwischen verschlissenen Polstersitze ausgebaut und durch Sitzbänke in Holzlattenbauweise der 3. Klasse ersetzt. Da der vorhandene Wagenpark an elektrischen Fahrzeugen für eine dichte Zugfolge auf der Wannseebahn nicht ausreichte, beschaffte die Deutsche Reichsbahn-Gesellschaft 49 Viertelzüge (ET/EB) der Bauart 1932, die sich äußerlich an die Bauart 1927-30 anlehnte, im Gegensatz zu den Stadtbahnwagen jedoch versenkt genietete Wagenkästen hatte. Abweichend von den Fahrzeugen der Serienlieferung entstanden zwei Versuchsviertelzüge der Bauart 1932a, die sich von den Serienfahrzeugen durch auf das Dach aufgesetzte Wendlersauger und eine gerade, nicht abgeschrägte Stirnfront unterschieden. Technisch leiteten diese beiden Viertelzüge auf die ab 1934 beschafften Fahrzeuge der Baureihen 125 und 166 (Bankier-/Olympiazüge) über. Für den Einsatz auf der Strecke Potsdamer Fernbahnhof – Wannsee stellte die Deutsche Reichsbahn-Gesellschaft im Mai 1935 einen aus vier Viertelzügen bestehenden Probezug in Dienst, der, mit stärkeren Motoren ausgerüstet, eine von 80 auf 120 km/h heraufgesetzte Höchstgeschwindigkeit besaß. Im wagenbaulichen Teil unterschieden sich die in geschweißter Ganzstahlbauweise gebauten Probeviertel äußerlich durch eine abgerundete Kopfseite mit versenktem Zielschildkasten, größeren Fenstern und einer Außentür am Führerstand von den Stadt- und Wannseebahnzügen. Die Schlusssignallampen konnten nach Änderung der Signalordnung unterhalb der links und rechts der Scharfenbergkupplung angeordneten Spitzenlampen eingebaut werden. Anlässlich der Olympischen Spiele 1936 in Berlin sowie der Eröffnung eines Teilstücks der im Bau befindlichen Nordsüd-S-Bahn wurden 44 Viertelzüge ausgeliefert, von denen 34 Viertelzüge mit einer Höchstgeschwindigkeit von 80 km/h den vorhandenen Wagenpark verstärken sollten. Die schnellfahrenden Züge, äußerlich an den mehrfach unterteilten Zierstreifen erkennbar, sollten als »Bankierzüge« vom Potsdamer Fernbahnhof nach Wannsee eingesetzt werden. Ergänzt wurde die Baureihe 125 durch einen 1938 ausgelieferten Vollzug, der wagenbaulich der Bauart 1938/41, der späteren Baureihe 167, entsprach. Ab 1938 wurde der vorhandene Wagenpark an elektrischen S-Bahnzügen durch Auslieferung von Zügen der Bauart 1938/41 abermals verstärkt. Die ständige Verkehrszunahme sowie das Betriebsprogramm der Reichsbahn – die bevorstehende Inbetriebnahme des Nord-Süd-Tunnels sowie die zur Elektrifizierung vorgesehene Vorortstrecke nach Zossen – machten eine Beschaffung neuer Fahrzeuge dringend erforderlich. Äußerlich angelehnt an die »Bankier-/Olympiazüge« unterschieden sie sich von dieser Bauart durch die fehlende Führerstandstür, eine Kupplungsaussparung ohne Abdeckklappe sowie die automatische Scharfenbergkupplung. Die 1937 und in einem Anschlussauftrag 1941 insgesamt bestellten 291 Viertelzüge konnten bis zum Kriegsende 1945 jedoch nicht mehr vollständig ausgeliefert werden.

CHRONIK DER DREISSIGER JAHRE

1930

15. Mai	Umbenennung des Bahnhofs Rennbahn in Stadion-Rennbahn Grunewald
1. Dezember	Einführung der Bezeichnung »S-Bahn« mit dem Symbol »weißes S auf grünem Grund«
15. Dezember	Aufnahme des elektrischen S-Bahnbetriebs auf dem Streckenabschnitt Kaulsdorf – Mahlsdorf auf eigenen Vorortgleisen

1932

15. Januar	Umbenennung des Bahnhofs Ausstellung in Westkreuz
1. Dezember	Umbenennung des Bahnhofs Schöneberg (Ringbahnstichstrecke zum Potsdamer Ring bahnhof) in Kolonnenstraße
...	Auslieferungsbeginn der Bauart »Wannsee-bahn« (später BR 165.8/275.9)

1933

1. März	Schließung des Bahnhofs Ebersstraße bei gleichzeitiger Eröffnung des nahegelegenen Bahnhofs Schöneberg
15. Mai	Umbenennung des Bahnhofs Stralau-Rummelsburg in Ostkreuz; Aufnahme des elektrischen S-Bahnbetriebs auf den Strecken Potsdamer Fernbahnhof–Zehlendorf Mitte (»Stammbahn«)–Abzweig Zwt und Potsdamer Wannseebahnhof–Wannsee (»Wannseebahn«); Eröffnung des Bahnhofs Feuerbachstraße
15. Mai	Inbetriebnahme des S-Bahnbetriebswerkes Wannsee
27. Mai	Stilllegung des zweiten Bahnsteigs in Hermsdorf
1. Juli	Inbetriebnahme des Bahnhofs Innsbrucker Platz

1934

4. Februar	Offizieller Baubeginn für die Nordsüd-S-Bahn am Stettiner Bahnhof
1. Juli	Eröffnung des Bahnhofs Sundgauer Straße
...	Ausmusterung der Versuchszüge A – F/Baujahr 1922 (laut statistischen Angaben über die DR für das Geschäftsjahr 1933 per 31.12.1933 nicht mehr im Bestand enthalten)

1935

1. Januar	Umbenennung des Bahnhofs Adlershof-Altglienicke in Adlershof
31. Januar	Eröffnung des Bahnhofs Humboldt-hain
Januar	Auslieferung des ersten S-Bahnhalbzuges der Bauart 1934/36 (später BR 166)
1. März	Umbenennung des Bahnhofs Stadion-Rennbahn Grunewald in Reichssportfeld
20. August	Einsturz der Baugrube des Nordsüd-Tunnels an der Hermann-Göring-Straße (heute: Ebertstraße)
1. Oktober	Eröffnung des Bahnhofs Bornholmer Straße
27. Oktober	Inbetriebnahme des neuen S-Bahnsteigs im Bahnhof Zoologischer Garten (Gleis Richtung Westen)

1936

7. April	Fertigstellung des umgebauten Bahnhofs Tiergarten
15. Mai	Umbenennung der Bahnhöfe Eichkamp in Deutschlandhalle und Spandau Hbf. in Spandau
7. Juni	Inbetriebnahme des Gleises Richtung Osten am S-Bahnsteig im Bahnhof Zoologischer Garten

28. Juli	Aufnahme des elektrischen S-Bahnbetriebs auf dem Streckenabschnitt Gesundbrunnen–Humboldthain–Stettiner Bahnhof (unten)–Unter den Linden; Schließung des Stettiner Vorortbahnhofs (Teile des Vorortbahnhofs wurden in das 1927 errichtete S-Bahnbetriebswerk integriert.); Aufnahme des elektrischen S-Bahnbetriebs auf den Verbindungsgleisen Heerstraße (Abzweig Rsa)–Reichssportfeld (Sonderbahnhof)
Juli	Abschluss der Auslieferung von 44 Viertelzügen der Bauart »Olympiazüge« (später BR 166); zehn Züge wurden für eine Höchstgeschwindigkeit von 120 km/h ausgerüstet und als Bauart »Bankierzüge« bezeichnet (später BR 125)

1937

3. Oktober	Umbenennung der Bahnhöfe Pankow (Nordbahn) in Wollankstraße, Treptow in Treptower Park und Reinickendorf-Rosenthal in Wilhelmsruh

1938

1. April	Umbenennung der Bahnhöfe Nowawes in Babelsberg und Neubabelsberg in Babelsberg-Ufastadt
13. April	Eröffnung des Bahnhofs Hohenschöpping
15. Mai	Umbenennung der Bahnhöfe Lichtenberg-Friedrichsfelde in Lichtenberg, Schönholz-Reinickendorf in Schönholz und Wilmersdorf-Friedenau in Wilmersdorf
Juli	Beginn der Bauarbeiten zur Erweiterung der Abstellanlage im S-Bahnbetriebswerk Wannsee
1. Oktober	Umbenennung des Bahnhofs Zehlendorf Mitte in Zehlendorf
...	Inbetriebnahme des ersten S-Bahnzuges der Bauart 1938/41 (später BR 167)
...	Erweiterung des RAW Schöneweide auf eine Kapazität von 2000 S-Bahnwagen

1939

15. April	Aufnahme des elektrischen S-Bahnbetriebs auf dem Streckenabschnitt Unter den Linden–Potsdamer Platz
15. Mai	Umstellung des Streckenabschnitts Priesterweg–Mahlow auf elektrischen Betrieb
1. Oktober	Umbenennung des Bahnhofs Kaiser-Friedrich-Straße in Braunauer Straße
8. Oktober	Schließung des Potsdamer Wannseebahnhofs; Inbetriebnahme der neu errichteten Abstellanlage im S-Bahnbetriebswerk Wannsee
9. Oktober	Aufnahme des elektrischen S-Bahnbetriebs auf dem Streckenabschnitt Potsdamer Platz–Anhalter Bahnhof (unten)–Großgörschenstraße (Wannseebahn)
5. November	Schließung des Potsdamer Vorortbahnhofs
6. November	Inbetriebnahme des Streckenabschnitts Anhalter Bahnhof (unten)–Yorckstraße

Quelle: Berliner Verkehrsblätter, 75 Jahre Berliner S-Bahn – Eine Chronik, 46.Jahrgang, Nr.8, August 1999

DIE VIERZIGER JAHRE

Krieg, Zerstörung und Wiederaufbau

Da taperten wir im Sommer 1945 von Bohle zu Bohle über zerstörte und wieder notdürftig hergestellte Brücken, um nach Wedding zu kommen, weil eine Tante gestorben war und begraben werden sollte. Da trafen wir die Frauen und Schwestern der gefallenen Vettern, jede mit irgendeinem gestohlenen Buschen (Hortensien, Vogelbeerbaum) in der Hand. Da standen wir auf den Stationen außerhalb des Rings und hofften, auf dem Zugdach oder auf den Puffern mitzukommen, um vielleicht in der ausgebeuteten Mark Kartoffeln zu hamstern. Da roch der Sommer nach Flieder und Holunder und Brand und nassen Ruinen.

Und dann später, die Strecken waren wieder intakt, die Flüchtlinge in der S-Bahn, die Tasche mit dem Nötigsten irgendwo im Gepäcknetz. Die Angst. Das Aus-dem-Fenster-Starren über die Ruinenlandschaft West-Berlins hinweg. Um irgendwo anzukommen. Bahnhof Zoo. Die Händler, Zigarettenwährung und eins zu eins, die Miserabilität einer noch nicht zerschnittenen, aber geteilten Stadt. Die Stationen in der Mark für uns in West-Berlin versperrt. Stadt ohne Landschaft.

Ingeborg Drewitz: Immer billig, immer pünktlich fast bis zum letzten Tag

Die Folgen des Krieges und das Ausmaß der Zerstörungen

Berlin, 8. Mai 1945 – der 2. Weltkrieg war beendet. Generalfeldmarschall Keitel und die Oberbefehlshaber der Marine und Luftwaffe hatten die am Vortag von Generaloberst Jodl im Hauptquartier Eisenhowers unterschriebene bedingungslose Kapitulation im sowjetischen Hauptquartier in Berlin-Karlshorst bestätigt. Das Bombardement der Alliierten und der Artilleriebeschuss durch die Rote Armee hatten Berlin in eine Ruinenlandschaft verwandelt. Räder, die einst für den Sieg der nationalsozialistischen Machthaber rollen sollten, standen still. Am 25. April 1945 war der S-Bahnbetrieb zum Erliegen gekommen, weil die Stromversorgung wegen Kohlemangel zusammengebrochen war. 119 von 712 km S-Bahnstrecken waren nicht mehr befahrbar, 70% der Brücken und Bahnhöfe waren zerstört, ebenso Unterwerke, Stromschienenanlagen und Kabel sowie das Signalsystem. Von 1118 Viertelzügen mit unterschiedlich starken Schäden waren lediglich 534 Fahrzeuge einsatzfähig. Noch vor Kriegsende wurde der Nordsüd-Bahntunnel auf ganzer Länge geflutet. Eine Sprengung, vermutlich am 2. Mai, hatte die teilweise über einen Meter starke Stahlbetondecke unter dem Landwehrkanal und an der südlichen Wehrkammer aufgerissen. Im Tunnel abgestellte S-Bahnzüge versanken langsam im Wasser, über hundert Menschen fanden den Tod durch Ertrinken.

Die 1938 entwickelten Pläne zur Ausdehnung des elektrischen S-Bahnbetriebs waren, von wenigen Ausnahmen abgesehen, kriegsbedingt nicht mehr umgesetzt worden. Bereits ab Herbst 1939 wurden alle nicht kriegswichtigen Baumaßnahmen wesentlich eingeschränkt. 1943 wurden dann sämtliche Bahnbauten eingestellt. Als Ergänzung zum Betriebsprogramm der Nordsüd-S-Bahn hatte die Deutsche Reichsbahn das vom Fern- und Vorortverkehr gemeinsam genutzte Gleispaar der Dresdner Bahn bis Rangsdorf elektrifiziert. Die Vorortgleise zwischen Lichterfelde Ost und Lichterfelde Süd gingen als letzter elektrifizierter Streckenabschnitt 1943 in Betrieb. Ebenfalls 1943 wurden eigene, vom Fernverkehr getrennte Vorortgleise auf der Anhalter Bahn zwischen Lichterfelde Ost und Ludwigsfelde in Betrieb genommen, 1944 die Vorortstrecke zwischen Mahlsdorf und Strausberg auf der Ostbahn. Die beabsichtigte Elektrifizierung

Anfang der vierziger Jahre herrschte noch reger Betrieb im S-Bw Westend. 1944 im Bombenhagel der Alliierten zerstört, wurde es nach dem Krieg abgerissen.
Foto: M. Ittenbach (RVM), Slg. Reinhard Schulz, Aufnahmedatum um 1942/43

der Vorortgleise bis Großbeeren und Strausberg/Rüdersdorf, die nach den Plänen der Reichsbahnbaudirektion (RbauD) 1942 abgeschlossen sein sollte, musste als nicht kriegswichtig auf unbestimmte Zeit verschoben werden. Der geplante Bau von Vorortgleisen zwischen Grünau und Königs Wusterhausen sowie einer Vorortstrecke von Lichterfelde Süd über Teltow Stadt nach Stahnsdorf kam über Erdarbeiten bis Kriegsende nicht hinaus.

Mit fortschreitender Dauer sollte auch die S-Bahn von den Auswirkungen des Krieges nicht verschont bleiben. Im September 1940 gab es erste Bombeneinschläge in Berlin, die zwei Monate später verschärfte Verdunklungsvorschriften nach sich zogen. Lichtquellen, die aus betrieblichen Gründen nicht abgeschaltet werden konnten, mussten blau eingefärbt werden. So kam es vermehrt zu Unfällen auf Bahnsteigen wegen der Verdunklung, Menschen stürzten vor S-Bahnzüge oder wurden beim Einsteigen zwischen die Waggons gedrückt. Die an den Wagen angebrachten Schutzbügel sollten die zunehmenden Unfälle, oft mit tödlichem Ausgang, verhindern.

Überfall im S-Bahnzug – Eine Frau niedergeschlagen und aus dem Zug gestoßen, konnte man im Herbst 1940 einem Artikel des Berliner Lokal-Anzeigers entnehmen, am 5. Oktober wurde der erste Mord an einer jungen Frau in der S-Bahn gemeldet. Von diesem Zeitpunkt an häuften sich die Morde und Mordversuche an der Strecke Rummelsburg–Erkner. Nach seiner letzten Bluttat, begangen Anfang Juli 1941 in einer Laubenkolonie unweit des Betriebsbahnhofs Rummelsburg, wurde der als S-Bahnmörder bezeichnete Paul Ogorzow festgenommen und später hingerichtet.

Auch von Sprengstoffanschlägen sollte die S-Bahn nicht verschont bleiben. Während zwei Züge nach Rangsdorf bzw. Velten am Tunnelbahnsteig des Bahnhofs Friedrichstraße standen, explodierte in den Abendstunden des 15. Februar 1943 eine Bombe. Der Explosionsdruck war so stark, dass die Stahltüren des Lastenaufzugs eingedrückt und eine in der Nähe stehende Bank vollständig zerstört wurde. Etwa 60 Personen, unter denen sich Offiziere und Soldaten der Wehrmacht befanden, wurden getötet bzw. verletzt. Bei der kriminalpolizeilichen Untersuchung wurde ein mit Sprengstoff und Metallsplittern gefüllter brauner Pappkoffer, abgestellt unter einer Sitzbank, als Ursache der Detonation ermittelt. Im März 1943 ereignete sich der nächste Anschlag auf dem Schlesischen Bahnhof (heute: Ostbahnhof), der 14 Tote und 27 Verletzte forderte. Es sollten weitere Anschläge, auch auf U-Bahnhöfe, folgen, u. a. auf den Bahnhof Alexanderplatz und Stettiner Bahnhof. Über sämtliche Anschläge wurde eine Nachrichtensperre verhängt, um der beabsichtigten Wehrkraftzersetzung und Demoralisierung der Bevölkerung entgegenzuwirken. Die Verletzten wurden noch in den Krankenhäusern von der Gestapo zum Stillschweigen verpflichtet. Die Taten, als Vergeltung für die von den Deutschen in Polen begangenen Verbrechen verübt, konnten später Mitgliedern aus der Berliner Abteilung *ZAGRALIN* der Warschauer Untergrundorganisation *OSA-KOSA* zugeordnet werden.

Neben den Anschlägen wurde die S-Bahn 1943/44 durch die zunehmenden Luftangriffe immer mehr in Mitleidenschaft gezogen, traten vermehrt Schäden an Fahrzeugen und Bahnanlagen auf. Nach schweren Bombentreffern wurde der Verkehr von Papestraße und Schöneberg über die Südringspitzkehre zum Potsdamer Ringbahnhof eingestellt; das S-Bahnbetriebswerk Westend wurde 1944 vollständig zerstört. 1945 wurde der Innenring zur Verteidigungslinie im Kampf um die Reichshauptstadt erklärt. Brücken wurden gesprengt und dienten als Panzersperre, Soldaten besetzten Bahndämme. Etliche Ringbahnhöfe wurden bei den Kampfhandlungen zerstört, bis der Krieg im Mai 1945 beendet war.

Neuer Außenanstrich für S-Bahnfahrzeuge?

Ab 1942 plante die Deutsche Reichsbahn offenbar den Außenanstrich für Triebwagenzüge zu verändern. In einem Bericht vom 14. April 1942 teilte das Reichsbahnzentralamt (RZA) München dem Reichsverkehrsministerium (RVM) mit, dass die Berliner und Hamburger S-Bahnfahrzeuge bei Neulieferung einen Außenanstrich in grauem Farbton nach RAL 7011 erhalten. Den gleichen Anstrich sollten Wagen, die vollkommen erneuert werden mussten, dann erhalten, wenn auch der Außenanstrich komplett zu erneuern war, anderenfalls sollten die Anstriche nur ausgebessert werden. Diesem Plan wurde entgegengehalten, dass der Wagenpark der S-Bahn mit 2089 Wagen erheblich größer ist als der Fahrzeugpark der übrigen

Triebwagenzüge. Es sei daher wirtschaftlicher, diese Fahrzeuge nach dem Berliner Farbschema umzulackieren, zumal die Anstrichstoffe auch für Ausbesserungsarbeiten im RAW Schöneweide benötigt wurden. Durch den ständigen Fahrzeugmangel erschien es unmöglich, Wagen mit neuem bzw. ausgebessertem Anstrich ausschließlich in geschlossenen Zugverbänden laufen zu lassen. »Verunglückte« Zugbilder, so wurde argumentiert, würden den Ruf der Deutschen Reichsbahn als vorbildliches Berliner Verkehrsunternehmen untergraben und womöglich zur Wehrkraftzersetzung in der Berliner Bevölkerung führen. Von der Waggonfabrik Wegmann & Co. war zu hören, dass noch für 55% der von ihnen zu bauenden Wagen die Anstrichstoffe in den bisher üblichen Farbtönen vorhanden sind. Zudem waren bereits Rationalisierungsmaßnahmen mit der Lackindustrie abgesprochen, die eine Beschränkung für die Herstellung dieser Anstrichstoffe auf eine oder zwei Fabriken vorsahen. Unter dem Eindruck dieser Argumente erging an die Reichsbahndirektionen Berlin und Hamburg am 22. August 1942 in Abänderung der Verfügung vom 11. Juni 1942 die Mitteilung, dass die neuen Berliner und Hamburger S-Bahnwagen in den bisherigen Farbtönen zu streichen sind. Die Zierlinien sollten jedoch durch einen schwarzen Absetzstreifen ersetzt werden, um den Übergang der verschiedenen Farbtöne zu überdecken.

Schaffner beim Beladen des Dienstabteils eines Stadtbahnwagens.
Foto: M. Ittenbach (RVM), Slg. Reinhard Schulz, Aufnahmedatum um 1942

Gepäck- und Expressgutbeförderung mit der S-Bahn

Mit fortschreitender Kriegsdauer wurde der Transport von Gepäck und Expressgut zu einem immer größer werdenden Problem. Um Benzin sparen zu können, wurde die Gepäck- und Expressgutbeförderung im Berliner Raum zunehmend auf die S-Bahn verlagert, für die die Reichsbahndirektion Berlin tunneltaugliche offene Güterwagen benötigte. Um langwierige und kostspielige Umbauten an Güterwagen zu vermeiden, sollten kriegsbeschädigt abgestellte S-Bahnwagen entsprechend hergerichtet werden. So wurden zwei Beiwagen der Bauart 1925, EB 168 033 und EB 168 035, im RAW Schöneweide Ende 1944 in Gepäckwagen offener Bauart umgebaut und mit zwei Triebwagen der BR 168 gekuppelt, deren Beiwagen im S-Bahnbetriebswerk Hundekehle hinterstellt waren. Die umgebauten Beiwagen erhielten die Bahndienstwagennummern *Berlin 707 396* und *Berlin 707 397* und gingen mit den beiden Triebwagen erstmalig am 9. Januar 1945 auf Probefahrt. Nach Beseitigung der dabei festgestellten Mängel – z. T. zu schwache Übergangsbleche, zu steiler Winkel zwischen Wagenboden und Bahnsteigoberkante – und einer erfolgreichen zweiten Probefahrt am 30. Januar 1945 wurden die Gepäckwagen dem S-Bahnbetriebswerk Stettiner Bahnhof zugeteilt und auf der Tunnelstrecke eingesetzt.

Beladen wurden die Gepäckwagen mit Karren, die entsprechend ihrem Abgangsbahnhof unterschiedlich farbig lackiert waren (Anhalter Bahnhof – weiß/Friedrichstraße – rot/Stettiner Bahnhof – blau). Je ein Wagen war für die Karren aus Friedrichstraße bzw. dem jeweiligen Endbahnhof vorgesehen und wurde zusätzlich von einem Ladeschaffner begleitet, der am Zielbahnhof für das Be- und Entladen der Gepäckwagen zuständig war. Der Transport unterschiedlich farbiger Karren auf dem gleichen Wagen war strikt untersagt. Nach dem Entladen mussten die Gepäckkarren leer an den Abgangsbahnhof zurückgefahren werden. Ein im Dezember 1944 erteilter Auftrag an die Linke-Hofmann-Busch-Werke in Breslau zum Umbau von drei Vollzügen zu Gepäcktriebzügen mit und ohne Dach konnte nicht mehr ausgeführt werden.

Wannsee–Schöneberg: der Neuanfang

Trotz der immensen Schäden sollte der S-Bahnverkehr, für den laut Jahresbericht über die elektrische Zugförderung im Netz der Berliner S-Bahn Ende 1945 nur noch 267 betriebsfähige Trieb- und Beiwagen zur Verfügung standen, bald möglichst wieder aufgenommen werden. Einer Niederschrift über die Besprechung der Direktion mit den Vorständen der Bahnämter, Versuchs- und Maschinenämter im Gebäude der Reichsbahndirektion Berlin vom 19. Mai 1945 ist zu entnehmen, dass als Erstes auf der Ring- und der Stadtbahn der Betrieb wieder aufgenommen werden sollte. Danach sollten die Wannseebahn und die Zuführstrecken zur Nordsüd-Bahn in Betrieb gehen. Nur einen Monat nach der Kapitulation wurde am 6. Juni 1945 entgegen der ursprünglichen Planung der S-Bahnverkehr auf der Wannseebahn mit je einem Zugpaar morgens und abends zwischen Schöneberg und Wannsee wieder aufgenommen. Zwischen den an den Nordstrecken liegenden Vororten Berlin-Tegel, Lehnitz und Bernau (b. Bln) wurde ein Dampfersatzverkehr zum Stettiner Fernbahnhof eingerichtet. Am 19. Juli 1945 wurde der Dampfbetrieb durch elektrischen Zugbetrieb nach Tegel ersetzt. Da der Haltepunkt Humboldthain wegen der beengten Verhältnisse und der fehlenden Kehrmöglichkeiten als Wendebahnhof für elektrische Züge betrieblich ungeeignet war, hatte die Reichsbahn die südlich der Blockstelle Ntm zum Stettiner Fernbahnhof führenden Gleise, die Gleise 1 und 2 sowie das Ausfahrgleis 37 zur Anbindung des Triebwagenschuppens elektrifiziert. So konnten ab August 1945 die elektrischen S-Bahnzüge aus Bernau und Oranienburg zum Stettiner Bahnhof durchgeführt werden, ab September die aus Heiligensee kommenden Züge. Die Gleise 2, 3, 4 und 5 des Abstellbahnhofs Stb wurden laut Jahresbericht der Berliner S-Bahn von 1947 erst am 16. November 1947 wieder in Betrieb genommen. Der Ring wurde auf dem Abschnitt Berlin-Gesundbrunnen–Ostkreuz– Papestraße befahren, die südlichen Zuführstrecken auf den Abschnitten Yorckstraße–Südende und Großgörschenstraße–Berlin-Wannsee und die Strecke nach Spandau auf dem Abschnitt Westkreuz–Spandau Hbf (Fahrplan 1.Ausgabe, Stand: 21. Juni 1945). Die Stadtbahn als wichtigste Strecke im S-Bahnnetz konnte ab dem 15. November 1945, unterteilt in mehrere eingleisige Pendelabschnitte, in ganzer Länge wieder befahren werden, der Ring folgte bis zum 18. Mai 1946. Der Betrieb war in den ersten Nachkriegsmonaten etlichen Widrigkeiten ausgesetzt. Fehlende Baumaterialien verlangsamten den zügigen Wiederaufbau des S-Bahnnetzes, Brückenschäden zwangen zu vorübergehenden Betriebseinstellungen. Fahrpläne konnten nicht eingehalten werden, da entweder die Bahnstromversorgung immer wieder zusammenbrach, Signale ausfielen oder schadhafte Züge ihre Fahrt nicht fortsetzen konnten. Der Austausch von Schadzügen dauerte oftmals mehrere Tage, da betriebsfähige Züge mit Dampflokomotiven aus den vom elektrischen Netz abgeschnittenen Betriebswerken zugeführt werden mussten. Häufig wurden dabei die Dampflokomotiven von den Besatzungsmächten unterwegs konfisziert, so eine Schilderung des Verkehrshistorikers M. Jacob in der S-Bahnzeitung *punkt 3*. Eine Fahrt von Gesundbrunnen nach Westend über Ostkreuz und Papestraße dauerte im August 1945 nach Angaben von Zeitzeugen anderthalb Stunden, Fußmarsch zwischen Ostkreuz und Treptower Park zur Überquerung der Spree über eine Notbrücke sowie sechsmaliges Umsteigen bei eingleisigem Pendelbetrieb inklusive. Erschwerend kam hinzu, dass die Sowjetunion als Siegermacht Gleise, Stromschienen und Anlagen zur Stromversorgung als Reparationsgüter abbauen ließ. So wurden die in die Vororte führenden Strecken auf einen eingleisigen Betrieb zurück gebaut, die beiden Vorortgleise zwischen Ostkreuz und Erkner sogar vollständig abgebaut. Über die Gründe zur Kappung des schienengebundenen Vorortverkehrs nach Erkner, der in den Jahren 1946 und 1947 zu verschiedenen Provisorien unter Einbeziehung des Schiffsverkehrs führte, wird noch heute spekuliert.

Die Wiederherstellung des Nordsüd-Tunnels

Um die Vorortstrecken im Norden und Süden Berlins möglichst schnell wieder miteinander verknüpfen zu können, befahl der sowjetische Stadtkommandant Bersarin nur wenige Tage nach Kriegsende die Wiederherstellung des Nordsüd-Tunnels. Am 25. Mai 1945 begann die Firma Siemens Bau-Union im Auftrag der Reichsbahndirektion Berlin mit den Bauarbeiten. Zunächst musste der Tunnel gegen eindringendes Wasser im Bereich des Landwehrkanals und der Spreeunterfahrung gesichert werden. Die Tunneldecke der Spreeunterfahrung war durch Sprengung der Ebertsbrücke südlich der Artilleriestraße (heute: Tucholskystraße) beschädigt worden. Um die Sohle des Landwehrkanals für die Arbeiten an der Tunneldecke freilegen zu können, wurden stählerne Spundwände beiderseits der Tunnelaußenwände in den Boden gerammt und ein Umlaufkanal errichtet.

Nach Fertigstellung der Arbeiten zur Abtrennung der Schadensstelle wurde mit dem Auspumpen des Tunnels begonnen. Im September hatte man den Wasserspiegel so weit abgesenkt, dass die Lage im Tunnel mit Ruder- und Pontonbooten erkundet werden konnte. Wie die Situation im Bereich des Stettiner Tunnelbahnhofs aussah, beschreibt K. Reutlinger in seinem Buch »... und trotzdem leben wir: Als Reporter im Nachkriegsberlin überall dabei«: *Der Ponton passiert jetzt wieder den unterirdischen Stettiner Bahnhof in Richtung Oranienburger Straße. Auf dem Bahnsteig sind noch die Schilder ‚Wannsee' und ‚Rangsdorf' gezogen für Züge, die ihr Ziel nicht erreichten. ... Auf dem Dach eines S-Bahnwagens hängt ein Benzinfaß. Auf einem anderen stehen Flaschen und Kochgeschirre, als wären sie eben erst benutzt worden. ...‚Zug 46' steht am Triebwagen . Auch in dieser Richtung hindert uns eine Sperre an der Weiterfahrt. Die Besatzung wendet erneut und nimmt Kurs auf den Stettiner Bahnhof. ‚Nach Fertigstellung des sogenannten Fangdammes in Höhe der Weidendammer Brücke kann in etwa acht Tagen mit der Trockenlegung der Strecke gerechnet werden', meint Bauleiter Kerger.*

Die Trockenlegung des Nordsüdbahn-Tunnels. *(aus NEUE BERLINER ILLUSTRIERTE, 2. Oktoberheft 1945). Slg.: Sigurd Hilkenbach*

Dieser ersten Tunnelinspektion am 11. September 1945 durch die Presse folgte im Oktober eine zweite zur Vorführung weiterer Tunnelabschnitte. Bereits im November war der nördliche Abschnitt wegen der höheren Tunnellage leer gepumpt und konnte erstmalig wieder begangen werden. Um diesen Bereich vor einem erneuten Wassereinbruch zu schützen, wurde südlich des Haltepunkts Oranienburger Straße eine Betonwand errichtet und die nördliche Wehrkammer abgedichtet. Danach wurde der nördliche Tunnelabschnitt für die Einführung der Züge aus Velten, Oranienburg und Bernau vorbereitet. Am 31. Januar 1946 wurde der S-Bahnverkehr vom Stettiner Fernbahnhof – hier endeten seit dem 13. August 1945 die Züge aus Tegel und Bernau und seit dem 18. August aus Oranienburg – in den Tunnelbahnhof verlegt.

Um den südlichen Tunnelabschnitt wieder befahren zu können, mussten zunächst die mit dem Wasser eingedrungenen Schlammmassen und Trümmer beseitigt sowie die beschädigten S-Bahnzüge geborgen werden. Die Fahrten, für die die Reichsbahn eine Rangierlok und Güterwagen eingesetzt hatte, wurden auf dem Streckengleis zwischen Yorckstraße und Anhalter Bahnhof abgewickelt. Gleichzeitig musste das Streckengleis nach Großgörschenstraße hergerichtet werden, damit aus dem Betriebswerk Wannsee neue S-Bahnzüge zugeführt werden konnten. Nachdem an den Tunnelbaustellen die Streckengleise zusammengefasst und durch ein Stellwerk gesichert worden waren, nahm die Reichsbahn am 2. Juni 1946 zwischen Anhalter Bahnhof und Friedrichstraße einen Pendelbetrieb mit einem Halbzug der BR 167 – 167 025/185/115/064 – auf. Etwa acht Wochen später, am 27. Juli 1946, konnten die Züge der Wannseebahn bis zum Bahnhof Friedrichstraße durchgeführt werden, da die Schäden an der Tunneldecke im Bereich des Potsdamer Platzes und des Anhalter Fernbahnhofs repariert waren. Am 15. August 1946 nahm die Reichsbahn dann den Betrieb vom Potsdamer Platz nach Lichterfelde Süd auf. Als letzte wurden die beiden Schadensstellen im Bereich der Spreeunterfahrung repariert. Um die Baustelle einspunden zu können, mussten zunächst die gesprengte Ebertsbrücke,

Inspektionsfahrt durch den überfluteten Stettiner-S-Bahnhof im Nord-süd-Tunnel. *Foto: Slg. Sigurd Hilkenbach, Aufnahmedatum Oktober 1945*

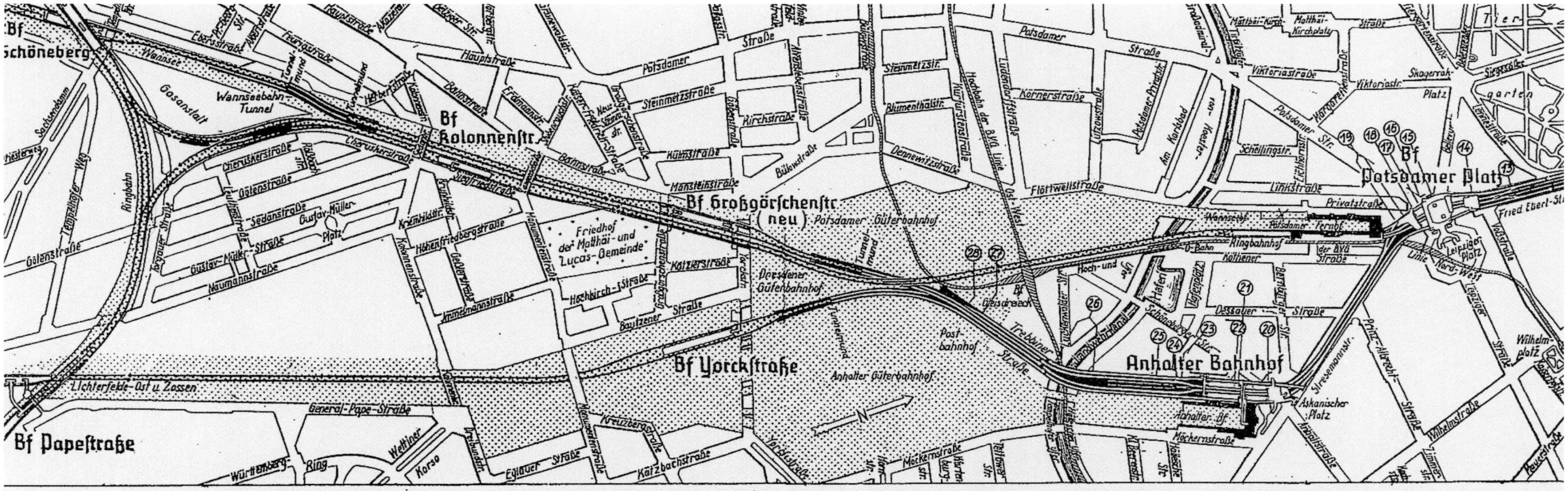

Bild 2 Lageplan der Nordsüd-S-Bahn vom südlichen Tunnelmund bis zum Potsdamer Platz. Die in die Kreise eingetragenen Zahlen bezeichnen die einzelnen Schadenstellen. Auffallend ist die Häufung der Bombendurchschläge um den Anhalter Bahnhof und am Potsdamer Platz. Die Nr. 26 bezeichnet die Sprengstelle am Landwehrkanal.

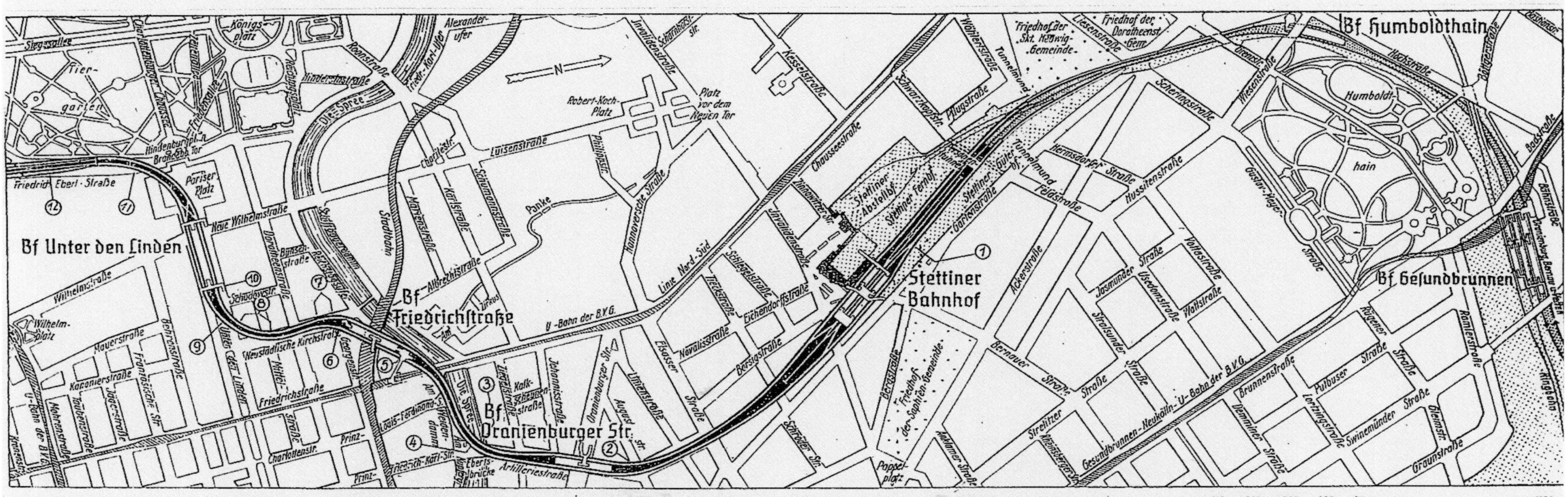

Bild 3 Lageplan der Nordsüd-S-Bahn vom Potsdamer Platz bis Bhf. Gesundbrunnen. Nr. 3 bezeichnet die Hauptschadenstelle der Spreeunterfahrung. Die übrigen Nummern bezeichnen weniger umfangreiche Bombendurchschläge.

Der S-Bahn-Tunnel in Berlin: zerstört und wieder aufgebaut [R. Kerger, RBD Berlin].
(aus: DER VERKEHR, amtliches Organ der Deutschen Zentralverwaltung des Verkehrs in der sowjetischen Besatzungszone). Slg.: Sigurd Hilkenbach

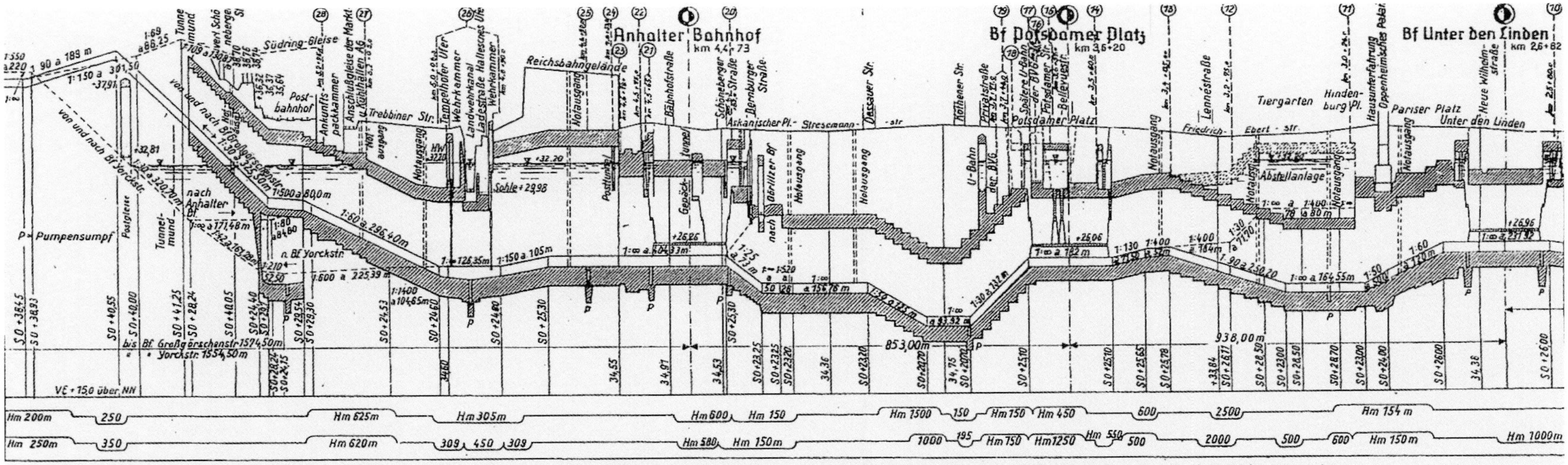

Bild 4. Längsschnitt durch den Tunnel vom südlichen Tunnelmund bis zum Bahnhof Unter den Linden. Die eingekreisten Nummern entsprechen den Nummern in den Bildern 2 und 3. Der eingetragene Wasserstand mit Ordinate + 32,20 zeigt, daß der ganze Tunnel bis auf wenige hochgelegene Räume vollständig unter Wasser stand.

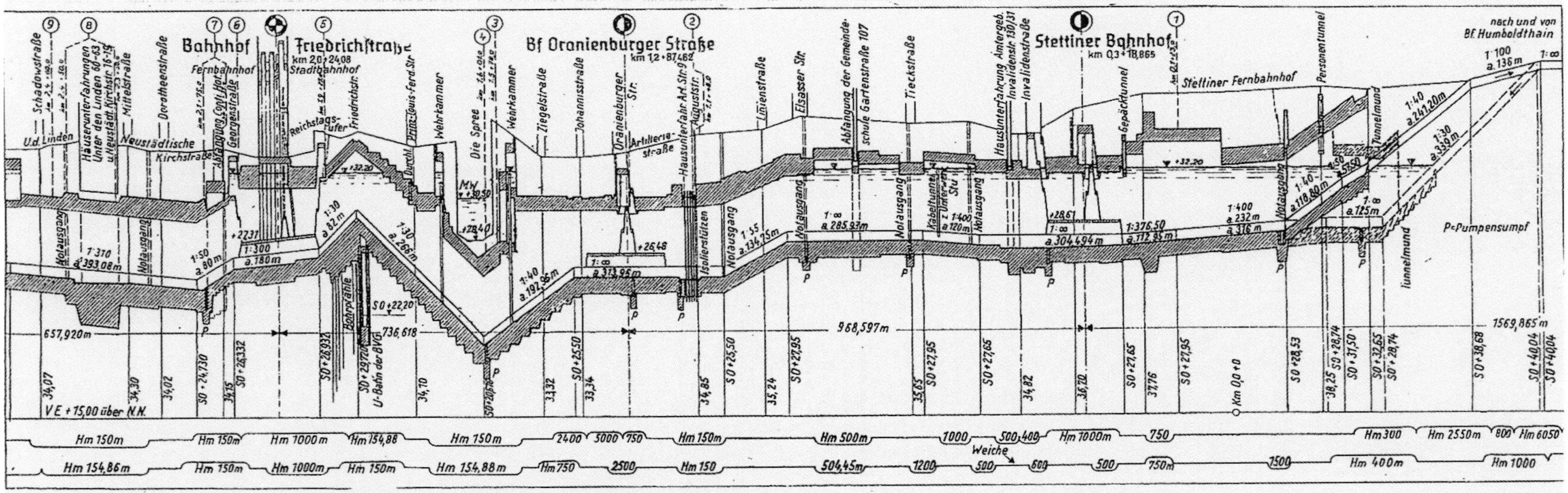

Bild 5. Längsschnitt durch den Tunnel vom Bhf. Unter den Linden bis zum nördlichen Tunnelmund.

deren Pfeiler sich in die Tunneldecke gebohrt hatten, sowie eine in die Spree gestürzte Panzersperre beseitigt werden. Dabei wurde die Decke so stark beschädigt, dass Wasser in den Tunnel eindrang. Damit die bereits in Betrieb befindlichen Tunnelabschnitte nicht geflutet werden konnten, hatten Taucher im Winter 1946/47 den Tunnel östlich der Weidendammer Brücke aufgebrochen und einen Damm errichtet. Nach Abschluss der vorbereitenden Arbeiten konnte im Juni 1947 mit dem Auspumpen des Tunnels im Baustellenbereich begonnen werden. Im September 1947 wurden dann die Reparaturarbeiten an der beschädigten Tunneldecke aufgenommen. Nachdem die armierte Schutzschicht über der Decke entfernt worden war, konnte der Beton aufgebrochen und die Stahlträger, soweit erforderlich, ausgetauscht werden. Anschließend wurden die beiden Schadensstellen im Deckenbereich zubetoniert und mehrlagig mit Pappe abgedichtet. Verzögert wurden die Reparaturarbeiten durch eine weitere Schadensstelle in der Ufermauer im Bereich des in unmittelbarer Nähe zum Tunnel liegenden Klinikgebäudes, durch die das Spreewasser in den Baustellenbereich eingedrungen war. Nach Abschluss der Arbeiten an der Spreeunterfahrung wurde der Tunnel am 6. November 1947 erstmalig in ganzer Länge von einem Probezug befahren. Nach der offiziellen Eröffnung am 15. November 1947 wurde der Regelbetrieb vier Wochen später, am 15. Dezember, auf der gesamten Tunnelstrecke aufgenommen.

S-Bahnwagen als Reparationsgut in die Sowjetunion

Um den Mangel an einsatzfähigen Eisenbahnwagen für den Nahverkehr in Städten der Sowjetunion nach Kriegsende decken zu können, befahl die sowjetische Besatzungsmacht am 20. April 1946 in Karlshorst der Rbd Berlin, bis zum 29. April 1946 200 S-Bahnwagen an die sowjetische Militäradministration (SMA) zu übergeben. Um den Betrieb möglichst nicht einschränken zu müssen, sollten Wagen der Baureihen 165 und – bevorzugt – 167 abgegeben werden.

Bis zum 23. April morgens wurden mit Brigade-Lokomotiven 134 Wagen abgefahren, die die folgenden S-Bahnbetriebswerke (S-Bw) sowie das RAW Schöneweide zu stellen hatten:

23 Viertelzüge aus dem S-Bw Grünau, 10 Viertelzüge aus dem S-Bw Stettiner Bahnhof und 7 Viertelzüge aus dem S-Bw Berlin-Lichtenberg Ost sowie 54 Wagen aus dem RAW Schöneweide. Die fehlenden 66 Wagen wurden aus dem Betrieb gezogen, wobei eine vorübergehende Betriebseinschränkung auf dem Ring (4 Umläufe) sowie die Betriebseinstellung auf den Strecken Grünau–Treptow und Zehlendorf–Potsdamer Ringbahnhof in Kauf genommen wurden. Die von der Sowjetunion als Reparationsgut aus Berlin abgefahrenen S-Bahnwagen wurden im Ausbesserungswerk Perowo bei Moskau für den Betrieb in Tallinn (Reval), Kiew und Moskau hergerichtet.

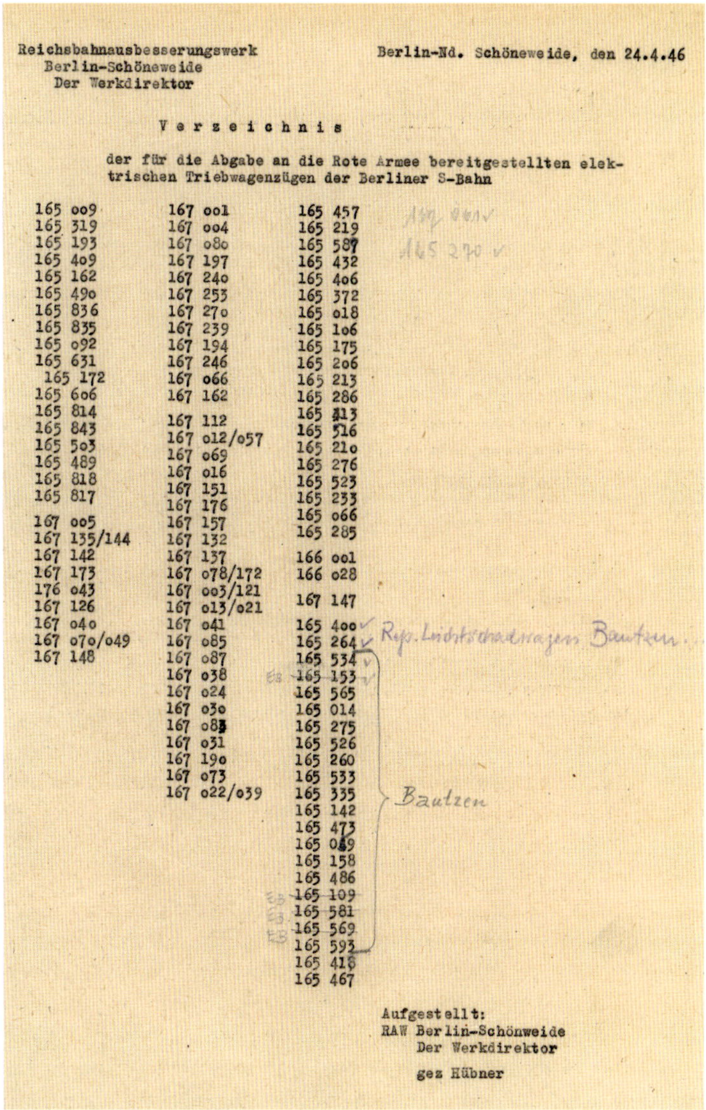

Reichsbahnausbesserungswerk
Berlin-Schöneweide
Der Werkdirektor

Berlin-Nd. Schöneweide, den 24.4.46

V e r z e i c h n i s

der für die Abgabe an die Rote Armee bereitgestellten elektrischen Triebwagenzügen der Berliner S-Bahn

165 009	167 001	165 457
165 319	167 004	165 219
165 193	167 080	165 587
165 409	167 197	165 432
165 162	167 240	165 406
165 490	167 253	165 372
165 836	167 270	165 018
165 835	167 239	165 106
165 092	167 194	165 175
165 631	167 246	165 206
165 172	167 066	165 213
165 606	167 162	165 286
165 814	167 112	165 413
165 843	167 012/057	165 516
165 503	167 069	165 210
165 489	167 016	165 276
165 818	167 151	165 523
165 817	167 176	165 233
167 005	167 157	165 066
167 135/144	167 132	165 285
167 142	167 137	166 001
167 173	167 078/172	166 028
176 043	167 003/121	167 147
167 126	167 013/021	165 400
167 040	167 041	165 264
167 070/049	167 085	165 534
167 148	167 087	165 153
	167 038	165 565
	167 024	165 014
	167 030	165 275
	167 083	165 526
	167 031	165 260
	167 190	165 533
	167 073	165 335
	167 022/039	165 142
		165 473
		165 089
		165 158
		165 486
		165 109
		165 581
		165 569
		165 593
		165 418
		165 467

165 270 ✓
Rep. Leichtschadwagen Bautzen
Bautzen

Aufgestellt:
RAW Berlin-Schönweide
Der Werkdirektor
gez Hübner

Verzeichnis der für die Abgabe an die Rote Armee bereitgestellten elektrischen Triebwagenzüge. *DTM Berlin, Historisches Archiv*

Neben der Umspurung der Drehgestelle auf die russische Breitspur (1524 mm) wurden die Wagenkästen von der Sowjetischen Staatsbahn (SŽD) russisch-grün lackiert. Die Triebwagen erhielten ein bzw. zwei Dachstromabnehmer und z. T. einen riesigen Dachscheinwerfer über der Frontpartie. An etlichen Triebwagen wurde der Sowjetstern angebracht, z. T. mit dem Porträt Stalins versehen. Für den Verkehr auf der Vorortstrecke Moskau – Domodedowo mussten die Fahrmotore des Typs GBM 700 auf die Fahrspannung von 1500 Volt umgebaut werden. Jeweils zwei Fahrmotore wurden dabei in Serie geschaltet. Nachweislich eingesetzt wurden die folgenden von der SŽD als EM 167 bezeichneten Viertelzüge:
EM 167 315-318, 320-324, 327 und 338-341.

Ein in EM 165 umgezeichneter Stadtbahnzug wartet auf den Abfahrauftrag nach Bojarka.
Foto. Slg. Johannes Glöckner, Aufnahmedatum unbekannt

1952 wurden diese Viertelzüge nach Kiew abgegeben und für den 750 Volt-Gleichstrombetrieb der bis 1950 elektrifizierten Strecke Kiew – Bojarka, die 1952 bis nach Wassilkow erweitert wurde, zurückgebaut. Neben den 167ern wurden folgende von der SŽD als EM 165 bezeichnete Stadtbahnviertel im Kiewer Vorortverkehr eingesetzt:
EM 165 413, 424, 439, 441-444, 446, 451 und 456-459.

Nachdem die SŽD den elektrischen Betrieb auf der Relation Kiew–Wassilkow 1955 auf eine Fahrspannung von 1500 Volt umgestellt und den Wagenpark durch Fahrzeuge aus einheimischer Produktion ersetzt hatte, wurden die nicht mehr benötigten Berliner S-Bahnviertel z. T. abgestellt, z. T. aber auch nach Estland für den 750 Volt-Gleichstrombetrieb auf der Strecke von Reval (Tallinn) über Nömme und Pasküll (Pääsküla) nach Baltischport (Paldiski) abgegeben. Auf eine zwölfjährige Einsatzzeit im Tallinner Vorortverkehr kamen die folgenden S-Bahnwagen, ehe auch sie wegen Umstellung der Traktionsspannung abgestellt wurden:
EM 165 401-408 sowie EM 167 301-314 und 331-336.

Zwei in EM 167 umgezeichnete Züge der Bauart 1937/41 beim Einsatz in Estland. Auf dem unteren Foto ist die zweifarbige Lackierung des EM 167-301 zu erkennen.
Fotos: Adamson, Slg. Sigurd Hilkenbach, Aufnahmedatum unbekannt

Tallinn—Pääsküla / Таллин—Пяяскюла

Jaamad	Станции	355*	357	359	361*	363	365*	367	369*	371	373*	375	377	379	381
		Rongide numbrid ja väljumisajad — Номера поездов и время отправл.													
Tallinn	Таллин	10.43	11.03	11.30	11.45	12.00	12.15	12.30	12.45	13.00	13.18	13.30	13.45	14.00	14.15
Lilleküla	Лиллекюла	10.47	11.06	11.33	11.48	12.03	12.18	12.33	12.48	13.03	13.21	13.33	13.48	14.03	14.18
Tondi	Тонди	10.50	11.10	11.37	11.52	12.07	12.22	12.37	12.52	13.07	13.25	13.37	13.52	14.07	14.22
Järve	Ярве	10.53	11.12	11.40	11.55	12.09	12.24	12.39	12.54	13.09	13.27	13.40	13.54	14.09	14.24
Rahumäe	Рахумяэ	10.57	11.16	11.43	11.58	12.13	12.28	12.43	12.58	13.13	13.31	13.44	13.58	14.13	14.28
Nõmme	Нымме	11.00	11.19	11.46	12.01	12.16	12.30	12.46	13.01	13.16	13.34	13.47	14.01	14.16	14.32
Hiiu	Хийу	11.02	11.21	11.48	12.03	12.18	12.32	12.48	13.03	13.18	13.36	13.49	14.03	14.18	14.34
Kivimäe	Кивимяэ	11.04	11.23	11.50	12.05	12.20	12.34	12.50	13.05	13.20	13.38	13.51	14.05	14.20	14.36
Pääsküla	Пяяскюла	11.06	11.25	11.52	12.07	12.22	12.36	12.52	13.07	13.22	13.40	13.53	14.07	14.22	14.38

Fahrplan für die Strecke Tallinn–Pääsküla in estnischer und russischer Sprache. *Slg.: Sigurd Hilkenbach*

Berliner S-Bahnwagen in Polen

Auf eine 25jährige Einsatzzeit kamen die nach dem Krieg in Polen verbliebenen S-Bahnwagen der Baureihen 165.0-6, 166 und 167, die als EW 90, EW 92 und EW 91 bezeichnet wurden. Nachdem das RAW Schöneweide wegen der zunehmenden Zahl kriegsbeschädigter S-Bahnwagen seine Kapazitätsgrenze erreicht hatte, wurde auch das RAW Lauban (heute: ZNTK Luban) zur Aufarbeitung der Berliner S-Bahnwagen herangezogen. Von den dort nach Kriegsende vorhandenen ca. 130 Viertelzügen wurden 69 S-Bahnwagen in die Sowjetunion abtransportiert und 54 Viertelzüge der BR 165.0-6, sechs Viertelzüge der BR 166 sowie 20 Viertelzüge der BR 167 von der Polnischen Staatsbahn PKP für den Stadtschnellbahnbetrieb (Szybka Kolej Miejska) der Dreistadt Danzig (Gdansk), Zoppot (Sopot) und Gdingen (Gdynia) wiederaufgebaut. Die restlichen S-Bahnwagen wurden, sofern nicht für innerbetriebliche Zwecke benötigt, verschrottet. Am 4. März 1951 wurde die 8 km lange eingleisige Zweigstrecke von Danzig Hbf. (Gdansk Glowny) nach Neufahrwasser (Nowy Port) in Betrieb genommen, der am 2. Januar 1952 die zweigleisige Hauptbahnstrecke nach Zoppot (Sopot) folgte. Am 22.Juli 1953 wurde der Personenbahnhof in Gdingen (Gdynia Osobowa/ heute: Glowny) erstmals von den Berliner S-Bahnzügen angefahren. Am 15. Januar 1956 kam der Abschnitt Gdingen Pbf.–Gdingen-Kielau (Gdynia Chylonia) hinzu, zum Jahresende 1956 der Abschnitt Gdingen-Kielau–Neustadt W.Pr. (Wejherowo).

In der Aufstellanlage in Wejherowo (Neustadt, W. Pr.) stehen zwei in EW 90 und EW 91 umgezeichnete S-Bahnzüge der Baureihen 165 und 167.
Foto: Sigurd Hilkenbach, September 1964

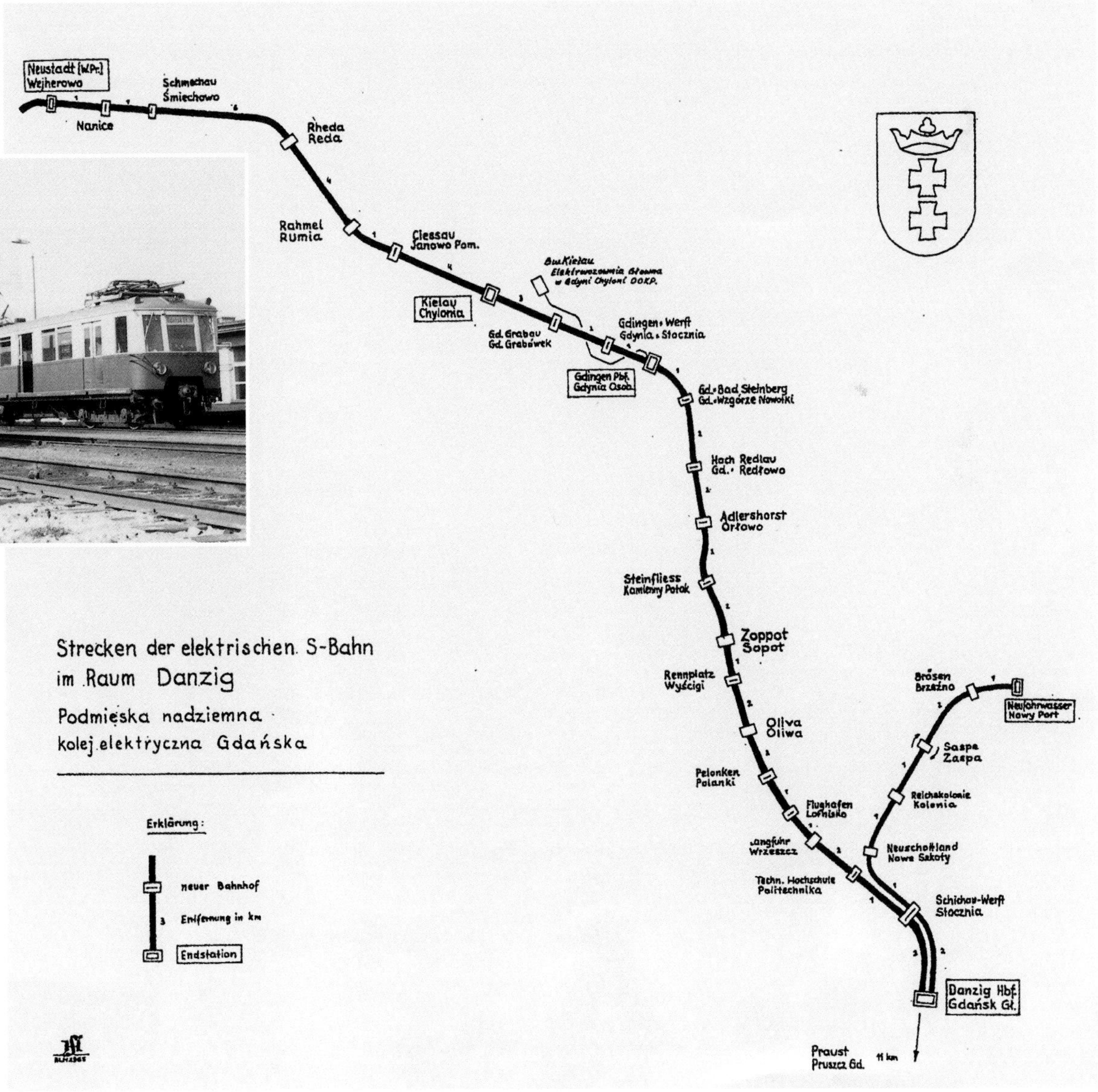

Plan für die Strecken der elektrischen S-Bahn im Raum Danzig.
Slg.: Sigurd Hilkenbach
Repro aus:
DER STADTVERKEHR 1/1965

Für die nach einer Laufleistung von 5000 km notwendigen Durchsichten und Revisionsarbeiten, die zunächst in Saspe (Zaspa) vorgenommen wurden, baute die PKP zwischen Gdingen-Grabau (Grabowek) und Gdingen-Kielau (Chylonia) ein Betriebswerk, dessen Zufahrtsgleise in Gdingen Pbf. von der Hauptstrecke abzweigten. Der vom Danziger Hauptbahnhof ausgehende Schnellbahnbetrieb wurde auf der Hauptbahn auf den Zuggruppen bis Gdingen Pbf., Gdingen-Kielau und Neustadt W. Pr. mit Dreiviertel- und Vollzügen aller drei Baureihen abgewickelt, Neufahrwasser wurde in der Regel von Halbzügen der Stadtbahnbauart angefahren. Um die Viertelzüge freizügig miteinander kuppeln zu können, wurden die mit der vollselbsttätigen Scharfenbergkupplung ausgerüsteten Wagen der BR 167 auf die halbselbsttätige Kupplung umgebaut. Für die Abnahme der Fahrspannung von 800 Volt Gleichstrom, eingespeist durch die Oberleitung, erhielten die Triebwagen auf dem Dach in der Regel zwei Scherenstromabnehmer. In die Stirnfront wurden zwei aus dem Wagenprofil herausragende Scheinwerfer eingebaut, die Schlussleuchten wurden in das Dach integriert. Alle Wagenkästen wurden mit einer durchgehenden Regenrinne versehen. Die Wagenkästen wurden in den Farben blau und gelb, das Dach grau lackiert. Etwa in der Mitte der Wagen hatte die PKP eine rot-weiße Reliefplakette mit dem polnischen Adler sowie die Eigentumsbezeichnung angebracht. Baureihenbezeichnung und Wagennummer waren an der Stirnfront oberhalb des Zielschildkastens oder über der Schaffnerseite links oben und über den mittleren Fenstern an der Längsseite des Wagenkastens vermerkt. Im Laufe der Jahre mussten die S-Bahnwagen einige Umbauten über sich ergehen lassen. So wurden die Scheuerleisten in Bahnsteighöhe entfernt, der zweite Stromabnehmer auf dem Dach des Triebwagens abgebaut, der Zielschildkasten bei den Stadtbahnern in die Stirnfront integriert und neue Wagennummern aus Metall an der Frontpartie unterhalb des mittleren Fensters angebracht. Mit der Umstellung auf 3000 Volt Gleichstrom verkleinerte sich der Einsatzbereich der S-Bahnwagen ab Oktober 1969, die Züge auf der Strecke nach Neustadt (Wejherowo) wurden bis Gdingen-Werft (Gdynia Stocznia) zurückgezogen. Nicht mehr benötigte Wagen wurden ausgemustert, die verbliebenen Wagen des betriebsfähigen Fahrzeugparks aus verschiedenen Gründen umgezeichnet.

Nach Einstellung des 750 Volt-Betriebs auf dem Abschnitt nach Neufahrwasser (Nowy Port) im Oktober 1973 wurden die Berliner S-Bahnzüge am 19. Dezember 1976 abgestellt und auf dem 3000 Volt-Netz durch Fahrzeuge der Baureihe EN 57 aus polnischer Produktion ersetzt. Etliche der abgestellten Wagen wurden für die Elektrifizierung des polnischen Eisenbahnnetzes zu Bahndienstwagen umgebaut. Um der Nachwelt ein historisches Fahrzeug des Stadtschnellbahnbetriebs präsentieren zu können, wollen der *Pommersche Verein der Eisenbahnfreunde* sowie Mitglieder des Eisenbahnfreilichtmuseums in Koscierzyna (Berent) ein Stadtbahnviertel zu musealen Zwecken aufarbeiten. Hierfür sind die Wagen EW 90-12s, von der Reichsbahn unter der Wagennummer 2559 am 15. März 1929 in Dienst gestellt, und EW 90-05d, als Steuerwagen unter der Wagennummer 5312 (ab 1941/42 als ES 165 132 bezeichnet) am 5. Oktober 1928 in Dienst gestellt, deren Einsatz bei der Szybka Kolej Miejska am 19. Dezember 1976 endete, vorgesehen.

Ein aus Wejherowo (Neustadt, W. Pr.) kommender Zug der Bauart »OLYMPIA« hat seinen Zielbahnhof Gdansk Glowny (Danzig Hbf.) erreicht. Am Zugschluss befindet sich EW 92-06s (ex DR-ET 166 017).
Foto: Sigurd Hilkenbach, 30.08.1971

In Gdansk Glowny (Danzig Hbf.) steht ein Zug der Bauart »STADTBAHN« abfahrbereit nach Nowy Port (Neufahrwasser). An der Zugspitze ist EW 90-50r (ex DR-ES 165 456) zu sehen.
Foto: Sigurd Hilkenbach, August 1967

Nach einer Hauptuntersuchung steht EW 90-34 mit neuem, in die Stirnfront integriertem Zielschildkasten und ohne Scheuerleiste am Bahnsteig im Danziger Hauptbahnhof.
Foto: Sigurd Hilkenbach, 30.08.1971

Auf der Fahrt nach Gdansk Gt durchquert ein Vollzug mit EW 90-13 an der Spitze Sopot (Zoppot).
Foto: Sigurd Hilkenbach, 26.08.1971

Generationswechsel auf der SKM. Mit der Umstellung der Fahrspannung auf 3000 Volt Gleichstrom verkleinerte sich der Einsatzbereich für die Berliner S-Bahnwagen. Zur Weiterfahrt nach Wejherowo mussten die Fahrgäste im September 1971 in Gdynia Stocznia (Gdingen Werft) auf Züge der EN 57 umsteigen.
Foto: Sigurd Hilkenbach, 01.09.1971

Nach ihrem Abschied aus dem elektrischen Schnellverkehr fanden etliche der ehemaligen Berliner S-Bahnwagen bei der PKP in den verschiedensten Lackierungsvarianten Verwendung als Bahndienstwagen. In Ocypel ist der EW 92-03s (ex DR-ET 166 034) abgestellt, in Chojnice der EW 90-03s (ex DR-ET 165 043).

Fotos: Bernd Schäfer, 26.06.2001 (Bild oben) und Juni 2001 (Bild unten)

Nach dem 2. Weltkrieg in Polen und in Westdeutschland verbliebene sowie im Frühjahr 1946 in die Sowjetunion abtransportierte S-Bahnwagen

Baureihen	Polen [1]	Westdeutschland	Sowjetunion
BR 165.0-6	80 Viertelzüge	1 Viertelzug [2] 9 Beiwagen	76 Viertelzüge [3]
BR165.8	-	-	6 Viertelzüge
BR 166	6 Viertelzüge	-	2 Viertelzüge
BR 167	20 Viertelzüge	4 Beiwagen [4]	54 Viertelzüge
Peenemünder Steuerviertel	-	1 Viertelzug	-

[1] davon eingesetzt im Danziger Vorortverkehr: BR 165.0-6: 54 Viertelzüge, BR 166: 6 Viertelzüge, BR 167: 20 Viertelzüge

[2] ET/EB 165 636, umgebaut zum Steuerviertel

[3] davon 9 Viertelzüge aus der sowjetischen Besatzungszone in Österreich

[4] umgebaut zu 2 Steuervierteln

Umzeichnungsliste der in Polen eingesetzten Berliner S-Bahnwagen

DR-Nummer	PKP-Nummer	DR-Nummer	PKP-Nummer
ET/EBES 165			
ET 165 008	EW 90-01s	ET 165 057	EW 90-23s
EB 165 008	EW 90-01d	EB 165 057	EW 90-23d
ET 165 331	EW 90-02s	ET 165 154	EW 90-24s
EB 165 331	EW 90-02d	EB 165 128	EW 90-24d
ET 165 043	EW 90-03s	ET 165 629	EW 90-25s
EB 165 540	EW 90-03d	EB 165 315	EW 90-25d
ET 165 614	EW 90-04s	ET 165 602	EW 90-26s
EB 165 550	EW 90-04d	EB 165 602	EW 90-26d
ET 165 029	EW 90-05s	ET 165 535	EW 90-27s
EB 165 132	EW 90-05d	EB 165 535	EW 90-27d
ET 165 617	EW 90-06s	ET 165 582	EW 90-28s
EB 165 292	EW 90-06d	EB 165 378	EW 90-28d
ET 165 482	EW 90-07s	ET 165 068	EW 90-29s
EB 165 338	EW 90-07d	EB 165 117	EW 90-29d
ET 165 044	EW 90-08s	ET 165 161	EW 90-30s
EB 165 044	EW 90-08d	EB 165 161	EW 90-30d
ET 165 ?	EW 90-09s	ET 165 064	EW 90-31s
EB 165 ?	EW 90-09d	EB 165 043	EW 90-31d
ET 165 287	EW 90-10s	ET 165 176	EW 90-32s
EB 165 373	EW 90-10d	EB 165 176	EW 90-32d
ET 165 147	EW 90-11s	ET 165 042	EW 90-33s
EB 165 147	EW 90-11d	EB 165 013	EW 90-33d
ET 165 401	EW 90-12s	ET 165 013	EW 90-34s
EB 165 401	EW 90-12d	EB 165 042	EW 90-34d
ET 165 571	EW 90-13s	ET 165 312	EW 90-35s
EB 165 067	EW 90-13d	EB 165 312	EW 90-35d
ET 165 567	EW 90-14s	ET 165 152	EW 90-36s
EB 165 435	EW 90-14d	EB 165 198	EW 90-36d
ET 165 315	EW 90-15s	ET 165 377	EW 90-37s
EB 165 339	EW 90-15d	ES 165 ?	EW 90-37r
ET 165 128	EW 90-16s	ET 165 067	EW 90-38s
EB 165 382	EW 90-16d	ES 165 068	EW 90-38r
ET 165 085	EW 90-17s	ET 165 318	EW 90-39s
EB 165 085	EW 90-17d	EB 165 617	EW 90-39d
ET 165 046	EW 90-18s	ET 165 404	EW 90-40s
EB 165 046	EW 90-18d	EB 165 629	EW 90-40d
ET 165 198	EW 90-19s	ET 165 382	EW 90-41s
EB 165 247	EW 90-19d	ES 165 404	EW 90-41r
ET 165 247	EW 90-20s	ET 165 277	EW 90-42s
EB 165 064	EW 90-20d	ES 165 277	EW 90-42r
ET 165 338	EW 90-21s	ET 165 339	EW 90-43s
EB 165 215	EW 90-21d	ES 165 318	EW 90-43r
ET 165 504	EW 90-22s	ET 165 550	EW 90-44s
EB 165 029	EW 90-22d	ES 165 154	EW 90-44r
ET 165 292	EW 90-45s	ET 165 568	EW 90-50s
ES 165 152	EW 90-45r	ES 165 456	EW 90-50r
ET 165 479	EW 90-46s	ET 165 ?	EW 90-51s
ES 165 304	EW 90-46r	EB 165 582	EW 90-51d
ET 165 378	EW 90-47s	ET 165 610	EW 90-52s

DR-Nummer	PKP-Nummer	DR-Nummer	PKP-Nummer
ES 165 377	EW 90-47r	EB 165 610	EW 90-52d
ET 165 132	EW 90-48s	ET 165 ?	EW 90-53s
EB 165 603	EW 90-48d	EB 165 ?	EW 90-53d
ET 165 540	EW 90-49s	ET 165 215	EW 90-54s
EB 165 614	EW 90-49d	EB 165 504	EW 90-54d
ET/EB 166			
ET 166 006	EW 92-01s	ET 166 021	EW 92-04s
EB 166 006	EW 92-01d	EB 166 021	EW 92-04d
ET 166 026	EW 92-02s	ET 166 004	EW 92-05s
EB 166 026	EW 92-02d	EB 166 004	EW 92-05d
ET 166 034	EW 92-03s	ET 166 017	EW 92-06s
EB 166 034	EW 92-03s	EB 166 017	EW 92-06d
ET/EB 167			
ET 167 152	EW 91-01s	ET 167 082	EW 91-11s
EB 167 152	EW 91-01d	EB 167 035	EW 91-11d
ET 167 215	EW 91-02s	ET 167 199	EW 91-12s
EB 167 266	EW 91-02d	EB 167 063	EW 91-12d
ET 167 108	EW 91-03s	EB 167 266	EW 91-13s
EB 167 108	EW 91-03d	EB 167 272	EW 91-13d
ET 167 160	EW 91-04s	ET 167 193	EW 91-14s
EB 167 224	EW 91-04d	EB 167 082	EW 91-14d
ET 167 224	EW 91-05s	ET 167 117	EW 91-15s
EB 167 160	EW 91-05d	EB 167 180	EW 91-15d
ET 167 035	EW 91-06s	ET 167 036	EW 91-16s
EB 167 117	EW 91-06d	EB 167 036	EW 91-16d
ET 167 220	EW 91-07s	ET 167 282	EW 91-17s
EB 167 259	EW 91-07d	EB 167 193	EW 91-17d
ET 167 192	EW 91-08s	ET 167 213	EW 91-18s
EB 167 199	EW 91-08d	ET 167 276	EW 91-18r
ET 167 283	EW 91-09s	ET 167 272	EW 91-19s
EB 167 276	EW 91-09d	ET 167 214	EW 91-19r
ET 167 180	EW 91-10s	ET 167 212	EW 91-20s
EB 167 192	EW 91-10d	ET 167 231	EW 91-20r

s: Triebwagen d: Beiwagen r: Steuerwagen
?: DR-Wagennummer konnte nicht ermittelt werden
Quelle: S. Hilkenbach

Im Westen Deutschlands gelandete Berliner S-Bahnwagen

Einige wenige S-Bahnwagen, die in den letzten Kriegstagen offensichtlich für Flüchtlingstransporte benutzt worden waren, verblieben auf dem späteren Gebiet der Bundesrepublik Deutschland. Neben einem Viertelzug der Stadtbahnbauart (ET/EB 165 636) befand sich ein Steuerviertel der Peenemünder Werkbahn im Bereich der ehemaligen Reichsbahndirektion Nürnberg. Mangels Verwendungsmöglichkeiten wurden die Züge in den Münchner Raum überführt und nach einem Umbau der elektrischen Ausrüstung für den 750 Volt-Gleichstrombetrieb über Oberleitung auf der Isartalbahn nach Wolfratshausen eingesetzt.

Auf der Isartalbahn wurde das zum 182.01 umgebaute Peenemünder Steuerviertel aufgenommen.
Foto: Slg. Sigurd Hilkenbach, Aufnahmedatum unbekannt

Ergänzt wurde der Wagenpark durch zwei Triebzüge, die aus noch vorhandenen Wagenkästen von Wegmann und BBC gebaut wurden. Mit der Umstellung auf Wechselstrombetrieb ab Mai 1955 wurden auch die als ET/ES 182.01, 182.11, 182.12 und 182.21 bezeichneten Triebzüge der Isartalbahn umgebaut. Bei diesem Umbau verloren die Triebwagen das für die Berliner S-Bahnwagen charakteristische Aussehen, da der Wagenkasten auf der Führerraumseite zum Einbau eines neuen Triebdrehgestells mit einem Achsstand von 3000 mm um 1100 mm verlängert werden musste. Nach dem Umbau wurden die Züge als ET/ES 26 001-004 bezeichnet, von denen der Triebzug 26 002 (ab 1. Juni 1968 in 426 002/826 602 umgezeichnet) der Nachwelt erhalten geblieben ist.

Reparatur des Schadwagenparks

Der Bestand an S-Bahnwagen hatte sich nach Ausmusterung kriegsbeschädigter sowie nach Abgang beschlagnahmter Wagen 1946 um gut 33% verringert. So konzentrierte sich die Deutsche Reichsbahn zunächst auf die, wenn auch nur provisorische Reparatur des reichlich vorhandenen Schadwagenparks. Zerschlissene Linoleumfußböden wurden durch Holzroste ersetzt, unbrauchbar gewordene Sitzbänke, insbesondere Polstersitze, baute man aus. Zerbrochene Fernster verschloss man mangels Glas mit Pappe oder Blech. Um Triebwagen mit schadhafter elektrischer Ausrüstung im Fahrgastverkehr einsetzen zu können, baute die Reichsbahn die Fahrmotore aus und stellte die motorlosen Viertelzüge als Verstärkungswagen in den Zugverband ein. Lastensegler wurden im Volksmund die motorlosen Triebwagen genannt, die man durch den Ausbau unbrauchbar gewordener Sitzbänke zu Traglastenwagen umgebaut hatte. Um das für die Instandhaltung der S-Bahnwagen zuständige Raw Schöneweide zu entlasten, wurde auch die Industrie für die Reparatur kriegsbeschädigter S-Bahnwagen herangezogen. So wurden allein durch den Waggonbau Bautzen (vormals Linke-Hofmann-Busch-Werke), eine der Herstellerfirmen der Stadtbahnzüge, bis 1949 231 Viertelzüge aufgebaut. Ausgenommen vom Wiederaufbau wurden die Leichtmetallzüge, da die Korrosionsschäden zu groß waren. Lediglich der Beiwagen 165 428 wurde in Bautzen wiederaufgebaut. Anlässlich einer bahnamtlichen Untersuchung der Schadgruppe T4 wurde der Leichtmetallwagen ab August 1956 in knapp vier Monaten im Raw Schöneweide zum Stahlwagen umgebaut, ehe er nach einem Unfall 1968 ausgemustert wurde.

Den Jahresberichten über die elektrische Zugförderung im Netz der Berliner S-Bahn der Jahre 1945, 1947 und 1948 sind folgende Angaben zu entnehmen:

Länge der in Betrieb befindlichen S-Bahnstrecken (in km)

	Kriegsende	Ende 1945	Ende 1947	Ende 1948
gesamt	295,34	216,10	248,85	290.28
davon eingleisig			100,11	131,90
davon zweigleisig			148,74	158,38

Fahrzeugbestand

		Ende 1944	Kriegsende	Ende 1945	Ende 1947	Ende 1948
ET gesamt		1032	1032[1]	826	705[2]	704[3]
davon betriebsfähig		864	720	267	340	394
davon nicht betriebsfähig		168	312	559	365	310
Verteilung der ET nach Baureihen						
ET 169				24	17	17
ET 168				34	23	23
ET 165.0-6				573	409	408
ET 165.8				43	36	36
ET 125				18	18	18
ET 166				33	19	19
ET 167				278	183	183
EB gesamt		1020	1020[1]	822	691[2]	691
davon betriebsfähig		852	708	267	328	382
davon nicht betriebsfähig		168	312	555	363	309
ES betriebsfähig					2	2
Verteilung der EB nach Baureihen						
EB 169 gesamt				36	27	27
davon	B			12	9	9
	BC			12	9	9
	C			12	9	9
EB 168	C4			35	23	23
EB 165 gesamt				618	437	437
davon	C4			9	7	7
davon	BC4			609	430	430
EB 125	BC4			18	18	18
EB 166	BC4			32	18	18
EB 167	BC4			251	168	168

Quelle: Landesarchiv Berlin, C Rep 309, Nr. A3076

[1] Im Laufe des Jahres wurden durch Feindeinwirkungen 29 Trieb- und 30 Beiwagen so schwer beschädigt, dass sie ausgemustert werden mussten. Von 177 Trieb- und 168 Beiwagen war der Aufenthaltsort unbekannt.

[2] Gemäß Rbd-Vfg. vom 25.01.1947 bzw. 20.06.1947 hatte sich der Fahrzeugbestand um 27 Trieb- und 24 Beiwagen durch Ausmusterung verringert. Die Beiwagen 165 358 und 165 231 wurden zu Steuerwagen umgebaut und dem Betrieb am 26.03.1947 bzw. am 31.03.1947 übergeben.

[3] Gemäß Rbd-Vfg. vom 29.05.1948 hatte sich der Fahrzeugbestand um einen Triebwagen durch Ausmusterung verringert.

Der Eisenbahnerstreik 1949 und seine Folgen für die Berliner S-Bahn

Das Jahr 1949 sollte den ersten Eisenbahnerstreik nach dem Zweiten Weltkrieg bringen. Nach der Währungsreform in der BIZONE und der sowjetischen Besatzungszone im Juni 1948 wurde am 20. März 1949 in den drei Westsektoren Berlins die DM-West zum allein gültigen Zahlungsmittel erklärt. Monatlich anfallende Kosten wie Miete, Strom, Wasser und Gas, die bis dahin auch mit der in West-Berlin gültigen Ostmark beglichen werden konnten, mussten plötzlich in DM-West entrichtet werden. Die Ostmark war über Nacht nur noch ein Bruchteil ihrer früheren Kaufkraft wert. Die Forderung nach Umtausch der Löhne und Gehälter der in West-Berlin lebenden Arbeiter und Angestellten der Deutschen Reichsbahn lehnte der Magistrat mit der Begründung ab, dass die Reichsbahn für das Berliner Eisenbahnnetz laut Befehl Nr.8 der sowjetischen Militäradministration in Deutschland (SMAD) vom 11. August 1945 allein zuständig sei.

Er betrachtete die bei der Reichsbahn Beschäftigten nicht als Grenzgänger und bezog sie deshalb auch nicht in das Lohnumtauschprogramm mit ein. Als Folge dieser Ablehnung rief die Unabhängige Gewerkschaftsorganisation (UGO) Anfang April 1949 zum Streik auf, dem der Generaldirektor der Reichsbahndirektion Berlin mit der Androhung fristloser Kündigung für den Fall der Streikbeteiligung begegnete. Nachdem die Reichsbahndirektion anfing, die Mietzahlungen für bahneigene Räumlichkeiten in D-Mark (West) zu erheben, erneuerte die UGO ihre Forderung nach Zahlung der Gehälter und Löhne in Westmark. Die Reichsbahndirektion lehnte die Forderung ab, da sie die UGO als Verhandlungspartner für den Abschluss von Tarifverträgen der West-Berliner Eisenbahner nicht anerkannte. So rief die UGO am 5. und 6. Mai 1949 zur Streikabstimmung auf, der über 12 000 Eisenbahner nachkamen. Über 95% der West-Berliner Eisenbahner befürworteten damit einen Streik, der am 20. Mai 1949 beginnen sollte, wenn die Reichsbahn bis zum 10. Mai nicht auf die UGO-Forderung reagiert. Wie wenig sachbezogen die im FDGB Groß-Berlin organisierte IG Eisenbahn auf die für die Eisenbahner in West-Berlin seit dem 20. März bestehende Problematik reagierte, zeigt ein kurz vor Streikbeginn herausgegebenes Flugblatt. *Die Verhandlungen der IG Eisenbahn mit der Generaldirektion haben zu dem Ergebnis geführt, die materielle Lage der Berliner Eisenbahner zu verbessern,* so der einführende Satz dieses Flugblattes. *Das Resultat: Für weitere 6 500 Eisenbahner wird zusätzlich warmes Essen bereitgestellt; alle Triebwagenführer der S-Bahn erhalten die Lebensmittelkarte I; für einen erheblichen Teil des Triebwagenpersonals werden Lohndifferenzen ausgeglichen, das bedeutet eine wesentliche Verbesserung Eures Einkommens.* In welcher Währung die Lohndifferenzen ausgeglichen werden sollten, wurde nicht gesagt. *Die UGO will am Montag versuchen, durch Sabotageakte die S-Bahn stillzulegen, weil kein Eisenbahner dieser verbrecherischen Streikparole der UGO folgen wird. Sie will so ihren Auftraggebern* (gemeint war der West-Berliner Magistrat, auch als Reuter-Magistrat bezeichnet) *die Voraussetzungen schaffen, die Berliner S-Bahn, das letzte einheitliche Verkehrsmittel, zu spalten.* Statt Problemlösungen anzubieten wurde mit Polemik geantwortet. In der Nacht zum 20. Mai begann der Streik mit der Besetzung des Bahnhofs Wannsee. Um wie geplant auch den S-Bahnverkehr zum Erliegen zu bringen, wurden das Schaltwerk Putlitzstraße (heute: Westhafen) von Streikenden zerstört und in Spandau-West Stromschienen abgebaut sowie Schienen und Stromkabel beim Bahnhof Wilmersdorf (heute: Bundesplatz) unterbrochen, Öl aus den beiden Gleichrichterumspannern des Unterwerks Tegel abgelassen und Telefonleitungen in der Fahrleitungsmeisterei Ost zerstört. Die Fahrleitungsmeisterei Halensee sowie das Umformerwerk Charlottenburg wurden von Streikenden besetzt. Im Bahnhof Wedding wurde der Verkehr auf dem Vollring von einem S-Bahnzug blockiert, aus dem man die Hauptsicherungen entfernt hatte. Ein auf den Nordstrecken eingerichteter Pendelverkehr wurde durch schwere Zementbrocken unterbrochen, die am Bahnhof Gesundbrunnen von der Badstraßenbrücke auf die Gleise geworfen worden waren. Während in West-Berlin der S-Bahnverkehr zum Erliegen kam, konnte im Ostteil der Stadt der elektrische Betrieb auf folgenden Strecken aufrecht erhalten werden:

Schönhauser Allee–Schöneweide
Friedrichstraße–Strausberg
Friedrichstraße–Erkner,
Schlesischer Bahnhof–Mahlsdorf
Alexanderplatz–Grünau
Schöneweide–Spindlersfeld
Potsdamer Platz–Stettiner Bahnhof
Hohen Neuendorf–Oranienburg und
Bornholmer Straße–Bernau.

Nachdem Streikende am 31. Mai 1949 ein 30 000 Volt-Kabel zwischen Markgrafendamm und Pankow unterbrochen hatten, musste der elektrische Betrieb zwischen Bornholmer Straße und Bernau eingestellt werden. Ersatzweise fuhren auf dieser Strecke S-Bahnzüge mit Dampflokbespannung. Erst am 10. Juni konnte der elektrische Betrieb wieder aufgenommen werden. Begleitet wurden die Streikmaßnahmen von gewalttätigen Auseinandersetzungen zwischen der West-Berliner Polizei, den Streikenden, der ostzonalen Bahnpolizei sowie von Mitgliedern der SED, FDJ und des FDGB, die zum Teil bewaffnet waren. Die Reichsbahn betrachtete die in den Westsektoren liegenden Bahnanlagen als exterritoriales Gebiet, das es zu schützen galt. Zudem sollten die Bahnhöfe besetzt und Notdienste eingerichtet werden, gegen die sich die streikenden Eisenbahner vehement wehrten. Die in den folgenden Tagen zunehmenden Sachbeschädigungen durch Vandalismus und die eskalierenden Gewalttätigkeiten, in deren Verlauf die Bahnpolizei auch von ihren Schusswaffen Gebrauch machte, veranlassten die US-Behörden die Bahnpolizei in ihren Befugnissen einzuschränken; ab dem 24. Mai war es ihr verboten, im

US-Sektor als Ordnungsmacht aufzutreten. Im Gegenzug ließen die US-Behörden die Eisenbahnanlagen in ihrem Sektor durch West-Berliner Stadtpolizei besetzen, die am darauffolgenden Tag alle Bahnhöfe unter ihrer Kontrolle hatte. Der Versuch des Oberbürgermeisters Ernst Reuter, den Streik Ende Mai in einer Aussprache mit Vertretern der Reichsbahn und den Streikenden zu beenden, schlug fehl. In einer Rede am 21. Juni 1949 nahm Ernst Reuter vor der westlichen Stadtverordnetenversammlung Stellung zum Verhalten der Reichsbahndirektion. *Diese ganzen Besprechungen sind in der Art verlaufen, die wir auf dieser Seite kennen und gewohnt sind: zwei Schritte vorwärts, einen Schritt rückwärts, einen Schritt vorwärts, zwei Schritte rückwärts, … der langen Rede kurzer Sinn war schließlich immer der, dass die Reichsbahn keine Anstalten machte, den Eisenbahnern ihre Entlohnung in Westmark zuteil werden zu lassen. … Der Streik könnte sofort beendet sein, wenn die Sowjetische Militäradministration zu seiner Beendigung bereit wäre.* Neben der Weigerung mit Vertretern der UGO zu verhandeln, lehnte die Reichsbahn eine Aussprache mit der Begründung ab, ihren in den Westsektoren lebenden Beschäftigten 60% der Löhne und Gehälter in DM (West) auszahlen zu wollen. Zur Finanzierung dieser Maßnahme hatte die Reichsbahn mit dem FDGB verabredet, Fahrkarten in den Westsektoren ab dem 1. Juni nur noch gegen Westmark zu verkaufen. Die Weigerung der Reichsbahn, mit Vertretern der UGO zu verhandeln, sowie fehlende Garantien gegen Maßregelungen und Entlassungen veranlassten die Streikenden auf einer Urabstimmung am 2. Juni das Angebot abzulehnen. Mit Blick auf die vereinbarten Viermächtebesprechungen über eine Normalisierung der Verhältnisse in Berlin forderten die Westalliierten den Streik bis zum 28. Juni zu beenden. Trotz einer nur vagen Zusage durch den sowjetischen Generalmajor Kwaschnin – Chef der Transportabteilung der SMAD –, auf Repressalien zu verzichten, sowie der Zusage des Magistrats in West-Berlin, die restlichen 40% der Löhne und Gehälter im Verhältnis 1 : 1 umzutauschen, beendeten die Eisenbahner den Streik. Ausgenommen vom Lohnumtausch wurden West-Berliner Eisenbahner, die Mitglied in der SED oder im FDGB waren.

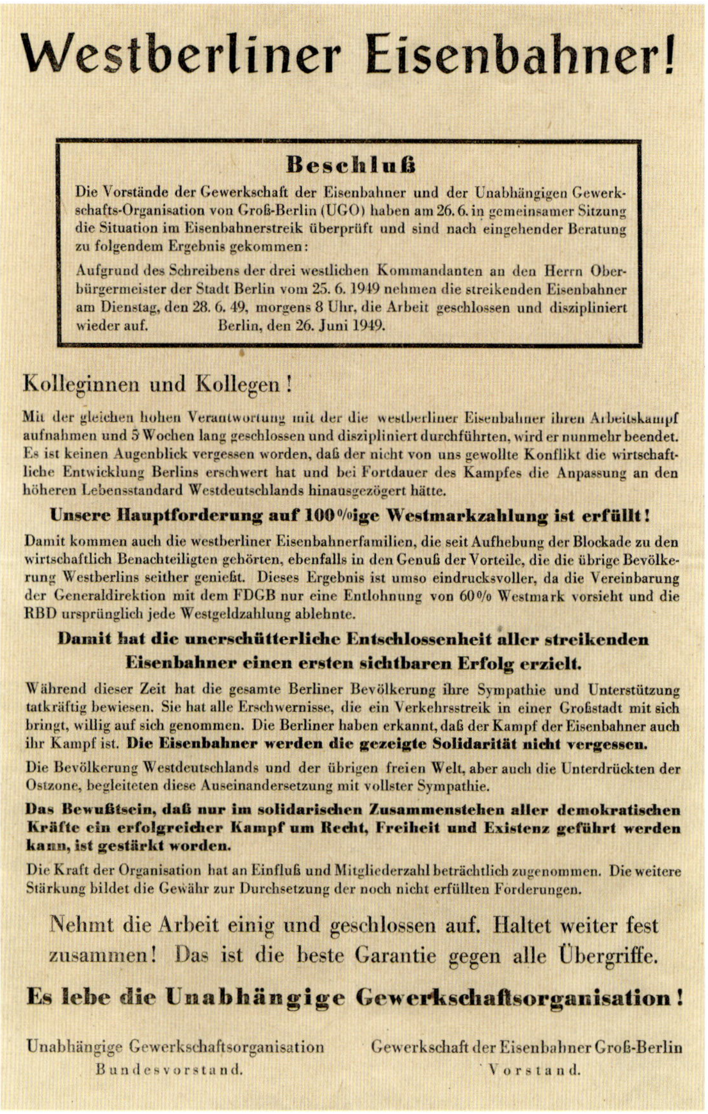

Westberliner Eisenbahner!

Beschluß

Die Vorstände der Gewerkschaft der Eisenbahner und der Unabhängigen Gewerkschafts-Organisation von Groß-Berlin (UGO) haben am 26. 6. in gemeinsamer Sitzung die Situation im Eisenbahnerstreik überprüft und sind nach eingehender Beratung zu folgendem Ergebnis gekommen:

Aufgrund des Schreibens der drei westlichen Kommandanten an den Herrn Oberbürgermeister der Stadt Berlin vom 25. 6. 1949 nehmen die streikenden Eisenbahner am Dienstag, den 28. 6. 49, morgens 8 Uhr, die Arbeit geschlossen und diszipliniert wieder auf. Berlin, den 26. Juni 1949.

Kolleginnen und Kollegen!

Mit der gleichen hohen Verantwortung mit der die westberliner Eisenbahner ihren Arbeitskampf aufnahmen und 5 Wochen lang geschlossen und diszipliniert durchführten, wird er nunmehr beendet. Es ist keinen Augenblick vergessen worden, daß der nicht von uns gewollte Konflikt die wirtschaftliche Entwicklung Berlins erschwert hat und bei Fortdauer des Kampfes die Anpassung an den höheren Lebensstandard Westdeutschlands hinausgezögert hätte.

Unsere Hauptforderung auf 100%ige Westmarkzahlung ist erfüllt!

Damit kommen auch die westberliner Eisenbahnerfamilien, die seit Aufhebung der Blockade zu den wirtschaftlich Benachteiligten gehörten, ebenfalls in den Genuß der Vorteile, die die übrige Bevölkerung Westberlins seither genießt. Dieses Ergebnis ist umso eindrucksvoller, da die Vereinbarung der Generaldirektion mit dem FDGB nur eine Entlohnung von 60% Westmark vorsieht und die RBD ursprünglich jede Westgeldzahlung ablehnte.

Damit hat die unerschütterliche Entschlossenheit aller streikenden Eisenbahner einen ersten sichtbaren Erfolg erzielt.

Während dieser Zeit hat die gesamte Berliner Bevölkerung ihre Sympathie und Unterstützung tatkräftig bewiesen. Sie hat alle Erschwernisse, die ein Verkehrsstreik in einer Großstadt mit sich bringt, willig auf sich genommen. Die Berliner haben erkannt, daß der Kampf der Eisenbahner auch ihr Kampf ist. **Die Eisenbahner werden die gezeigte Solidarität nicht vergessen.**

Die Bevölkerung Westdeutschlands und der übrigen freien Welt, aber auch die Unterdrückten der Ostzone, begleiteten diese Auseinandersetzung mit vollster Sympathie.

Das Bewußtsein, daß nur im solidarischen Zusammenstehen aller demokratischen Kräfte ein erfolgreicher Kampf um Recht, Freiheit und Existenz geführt werden kann, ist gestärkt worden.

Die Kraft der Organisation hat an Einfluß und Mitgliederzahl beträchtlich zugenommen. Die weitere Stärkung bildet die Gewähr zur Durchsetzung der noch nicht erfüllten Forderungen.

Nehmt die Arbeit einig und geschlossen auf. Haltet weiter fest zusammen! Das ist die beste Garantie gegen alle Übergriffe.

Es lebe die Unabhängige Gewerkschaftsorganisation!

Unabhängige Gewerkschaftsorganisation
Bundesvorstand.

Gewerkschaft der Eisenbahner Groß-Berlin
Vorstand.

Flugblatt der UGO und GdE vom 26.06.1949. *DTM Berlin, Historisches Archiv*

Eine völlig andere Bewertung erfuhr der Eisenbahnerstreik aus ostdeutscher Sicht. Nach Auffassung der sowjetzonalen Machthaber verfolgte der so genannte Reuter-Magistrat die Spaltung der S-Bahn und damit die Beseitigung der von den Sowjets verfügten einheitlichen Führung unter Reichsbahn-Regie. Als Organisator des Streiks wurden die der Kriegshetzerei bezichtigten Amerikaner ausgemacht. Nicht nur die Frage nach einer einheitlichen Führung der S-Bahn stellte sich der ostzonalen Regierung, vielmehr wurde mit ihr die Frage nach der deutschen Einheit verknüpft. Die folgenden Zitate aus der Eisenbahnerzeitschrift *Freie Fahrt* (ab Nr. 18/1949 *Fahrt frei*) sollen die zunehmende Politisierung der S-Bahn aus sowjetzonaler Sicht zeigen. In ihrer 1. Mai-Ausgabe 1949 äußerte sich die *Freie Fahrt* unter der Überschrift *Einheit der S-Bahn muß erhalten bleiben, Berliner Eisenbahner lassen sich von UGO-Bankrotteuren nicht provozieren* zum Streik wie folgt:

Die Eisenbahner in allen Teilen Deutschlands begrüßen das Zustandekommen von Verhandlungen der vier Großmächte in Paris und setzen sich immer mehr für den Kampf um die Einheit Deutschlands ein. Diese Tatsache erkennen auch die Spalter der deutschen Einheit, und verzweifelt suchen sie nach einer Möglichkeit, das verständigende Gespräch in Paris durch Provokationen zu stören. … So versucht die UGO in Berlin mit allen Mitteln, noch im letzten Moment durch die Spaltung der S-Bahn Unstimmigkeiten unter den Besatzungsmächten hervorzurufen. … Nicht nur, daß man willkürlich Sabotageakte auf den S-Bahnhöfen (Durchschneidung von Lichtkabeln, Herbeiführung von Kurzschlüssen usw.) durchführt, sondern man will auch die einheitliche Leitung der Berliner S-Bahn zerschlagen. …

Je näher die Pariser Besprechungen rücken, umso mehr müssen die Spalter Deutschlands, die Kriegshetzer feststellen, daß ihnen nicht nur ihre Felle wegschwimmen, sondern daß durch die Verständigung der Großmächte ihnen innerhalb Deutschlands jede Existenzgrundlage entzogen würde.

Das Streikszenario beschrieb H. Schmidt, 1949 Intendant des Berliner Rundfunks, in der 4. Mai-Ausgabe unter Verwendung der aus der Sowjetzone sattsam bekannten Nomenklatur. *… In den ersten Tagen bestand der sogenannte Streik aus Sabotageakten von kriminellen Elementen, Schwarzmarktjungen, Kurfürstendamm-Zuhältern und ähnlichen Vertretern »streikender Eisenbahner« gegen Schaltanlagen, Stellwerke, Weichen und Gleisanlagen. Gleichzeitig wurden jugendliche Rowdies mit Totschlägern, Dolchen und Steinen gegen Eisenbahner und vor allem gegen die Bahnpolizei vorgeschickt. Einige Male wurde die Bahnpolizei auch beschossen. Als Organisatoren dieser Angriffe wurden Amerikaner festgestellt.* Um diesem Situationsbericht die nötige Internationalität zu verleihen, wurden Korrespondentenberichte der amerikanischen Tageszeitung *New York Herald Tribune*, der schwedischen Zeitung *Dagens Nyheter* sowie der *Stockholms Tidningen* zitiert. Einen faktischen Beweis erbrachte H. Schmidt für seine Äußerungen nicht, die von ihm getroffenen Feststellungen waren ausschließlich argumentativer Natur aus einer sozialistisch geprägten Einstellung. Die Rechtslage zum Lohnumtausch erfährt im letzten Absatz des von ihm verfassten Artikels *»Ein trauriges Schauspiel«* eine ganz eigene Interpretation. *Die klare Rechtslage ist, daß alle interalliierten Vereinbarungen über Berlin bis zum heutigen Tage unbestritten die Berliner Eisenbahn als Unternehmen der Ostzone unter sowjetischer Kontrolle anerkennen. Nach den eigenen Währungsgesetzen der Westverwaltung und der drei westlichen Besatzungsmächte ist infolgedessen die sogenannte »Lohnausgleichskasse« in Westberlin verpflichtet, den Eisenbahnern 60 Prozent ihres Gehalts im Verhältnis 1 : 1 umzutauschen. Es ist in der modernen Rechtsgeschichte noch nicht vorgekommen, daß ein Gesetz von denselben Behörden, die es erlassen haben, sofort gebrochen wird, wenn es ihnen nicht in den Kram paßt, wie das bei der Verweigerung des Geldumtausches für die Eisenbahner selbst für den juristischen Laien offen zutage tritt. Daß die UGO trotzdem ihre Forderungen nicht an die zuständige Stelle, die Westberliner Lohnausgleichskasse, richtete, sondern an die Eisenbahndirektion, ist nur ein weiterer Beweis für den ungewerkschaftlichen Charakter dieser Organisation, die keine Gewerkschaft, sondern ein Instrument der amerikanischen Militärregierung und der abenteuerlichen Führung der Berliner Sozialdemokratie ist.*

Ohne in einen juristischen Diskurs eintreten zu wollen, sei an dieser Stelle angemerkt, dass die Deutsche Reichsbahn neben den von der SMAD übertragenen Betriebsrechten auch eine Betriebspflicht hatte. Um die Einheitlichkeit in der Betriebsführung zu wahren, duldeten die Westalliierten die Reichsbahn als Betriebsführerin in ihren Sektoren, ohne sie als Rechtsnachfolgerin der Deutschen Reichsbahn des Dritten Reiches anzuerkennen und ihr damit Besitzrechte an Wagen, Gleisanlagen und sonstigen Betriebseinrichtungen zuzugestehen. Juristische Winkelzüge wurden bemüht, um dem Klassenfeind die finanziellen Lasten aufzubürden, zu dessen Übernahme er als »Bankrotteur« gar nicht imstande sein konnte. Eine Aufklärung über die von der Westverwaltung erlassenen Währungsgesetze unterblieb, um den Leser der Wochenzeitschrift für derlei Argumentationen empfänglich zu machen. Dass der Klassenfeind durchaus bereit war die Westmark-Ansprüche der Westberliner Eisenbahner zu übernehmen, zeigt ein Schreiben an die Alliierte Kommandantur im Oktober 1949. Darin ersuchte der Magistrat die Alliierte Kommandantur, *ihm durch eine klare Verordnung die volle rechtliche, verwaltungsmäßige und polizeiliche Hoheit über sämtliche Grundstücke und Anlagen der Reichsbahn in den westlichen Sektoren zu übertragen.* Erst dann würde sich die Stadtverwaltung imstande sehen, die Westmark-Ansprüche zu erfüllen. Es wäre nach seiner Auffassung unbillig die Westberliner mit ihren Steuergeldern für eine Finanzierung der Löhne und Gehälter heranzuziehen, für die die Reichsbahndirektion Berlin als Arbeitgeber gesetzlich verpflichtet war. Die aus dem sowjetischen Besatzungsgebiet rekrutierte Bahnpolizei sollte der Westberliner Polizei unterstellt und auf betriebstechnische Funktionen beschränkt werden. Diesem Ersuchen war ebensowenig Erfolg beschieden wie einer Ende November 1949 erhobenen UGO-Forderung, wollte man doch eine Spaltung der S-Bahn und den damit verbundenen Aufbau einer eigenen Eisenbahn-Verwaltung in Westberlin vermeiden. In einem Schreiben vom 26. November hatte die UGO die Westalliierten darum gebeten, *bei den S-Bahnstationen in den westlichen Sektoren ausreichende Einnahmen in DM (West) zu beschlagnahmen, um die Zahlung der Löhne und Gehälter zu 100 Prozent an Westberliner Eisenbahner zu ermöglichen.* Auch die DM (Ost)-Pensionen von in Westberlin lebenden ehemaligen Eisenbahnern sollten in das Umtauschprogramm mit einbezogen werden. Erst ab 1964 sollten Löhne und Gehälter zu 100% von der Verwaltung der Deutschen Reichsbahn in DM (West) ausgezahlt werden. Mit welchen Argumenten dem Leser die vom Klassenfeind vermeintlich angestrebte Spaltung der Berliner S-Bahn näher gebracht werden sollte, zeigt ein Auszug aus dem von R. Chwalek, 1. Vorsitzender der IG Eisenbahn, verfassten Artikel »Die Wahrheit über die S-Bahn/Ihre Methoden: Sabotage und Anschläge« in der Eisenbahner-Zeitung Fahrt frei vom 20. Oktober 1950. *Es ist jedem Westberliner Eisenbahner bekannt, daß die Agenten der Amerikaner nicht davor zurückschrecken, Sprengbomben an die S-Bahnzüge anzubringen, deren Entzündung so eingestellt ist, daß sie auf den verkehrsreichsten Bahnhöfen explodierten und sogar Menschen verletzten. … Die Sabotageakte insbesondere bei der S-Bahn laufen weiter darauf hinaus, bei den Reisenden eine Beunruhigung hervorzurufen, um sie von der Benutzung der S-Bahn abzuhalten, um so die Deutsche Reichsbahn und damit die Eisenbahner zu schädigen.* Selbst nach Schließung der innerstädtischen Grenzen am 13. August 1961 und der damit

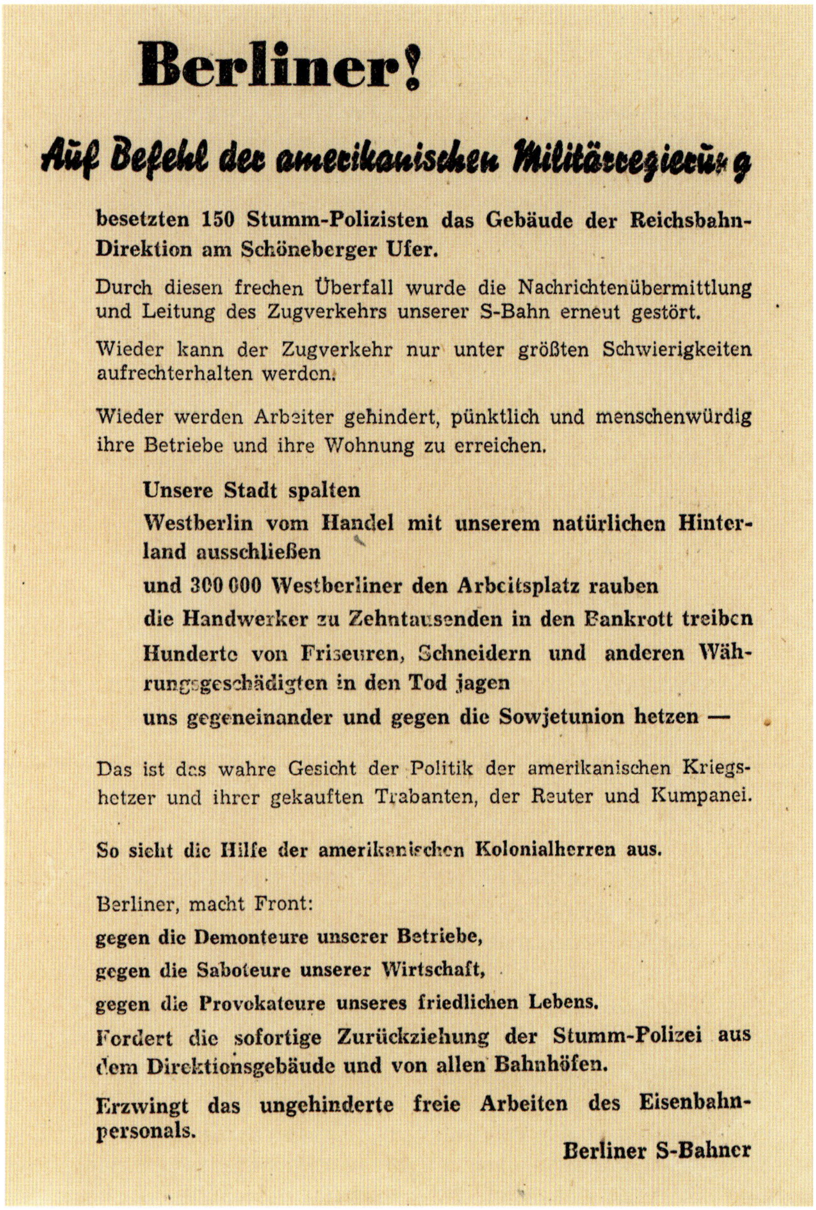

Berliner!

Auf Befehl der amerikanischen Militärregierung

besetzten 150 Stumm-Polizisten das Gebäude der Reichsbahn-Direktion am Schöneberger Ufer.

Durch diesen frechen Überfall wurde die Nachrichtenübermittlung und Leitung des Zugverkehrs unserer S-Bahn erneut gestört.

Wieder kann der Zugverkehr nur unter größten Schwierigkeiten aufrechterhalten werden.

Wieder werden Arbeiter gehindert, pünktlich und menschenwürdig ihre Betriebe und ihre Wohnung zu erreichen.

Unsere Stadt spalten

Westberlin vom Handel mit unserem natürlichen Hinterland ausschließen

und 300 000 Westberliner den Arbeitsplatz rauben

die Handwerker zu Zehntausenden in den Bankrott treiben

Hunderte von Friseuren, Schneidern und anderen Währungsgeschädigten in den Tod jagen

uns gegeneinander und gegen die Sowjetunion hetzen —

Das ist das wahre Gesicht der Politik der amerikanischen Kriegshetzer und ihrer gekauften Trabanten, der Reuter und Kumpanei.

So sieht die Hilfe der amerikanischen Kolonialherren aus.

Berliner, macht Front:

gegen die Demonteure unserer Betriebe,

gegen die Saboteure unserer Wirtschaft,

gegen die Provokateure unseres friedlichen Lebens.

Fordert die sofortige Zurückziehung der Stumm-Polizei aus dem Direktionsgebäude und von allen Bahnhöfen.

Erzwingt das ungehinderte freie Arbeiten des Eisenbahnpersonals.

Berliner S-Bahner

Flugblatt »Berliner! Auf Befehl der amerikanischen Militärregierung …«.
DTM Berlin, Historisches Archiv

verbundenen Spaltung des S-Bahnnetzes wollte die von der DDR-Regierung gelenkte Presse auf derartige Horrorszenarien nicht verzichten.

Die Verlagerung des Verwaltungssitzes der Reichsbahndirektion Berlin Ende 1949 vom Schöneberger Ufer im amerikanischen Sektor zur Wilhelm-Pieck-Straße (heute: Torstraße) im sowjetischen Sektor war ein weiteres Anzeichen für die Zuspitzung des Ost-West-Konflikts. Da die Reichsbahndirektion das Gebäude nicht an die dafür zuständigen West-Berliner Stellen übergeben hatte und auch keine Klarheit über die weitere Nutzung bestand, beschlagnahmte die amerikanische Besatzungsmacht das Gebäude am 18. Januar 1950. Unter Angabe von Sicherheitsproblemen – die BASA-Telefonzentrale befand sich im Gebäude – schränkte die Reichsbahn den S-Bahnverkehr ein. Betroffen von dieser Maßnahme waren am 18. Januar 1950 die Zuggruppen A, D, E, G, 1 und 2. Die aufgrund des eingeschränkten Verkehrs ausgesetzten Züge wurden in den zuständigen Betriebswerken abgestellt. Die Zuggruppe 1a wurde vollständig ausgesetzt, die Reservezüge Wannsee (Ws), Papestraße Ringbahnhof (Par) und Westkreuz (Wk) wurden nach Potsdamer Platz, Greifswalder Straße und Schlesischer Bahnhof (heute: Ostbahnhof) verlegt. Nach Androhung weiterer Verkehrseinschränkungen gab die amerikanische Besatzungsmacht das Gebäude am 23. Januar 1950 an die Reichsbahndirektion Berlin zurück.

»NEUE bild ZEITUNG«
6. Jahrg. Nr. 27. Juli 1962

Zum Glück keine Todesopfer

Bombenanschlag auf Ps 1697

Antw

Prote

Nur eins von 2000 Verbrechen

Da schreckten alle Fahrgäste auf: Auf der Fahrt zwischen dem in Westberlin gelegenen Lehrter Bahnhof und dem Bahnhof Friedrichstraße explodierte im S-Bahn-Zug Ps 1697 eine Plastikbombe. Der Führerstand und das letzte Abteil des Wagens wurden zerfetzt. Zum Glück wurden keine Personen verletzt oder gar getötet.

Und das ist nur einer von fast 2000 Anschlägen der Frontstadt-Rowdys des Brandt auf die S-Bahn der DDR in Westberlin. Und nur innerhalb von zehn Monaten!

Verkehrsminister Kramer dazu: „Sprengstoffanschläge auf fahrende Züge gehören zu jenen Kapitalverbrechen, die in allen Ländern der Welt mit den schwersten Strafen geahndet werden. Ich warne mit allem Ernst vor der Fortsetzung derartiger gemeingefährlicher Provokationen."

(Siehe auch Seite 3: „Beton auf Schienen".)

Artikel aus NEUE BILDZEITUNG, 6. Jahrgang, Nr.27 vom Juli 1962.
Slg.: Sigurd Hilkenbach

CHRONIK DER VIERZIGER JAHRE

1940

6. Oktober	Aufnahme des elektrischen S-Bahnbetriebs auf der Strecke Mahlow–Rangsdorf
1. November	Einführung eines neuen Nummernsystems für die S-Bahnzüge (dreistellige Ordnungsnummer für die Bauart sowie eine Zählnummer); zusätzlich wurden die Trieb-, Bei- und Steuerwagen durch die Buchstaben ET, EB bzw. ES gekennzeichnet.
...	Einrichtung besonderer S-Bahnzüge für den Gepäck- und Expressgutverkehr

1941

September	Ein S-Bahnwagen stürzt nach Überfahren des Prellbocks im Bahnhof Mahlsdorf auf die Hönower Straße

1942

...	Ausbau der Führerstandseinrichtung aus allen Steuerwagen wegen kriegsbedingten Teilemangels

1943

9. August	Aufnahme des elektrischen S-Bahnbetriebs auf dem Streckenabschnitt Lichterfelde Ost–Lichterfelde Süd

1944

3. März	Indienststellung der letzten S-Bahnwagen der BR 167
3. Juli	Einstellung des elektrischen S-Bahnverkehrs zum Potsdamer Ringbahnhof, die Ringbahnzüge fahren als Vollring.
	Schließung der Bahnhöfe Potsdamer Ringbahnhof und Kolonnenstraße; Stilllegung der Nordringkurve zwischen Witzleben und Charlottenburg

1945

11. April	Die Benutzung der S-Bahn ist wochentags und sonnabends bis 15.00 Uhr nur noch mit besonderen Fahrtberechtigungsausweisen möglich; sonnabends ab 15.00 Uhr und sonntags ganztägig sind Fahrten ohne Berechtigungsausweis möglich
21. April	Einstellung des S-Bahnverkehrs im Nordsüd-Tunnel
25. April	Aufgrund der Kriegsschäden und des Kohlemangels kommt der S-Bahnverkehr vollständig zum Erliegen.
2. Mai	Sprengung der Tunneldecke der Nordsüd-S-Bahn unter dem Landwehrkanal
25. Mai	Beginn der Aufräumungsarbeiten im Nordsüd-Tunnel
6. Juni	Wiederaufnahme des elektrischen S-Bahnbetriebs auf dem Streckenabschnitt Schöneberg–Wannsee mit je einem Zugpaar morgens und abends
7. Juni	Wiederaufnahme des elektrischen S-Bahnbetriebs auf dem Streckenabschnitt Schöneberg–Großgörschenstraße
9. Juni	Wiederaufnahme des elektrischen S-Bahnbetriebs auf dem Streckenabschnitt Spandau –Westkreuz
18. Juni	Wiederaufnahme des elektrischen S-Bahnbetriebs auf dem Streckenabschnitt Braunauer Straße–Papestraße (Südring)
21. Juni	Wiederaufnahme des elektrischen S-Bahn betriebs auf dem Streckenabschnitt Ostkreuz–Schönhauser Allee (Nordring)
24. Juni	Wiederaufnahme des elektrischen S-Bahnbetriebs auf den Streckenabschnitten Wilmersdorf–Papestraße und Neukölln–Grünau

11. Juli	Wiederaufnahme des elektrischen S-Bahnbetriebs auf den Streckenabschnitten Schönhauser Allee–Gesundbrunnen (Nordring), Wannsee–Charlottenburg und Ostkreuz–Biesdorf
15. Juli	Wiederaufnahme des elektrischen S-Bahnbetriebs auf dem Streckenabschnitt Biesdorf –Mahlsdorf
19. Juli	Wiederaufnahme des elektrischen S-Bahnbetriebs auf dem Streckenabschnitt Wilmersdorf–Halensee; Aufnahme des elektrischen S-Bahnbetriebs auf dem Streckenabschnitt (Humboldthain)–Abzweig Ntm–Stettiner Fernbahnhof. Der provisorische S-Bahnverkehr wurde auf diesem Streckenabschnitt am 31. Januar 1946 wieder eingestellt
26. Juli	Wiederaufnahme des elektrischen S-Bahnbetriebs auf der Strecke Schöneweide–Spindlersfeld
28. Juli	Wiederaufnahme des elektrischen S-Bahnbetriebs auf dem Streckenabschnitt Halensee–Westend
Juli	Freigabe des Betriebsbahnhofs Schöneweide für den öffentlichen Personenverkehr
2. August	Wiederaufnahme des elektrischen S-Bahnbetriebs auf den Streckenabschnitten Yorckstraße–Südende und Yorckstraße–Mariendorf
6. August	Wiederinbetriebnahme des Potsdamer Ringbahnhofs für die Züge nach Wannsee
13 . August	Wiederaufnahme des elektrischen S-Bahnbetriebs auf dem Streckenabschnitt Bornholmer Straße–Bernau
17. August	Wiederaufnahme des elektrischen S-Bahnbetriebs auf dem Streckenabschnitt Südende–Lichterfelde Süd
18. August	Wiederaufnahme des elektrischen S-Bahnbetriebs auf dem Streckenabschnitt Schönholz–Oranienburg
25. August	Wiederaufnahme des elektrischen S-Bahnbetriebs auf dem Streckenabschnitt Charlottenburg–Zoologischer Garten (Stadtbahn)
August	Verlängerung des elektrischen S-Bahnbetriebs auf dem Streckenabschnitt Papestraße–Braunauer Straße bis Treptower Park (Südring)
5. September	Wiederaufnahme des elektrischen S-Bahnbetriebs auf dem Streckenabschnitt Westend –Jungfernheide (Nordring)
6. September	Wiederaufnahme des elektrischen S-Bahnbetriebs auf dem Streckenabschnitt Zoologischer Garten–Tiergarten (Stadtbahn)
8. September	Wiederaufnahme des elektrischen S-Bahnbetriebs auf dem Streckenabschnitt Mariendorf –Mahlow
9. September	Wiederaufnahme des elektrischen S-Bahnbetriebs auf dem Streckenabschnitt Jungfernheide–Beusselstraße (Nordring)
11. September	Der Nordsüd-S-Bahntunnel wird erstmalig durch Fachleute mit Pontonbooten befahren
16. September	Wiederaufnahme des elektrischen S-Bahnbetriebs auf dem Streckenabschnitt Tegel–Heiligensee
17. September	Wiederaufnahme des elektrischen S-Bahnbetriebs auf den Streckenabschnitten Wannsee –Dreilinden (Friedhofsbahn) und Jungfernheide –Gartenfeld (Siemensbahn)
28. September	Rückgabe des von der sowjetischen Besatzungsmacht beschlagnahmten RAW Schöneweide an die deutsche Verwaltung
29. September	Wiederaufnahme des elektrischen S-Bahnbetriebs auf dem Streckenabschnitt Beusselstraße–Putlitzstraße (Nordring)
1. Oktober	Wiederaufnahme des elektrischen S-Bahnbetriebs auf den Streckenabschnitten Mahlow –Rangsdorf und Gesundbrunnen–Wedding (Nordring)
12. Oktober	Wiederaufnahme des elektrischen S-Bahnbetriebs auf dem Streckenabschnitt Tiergarten –Bellevue (Stadtbahn)
15. Oktober	Wiederaufnahme des elektrischen S-Bahnbetriebs auf dem Streckenabschnitt Bellevue–Lehrter Stadtbahnhof (Stadtbahn)
19. Oktober	Wiederaufnahme des elektrischen S-Bahnbetriebs auf dem Streckenabschnitt Lehrter Stadtbahnhof–Friedrichstraße (Stadtbahn)

4. November	Wiederaufnahme des elektrischen S-Bahnbetriebs auf dem Streckenabschnitt Friedrichstraße–Alexanderplatz (Stadtbahn)
5. November	Wiederaufnahme des elektrischen S-Bahnbetriebs auf dem Streckenabschnitt Ostkreuz–Schlesischer Bahnhof
15. November	Wiederaufnahme des elektrischen S-Bahnbetriebs auf dem Streckenabschnitt Schlesischer Bahnhof–Alexanderplatz (Stadtbahn); die Stadtbahn kann nach diesem Lückenschluss wieder auf ganzer Länge im eingleisigen Pendelbetrieb befahren werden
21. November	Wiederaufnahme des elektrischen S-Bahnbetriebs auf dem Streckenabschnitt Ostkreuz – Treptower Park (Nordring)
19. Dezember	Wiederaufnahme des elektrischen S-Bahnbetriebs auf dem Streckenabschnitt Putlitzstraße–Wedding (Nordring)
...	Umbenennung des Bahnhofs Braunauer Straße in Sonnenallee (Herbst 1945)

1946

31. Januar	Wiedereröffnung des unterirdischen Stettiner-S-Bahnhofs; Einstellung des elektrischen Betriebs zum Stettiner Fernbahnhof
15. Februar	Wiederaufnahme des elektrischen S-Bahnbetriebs auf dem Streckenabschnitt Treptower Park–Baumschulenweg
16. Februar	Wiederaufnahme des elektrischen S-Bahnbetriebs auf dem Streckenabschnitt Wannsee–Potsdam; wegen der nicht befahrbaren Brücke über den Teltowkanal wurden in Kohlhasenbrück zwei hölzerne Notbahnsteige beiderseits des Kanals errichtet, die bis zum 6. Juli 1946 in Betrieb waren
23. April	In den Vormittagsstunden werden 33 Viertelzüge als Reparationsgut aus dem laufenden Verkehr gezogen
15. Mai	Eröffnung des neu errichteten Haltepunkts Buckower Chaussee auf Anordnung der amerikanischen Besatzungsmacht
18. Mai	Der Vollring wird ohne Umsteigen durchgehend befahren
2. Juni	Der Tunnelabschnitt Anhalter Bahnhof–Friedrichstraße (Nordsüd-S-Bahn) wird im Pendelbetrieb befahren
22. Juni	Die Stadtbahn wird wieder durchgehend befahren
6. Juli	Wiederaufnahme des elektrischen S-Bahnbetriebs auf dem Streckenabschnitt Heiligensee–Velten
27. Juli	Endgültige Schließung des Potsdamer Ringbahnhofs; Einführung der auf der Wannseebahn verkehrenden Züge in den wiederhergestellten Nordsüd-Tunnel bis zum Bahnhof Friedrichstraße
15. August	Wiederaufnahme des elektrischen S-Bahnbetriebs auf dem Streckenabschnitt Yorckstraße–Anhalter Bahnhof
22. August	Wiedereinführung der Zuggruppenbezeichnungen
	Die auf besondere Anweisung nur sonntags zwischen Mahlsdorf und Wannsee sowie Grünau und Spandau fahrenden S-Bahnzüge halten nur auf wichtigen Bahnhöfen; wegen Strommangels entfallen diese Züge Ende Oktober 1946
	Wiederaufnahme des elektrischen S-Bahnbetriebs auf der Südringkurve am Bahnhof Ostkreuz
21. September	Einbindung der Rangsdorfer Züge in den Nordsüd-Tunnel
1. Oktober	Rückbenennung des Bahnhofs Deutschlandhalle in Eichkamp und Umbenennung des Bahnhofs Weißensee in Greifswalder Straße
1. November	Abschaffung der 2.Wagenklasse
1. Dezember	Schließung der folgenden Bahnhöfe: Hohenschöpping (bis 14.9.50) und Unter den Linden (bis 14.10.47)

1947

7. März	Aufnahme des elektrischen S-Bahnbetriebs auf dem Streckenabschnitt Mahlsdorf–Hoppegarten
31. März	Indienststellung eines Materialzuges aus umge-

	bauten S-Bahnwagen der Bauart »ORANIENBURG« (ET 168 029/EB 168 033/ EB 168 035/ET 168 043)
9. Juli	Errichtung eines Notbahnsteigs »Mariendorf« am Südufer des Teltowkanals, nachdem die Notbrücke bei Mariendorf abgebrannt war (Betriebsdauer: 1.8.-25.8.47)
15. August	Wiederaufnahme des elektrischen S-Bahnbetriebs auf dem Streckenabschnitt Spandau–Spandau West
26. August	Inbetriebnahme der wiederhergestellten Teltowkanalbrücke bei Mariendorf und Schließung des Notbahnsteigs
16. November	Wiederaufnahme des elektrischen S-Bahnbetriebs auf dem Streckenabschnitt Stettiner Bahnhof–Friedrichstraße (Nordsüd-S-Bahn)
16. November	Wiederinbetriebnahme der Gleise 2, 3, 4 und 5 im Abstellbahnhof (S-Bw) Stettiner Bahnhof
15. Dezember	Wiedereröffnung der Nordsüd-S-Bahn in ganzer Länge für den öffentlichen Personenverkehr; Freigabe des Bahnhofs Unter den Linden für den öffentlichen Verkehr

1948

5. Januar	Wiederinbetriebnahme des demontierten Streckenabschnitts Schlesischer Bahnhof–Köpenick; Freigabe des Betriebsbahnhof Rummelsburg für den öffentlichen Verkehr
30. April	Wiederinbetriebnahme des demontierten Streckenabschnitts Köpenick–Friedrichshagen
27. Mai	Wiederaufnahme des elektrischen S-Bahnbetriebs auf dem Streckenabschnitt Dreilinden –Stahnsdorf Reichsbahn; Umbenennung des Bahnhofs Stahnsdorf Reichsbahn in Stahnsdorf
15. Juni	Umstellung des Streckenabschnitts Zehlendorf –Düppel auf elektrischen Betrieb (Einstellung des seit dem 1.12.1945 verkehrenden Dampfpendels)
13. August	Einstellung des elektrischen Betriebs zwischen Spandau und Spandau West wegen Sperrung der Havelbrücke (Notbrücke); Wiederaufnahme des S-Bahnbetriebs am 25.August
1. September	Wiederinbetriebnahme des demontierten Streckenabschnitts Friedrichshagen–Rahnsdorf; Umstellung des Streckenabschnitts Hoppegarten–Fredersdorf auf elektrischen Betrieb
31. Oktober	Umstellung des Streckenabschnitts Fredersdorf –Strausberg auf elektrischen Betrieb
2. November	Wiederinbetriebnahme des demontierten Streckenabschnitts Rahnsdorf–Erkner
30. November	Inbetriebnahme des für innerbetriebliche Überführungsfahrten elektrifizierten Gütergleises Gesundbrunnen (Ringbahn)–Abzweig Ntm–S-Bw Stettiner Bahnhof

1949

21. März	Die DM-West ist in West-Berlin alleiniges Zahlungsmittel. Die in West-Berlin lebenden Eisenbahner werden von der DR jedoch weiter in DM-Ost entlohnt
1. April	Umbenennung des Bahnhofs Babelsberg-Ufastadt in Griebnitzsee
7. April	Die DR kassiert beim Fahrkartenverkauf in West-Berlin auch Westgeld; zur Unterscheidung werden die Fahrkarten auf grünem Karton gedruckt
21. Mai	Die in West-Berlin wohnenden Eisenbahner treten in einen Streik, um die Lohnzahlung in DM-West durchzusetzen. Der S-Bahnverkehr kommt in West-Berlin bis zum 30.6.1949 völlig zum Erliegen
1. Juli	Mit der Wiederaufnahme des S-Bahnverkehrs in den Westsektoren wird hier nur noch Westgeld angenommen. Der Fahrkartendruck erfolgt seitdem in Rot. Außerdem werden Rückfahrkarten eingeführt, die auch im anderen Währungsgebiet gelten
	Wiederinbetriebnahme des Triebwagenschuppens Bernau
21. Dezember	Umbenennung des Bahnhofs Frankfurter Allee in Stalinallee
…	Erstmaliger Einsatz einer Frau als Triebfahrzeugführerin

Quelle: Berliner Verkehrsblätter, 75 Jahre Berliner S-Bahn – Eine Chronik, 46.Jahrgang, Nr.8, August 1999

DIE FÜNFZIGER JAHRE

Der »Kalte Krieg«

Der Zug rattert. Keiner redet mehr. Der Zug hält in Schönhauser Allee. Früher Berlin NO. Heute Ostsektor. Die neu Einsteigenden bringen gute Laune mit.

»Stieke jetzt«, schreit einer, als der Zug wieder angeruckt hat, »daß mir hier keena 'ne amerikanische Zigarette raucht ..., ihr wißt doch, wo ihr euch befindet ... ?«

»Na, bei euch wer'n doch die meisten vakooft«; bekommt er zur Antwort.

»Der will bloß eene ha'm«, meint der Kollege und kramt in seinen Taschen, aber Kurt Seifert hat dem Spaßvogel aus dem Osten schon seine Packung hingehalten.

»Ooch noch Jold-Dollar? Det is ja direkt Valeitung zum Landesverrat.« Der Beschenkte grinst und zwinkert dankend mit den Augen, während er sich die Westzigarette anzündet. Kurt Seifert spürt ein angenehmes Kribbeln in der Nase. Das ist nun Berlin.

Erich Wildberger: Ring über Ostkreuz

Die Politik der Siegermächte und ihre Folgen für die S-Bahn

Die von den Westalliierten verfassten Londoner Empfehlungen zur wirtschaftlichen Entwicklung in den drei Westzonen, die Währungsreform, die Berlin-Blockade (vom 24. Juni 1948 bis 12. Mai 1949) und der UGO-Streik in den Jahren 1948 und 1949 hatten gezeigt, dass die Westalliierten andere wirtschaftliche und politische Ziele in ihrem Einflussbereich verfolgten als die sowjetische Besatzungsmacht in der SBZ (Sowjetische Besatzungszone). Letztendlich mündeten die unterschiedlichen Interessen der alliierten Besatzer in der Gründung zweier deutscher Teilstaaten, der Bundesrepublik Deutschland und der Deutschen Demokratischen Republik (DDR). Durch den UGO-Streik sah sich die Sowjetische Militäradministration veranlasst, der Reichsbahn im August 1949 den Befehl zu erteilen, den Eisenbahnverkehr im Berliner Raum auf eine von den Westsektoren unabhängige Betriebsführung neu zu ordnen. West-Berlin sollte verkehrlich vom Eisenbahnnetz der Reichsbahn abgetrennt werden. Der Fernverkehr sollte auf die im Ostsektor liegenden Bahnhöfe Lichtenberg, Schöneweide und Schlesischer Bahnhof (ab 1950 Ostbahnhof) verlegt werden, um die im Westteil Berlins gelegenen Kopfbahnhöfe schließen zu können. Der dampfbetriebene Vorortverkehr sollte aus West-Berlin auf Bahnhöfe außerhalb des Stadtgebietes zurückgezogen werden. Zur Umsetzung dieser verkehrspolitischen Ziele initiierte die Reichsbahn ein Programm, das die Elektrifizierung der Strecken Lichterfelde Süd–Teltow, Spandau West–Falkensee, Spandau West–Staaken und Jungfernheide–Spandau Hbf. vorsah. Mit eingeschlossen in dieses Programm war die dringend notwendige Elektrifizierung des Abschnitts Grünau–Königs Wusterhausen auf der Görlitzer Bahn. Nachdem die Görlitzer Bahn ab Mitte August 1949 wieder zweigleisig befahren werden konnte, sollte sie für den elektrischen S-Bahnverkehr ausgebaut werden. Bereits 1948 hatten die Königs Wusterhausener durch den Verkauf von Spendenmarken versucht, die Elektrifizierung mitzufinanzieren in der Hoffnung, den Ausbau dieses Streckenabschnitts damit beschleunigen zu können. Trotz der Spendenaktion sollte es bis zum 30. April 1951 dauern, ehe der elektrische Betrieb zwischen Königs Wusterhausen und Spandau West aufgenommen und der dampfbetriebene Vorortverkehr zum Görlitzer Bahnhof eingestellt werden konnte.

Am 30. April 1951 wurde auf dem Streckenabschnitt Grünau–Königs Wusterhausen der elektrische Betrieb aufgenommen. 50 Jahre später erinnerte die S-Bahn Berlin GmbH mit einem Sonderzugeinsatz an dieses Ereignis.
Foto: Wolfgang Kiebert, Mai 2001

Der beabsichtigte zweigleisige Ausbau der S-Bahn bis Zeuthen wurde auf unbestimmte Zeit verschoben. Offenbar genoss das Vorhaben zur Elektrifizierung der »Flughafenbahn« nach Schönefeld, mit dem umfangreiche Bauarbeiten im Bereich des Grünauer Kreuzes verbunden waren, Priorität. Das Elektrifizierungsprogramm gab der Reichsbahn auch die Möglichkeit, S-Bahnzüge während der nächtlichen Betriebspause außerhalb der Westsektoren abzustellen. In Staaken hatte man hierfür zwei Abstellgleise westlich des Nennhauser Damms auf dem Gebiet der DDR errichtet. Eine Ausdehnung des elektrischen Betriebs bis nach Nauen und Wustermark im Westen sowie Ludwigsfelde im Süden war zwar geplant, wurde jedoch nicht realisiert. Neben der Elektrifizierung der o. g. Streckenabschnitte nahm die Reichsbahn im August 1951 die seit Kriegsende stillgelegte Nordwestkurve am Bahnhof Ostkreuz wieder in Betrieb. So konnten die von Schönhauser Allee kommenden Züge in das östliche Stadtzentrum durchgeführt werden. Um auch die S-Bahnzüge aus den nordöstlichen Vororten direkt an das östliche Stadtzentrum anbinden zu können, elektrifizierte die Reichsbahn bis zum 25. September 1952 die Gütergleise zwischen Pankow-Schönhausen (heute: Pankow) und Schönhauser Allee. Die Züge aus dem Raum Oranienburg mussten nach wie vor den Weg durch die Westsektoren nehmen, da eine nördliche Umfahrung Berlins – der nördliche Außenring (NAR) war noch im Bau – nicht möglich war. Weitere Hinweise für eine zunehmende Abspaltung zeigten sich im seit dem 1. Juni 1952 bestehenden Verbot zur Einreise für West-Berliner in die DDR mit Ausnahme Ost-Berlins. Zur Überwachung des Einreiseverbots wurden auf den Bahnhöfen Hohen Neuendorf, Hennigsdorf Süd (Stolpe Süd), Hoppegarten, Eichwalde, Mahlow, Griebnitzsee und Albrechtshof Kontrollhalte eingelegt.

Die Bernauer Züge wurden auf der Fahrt von Röntgenthal nach Zepernick kontrolliert. Im Februar 1953 begann die Reichsbahn mit Gleisbauarbeiten an den Bahnhöfen Schönhauser Allee, Treptower Park, Baumschulenweg und Friedrichstraße. Die Anlagen wurden so verändert, dass Züge in die Richtung zurückfahren konnten, aus der sie gekommen waren. Zusätzlich wurde der Fernbahnsteig B im Bahnhof Friedrichstraße für den S-Bahnverkehr in Betrieb genommen. Mit diesen Veränderungen war die Möglichkeit gegeben die Zugläufe auf den in Ost-Berlin gelegenen Grenzbahnhöfen zu brechen; eine Fortsetzung der Fahrt in Richtung Westen wäre für die Fahrgäste nur nach dem Umsteigen, verbunden mit einer Personen- und Gepäckkontrolle, möglich gewesen. Den Einsprüchen des Leiters der Abteilung S-Bahn in der Rbd Berlin, Friedrich Kittlaus, war es zu verdanken, dass die grenzüberschreitenden Zugläufe bis zur endgültigen Abriegelung West-Berlins beibehalten wurden. Um Stauungen und Verspätungen insbesondere im Berufsverkehr zu vermeiden, war eine Kontrolle der Fahrgäste in den Zügen vorgesehen. Zu diesem Zweck wurden zwischen Schönhauser Allee und Gesundbrunnen, Treptower Park und Sonnenallee sowie Baumschulenweg und Köllnische Heide in Fahrtrichtung Westen hölzerne Notbahnsteige außerhalb der Bahnhöfe eingerichtet, an denen die Züge erneut halten sollten. Geplante Gleisbauarbeiten auf der »Friedhofs-

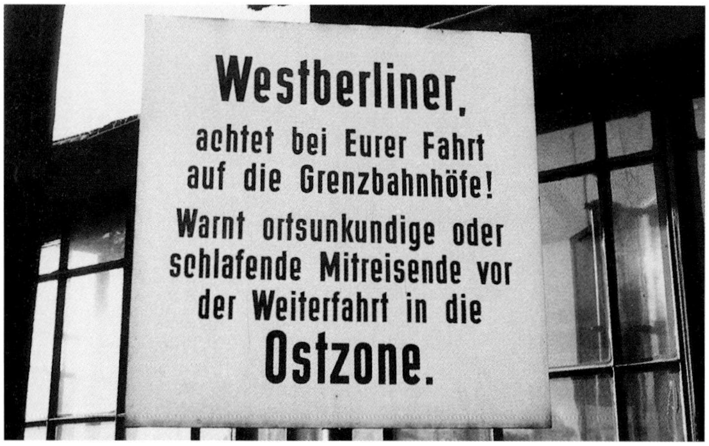

Um die West-Berliner vor einer Weiterfahrt in die DDR zu warnen, ließ der Senat in den fünfziger Jahren Warnschilder an den letzten Bahnhöfen im West-Sektor aufstellen. *Foto: Sigurd Hilkenbach, 15.09.1963*

bahn« waren ein willkommener Anlass, den Verkehr zwischen Wannsee und Stahnsdorf ab dem 19. Januar 1953 für gut eineinhalb Jahre einzustellen. Tatsächlich haben derartige Arbeiten jedoch nie stattgefunden. Am 10. September 1954 wurde der Betrieb, unterbrochen durch einen Kontrollhalt in Dreilinden, wieder aufgenommen. Ab Mitte Mai 1953 war den Angestellten der Partei-, Staats- und Wirtschaftsorgane der DDR die Benutzung der in den Westsektoren haltenden S-Bahnzüge untersagt worden. Da eine Umfahrung West-Berlins noch nicht möglich war, richtete die Reichsbahn zur Vermeidung von Fluchtmöglichkeiten der Geheimnisträger für den Weg zur Arbeitsstätte und zurück zu den Wohnorten mit dem Fahrplanwechsel am 18. Mai 1953 »Durchläuferzüge« ein, die an den Werktagen morgens und nachmittags mit jeweils zwei bis drei Zügen auf folgenden Strecken verkehrten:

Zuggruppe H: Falkensee–Königs Wusterhausen,
Zuggruppe L: Erkner–Potsdam,
Zuggruppe 1: Oranienburg–Wannsee,
Zuggruppe 3: Velten–Rangsdorf.

Die morgens von Oranienburg und Velten kommenden »Durchläuferzüge« wurden bis auf einen Zug, der auf die Zuggruppe 3a – Nordbahnhof-Mahlow – überging, in Potsdamer Platz ausgesetzt. Äußerlich erkennbar waren die »Durchläufer« an den Zielschildern. Die nach Falkensee bzw. Königs Wusterhausen fahrenden Züge erhielten auf der unteren Hälfte des Zielschildes den Zusatz »Durchläufer« in schwarzer Schrift auf weißem Grund. Die nach Potsdam und Erkner fahrenden »Durchläufer« waren durch einen blauen Diagonalbalken auf dem Zielschild gekennzeichnet, die aus Velten und Oranienburg kommenden »Durchläufer« waren am roten Diagonalbalken auf dem Zielschild oder an einem Zusatzschild »Durchläufer« im Fenster des Führerstands erkennbar. Fahrplantechnische Probleme gab es insbesondere auf den eingleisigen Nordstrecken. Auf den Kreuzungsbahnhöfen mussten die Planzüge bis zu fünf Minuten auf die »Durchläufer« warten, ehe sie ihre Fahrt fortsetzen konnten. Erst nach Inbetriebnahme des Berliner Außenrings (BAR) für den Personenverkehr wurden die »Durchläuferzüge« Anfang Mai 1958 eingestellt.

Der 17. Juni 1953 und die Folgen für den S-Bahnverkehr

Die Ereignisse am 17. Juni 1953 sollten zu mehrwöchigen Einschränkungen im S-Bahnverkehr führen. Zunehmende Mängel in der Versorgung sowie die im Mai 1953 verfügte Erhöhung der Arbeitsnormen ließen den Unmut in der Bevölkerung der DDR anwachsen. Als die Staats- und Parteiführung nach Stalins Tod einen neuen, gelockerteren Kurs ankündigte, ohne gleichzeitig die Arbeitsnormenerhöhung zurückzunehmen, kam es am 15. und 16. Juni zu Arbeitsniederlegungen und Streiks, die sich am 17. Juni ausweiteten. Um eine Eskalation des Streiks und drohende politische Veränderungen zu verhindern, rief die Staatsführung der DDR sowjetische Truppen zur Unterstützung der kasernierten Volkspolizei zu Hilfe. Am Mittag des 17. Juni wurden der Ausnahmezustand ausgerufen und das Standrecht eingeführt. Welche betrieblichen Auswirkungen der Streik auf die S-Bahn an diesem Tag hatte, zeigt ein am 13. Juli 1953 von der Rbd. Berlin – Abteilung S-Bahn 5 – verfasstes Protokoll.

7.46 Uhr: Ab sofort dürfen die S-Bahnzüge am Bahnsteig Schöneweide Betriebsbahnhof nicht mehr halten.

9.30 Uhr: S-Bahnzüge dürfen auf Anordnung des Herrn Pr in Karow nicht mehr halten.

10.47 Uhr: Auf Anordnung des Herrn stellv. Ministers – Kramer – müssen die S-Bahnzüge bis auf Widerruf an die Bahnsteige herangenommen werden und halten bleiben.

11.00 Uhr: Der Fahrstrom der S-Bahn auf sämtlichen Strecken abgeschaltet. S-Bahnbetrieb eingestellt.

Offensichtlich wollte die Staatsführung der DDR die S-Bahn als Transportmittel für protestierende und demonstrierende Massen ausschalten. In der Nacht vom 17. zum 18. Juni wurde der Fahrstrom zwischen 0.00 und 4.00 Uhr wieder eingeschaltet, um unterwegs abgestellte S-Bahnzüge zu den Endbahnhöfen fahren zu können. Um die Gleise auf der Stadt- und Ringbahn in Richtung Westen unpassierbar zu machen, wurden im Grenzbereich Prellböcke montiert. Der Verkehr durch den Nordsüd-Tunnel wurde bis zum 9. Juli unterbrochen. Am 18.Juni gegen 10.00 Uhr wurde der S-Bahnbetrieb in Ost-Berlin auf folgenden Strecken wieder aufgenommen:

Zuggruppe L: Erkner–Friedrichstraße
Zuggruppe H: Königs Wusterhausen–Ostbahnhof
Zuggruppe E: Alexanderplatz–Mahlsdorf
Zuggruppe E: Hoppegarten–Strausberg
Zuggruppe N: Spindlersfeld–Schönhauser Allee
Zuggruppe C: Blankenburg–Ostbahnhof
Zuggruppe 2: Bernau–Schöneweide

Zwischen Kaulsdorf und Hoppegarten wurde am Nachmittag ein Dampfpendelbetrieb aufgrund eines Bahndammrutsches im Bereich der S-Bahngleise eingerichtet. Ab dem 20. Juni verkehrten neben den Stammzügen zusätzlich die folgenden Einsatzzuggruppen:
Zuggruppe DI: Grünau–Greifswalder Straße
Zuggruppe HI: Grünau–Ostbahnhof
Zuggruppe GII: Mahlsdorf–Ostbahnhof
Zuggruppe LV: Köpenick–Friedrichstraße

Auf den außerhalb der Stadtgrenzen liegenden Streckenabschnitten Velten–Hennigsdorf, Oranienburg–Lichtenberg über Schönfließ und Mahlow–Wünsdorf wurde ein S-Bahn-Dampfverkehr eingerichtet. Wegen des Ausnahmezustands hatte die Reichsbahn den Betriebsschluss auf 22.00 Uhr vorgezogen. Vier Tage später, am 22. Juni 1953, wurde auch in den Westsektoren der elektrische Zugverkehr wieder aufgenommen. Die Zugläufe waren zunächst auf folgende Streckenabschnitte beschränkt:
Zuggruppe L: Wannsee–Lehrter Stadtbahnhof
Zuggruppe N: Spandau West–Gesundbrunnen
Zuggruppe 1: Wannsee–Anhalter Bahnhof
Zuggruppe 1: Schönholz–Frohnau
Zuggruppe 3: Schönholz–Heiligensee

Mit der Erweiterung des elektrischen Betriebs um die Zuggruppen A, B, H, 2 und 5 wurden am darauffolgenden Tag die folgenden Strecken zusätzlich befahren:
Zuggruppe A: Gesundbrunnen–Hermannstraße
Zuggruppe B: Jungfernheide–Siemensstadt
Zuggruppe B: Siemensstadt–Gartenfeld
Zuggruppe H: Spandau West–Lehrter Stadtbahnhof
Zuggruppe 2: Lichterfelde Süd–Yorckstraße
Zuggruppe 3: Lichtenrade–Papestraße
Zuggruppe 5: Düppel–Zehlendorf

Die Abschnitte Hermannstraße–Sonnenallee und Hermannstraße–Köllnische Heide wurden von zwei Pendelzügen befahren, da keine Kehrmöglichkeiten vorhanden waren. Die an den Nordstrecken liegenden Bahnhöfe Wollankstraße und Bornholmer Straße hatte die Reichsbahn für den öffentlichen Personenverkehr geschlossen. Am 9. Juli, drei Wochen nach Niederschlagung des Volksaufstands, wurde der Verkehr über die Sektorengrenzen wieder freigegeben. Die Prellböcke zwischen Friedrichstraße und Lehrter Stadtbahnhof, Gesundbrunnen und Schönhauser Allee sowie Sonnenallee und Treptower Park wurden nach einer Anweisung der Rbd Berlin vom 6. Juli 1953 wieder entfernt. Die Erfahrungen vom Juni und Juli 1953 nahm die S-Bahnleitung zum Anlass einen Sonderbuchfahrplan und einen Sonderzugbildungsplan für Ost- und West-Berlin ohne Angabe eines Gültigkeitszeitraumes zu entwickeln. Etliche Zugläufe sollten nach Schließung der innerstädtischen Grenze im August 1961 eine große Ähnlichkeit mit den nach dem Volksaufstand befahrenen Strecken aufweisen. Als Folge der Niederschlagung des Volksaufstands tauchte 1953 ein anonymes Flugblatt auf, auf dem die West-Berliner (erstmals?) zum Boykott der S-Bahn aufgerufen wurden. Schon damals wurde die Angst geschürt, dass mit den im Westen eingenommenen Fahrgeldern der Bau neuer »Friedens«-Panzer finanziert werden könnte.

Wer hat das Hoheitsrecht auf Westberliner Eisenbahngelände?

Der rechtliche Status der Berliner S-Bahn sollte bis zum Mauerbau immer wieder zu politisch motivierten Streitigkeiten führen. Mit dem Befehl Nr. 8 hatte die SMAD am 11. August 1945 die betrieblichen Rechte und Pflichten über den Eisenbahnverkehr in Berlin den deutschen Eisenbahnern übertragen. Um das einheitliche Verkehrsnetz nicht zu unterbrechen, akzeptierten die Westalliierten die Reichsbahn als Betriebsführerin auch in ihren Sektoren. Obwohl das Deutsche Reich mit dem Ende des Zweiten Weltkriegs untergegangen war, empfand sich die Deutsche Reichsbahn als legitime Rechtsnachfolgerin der Vorkriegs-Reichsbahn und erhob damit Ansprüche auf das Eisenbahngelände, die Anlagen und sonstige Liegenschaften auch in West-Berlin. Dieses Eigentumsrecht wurde von den Westalliierten bestritten. In der Durchführungsbestimmung Nr.14 vom 31. Mai 1949, die die Neuordnung des Geldwesens regelte, wurde der Reichsbahn untersagt, über Grundstücke, grundstücksgleiche Rechte oder Rechte an Grundstücken zu verfügen, sofern diese nicht unmittelbar dem Eisenbahnbetrieb dienten. Mit diesem Verbot war ihr auch das Recht genommen Eisenbahngelände und Betriebsmittel zu vermieten oder zu verpachten. Erlöse aus genehmigten Verkäufen alter Betriebsmaterialien mussten auf ein von West-Berliner Behörden verwaltetes Sperrkonto eingezahlt werden und wurden nur auf Antrag der Reichsbahn und entsprechender Prüfung auf der Grundlage der Berlin Kommandatura Order (BK/O) 49/217 freigegeben. Dieses Verfügungs- und Verwaltungsrecht ging am 1. Oktober 1953 auf die neu gegründete Verwaltung des ehemaligen Reichsbahnvermögens (VdeR), die dem Senator für Finanzen unterstellt war, über. Wiederholt kam es zu Streitigkeiten über die Auslegung der Betriebspflicht sowie über die Ausübung des Hoheitsrechts auf West-Berliner Eisenbahngelände. Wie zugespitzt die Situation war, sollen die folgenden Ereignisse aus den Jahren 1959 und 1960 zeigen:

Oktober 1959 – die auf Anordnung des DDR-Innenministeriums gehissten Flaggen mit dem neuen Staatswappen aus Anlass des zehnten Jahrestages der DDR werden aus in den Westsektoren gelegenen Reichsbahneinrichtungen von der Polizei entfernt. Die mit DDR-Wimpeln geschmückten S-Bahnzüge dürfen dagegen weiter verkehren.

Während der Regierende Bürgermeister W. Brandt und sein Stellvertreter F. Amrehn das Hissen der Staatsflagge der DDR als Provokation der West-Berliner Bevölkerung bezeichneten, sah das DDR-Verkehrsministerium den Einsatz West-Berliner Polizei auf Reichsbahngelände als widerrechtlich an, da die

Das Hissen der DDR-Flagge auf West-Berliner Bahngelände führte immer wieder zu politischen Auseinandersetzungen. Hier steht ein mit DDR-Wimpeln »geschmückter« Zug der Bauart »STADTBAHN« in Düppel.
Foto: Sigurd Hilkenbach, 13.06.1964

Eisenbahneinrichtungen in West-Berlin der Zuständigkeit der DDR unterlägen und somit dem Eigentum der Reichsbahn zuzuordnen seien. Dem schriftlichen Protest des britischen Stadtkommandanten Delacombe, im Oktober 1959 Vorsitzender der Alliierten Kommandantur, begegnete der sowjetische Stadtkommandant General Sacharow mit der Feststellung, dass diese Frage ausschließlich unter die Zuständigkeit der Behörden der DDR falle. Einem Bericht der amerikanischen Nachrichtenagentur UPI zufolge sollen die Westmächte mit dem Einsatz ihrer Truppen für den Fall gedroht haben, sollte eine erneute Flaggenhissung zu Unruhen in der Bevölkerung West-Berlins führen, die die Polizei nicht unterbinden kann. In der im Januar 1960 veröffentlichten BK/L(60)3 nahm die Alliierte Kommandantur Stellung zu den Zwischenfällen auf West-Berliner S-Bahngelände. Darin betonte sie noch einmal, dass das Reichsbahngelände in West-Berlin der Gerichtsbarkeit der Besatzungsmächte bzw. der Berliner Behörden untersteht. Zudem gäbe es kein Abkommen, das die Befugnisse ihrer Streitkräfte zur Ausübung von Hoheitsrechten und zur Kontrolle des in ihrem Besatzungsgebiet liegenden Reichsbahngeländes in irgendeiner Weise einschränkt.

März 1960 – die Ost-Berliner Zeitung (BZ) meldet unter der Überschrift *Tatort S-Bahn*, dass seit Jahresbeginn 533 Wagen verwüstet wurden, davon 90% in West-Berlin. Dreizehn Mal sollen Züge beschossen oder mit Steinen beworfen, elf Züge mit antisemitischen Parolen beschmiert worden sein. Verantwortlich gemacht wurden dafür die angeblich über 80 in West-Berlin ansässigen Sabotage- und Spionageorganisationen. Der West-Berliner Verwaltung wurde vom 1. Sekretär der Ostberliner SED-Bezirksleitung P. Verner nur einen Tag nach Erscheinen der Zeitung Untätigkeit in den Ermittlungen vorgeworfen.

April 1960 – auf dem Bahnhof Steglitz kontrollieren Transportpolizisten der Reichsbahn Einkaufstaschen von Fahrgästen und fragen Kioskinhaber nach Ostgeld-Einnahmen. Auf dem Bahnhof Innsbrucker Platz werden die Ausweispapiere der Fahrgäste kontrolliert. Auf dem Bahnhof Savignyplatz fordern zwei Transportpolizisten einen West-Berliner Polizisten zum sofortigen Verlassen des Bahnsteigs auf. Die Transportpolizisten wurden wegen Amtsanmaßung verhaftet und nach Ost-Berlin abgeschoben.

Juli 1960 – die DDR-Regierung protestiert gegen die Festnahme des Reichsbahnangehörigen und DDR-Bürgers Lothar Kubert auf dem Bahnhof Staaken. Der noch jugendliche Reichsbahner hatte zwei Personen, die sich nach angeblich begangener Straftaten der Strafverfolgung entziehen wollten, gestellt und den zuständigen Organen der DDR übergeben. Festgenommen wurde L. Kubert, weil er die Verhaftung zweier Flüchtlinge durch die Volkspolizei veranlasst hatte. Einer Meldung der (Ost)-Berliner Zeitung am Abend vom 15.September 1960 zufolge *wurde der Reichsbahner Lothar Kubert durch Beamte der Westberliner Politischen Polizei vom S-Bahngelände verschleppt, als er am Staakener Stellwerk Verkehrssignale in Betrieb setzen wollte.*

Aktion S auf Hochtouren

Senat der Transportgefährdung schuldig

eiben klirren, Polstersitze gehen in Fetzen, iste werden bedroht und Reichsbahnange- niedergeschlagen. Die Täter sitzen meistens stberlin, ihre Hintermänner immer.

Eine hl von Meldungen der letzten Tage:

In der Nacht zum 28. August überfielen zwei junge Männer die Fahrkartenverkäuferin des S-Bahnhofes Tier- und verletzten sie durch aus einer Gaspistole.

Staatsorgane der DDR machten eine Bande Westberliner Rowdys dingfest, die in S-Bahn-Zügen schwere Ver- en anrichteten, gegen Reichs- estellte gewalttätig wurden ansportpolizisten niederzu- versuchten.

In der Zeit vom 14. bis 22. August wurden auf dem Reichsbahngelände in Westberlin fünf Züge mit Steinen n, in drei Zügen Wagen mit ngen beschmiert, in drei Wagen beschädigt und ein S- g beschossen. Alle Züge wegen Schadenausbesserung Verkehr gezogen werden.

Seit Jahresbeginn wurden zu 90 Prozent auf der Westberliner Streckenführung) in 300 Fällen S-Bahn-Wagen t. Allein im April gab es rtige Übergriffe.

tatistik des Zufalls?

n wir uns an Mai und Juni 1949. nals Wildwest auf Reichsbahn- Rowdybanden schlugen Eisen- usammen, zertrümmerten Wa- Betriebsanlagen. 41 Tage war hn-Verkehr in den Westsek- unterbrochen. Ergebnis: ein Verletzte, 37 Millionen Mark Drahtzieher der Krawalle: US- mandant Howley. Sein ltung des Gesamtberliner Ver- els.

ute?

ahn vor dem Zusammenbruch" riebsunsichere S-Bahn" zetern gazetten. Von den ständigen Tariferhöhungen der West-BVG ist in diesem Zusammenhang nie die Rede. Auch nicht davon, daß auf der gleichbleibend billigen S-Bahn täglich zwischen 1,9 und 2,1 Millionen Menschen beider Stadtteile einwandfrei, pünktlich und unbeschadet befördert werden.

Aber die Betriebssicherheit der S-Bahn ist tatsächlich in Gefahr. Durch wen?

Am 21. April wollten Transportpolizisten am S-Bahnhof Innsbrucker Platz einen auf den Gleisen aufgefundenen Sprengkörper unschädlich machen. Stupos mit gezogenen Pistolen hinderten sie daran.

Am 27. Juni wurde der Reichsbahner Lothar Kubert durch Beamte der Westberliner Politischen Polizei vom S-Bahn-Gelände verschleppt, als er am Staakener Stellwerk Verkehrssignale in Betrieb setzen wollte.

In der Nacht zum 22. Juli blokkierten Westberliner Rowdys die Strecke zwischen Witzleben und Westend mit Balken und Blechtöpfen.

Das ist offene Transportgefährdung.

Nicht von seiten der DDR, die im Siebenjahrplan allein 125 Millionen DM für die Verkehrssicherheit der S-Bahn bereitstellt, die 150 neue Signalverbindungen errichtet, neue Wagenzüge baut und jährlich 60 km Schienen auswechselt.

Aber mit den erfundenen Dummheiten über die „Unzuverlässigkeit" der „kommunistisch gelenkten" S-Bahn hat Westberlins Senat jenen einen Freibrief erteilt, die nun den „Beweis" dafür antreten sollen. Da sind den Dunkelmännern selbst Jugendliche und Kinder nicht zu schade. Die Erziehungsmethoden der Frontstadt sind danach eingerichtet. Vor elf Jahren schon und heute noch immer. Rpf.

Allein in einem S-Bahn-Wagen der Strecke Friedrichstraße — Wannsee stellten Transportpolizisten kürzlich 25 Schnitte in den Polstern fest.
Aufn.: Meissner

Westberlin: Hochburg der Provokateure

Die von Brandt, Albertz und Konsorten inszenierten und bezahlten Anschläge Westberliner Dreigroschenjungen gegen die S-Bahn in Westberlin beweist die „Dokumentation" in Wort und Bild. — Unser Foto: Ein zerstörter S-Bahn-Wagen — einer von über 2000 Anschlägen seit dem 13. August 1961.

neue bild zeitg
№ 29 August 62

Artikel aus der BZ am Abend vom 15.09.1960. *Slg.: Sigurd Hilkenbach*

August 1960 – die Nachrichtenagentur der DDR (ADN) meldet die Verhaftung einer *Bande Westberliner Rowdies*, die ihr Unwesen vornehmlich auf dem zum »Hoheitsgebiet der DDR« gehörenden Reichsbahngelände getrieben haben sollen. Angeblich hätten sie Fensterscheiben eingeschlagen, Sitzpolster aufgeschlitzt, Aschenbecher abgerissen, Gepäcknetze und Beleuchtungskörper demoliert und Reichsbahnangestellte an der Ausübung ihres Dienstes gehindert.

Wiederholt wurden derartige Anlässe zum Austausch gegenseitiger Protestnoten genommen, der West-Berliner Senat von der DDR-Regierung bezichtigt, das S-Bahnnetz als letztes gesamtberliner Nahverkehrssystem spalten zu wollen, obwohl ihm daran nach eigenem Bekunden nicht gelegen war.

Der V. Parteitag der SED beschließt umfangreiches Bau- und Modernisierungsprogramm für die S-Bahn

Mitte der fünfziger Jahre konnte man der »BZ am Abend« unter der Überschrift *S-Bahn dreht auf* entnehmen, dass im zweiten Fünfjahresplan bis 1960 für die S-Bahn ein umfangreiches Bau- und Modernisierungsprogramm vorgesehen war. Das Bauprogramm sah den zweigleisigen Verkehr auf allen Strecken vor, insgesamt sollten es 18 Strecken sein. Konkret genannt wurden die Abschnitte Friedrichshagen–Erkner, Charlottenburg–Halensee, Wilhelmsruh–Borgsdorf und Velten–Hennigsdorf. Verschiedene Dampfbahnstrecken waren zur Elektrifizierung vorgesehen, so z. B. die Strecke zwischen Karow und Hennigsdorf am nördlichen Außenring (NAR) sowie die Strecke Falkensee–Brieselang.

Zu den elf Bahnhofsgebäuden, die bis 1960 nach den modernsten architektonischen und technischen Gesichtspunkten wieder aufgebaut werden, gehören Halensee, Beusselstraße, Erkner, Charlottenburg, Biesdorf, Pichelsberg. Im gleichen Zeitraum werden 27 Bahnsteigdächer erneuert, u. a. auf den Bahnhöfen Baumschulenweg, Mahlow, Rummelsburg, Sonnenallee und Mahlsdorf. Gegenwärtig sind die Instandsetzungsarbeiten auf den Bahnhöfen Schöneberg und Westkreuz schon im Gange, so der Zeitungsartikel weiter.

Baumusterzug Baureihe 170

Der aus der Vorkriegszeit stammende Fahrzeugpark sollte durch neue S-Bahnwagen vollständig ersetzt werden. Außerdem hoffte man, mit dem als BR 170 bezeichneten Zug den durch Reparationsleistungen entstandenen Wagenmangel kurzfristig beheben zu können. Bereits 1953 hatte eine Gruppe des Reichsbahn-Zentralamtes (RZA) Halle/Saale, der VEB Waggonbau Ammendorf, den Auftrag zur Entwicklung eines neuen S-Bahnzuges erhalten. Gebaut wurden die Wagen in Ammendorf, die elektrische Ausrüstung wurde vom LEW Hennigsdorf installiert. Nach M. Braun wurde ursprünglich der Bau eines Dreiwagenzuges in Anlehnung an den ET/EM 171 der Hamburger S-Bahn geplant. Aus Gründen der Gewichtsverteilung revidierte man jedoch den Entwurf zugunsten der bekannten Viertelzugteilung.

1956 wurde mit dieser Zeichnung Werbung für den neuen S-Bahn-Gliederzug BR 170 in der Eisenbahnerzeitung »Fahrt frei« gemacht.
Slg.: Wolfgang Kiebert

Auch infrastrukturelle Gründe – die Länge der Kehranlagen und Reparaturstände im Raw Schöneweide war für Züge in Viertelzugteilung ausgelegt – dürften eine Rolle für den Verzicht zum Bau eines Dreiwagenzuges gespielt haben. Die Zweiwagen-Einheiten wurden als Doppeltriebwagen mit nur einem Führerstand und zwei angetriebenen Enddrehgestellen gebaut. Die Wagenkästen hatte man als geschweißte Stahlleichtbaukonstruktion in Spantenbauweise ausgeführt, wobei das Untergestell und das Kastengerippe eine gemeinsam tragende Konstruktion bildeten. Die Wagenkästen eines Doppeltriebwagens ruhten auf einem als antriebsloses Laufdrehgestell ausgeführten Jakobs-Drehgestell. Alle Wagen eines Halbzuges waren durch Faltenbalgübergänge untereinander verbunden. An den Führerstandsenden besaßen die Halbzüge eine vollautomatische Scharfenbergkupplung, die die Luft- und Steuerstromleitungen mitkuppelten. Gegenüber den Altbaufahrzeugen hatte man die Fenster und Einstiegsräume vergrößert sowie Seitenwandschürzen zwischen den Drehgestellen angebracht. Da sich die zwei Meter breiten Fenster nicht öffnen ließen, musste eine Druckbelüftung eingebaut werden. Der Anstrich, der dieser Baureihe den Spitznamen »Blaues Wunder« einbrachte, wich vollkommen vom bekannten Farbschema ab. Die Schürzen hatte man dunkelblau, die Seitenwände unterhalb der Fenster mittelblau, den Fensterbereich beige und das Dach hellblau lackiert. Unterhalb der Fenster war ein goldfarbener Absetzstreifen angebracht. Nachdem der Baumusterzug auf der Leipziger Frühjahrsmesse 1959 erstmals ausgestellt worden war, konnte er im Oktober des selben Jahres in Berlin vor der Staatsoper besichtigt werden. Ende 1959 begann die Reichsbahn mit der Erprobung der Prototypen auf der Strecke nach Königs Wusterhausen. Die dabei zutage getretenen technischen Mängel sowie die mangelnden ökonomischen Möglichkeiten ließen die BR 170 nicht zur Serienreife gelangen. Nach nur dreijähriger Betriebszeit wurde der Halbzug BR 170 001a/b und 002a/b abgestellt. Der zweite Halbzug wurde, nachdem er im Raw Schöneweide auf Einmannbetrieb umgerüstet und in die traditionellen S-Bahnfarben umlackiert worden war, bis 1970 im Fahrgastverkehr eingesetzt und am 1. Juni 1972 ausgemustert.

Oktober 1959: Stolz präsentierte die Regierung der DDR auf der Straße Unter den Linden der Bevölkerung den neu entwickelten Zug der BR 170. 1967 wurden die beiden Viertelzüge 170 003a/b und 170 004 a/b anlässlich einer Hauptuntersuchung im Raw Schöneweide nach dem traditionellen Farbschema umlackiert.
Foto (Bild oben): Slg. Hans-Joachim Hütter, Oktober 1959
Foto (Bild unten): Hans-Joachim Hütter, Oktober 1967

Die Modernisierung von S-Bahnwagen der Bauarten »Stadtbahn«, »Peenemünde«, »Bernau« und »Oranienburg«

Nach der provisorischen Reparatur von S-Bahnwagen in den ersten Nachkriegsjahren unterzog die Reichsbahn zu Beginn der fünfziger Jahre den vorhandenen Wagenpark einer gründlichen Durchsicht und Überholung. Nicht mehr reparabel erscheinende Wagen wurden von einer Ausbesserung zurückgestellt. So musterte die Reichsbahn bis 1952/53 68 Trieb- und 58 Bei- und Steuerwagen wegen zu großer Schäden aus. Dieser Verlust wurde durch die Rückgabe von 69 durch die UdSSR requirierten Trieb-, Bei- und Steuerwagen der Bauart »Stadtbahn« sowie sieben Trieb- und Steuerwagen der Peenemünder Werkbahn ausgeglichen. Die Peenemünder Steuerviertel mussten jedoch im elektrischen Teil umgebaut werden, bevor sie wieder auf der Berliner S-Bahn eingesetzt werden konnten. In die Triebwagen wurde die Stadtbahnsteuerung mit Klinkwerk und Fortschaltrelais eingebaut; die Steuerwagen wurden zu Beiwagen umgebaut.

Von der Sowjetunion an die DR zurückgegebene S-Bahnzüge

5. Mai 1952:	Vz	165 062, 092, 140, 193/141, 233, 237, 270/193, 406, 490/122, 503, 531
7. Juni 1952:	Vz	165 102, 162, 206, 243, 271, 293/390, 296, 319/372, 379, 492, 516, 570, 579
4. Juli 1952:	Vz	165 009, 072, 219/434, 390/529, 411, 413/293, 489, 167 286 (ehem. Peenemünder Zug)
16. Juli 1952:	Vz	165 175, 205, 209, 210, 213, 276, 286, 558, 574, 578/122, 588
19. Juli 1952:	Vz	165 122/578, 141/413, 170, 285, 372/219, 457, 606
25. Juli 1952:	Vz	165 018, 066/263, 172/490, 529/319, 587
12. Sept. 1952:	Vz	165 631, 165 817, 818
30. Sept. 1952:	Vz	165 174, 167 066/021, 083, 087, 112, 176/148, 240, 280/176
3. Oktober 1952:	Vz	167 142 167 287-292 (ehem. Peenemünder Züge)
Rückgabedatum unbekannt:	Vz	165 409, 432, 523

Quelle: Verkehrsgeschichtliche Blätter (vb) 1/1994

Um die Wagen der ehemaligen Peenemünder Werkbahn auf der Berliner S-Bahn einsetzen zu können, mussten sie im elektrischen und wagenbaulichen Teil den Erfordernissen angepasst werden. Dabei wurden die Steuerwagen, wie der 277 068 (ehemals Stw 05), zu Beiwagen umgebaut.
Foto: Hans-Joachim Hütter, 11.06.1974

Erkennbar waren die zu Beiwagen umgebauten Steuerwagen an den geschlossenen Lampenöffnungen sowie dem geschlossenen Zielschildkasten. Nach dem Umbau wurden die Viertelzüge in die BR 167 (heute: BR 477/877) als ET/EB 167 286-292 eingereiht, obwohl sie elektrisch mit den Wagen der BR 167 nicht gekuppelt werden konnten. So waren die Peenemünder Viertel im Zugverband mit den Stadtbahnwagen aufgrund der gerundeten Kopfform gut zu erkennen. Bei der ab 1965 von der Reichsbahn durchgeführten Modernisierung wurden die ehemaligen Steuerwagen wieder hergerichtet und die Viertelzüge in die BR 166 als ET/ES 166 054-060 eingereiht. Bereits Ende der vierziger Jahre hatte die Reichsbahn zwei der vier nach Kriegsende im Raw Schöneweide vorgefundenen Steuerwagen der ehemaligen Peenemünder Werkbahn zu Beiwagen umgebaut und als EB 167 242 und 243 mit den Triebwagen ET 167 057 und 175 zu Viertelzügen gekuppelt. Die anderen beiden Beiwagen – EB 167 284 und 285 – wurden zu Triebwagen der BR 167 umgebaut. Zwischen 1956 und 1958 wurden die letzten acht Halbzüge der Bauart »Bernau« technisch und äußerlich an die Stadtbahnzüge angepasst. Die Triebwagen erhielten die typische dreifenstrige Frontpartie und runde Oberwagenlaternen anstelle der eckigen. In die Traglasten- und Dienstabteile wurden Doppelschiebetüren eingebaut, die wie alle anderen Türen vom Führerstand automatisch geschlossen werden konnten. Die Holzdächer wurden gegen Blechdächer ausgetauscht. Ein Teil der nach dem Krieg einsetzbaren 19 Viertelzüge der Bauart »Oranienburg« erhielt ein dreizehnstufiges Schaltwerk, so dass sie im Zugverband mit den Stadtbahnzügen eingesetzt werden konnten. Die Stadtbahnwagen, deren Reparatur und Modernisierung bereits während des Krieges eingeleitet worden war, wurden an die Baureihen 166 und 167 angepasst. Neben der Modernisierung der Inneneinrichtung ließ die Reichsbahn außerdem die elektrische Einrichtung aus den Steuerwagen ausbauen, um die kriegsbeschädigten Triebwagen wiederherstellen zu können. Gleichzeitig wurde die Signallampe für Falschfahrten aus der Stirnfront ausgebaut. Nach Beseitigung der Kriegsschäden sowie der Aufarbeitung der 1952/53 von der Sowjetunion zurückgegebenen Fahrzeuge standen der S-Bahn ab 1958 wieder 435 Trieb- und 432 Bei- bzw. Steuerwagen zur Verfügung. Die fehlenden Beiwagen wurden durch zwei der Stadtbahnbauart angepasste Beiwagen der BR 168 sowie einen Beiwagen der Bauart »Wannseebahn« ersetzt. Im Zuge der Generalreparatur der Baureihen 166 und 167 ließ die Reichsbahn 1958 neun Beiwagen der BR 167 neu bauen, um die 1945 zu motorlosen Beiwagen umgebauten Triebwagen wieder zweckentsprechend einsetzen zu können. In den

1960 reiste eine Kommission aus Vertretern der DR nach Estland, um die dort abgestellten S-Bahnwagen für eine eventuelle Übernahme zu begutachten. *Foto: Slg.: Hans-Joachim Hütter*

Wagennummern der in Tallinn abgestellten S-Bahnwagen

(Besichtigungstermin: 21./22.März 1960)

DR-Nummer	SŽD-Nummer
ET/EB 167 005	EM 167-310
ET/EB 167 038	EM 167-301
ET/EB 167 040	EM 167-314
ET/EB 167 043	EM 167-324
EB 167 057	EM 167-327[1)]
ET/EB 167 069	EM 167-307
ET 167 135	EM 167-313[2)]
ET/EB 167 143	EM 167-304
ET/EB 167 150	EM 167-305
ET/EB 167 151	EM 167-332
ET/EB 167 154	EM 167-336
ET/EB 167 157	EM 167-312
ET/EB 167 159	EM 167-340
ET/EB 167 194	EM 167-333
ET/EB 167 253	EM 167-309
ET/EB 167 269	EM 167-306
ET/EB 167 274	EM 167-311
ET/EB 167 ?	EM 167-302[3)]
ET/EB 167 ?	EM 167-303[3)]
ET 167 ?	EM 167-308[4)]

1) Nummer des ET nicht ermittelt
2) Nummer des EB nicht ermittelt
3) Nummer des Vz nicht ermittelt
4) EB nicht vorhanden

Quelle: Verkehrsgeschichtliche Blätter (vb) 1/1994

schnellfahrenden Zügen der BR 125 (»Bankierzüge«) wurden die stärkeren Motore gegen solche für 80 km/h ersetzt, da für einen Schnellverkehr kein Bedarf mehr vorhanden war. Nach dem Austausch der Motore wurden die »Bankierzüge« in die BR 166 eingereiht. Neben der Erneuerung der Inneneinrichtung und der Umstellung der Innenbeleuchtung wurde die Führerstandsaußentür ausgebaut und die Führerstandsschiebetür im Dienstabteil in die Mitte verlegt. 1959 bot die UdSSR der Reichsbahn 39 nicht mehr benötigte Viertelzüge zur Übernahme an. Nach langen Verhandlungen genehmigte das Verkehrsministerium der DDR Anfang 1961 die Übernahme. Der Mauerbau am 13. August 1961 und der damit verbundene Fahrgastrückgang in West-Berlin machte die Wagenübernahme allerdings überflüssig.

CHRONIK DER FÜNFZIGER JAHRE

1950

22. April	Umbenennung des Bahnhofs Landsberger Allee in Leninallee
Juli	Beginn des Umzugs der Reichsbahndirektion Berlin vom Schöneberger Ufer (West-Berlin) zur Elsässer Straße (Ost-Berlin)
8. Oktober	Eröffnung des Bahnhofs Blankenfelde (Kreis Zossen)
1. Dezember	Umbenennung der Bahnhöfe Stettiner Bahnhof in Nordbahnhof und Schlesischer Bahnhof in Ostbahnhof

1951

2. Februar	Schließung des Bahnhofs Griebnitzsee bis Oktober 1952
30. April	Aufnahme des elektrischen S-Bahnbetriebs auf der Strecke Grünau–Königs Wusterhausen
1. Mai	Umbenennung des Bahnhofs Börse in Marx-Engels-Platz
7. Juli	Aufnahme des elektrischen S-Bahnbetriebs auf dem Streckenabschnitt Lichterfelde Süd–Teltow
3. August	Aufnahme des elektrischen S-Bahnbetriebs auf dem Streckenabschnitt Spandau West–Staaken
9. August	Inbetriebnahme der wiederaufgebauten Nordringkurve am Bahnhof Ostkreuz
14. August	Aufnahme des elektrischen S-Bahnbetriebs auf dem Streckenabschnitt Spandau West–Falkensee (Betriebseröffnung am 30.Juli 1951)
28. August	Aufnahme des elektrischen S-Bahnbetriebs auf der Strecke Jungfernheide–Spandau über Siemensstadt-Fürstenbrunn (Lehrter Bahn)
August	Umbenennung des Bahnhofs Düppel in Düppel-Kleinmachnow

1952

Mai	152 der als Reparationsleistung nach dem 2.Weltkrieg beschlagnahmten Viertelzüge werden von der Sowjetunion an die DR zurückgegeben
25. Dezember	Inbetriebnahme der elektrifizierten Gütergleise auf dem Abschnitt Pankow–Schönhauser Allee

1953

19. Januar	Einstellung des Zugverkehrs zwischen Wannsee und Stahnsdorf bis 10.September 1954
25. Februar	Inbetriebnahme der Gleise am Fernbahnsteig B im Bahnhof Friedrichstraße für den S-Bahnverkehr
18. Mai	Einführung von »Durchläuferzügen« auf

	folgenden Strecken: Potsdam–Erkner; Falkensee–Königs Wusterhausen; Oranienburg –Potsdamer Platz; Velten–Potsdamer Platz
17. Juni	Abschaltung des Fahrstroms aufgrund des Volksaufstands in Ost-Berlin
18. Juni	Wiederaufnahme des S-Bahnverkehrs in Ost-Berlin (Betriebsschluss: 22.00 Uhr)
22. Juni	Wiederaufnahme des S-Bahnverkehrs in West-Berlin
9. Juli	Wiederaufnahme des durchgehenden S-Bahnverkehrs nach Aufhebung der Sperrung der Sektorengrenze
4. Oktober	Aufnahme von Kontrollaufenthalten auf den Bahnhöfen Hohen Neuendorf, Zepernick, Hoppegarten, Mahlow, Griebnitzsee und Albrechtshof

1954

4. Juni	Eröffnung des Bahnhofs Hennigsdorf Süd als Kreuzungs- und Kontrollbahnhof (nicht für den öffentlichen Verkehr)
11. September	Wiederaufnahme des elektrischen S-Bahnverkehrs nach Stahnsdorf; Einführung eines Kontrollaufenthalts im Bahnhof Dreilinden
3. Oktober	Rückbenennung des Bahnhofs Pankow-Schönhausen in Pankow
12. Dezember	Umbenennung des Bahnhofs Neu-Lichtenberg in Nöldnerplatz

1956

3. Juni	Aufnahme des elektrischen S-Bahnbetriebs auf dem Streckenabschnitt Strausberg–Strausberg Nord
3. Juni	Eröffnung des Bahnhofs Plänterwald
15. Juli	Wiederaufnahme des durchgehenden S-Bahn verkehrs auf der Siemensbahn Jungfernheide–Gartenfeld
...	Beginn des Umbaus der BR 169

1958

4. Mai	Letzter Einsatztag der »Durchläuferzüge«
25. August	Inbetriebnahme des Bahnhofs Hennigsdorf Nord (unten)
28. September	Umbenennung des Bahnhofs Zehlendorf West in Lindenthaler Allee
3. November	Freigabe des Bahnhofs Hennigsdorf Süd für den öffentlichen Verkehr
16. November	Wiederaufnahme des Fahrgastverkehrs auf der Verbindungskurve Halensee (Südring)–Charlottenburg (Stadtbahn)

1959

März	Vorstellung des Prototyps der BR 170 auf der Leipziger Frühjahrsmesse
4. Oktober	Umbenennung des Bahnhofs Hennigsdorf Süd in Stolpe Süd
19. Dezember	Aufnahme des durchgehenden Nachtverkehrs von Sonnabend zu Sonntag

Quelle: Berliner Verkehrsblätter, 75 Jahre Berliner S-Bahn-Eine Chronik, 46.Jahrgang, Nr.8, August 1999

DIE SECHZIGER JAHRE

13. August 1961 – »Betriebsstörung Mauerbau«

Sie trat an den Fahrkartenschalter. Zum erstenmal mußte sie preisgeben, was sie tun wollte.
»Zoologischer Garten«, sagte sie.
Gleichmütig wurde ihr eine kleine gelbe Pappkarte zugeschoben.
»Zwanzig«, sagte die Frau hinter der Glasscheibe.
»Und wenn man – zurückkommen will?«, fragte Rita zaghaft.
»Also vierzig«, sagte die Frau, nahm die Karte zurück und schob eine andere durch das Fensterchen.
Darin unterschied diese Stadt sich von allen anderen Städten der Welt. Für vierzig Pfennig hielt sie zwei verschiedene Leben in der Hand.
Christa Wolf: Der geteilte Himmel

Die dramatische Folge: Zwei getrennte S-Bahnnetze

Einmal zwanzig, STADTBAHN RICHTUNG WESTEN – dieser Gedanke beherrschte in den fünfziger Jahren und zu Beginn der sechziger Jahre Hunderttausende von Menschen in Ost-Berlin und der DDR. Unzufrieden mit dem politischen System und der wirtschaftlichen Situation begingen immer mehr Menschen »Republikflucht«, die meisten mit der S-Bahn. In den fünfziger Jahren hatten gut 2,4 Millionen Menschen dem 1. Arbeiter- und Bauernstaat auf deutschem Boden den Rücken gekehrt, 1961 waren es bis zum 12. August noch einmal knapp 160 000. In der Nacht vom 12. zum 13. August 1961 sollte der Flüchtlingsstrom abrupt gestoppt werden. Seit den frühen Morgenstunden riegelten Volkspolizei, Nationale Volksarmee und Angehörige der Betriebskampfgruppen die Sektorengrenze nach West-Berlin ab. Erste Meldungen über Unterbrechungen des S-Bahnverkehrs trafen kurz vor 2.00 Uhr im Lagezentrum der West-Berliner Polizei ein. Der Zug aus Staaken nach Strausberg – planmäßige Abfahrt 1.15 Uhr – wurde in die hinter der Stadtgrenze liegende Kehranlage zurückgefahren, am Bahnhof Gesundbrunnen der Verkehr von und nach Ost-Berlin unterbrochen. Gleichlautende Meldungen kamen auch von den anderen an der Sektorengrenze zu Ost-Berlin und den an der Stadtgrenze liegenden Bahnhöfen. Der über die Stadtbahn führende S-Bahnverkehr aus Strausberg, Erkner und Königs Wusterhausen endete am Bahnhof Friedrichstraße. Die in den Westsektoren nach Osten verkehrenden Züge wurden von den dortigen Fahrdienstleitern, nachdem sie die Unterbrechung des S-Bahnverkehrs aus Richtung Osten bemerkt hatten, eigenmächtig gekehrt. So konnte ein Zusammenbrechen des S-Bahnverkehrs in West-Berlin vermieden werden. Noch in der Nacht und den frühen Morgenstunden fuhren Bauzüge mit einem 50t-Kran, begleitet von Transportpolizisten (Trapo) mit taktischer Bewaffnung, in das Grenzgebiet, um alle nach West-Berlin führenden S-Bahngleise an der Stadt- und Sektorengrenze zum »Demokratischen Sektor« durch abgesicherte Gleislücken zu unterbrechen. Um die beiden Teilnetze elektrisch voneinander trennen zu können, hatte die Oberdispatcherleitung (Odl) S-Bahn dem Lastverteiler Markgrafendamm (Lv Mkd) den Auftrag erteilt, auf allen nach West-Berlin führenden Streckenabschnitten den Strom abzuschalten. Die betreffenden Gleichstromstreckenschalter wurden von den zuständigen Schaltwerken Markgrafendamm, Pankow, Halensee bzw. Schöneberg entweder durch Fernsteuerung oder durch Auftrag an die in den Unterwerken arbeitenden Schaltwärter ausgeschaltet. Der für die Fahrleitung zuständige Störungsdienst hatte die Aufgabe, alle in der Nähe der Grenze zu West-Berlin liegenden handbedienten Stromschienentrenner auf Ost-Berliner Gebiet sowie auf dem Gebiet der DDR zu öffnen bzw. entsprechende Kabel abzuklemmen. Auf grenzüberschreitenden Abschnitten mit durchgehender Stromschiene sollte eine mechanische Trennung an den jeweiligen Laschen vorgenommen und das herausgetrennte Stromschienenstück auf Ost-Berliner Gebiet zurückgezogen werden. Gleichzeitig musste darauf geachtet werden, dass die Bahnstromversorgung den veränderten Betriebsabläufen bis Betriebsbeginn angepasst wird. In West-Berlin galt es für die Reichsbahn auf einen regelmäßigen Zugbetrieb zu achten, um die Betriebsrechte nicht zu gefährden. Bis 8.00 Uhr morgens hatte die Reichsbahn die folgenden Streckenabschnitte unterbrochen:

Hohen Neuendorf–Frohnau, Stolpe Süd–Heiligensee, Albrechtshof–Spandau West, Griebnitzsee–Wannsee, Dreilinden–Wannsee, Teltow–Lichterfelde Süd und Mahlow–Lichtenrade.

Auf dem Stadtgebiet wurde der S-Bahnverkehr zwischen Bornholmer Straße und Pankow, Gesundbrunnen und Schönhauser Allee (Nordring), Sonnenallee und Treptower Park (Südring), Köllnische Heide und Baumschulenweg (Ringbahnabzweig nach Grünau) sowie Lehrter Stadtbahnhof und Friedrichstraße (Stadtbahn) unterbrochen. Der Betrieb auf der nach Stahnsdorf führenden »Friedhofsbahn« wurde eingestellt, ebenso der Verkehr auf dem Streckenabschnitt Spandau West–Falkensee. Die Zugänge der an der Sektorengrenze zu Ost-Berlin gelegenen Bahnhöfe Wollankstraße und Wilhelmsruh wurden zum »Demokratischen Sektor« hin geschlossen, der Bahnhof Bornholmer Straße für jeglichen Publikumsverkehr gesperrt.

Auf »Friedenswacht« stand ein Beiwagen des Versuchszuges D am Kapelle-Ufer an der Spree gegenüber dem Reichstag. Er diente den Grenzsoldaten als Unterstand. Im Hintergrund fährt ein S-Bahnzug an den Gebäuden der Charité vorbei zum Bahnhof Friedrichstraße.
Foto: Sigurd Hilkenbach, 25.04.1962

In der Nacht zum 13. August wurden an den Sektoren- und Stadtgrenzen zu West-Berlin die S-Bahngleise unterbrochen. Bei km 12,3 endeten die Gleise nach Teltow. Die »Friedhofsbahn« nach Stahnsdorf war mit »Spanischen Reitern« an der Stadtgrenze zu Dreilinden gesichert.
Fotos: Sigurd Hilkenbach, 18.08.1963 (Bild oben) und 26.08.1962 (Bild unten)

In den siebziger und achtziger Jahren wurden die Grenzanlagen immer stärker ausgebaut. Auf der Aufnahme ist der geschlossene Bahnhof Bornholmer Straße zu sehen, auf der unteren Aufnahme ein auf der nördlichen Tunnelrampe nach Nordbahnhof fahrender Halbzug der Bauart »STADTBAHN«.
Fotos: Michael Klinec, August 1980 (Bild rechts) und Dezember 1983 (Bild unten)

Die Stellwerke Bos (Bornholmer Straße S-Bahn) und Vnp (Verbindung nach Pankow) wurden nicht mehr besetzt, die Sicherungsanlagen wurden durchgeschaltet. Auf der Tunnelstrecke wurde nach Mitternacht zwischen Nordbahnhof und Potsdamer Platz bis zum Betriebsschluss ein Pendelverkehr eingerichtet, danach wurde der S-Bahnverkehr bis um 23.00 Uhr des darauffolgenden Tages eingestellt, die Bahnhöfe mit Ausnahme des Bahnhofs Friedrichstraße geschlossen. Mit Wiederaufnahme des Betriebs auf der Nordsüd-Bahn durchfuhren die auf dem Westnetz verkehrenden Züge die von Grenzsoldaten bzw. Transportpolizisten gesicherten Bahnhöfe Potsdamer Platz, Unter den Linden, Oranienburger Straße und Nordbahnhof ohne Halt. Erst 29 Jahre später sollte ihr Schicksal als Geisterbahnhöfe beendet sein.

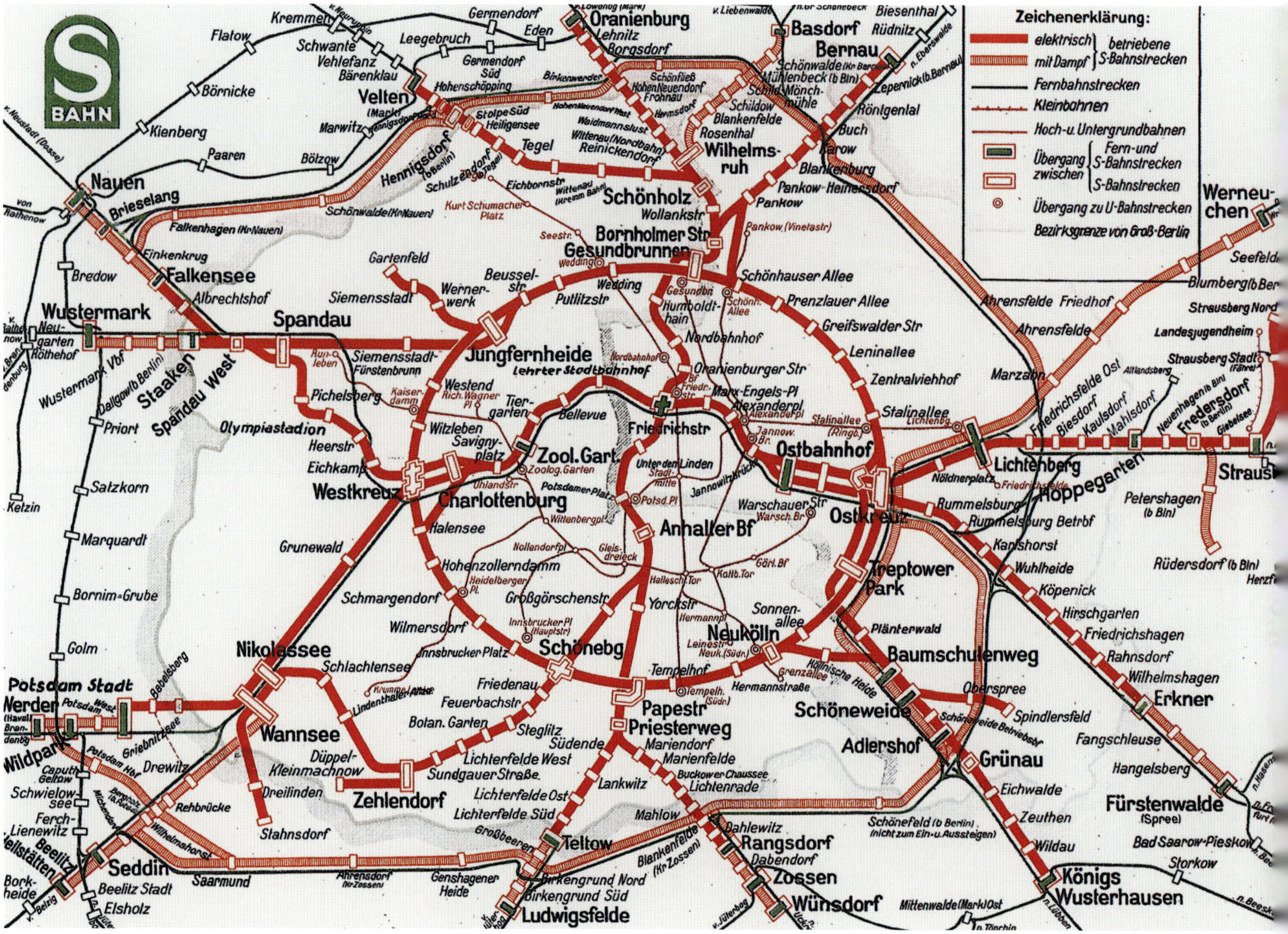

Netzplan von 1960. *Slg.: Wolfgang Kiebert*

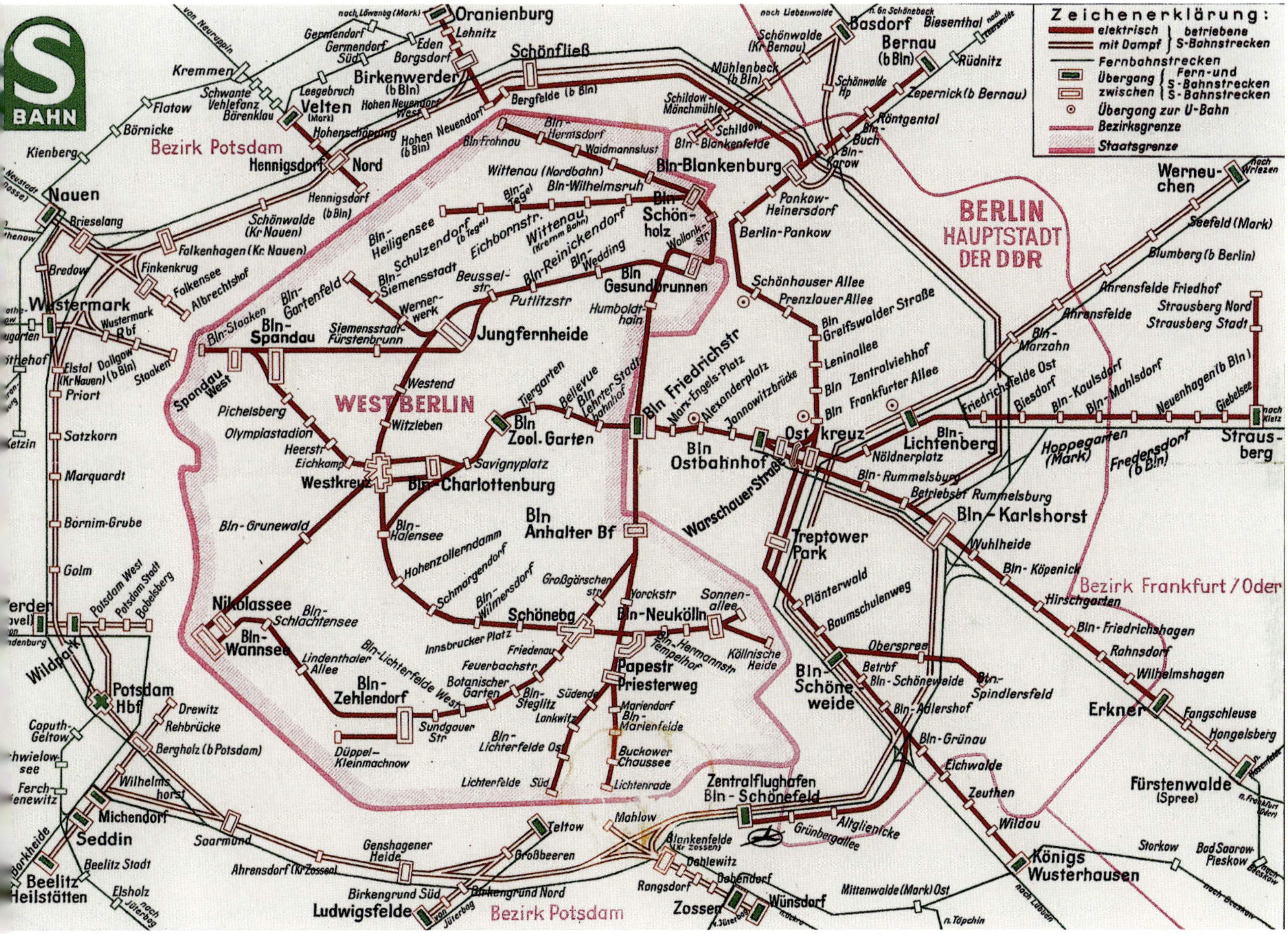

Netzplan von 1966. *Slg.: Wolfgang Kiebert*

Die besondere Situation des Bahnhofs Friedrichstraße

Der Bahnhof Friedrichstraße, einstmals Verkehrsknoten in der Mitte Berlins, hatte sich über Nacht zu einem Kuriosum entwickelt. Geografisch und politisch in Ost-Berlin gelegen, konnte er verkehrlich von den West-Berlinern zum Umsteigen von der Stadtbahn auf die Nordsüd-Bahn und die U-Bahnlinie C (heute: U6) ohne Kontrolle genutzt werden. Die aus Westen kommenden Züge endeten in der Fernbahnhalle auf den Gleisen 3 und 4 (Bahnsteig B), die aus Osten kommenden Züge in der S-Bahnhalle auf den Gleisen 5 und 6 (Bahnsteig C) ; der ehemalige Durchgangsbahnhof war also zu einem »doppelten« Kopfbahnhof geworden. Um künftig die aus Osten kommenden Züge am Bahnsteig kehren zu können – Mitte September fuhren Züge der Zuggruppen D, E, F, G, H und L den Bahnhof Friedrichstraße planmäßig an – musste der Bahnhof erst den neuen betrieblichen Erfordernissen angepasst werden.

Unmittelbar nach der Grenzschließung wurden die Züge bis zum folgenden Abend westlich des Stellwerks »Friw« über die Weichen 24, 23 und 22 nach Gleis 4 notgekehrt. Das nach Westen führende Streckengleis 6 wurde in Höhe des Stellwerks »Friw« unterbrochen, die Weichen 22, 23 und 29 ausgebaut. Im östlichen Bahnhofsvorfeld wurden die Weichen 7 und 8 gedreht und die Weichen 4 und 10 ausgebaut, um die Bahnsteiggleise 3 und 4 vom Ostnetz trennen zu können. Für betriebliche Zwecke – Überführungsfahrten zwischen dem Raw Schöneweide und den S-Bahnbetriebswerken Nordbahnhof und Wannsee – wurde das Gleis 2 (Bahnsteig A) mit einer Stromschiene versehen. Um möglichen Fluchtversuchen vorzubeugen, trennte man die beiden Bahnhofshallen durch eine Glasgitterwand, die noch in den sechziger Jahren durch eine mehrfach erhöhte Wand aus Stahlblech ersetzt wurde.

Die weiteren Sicherungsmaßnahmen auf den Bahnsteigen sahen wie folgt aus (Auszug aus dem Bahnhofsbuch des Bahnhofs Berlin-Friedrichstraße 1961):

Auf dem Bahnsteig B befindet sich eine Hupe und auf dem Bahnsteig A sechs blaue Rundumleuchten. Bei Ertönen der Hupe oder bei Aufleuchten der Rundumleuchten sowie auf mündlichen oder fernmündlichen Auftrag der Grenzsicherungsorgane dürfen keine Züge in Richtung Westen abgelassen werden. In Bewegung befindliche Züge sind sofort anzuhalten. Die Fdl. Friw 1 oder 2 und der Schichtleiter sowie der Führungspunkt der Grenztruppen unter Kleinbasa 222 sind sofort zu verständigen.

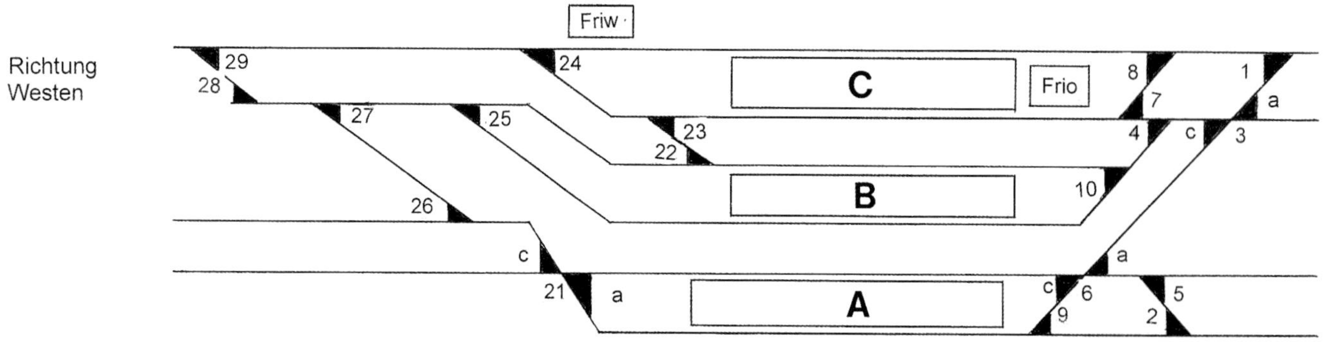

Gleisplan des Bahnhofs Friedrichstraße bis zum 13.08.1961. *Zeichnung: Wolfgang Kiebert*

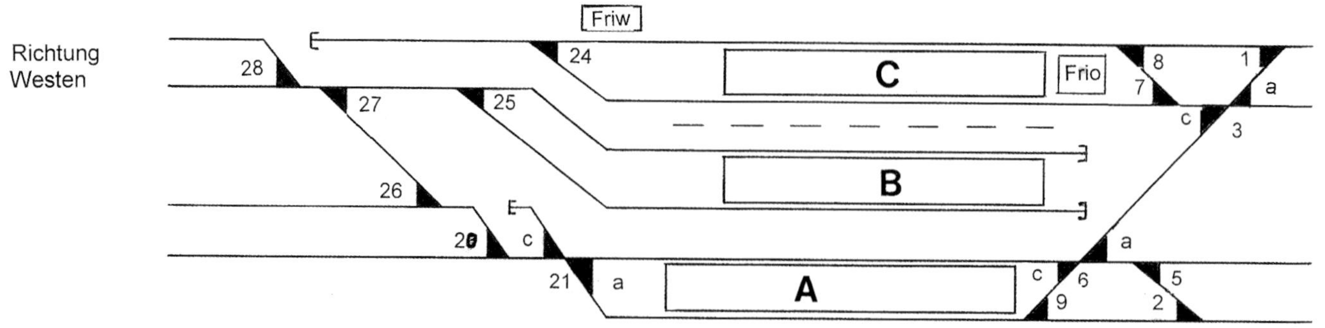

Gleisplan des Bahnhofs Friedrichstraße nach dem 13.08.1961. *Zeichnung: Wolfgang Kiebert*

Bahnhof Friedrichstraße im Juni 1990. Am Bahnsteig B, Gleis 3, wartet ein BVG-Halbzug der BR 275 auf seine Fahrt nach Wannsee. Rechts im Bild ist die vom Stahlbau Dessau errichtete Trennwand zwischen der Fern- und der S-Bahnhalle (Gleise 4 und 5) zu sehen.
Foto: Bernd Schäfer, 20.06.1990

Zehn S-Bahnzüge von der Grenzschließung überrascht

Zehn S-Bahnzüge wurden in der Nacht vom 12. zum 13.August von der Grenzschließung überrascht. Mit dem auf DDR-Gebiet zurückgefahrenen Zug waren zwei Vollzüge der Zuggruppe E in der Kehranlage in Staaken (Ost) abgestellt. Ein Viertelzug der Zuggruppe 6 stand im Bahnhof Stahnsdorf, ein Vollzug der Zuggruppe 2 im Bahnhof Teltow. Ebenfalls je ein Vollzug war in Hohen Neuendorf (Zuggruppe 1), Falkensee (Zuggruppe H), Potsdam (Zuggruppe L), Mahlow (Zuggruppe 3) und Lichtenrade (Zuggruppe 3) abgestellt. Da es seit den fünfziger Jahren gängige Praxis der Reichsbahn war, in West-Berlin ausgesetzte S-Bahnzüge nach Taktausdünnung bzw. Betriebsschluss auf Ost-Berliner Gebiet abzustellen, dürfte sich der für Lichtenrade, am südlichen Stadtrand von (West-)Berlin gelegen, genannte Vollzug jenseits der Stadtgrenze auf dem Gebiet der DDR befunden haben. Offensichtlich Opfer einer Stromabschaltung wurde ein Dreiviertelzug der Zuggruppe A auf dem Vollring am Notbahnsteig in der Nähe des Bahnhofs Treptower Park. In der Nacht vom 14. zum 15. August wurden die in Staaken, Teltow und Stahnsdorf verbliebenen Züge in die Bahnbetriebswerke Friedrichsfelde und Grünau abgefahren. Der Ringbahnzug soll nach Augenzeugenberichten mehrere Monate im Grenzgebiet in Höhe des Stellwerks »Twg« gestanden haben. Erst nachdem der Gleisanschluss zum Bahnhof Treptower Park provisorisch wiederhergestellt worden war, soll der S-Bahnzug im November 1961 mit Hilfe einer Diesellok auf Ost-Berliner Gebiet zurückgezogen worden sein.

Auswirkung der Netztrennung auf die im Umland liegenden Streckenabschnitte

Während die S-Bahn in West-Berlin nach Abtrennung vom Ostnetz voll funktionsfähig war, musste das östliche Teilnetz den veränderten Verhältnissen angepasst werden. Die Streckenabschnitte Falkensee–Albrechtshof, Potsdam–Griebnitzsee und Rangsdorf–Mahlow waren ebenso vom Stadtgebiet abgetrennt wie die beiden Abschnitte Velten–Hennigsdorf und Oranienburg–Hohen Neuendorf. Die Fahrstromversorgung auf dem Abschnitt Mahlow–Rangsdorf war durch das fahrbare Unterwerk in Dahlewitz ebenso gesichert wie die Fahrstromversorgung auf der Inselstrecke nach Potsdam durch das ortsfeste Unterwerk in Griebnitzsee. Das Unterwerk Griebnitzsee, bis zur Grenzschließung der Fahrleitungsmeisterei West unterstellt, wurde von der Fahrleitungsmeisterei Ost übernommen und mit Personal aus Ost-Berlin bzw. der DDR besetzt. Nach dreitägiger Unterbrechung wurde der elektrische S-Bahnverkehr wieder aufgenommen. Schwieriger gestaltete sich die Fahrstromversorgung für den Abschnitt Albrechtshof–Falkensee aus dem Unterwerk Spandau West. Hier musste die an der Grenze zu West-Berlin abgebaute Stromschiene mit einem 800 Volt-Kabel überbrückt werden. Fehlende Behandlungsanlagen zur Wartung der Züge sowie der Bedarf an Stromschienen, Bauteilen und Bahnstromanlagen für den Anschluss der Inselstrecke auf der Nordbahn an das Ost-Berliner Netz führten im September und Oktober 1961 zur Einstellung des elektrischen S-Bahnbetriebs auf den genannten Abschnitten. Nur wenige Tage nach der Grenzschließung hatte der damalige

Verkehrsminister E. Kramer den Auftrag erteilt, den elektrischen Inselbetrieb auf der Strecke Oranienburg–Hohen Neuendorf an das Ost-Berliner S-Bahnnetz innerhalb von drei Monaten anzuschließen. Die Planungen, vom Ministerium für Verkehrswesen der DDR am 31. August 1961 bestätigt, sahen eine Elektrifizierung des nördlichen Berliner Außenrings (NAR) bis nach Blankenburg vor. Am Karower Kreuz sollte die elektrifizierte Strecke in die S-Bahnstrecke von Bernau nach Pankow eingeführt werden. Eine für die S-Bahn reservierte Verbindungskurve gab es am Karower Kreuz bereits seit 1953. Bis zur Aufnahme des elektrischen Betriebs ließ die Reichsbahn morgens und nachmittags je einen dampflokbespannten Personenzug von Oranienburg über Birkenwerder und Schönfließ nach Blankenburg verkehren. Ab Blankenburg befuhr der Personenzug die S-Bahngleise bis Greifswalder Straße mit Halt auf allen S-Bahnhöfen. Zur Anbindung der Nordbahn errichtete die Reichsbahn vom Abzweig Bergfelde eine halbkreisförmige Verbindungsstrecke durch den Hohen Neuendorfer Forst. Um die Fahrstromversorgung auf dem nördlichen Berliner Außenring sicherzustellen, wurde ein mit Personal besetztes fahrbares Unterwerk auf einem separaten Gleis in Mühlenbeck aufgestellt. Zusätzlich errichtete die Reichsbahn ein Unterwerk in Hohen Neuendorf, das über ein am Außenring geführtes 30 kV-Kabel von der Schaltwarte Pankow, Ende 1961 in Betrieb genommen, mit Fahrstrom versorgt wurde. Die Abhängigkeit der Stromversorgung für den S-Bahnbetrieb von nur einer Zulieferstelle, dem Kraftwerk Klingenberg, hatte sich als zu betriebsunsicher erwiesen, wie größere Störungen in den Jahren 1959 und 1960 gezeigt hatten. Gleichzeitig konnte die politisch nicht erwünschte Fahrstromversorgung über die durch West-Berlin führende Kabeltrasse vom Unterwerk Hermsdorf abgekoppelt werden. Als problematisch erwies sich der Gemeinschaftsbetrieb zwischen S- und Fernbahn auf der zweigleisigen Güterzugstrecke zwischen Pankow und Schönhauser Allee. Eine Verdichtung der Zugfolge von 40 auf 20 Minuten war nicht möglich, da hierzu Fern- und S-Bahn im Bereich Pankow–Bornholmer Straße–Schönhauser Allee erst getrennt werden mussten. Von Schönhauser Allee kommend wurde die S-Bahn nach Ausbau der Weichenverbindungen zur Fernbahn in Höhe der Abzweigstellen »Vns« und »Ngn« östlich am Bahnhof Bornholmer Straße vorbeigeführt und auf das Niveau der Esplanade abgesenkt, um sie nach niveaufreier Kreuzung der Fernbahngleise an die westlich der Stettiner Bahn liegenden S-Bahngleise anzubinden (siehe Gleispläne Seite 93). Offiziell wurde die elektrifizierte Strecke nach Oranienburg mit einer Sonderfahrt am 19. November 1961 vom Bahnhof Warschauer Straße eröffnet. Am gleichen Tag nahm die Reichsbahn das für den elektrischen Betrieb nach Oranienburg benötigte zweite Gleis zwischen Pankow und Blankenburg in Betrieb. Bis zum 10. Dezember mussten die aus dem Raum Oranienburg kommenden Fahrgäste noch in Pankow umsteigen, um in die Innenstadt zu gelangen. Die S-Bahnzüge der Zuggruppe K wurden südlich des Bahnhofs Berlin-Pankow über eine Notkehre umgesetzt. Ab 7. Dezember wurde zunächst der eingleisige S-Bahnbetrieb auf dem Abschnitt Schönhauser Allee–Pankow aufgenommen, am 10. Dezember 1961 wurden die S-Bahnzüge von Oranienburg über den nördlichen Außenring und den Nordring in das östliche Stadtzentrum durchgeführt. Da die Züge zwischen Berlin und Oranienburg nur im 60 Minuten-Abstand verkehrten, pendelten zwischen Hohen Neuendorf und Oranienburg zusätzlich S-Bahnzüge, um einen 20 Minuten-Takt im Norden zu erreichen. Während der Bauarbeiten zur Trennung der S-Bahn von der Fernbahn im Bereich Pankow–Schönhauser Allee wurden die in Schönhauser Allee endenden Züge auf den nach Gesundbrunnen führenden S-Bahngleisen gekehrt. Um auf das Umsetzen der Züge in Höhe des Stellwerks »Vpr« westlich des Bahnhofs zukünftig verzichten zu können, wurde am Ostkopf eine Weichenverbindung eingebaut, die ein Kehren an der Bahnsteigkante aus dem Richtungsgleis nach Pankow in das nach Prenzlauer Allee führende Gleis zulässt. Mit in diese Baumaßnahmen einbezogen wurde der Neubau des Bahnhofsgebäudes Schönhauser Allee, der 1962 in Betrieb genommen wurde. Bis zum Beginn des Sommerfahrplans 1962 baute die Reichsbahn auf dem nördlichen Außenring eine zweigleisige S-Bahnstrecke zwischen Schönfließ und dem Abzweig Bergfelde, um den problematischen und störanfälligen Gemeinschaftsbetrieb Fernbahn/S-Bahn mit der Priorität für den S-Bahnbetrieb entzerren zu können. Um die Durchlassfähigkeit auf der im Gemeinschaftsbetrieb befahrenen Strecke zwischen Schönfließ und Abzweig Karow West zu erhöhen, wurden neben der bereits vorhandenen Blockstelle Arkenberge die Blockstellen Lindenhof und Mühlenbecker Chaussee eingerichtet.

Erst mit Beginn der Fernbahnelektrifizierung wurde die S-Bahn auf dem letzten Abschnitt des nördlichen Außenrings zwischen dem Abzweig Karow West und Schönfließ von der Fernbahn getrennt, da ein Betrieb von Gleichstromzügen und Wechselstromfahrzeugen auf dem selben Gleis technisch und kostenmäßig zu aufwändig war. In den Lücken der Zuggruppe K verkehrte ab dem 1. Februar 1962 die Zuggruppe N mit folgendem Umlauf: Bln-Spindlersfeld–Schönhauser Allee–Bln-Grünau–Bln-Blankenburg–Bln-Spindlersfeld. Zur Taktverdichtung wurden im Berufsverkehr zusätzlich Züge der Zuggruppe NI zwischen Schönhauser Allee und Schöneweide eingesetzt. Die zur Verbesserung des Zugverkehrs am 28. Mai 1961 eingerichtete Stammzuggruppe D verkehrte ab dem 1. Februar 1962 zwischen Grünau und Friedrichstraße und wurde dort nach Informationen von B. Kuhlmann über das westliche Kehrgleis planmäßig umgesetzt, obwohl das »Notkehren« nach einer handschriftlichen Notiz aus der Sammlung von K. Koschinski ab dem 4. September 1961 verboten war. Zur Entlastung wurde im Berufsverkehr die Zuggruppe HI zwischen Ostbahnhof und Grünau/Zeuthen eingesetzt.

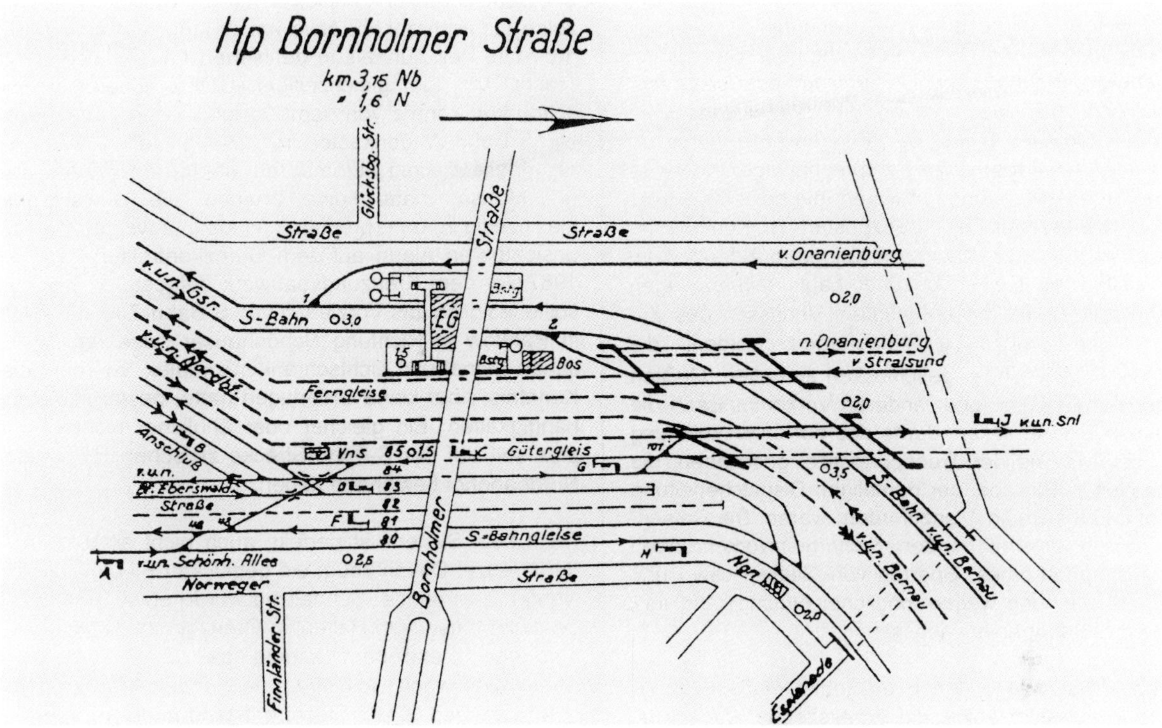

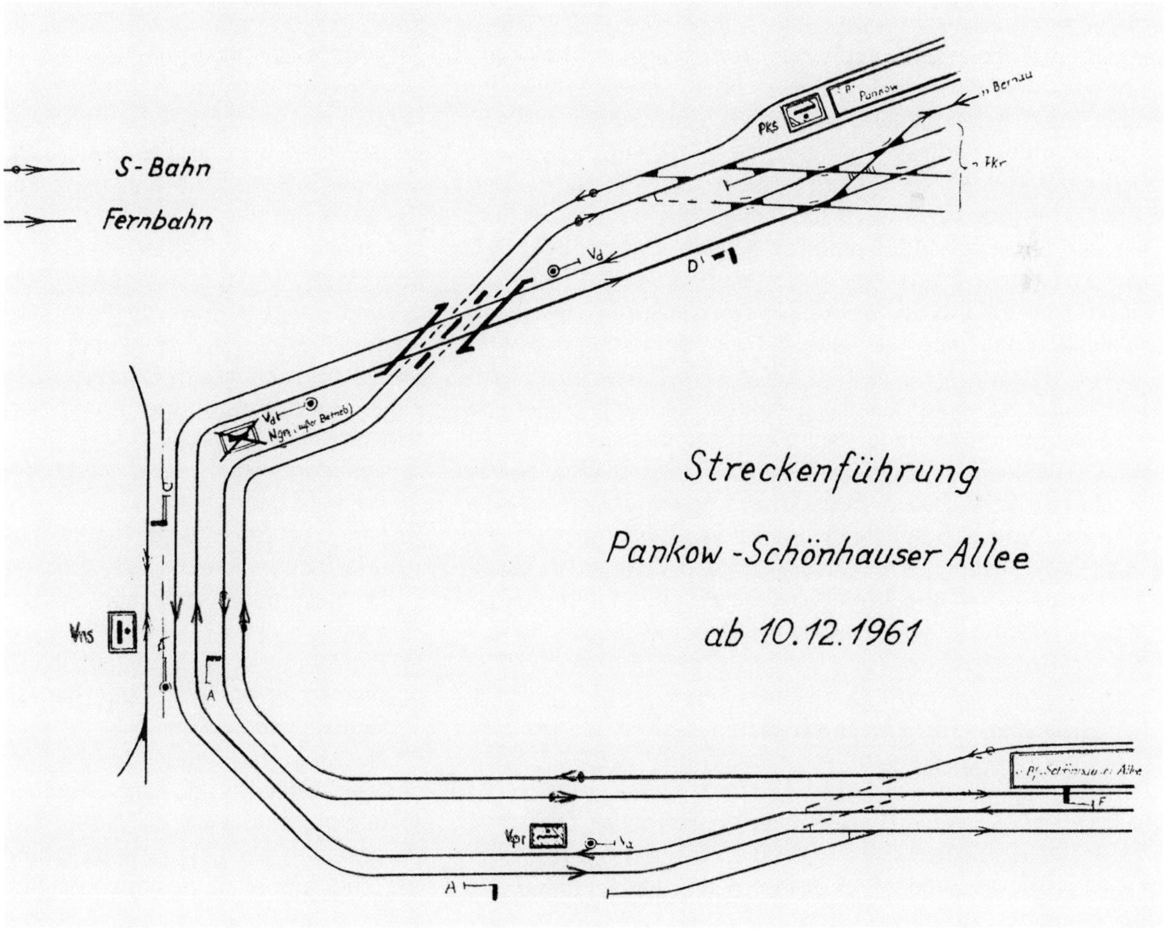

Gleispläne zur Lage der S-Bahngleise im Bereich Bornholmer Straße mit den Abzweigstellen Vns und Ngn vor und nach dem Mauerbau.
Repro aus: Berliner Verkehrsblätter 11/1995

Bis zum Sommerfahrplan – gültig ab 27. Mai 1962 – in Ost-Berlin eingerichtete Zugläufe

Zuggruppe 2:	Bernau–Zentralflughafen Bln-Schönefeld (im 20 Minuten-Takt)
Zuggruppe 3:	Velten–Hennigsdorf (30)
Zuggruppe C:	Ostbahnhof–Zentralflughafen Bln-Schönefeld (20)
Zuggruppe D:	Friedrichstraße–Grünau (20)
Zuggruppe E:	Friedrichstraße–Strausberg (20)
Zuggruppe E:	Strausberg–Strausberg Nord (40)
Zuggruppe F:	Friedrichstraße–Erkner (20)
Zuggruppe G:	Friedrichstraße–Mahlsdorf (20)
Zuggruppe H:	Friedrichstraße–Königs Wusterhausen (20)
Zuggruppe HI:	Zeuthen/Grünau–Ostbahnhof (40/Berufsverkehr)
Zuggruppe K:	Warschauer Straße–Blankenburg/Oranienburg (60)
Zuggruppe K:	Hohen Neuendorf–Oranienburg (20)
Zuggruppe L:	Friedrichstraße–Erkner (20)
Zuggruppe LI:	Erkner–Ostbahnhof/Alexanderplatz (10/Berufsverkehr)
Zuggruppe N:	Spindlersfeld–Schönhauser Allee (20)
Zuggruppe NI:	Blankenburg–Schöneweide (20/Berufsverkehr)
Zuggruppe O:	Grünau/Schöneweide–Schönhauser Allee (20)

Im Gegensatz zur Oranienburger Strecke verzichtete die Reichsbahn auf eine Anbindung der Veltener Strecke an das Ost-Berliner Netz. So wurde der einzige elektrische Inselbetrieb, der technisch durch das in Hennigsdorf gelegene Unterwerk und die in Velten vorhandene Triebwagenhalle zur Wartung und Instandhaltung der Züge abgesichert war, bis zum 21. September 1983 aufrecht erhalten. Für den durchgehend eingleisigen Betrieb standen im Veltener Triebwagenschuppen sechs Viertelzüge der BR 275 zur Verfügung, die zwischen April 1966 und September 1969 durch zwei Viertelzüge der BR 276.0 mit Steuerwagen (ehem. Peenemünder Züge) verstärkt wurden, von denen ein Viertelzug im Berufsverkehr zusätzlich zwischen Hennigsdorf und Velten pendelte. Mit der Veltener Strecke hatte das in Hennigsdorf ansässige LEW die Möglichkeit, neu entwickelte Komponenten für die S-Bahn in Versuchsfahrzeugen sowie Neubaufahrzeuge für den Gleichstrombetrieb vor Ort zu testen. Fehlende Möglichkeiten zur Reparatur größerer Schäden an Fahrmotoren oder Achsen sowie der erschwerte Austausch von S-Bahnfahrzeugen – die Züge mussten mit Dampf- und später mit Dieselloks auf den Fernbahnstrecken von und zum Heimat-S-Bahnbetriebswerk überführt werden – führten letztlich zur Einstellung des elektrischen Inselbetriebs.

Der Bau der »Flughafenbahn« nach Schönefeld

Nachdem die DDR die Souveränität, die Lufthoheit über dem von ihr beanspruchten Gebiet und die Verfügungsgewalt über den Flugplatz in Schönefeld erlangt hatte, beabsichtigte sie, den Flugplatz zu einer leistungsfähigen Konkurrenz zum Berliner Zentralflughafen Tempelhof auszubauen. Zur Erschließung des Flughafens Schönefeld sollte nach einer Reichsbahnplanung aus dem Jahre 1958 eine elektrisch betriebene S-Bahnstrecke innerhalb des bis 1965 reichenden Siebenjahresplanes errichtet werden. Die »Flughafenbahn« sollte bei Grünau an die von Königs Wusterhausen kommende Strecke angebunden werden. Die weitere Planung sah eine Verlängerung der S-Bahn nach Wuhlheide im Osten und nach Mahlow/Rangsdorf im Westen vor. Noch in den späten siebziger Jahren soll angeblich auf Plakaten in S-Bahnzügen eine Verlängerung über Mahlow nach Rangsdorf – bereits seit Anfang 1959 geplant – angezeigt worden sein. Inwieweit Mahlow tatsächlich an das elektrische S-Bahnnetz angeschlossen werden sollte, blieb jedoch offen. Im Oktober 1961 begannen dann die von einer Sonderbauleitung koordinierten Arbeiten, die u. a. folgende Maßnahmen vorsahen:

1. Verlegung eines zweiten Gleises von Altglienicke bis an den Bahnhof Schönefeld.
2. Um- bzw. Neubau der Stationen Altglienicke, Grünbergallee und Schönefeld, wobei Schönefeld vom Kontroll- zum Umsteigepunkt zwischen Fern- und S-Bahn umzubauen war.
3. Einbindung der »Flughafenbahn« in die Strecke nach Königs Wusterhausen und über den Berliner Außenring in die Strecke nach Erkner.

Nach nur 150 Tagen Bauzeit konnte am 26. Februar 1962 der elektrische Betrieb nach Schönefeld aufgenommen werden. Angefahren wurde der ab diesem Zeitpunkt für den öffentlichen Personenverkehr freigegebene Bahnhof Schönefeld von Zügen der Zuggruppen C (Ostbahnhof–Schönefeld) und 2 (Bernau–Schönefeld). Beide Zuggruppen verkehrten im 20 Minuten-Takt, so dass auf dem Abschnitt Schönefeld–Ostkreuz ein 10 Minuten-Takt in der Zeit zwischen 6.00 und 21.00 Uhr angeboten werden konnte. Um nach der Grenzschließung betriebliche Engpässe im Bahnhof Berlin-Schöneweide durch Züge des verstärkten Berufsschnellverkehrs aus dem Raum Potsdam/Teltow/Wünsdorf zu vermeiden, wurde der Bahnhof Berlin-Karlshorst zunächst provisorisch für die Aufnahme der so genannten »Sputniks« ausgebaut. Die aus dem genannten Raum kommenden Verkehrsströme sollten im Bereich der elektrischen Berliner S-Bahn, so die Perspektivplanung der DR, möglichst gleichmäßig auf die Strecken Königs Wusterhausen–Schöneweide–Ostkreuz und Erkner–Friedrichstraße verteilt werden. Hierzu war der bereits erwähnte zweigleisige Ausbau der von Schönefeld kommenden Strecke über die Haltepunkte Köllnische Vorstadt und Pionierpark nach Wuhlheide geplant. In Wuhlheide sollten die S-Bahngleise niveaufrei in die von Erkner kommende Strecke eingefädelt werden. In einer weiteren Ausbaustufe war der Umbau des Bahnhofs Wuhlheide für den Richtungsbetrieb vorgesehen, wobei die Weiterführung der Strecke nach Blankenburg mit berücksichtigt werden sollte. Für Zugfahrten von und zur Görlitzer Bahn sollte das Grünauer Kreuz durch Verbindungskurven von Grünau bzw. Adlershof zum Bahnhof Köllnische Heide umgestaltet und der Bahnhof Adlershof für die Aufnahme des zusätzlichen S-Bahnverkehrs um einen zweiten Inselbahnsteig erweitert werden. Bis Ende 1962 hatte die Reichsbahn zwar die vorbereitenden Arbeiten zum Bau der S-Bahntrasse zwischen den Haltepunkten Adlershof und Köllnische Vorstadt abgeschlossen, die als Tangenten-S-Bahn bezeichnete Strecke jedoch nicht mehr weitergeführt.

Erst 14 Jahre nach Eröffnung der »Flughafenbahn« wurde das S-Bahnnetz am 30. Dezember 1976 mit der Inbetriebnahme der Strecke nach Marzahn von der Abzweigstelle Friedrichsfelde Ost erweitert.

Der Boykott der S-Bahn in West-Berlin

In den Tagen nach dem Mauerbau wurde die S-Bahn in West-Berlin zu einem Politikum. Von der Deutschen Reichsbahn betrieben, wurde sie zum Symbol der ostdeutschen Staatsmacht, die angeblich mit den in West-Berlin aus Fahrkartenverkäufen erzielten Deviseneinnahmen den Stacheldraht auf der Mauerkrone bezahlte. Diese Auffassung nutzte der westdeutsche Gewerkschaftsbund DGB am 17. August 1961 zum Boykottaufruf gegen die S-Bahn. Vor den Bahnhöfen standen vom DGB bezahlte Männer mit Plakaten, auf denen Parolen wie »Du zahlst noch Westgeld für Ulbricht?« und »Jeder Westberliner S-Bahnfahrer bezahlt den Stacheldraht!« zu lesen waren. Der Boykottaufruf verfehlte seine Wirkung nicht, am 24. August betraten nur noch 100 000 von ehemals 500 000 Fahrgästen die Stadtbahn. Den S-Bahnboykott nahm die Reichsbahndirektion Berlin zum Anlass, zwei Pressekonferenzen kurz nach den von der DDR ergriffenen Maßnahmen zum Schutze des Friedens, wie der Mauerbau nach ostdeutscher Lesart bezeichnet wurde, abzuhalten, von denen die eine am 21. August im »Demokratischen Berlin«, die andere am 23. August im Direktionsgebäude am Schöneberger Ufer im West-Berliner Bezirk Kreuzberg stattfand. Nach Vorstellung der an der jeweiligen Pressekonferenz teilnehmenden Personen wurde beklagt, dass die dem Schöneberger Senat angehörenden »Frontstadtpolitiker« immer dann mit verstärkten Provokationen in Erscheinung treten würden, wenn sich die politische Lage zu entspannen beginnt. Die von der Westpresse unterstützten Propagandaaktionen hätten zum Ziel, Maßnahmen gegen die Zahlung des 40%-igen Westgeldumtausches zu ergreifen und die S-Bahn in West-Berlin von der Leitung durch die Reichsbahn abzuspalten, um sie stilllegen zu können. Der Senat und die Gewerkschaft der Eisenbahner Deutschlands (GdED) hätten für 8,00 DM pro Tag »gekaufte Elemente« zusammengerottet, die die Reisenden von der Benutzung der S-Bahn abhalten sollten. Von den Vertretern der Westpresse nach genauen Angaben über die Benutzung der S-Bahn in West-Berlin vor und nach dem 13. August befragt, antwortete der Präsident der Reichsbahndirektion Berlin, Otto Arndt, auf einer Pressekonferenz am 23. August in West-Berlin, die Einnahmen hätten sich nicht verringert und lägen bei ungefähr 300 000 DM in fünf Tagen. Damit hätten 300 000 Westberliner bei einem Fahrpreis von 0,20 DM die S-Bahn täglich benutzen müssen. Auf der Pressekonferenz zwei Tage vorher in Ost-Berlin sprach er dagegen von 450 000 Reisenden pro Tag. Während man mit diesen Zahlen den östlichen Pressevertretern offenbar die Wirkungslosigkeit des S-Bahn-Boykotts nachweisen wollte, gab man den westlichen Pressevertretern indirekt einen gewissen Einnahmeverlust zu. Tatsächlich dürften die Tageseinnahmen bei ungefähr 20 000 DM (bei geschätzten 100 000 Fahrgästen) und nicht bei 60 000 oder gar 90 000 DM (entsprechend 450 000 Fahrgästen) gelegen haben. Mit diesen Einnahmen war die Verwaltung der S-Bahn nicht in der Lage, die laufenden Betriebs- und Unterhaltungskosten für die Bahn- und Signalanlagen in West-Berlin sowie die anfallenden Kosten für die Beseitigung der von randalierenden Westberliner Jugendlichen verursachten Sachbeschädigungen in S-Bahnwagen – auf der Pressekonferenz vom 21. August war von 62 Wagen die Rede, zwei Tage später soll die Schadwagenzahl bei über 100 gelegen haben – zu bezahlen. Die seit dem 13. August zunehmende Zahl an demolierten S-Bahnwagen wurde einerseits der »Hetzkundgebung« am 19. August zugeschrieben – an diesem Tag besuchte der damalige amerikanische Vizepräsident Lyndon B. Johnson West-Berlin –, andererseits den »Hetzkampagnen« eines Teils der westlichen Presse sowie der sich passiv verhaltenden »Stummpolizei« (gemeint war die West-Berliner Polizei unter ihrem damaligen Präsidenten Stumm). Um die Anschuldigungen zu untermauern, wurde den Teilnehmern beider Pressekonferenzen *umfangreiches konkretes Material einschließlich Bildmaterial über Art und Umfang der Zerstö-*

rungen übergeben, das ihnen zur Auswertung überlassen blieb. Bereits am 18. August hatte sich der Präsident der Reichsbahndirektion Berlin in einem Schreiben, das er im Bahnhof Friedrichstraße in S-Bahnwagen auslegen ließ, an die West-Berliner gewandt mit der Bitte, Zerstörungen zu verhindern und sich von den Boykottmaßnahmen nicht beeindrucken zu lassen.

Trotz dieser Aufforderung sollte sich die S-Bahn vom Boykott, zu dessen Fortsetzung die SPD am 17. Oktober 1961 aufrief und den die BVG mit parallel zu den S-Bahnstrecken geführten Buslinien unterstützte, in West-Berlin bis zur Übernahme durch die BVG am 9. Januar 1984 nicht mehr erholen.

Berlin, den 18. August 1961

Werte Reisende!

Ich wende mich an Sie, die Sie die Berliner S-Bahn für Ihre Fahrten zur Arbeitsstelle, zu Ihren Freunden und Bekannten, zur Erholung oder aus sonstigen Anlässen seit Jahren benutzen.

Es wird Ihnen nicht entgangen sein, daß die Deutsche Reichsbahn in den letzten 15 Jahren ständig bemüht war, die Verkehrsverhältnisse in ganz Berlin zu verbessern, die S-Bahn immer schöner und bequemer zu gestalten sowie die Sicherheit für ihre Fahrgäste zu erhöhen und ihnen das Reisen angenehmer zu machen.

Diese Verbesserungen konnten durchgeführt werden, ohne daß Sie einen Pfennig mehr zu bezahlen hatten. Damit wurde die Berliner S-Bahn nicht nur zum schnellsten und sichersten, sondern auch zum **billigsten** Verkehrsmittel in Berlin.

Unser Bestreben ist, daß es auch in Zukunft so sein soll.

Lassen Sie nicht zu, daß diese S-Bahnzüge durch schmutzige Hände beschädigt oder zerstört werden. Sie wurden mit viel Fleiß in einen sauberen und schönen Zustand durch unsere Eisenbahner versetzt.

Ich bitte Sie, sich durch keine Boykottmaßnahmen beeinflussen zu lassen.

Seien Sie auch weiterhin unsere Fahrgäste.

Mit freundlichen Grüßen

Otto Arndt
Reichsbahndirektor
Präsident
der
Reichsbahndirektion Berlin

Schreiben des Präsidenten der Reichsbahndirektion Berlin an die West-Berliner, ausgelegt in S-Bahnzügen im Bahnhof Friedrichstraße.
Slg.: Sigurd Hilkenbach

Geplant, aber nie ausgeführt: Reaktivierung des Streckenabschnitts Wannsee–Griebnitzsee bis Kohlhasenbrück

Angesichts stark rückläufiger Fahrgastzahlen überraschte im April 1964 der damalige Vizepräsident der Rbd Berlin und Leiter der Verwaltung S-Bahn, Friedrich Kittlaus, mit einem Bauvorhaben zur Erweiterung des S-Bahnnetzes in West-Berlin. Der seit der Grenzschließung stillgelegte Abschnitt zwischen Wannsee und Griebnitzsee sollte bis Kohlhasenbrück – hier gab es wegen der Sprengung der S-Bahnbrücke über den Teltowkanal zwischen Februar und Juli 1946 zwei behelfsmäßige hölzerne Notbahnsteige beiderseits des Kanals – reaktiviert werden, um für die abseits des öffentlichen Nahverkehrs liegenden Anwohner von Albrechts Teerofen, Kohlhasenbrück und Steinstücken einen Anschluss an das S-Bahnnetz zu schaffen. Der neu zu errichtende Haltepunkt sollte von Zügen der Zuggruppe L (Friedrichstraße–Wannsee) im 20 Minuten-Takt angefahren werden. Im Dezember 1968 wurde von der Reichsbahndirektion Berlin eine Studie zum Neubau des Haltepunktes Kohlhasenbrück angefertigt. Danach sollte der S-Bahnbetrieb im Endzustand zweigleisig auf dem vorhandenen Planum durchgeführt werden und der Haltepunkt einen Inselbahnsteig erhalten, der über einen Tunnel zu erreichen sein sollte. Die Bahnsteiglänge wurde mit 180 Metern festgelegt, die Breite mit neun Metern und die Höhe über Schienenoberkante sollte wie üblich 0,96 Meter betragen. Das Empfangsgebäude, in einfacher Form als Flachbau ausgeführt, sollte seinen Standort in der Nähe der Kohlhasenbrücker Straße erhalten. Um den Haltepunkt möglichst weit im Westen anordnen zu können, sollte mit dem Verziehen und der Spreizung der Gleise unmittelbar hinter dem Teltowkanal begonnen werden. Bis zum Erreichen des endgültigen Ausbauzustands sollte der S-Bahnbetrieb eingleisig ablaufen. Das zweite Gleis sollte außer Betrieb bleiben oder von der Fernbahn benutzt werden. Der Bahnsteig sollte zunächst als Seitenbahnsteig mit einer Breite von sechs Metern ausgeführt werden, für dessen Bau die Reichsbahn Bahnsteigtröge und -platten von der Stadtschnellbahn Leipzig verwenden wollte. Offenbar waren die Baukosten so hoch, dass sich ein Wirtschaftlichkeitsnachweis nicht erbringen ließ. So ist dieses Projekt nie über das Planungsstadium hinausgekommen.

S-Bahn-Sonderverkehre

Die in West-Berlin rückläufigen Fahrgastzahlen veranlassten die Verwaltung der S-Bahn auch zu einer Schwächung der Züge. Während auf den Zuggruppen 1 (Wannsee–Frohnau), A (Gesundbrunnen–Sonnenallee) und AI (Sonnenallee–Gesundbrunnen) durchgängig Dreiviertelzüge verkehrten, wurde der Verkehr auf den anderen Zuggruppen nur noch mit Halbzügen abgewickelt. Bei besonderen Anlässen wie z. B. den in den Passierscheinabkommen festgelegten Besuchszeiträumen für

West-Berliner in Ost-Berlin wurden jedoch *Sondermaßnahmen zur Durchführung des S-Bahnzugbetriebes und Reiseverkehrs* von der Rbd. Berlin, Verwaltung S-Bahn, getroffen. So wurden während des ersten Besuchszeitraums die Züge für den S-Bahn-Betriebsdienst in West-Berlin bei den Einsatzstufen 2 und 3 auf den Zuggruppen E, H, L, 1a, 2 und 3 auf Dreiviertelzüge verstärkt, die Bedarfszuggruppen WI (Friedrichstraße–Westkreuz) und 1b (Schöneberg–Schönholz) verkehrten auf besondere telegrafische Anweisung. Aus einem Protokoll der DR – Rbd Berlin/Verwaltung S-Bahn – vom 26. April 1965 für den Besuchszeitraum vom 12. 04. bis 25. 04.1965 geht hervor, dass *neben dem normalen Zugverkehr ... durch den verlängerten Ein- und Auslauf der Zuggruppen F, G u. K, sowie durch die Sonderfahrpläne für Westberlin insgesamt 815 Sonderzugfahrten ... durchgeführt* wurden. Dabei entfielen auf West-Berlin 277 Sonderzugfahrten, wobei die Strecken Berlin-Friedrichstraße–Spandau West und Nordbahnhof–Zehlendorf mit je 72 zusätzlichen Fahrten am stärksten belegt waren. Auf Ost-Berlin entfielen 538 Sonderzugfahrten. Hier waren die Strecken Zentralflughafen Schönefeld – Schönhauser Allee und Berlin-Friedrichstraße–Köpenick mit 176 bzw. 136 zusätzlichen Fahrten am stärksten belegt.

Die Züge der Zuggruppen F (Friedrichstraße–Erkner) und G (Friedrichstraße–Mahlsdorf) erhielten auf telegrafische Ansage der Verwaltung S-Bahn nach Fplo 810 einen veränderten Auslauf. Sie wurden als Zuggruppe FI (Friedrichstraße–Köpenick) oder FII (Friedrichstraße–Friedrichshagen) bzw. GI (Friedrichstraße–Lichtenberg) oder GII (Friedrichstraße–Mahlsdorf) weitergeführt. Die an Sonn- und Feiertagen verkehrende Zuggruppe L (Schönhauser Allee–Zentralflughafen Schönefeld) sollte als Zuggruppe LI bzw. LII (Schöneweide–Zentralflughafen Schönefeld) verkehren. Dabei schlossen sich die Zuggruppen FI und FII, GI und GII, L, LI und LII gegenseitig aus.

Nicht nur aus den genannten Anlässen wurden S-Bahn-Sonderverkehre eingerichtet, auch bei anderen Großveranstaltungen fuhr die S-Bahn nach Hochleistungsfahrplänen. Genannt seien hier die Weltfestspiele der Jugend 1973 in Ost-Berlin und die Fußballweltmeisterschaft 1974 mit drei Spielen im Berliner Olympiastadion.

Einführung des Einmannbetriebes

Nachdem die Reichsbahn die S-Bahnwagen in der zweiten Hälfte der fünfziger Jahre gründlich überholt und instand gesetzt hatte, begann sie Anfang der sechziger Jahre mit dem Umrüsten der Züge für den Einmannbetrieb (EMB). Technisch und betrieblich wurde die Rationalisierungsmaßnahme in den Jahren 1962–1964 vorbereitet. Neben einer elektronischen Sicherheitsfahrschaltung (Sifa) musste zusätzlich eine UKW-Sprechfunkanlage für die Abfertigung in die Führerstände von 700 Viertelzügen eingebaut werden. Diese Arbeiten wurden während der bahnamtlichen Hauptuntersuchung im RAW Schöneweide durchgeführt. Gleichzeitig mussten die Zugsteuerleitungen zur Verbindung der Funkgeräte im ersten und letzten Wagen verändert werden. Bei den Umbauarbeiten wurden auch die Führerstände zur Schaffung besserer Arbeitsbedingungen erweitert. Im Zuge dieser Veränderungen entfernte die Reichsbahn die Oberwagenlaternen und das Spitzenlicht in der Stirnwandmitte und ersetzte sie durch zwei Streckenleuchten mit darüber angeordneten roten Schlussleuchten. Im vierten Quartal 1964 sollte der Einmannbetrieb auf der Strecke Friedrichstraße – Erkner eingeführt werden. Da die erforderlichen Ausrüstungsteile, insbesondere Funkausrüstungen, nicht termingerecht ausgeliefert werden konnten, wurde der Einführungstermin auf den 1. April 1965 verschoben. In einem Zeitraum von knapp vier Jahren – bis zum 1. Januar 1969 – sollte die Umstellung in acht Abschnitten vollzogen werden. Der lange Einführungszeitraum wurde mit der Aufrechterhaltung des Betriebsablaufs und der daraus resultierenden betriebstechnischen Zuführung der Viertelzüge zur bahnamtlichen Untersuchung im Rahmen der Schadgruppen T4 und T5 im Raw Schöneweide begründet. Nach einer Nutzeffektberechnung zur Einführung der Einmannbesetzung wurden folgende Termine festgelegt:

Einführungstermin	Strecke	Zuggruppe
1.4.1965	Erkner–Friedrichstraße	B
	Erkner–Friedrichstraße	BI
	Erkner–Friedrichstraße	F
1.4.1966	Königs Wusterhausen–Friedrichstraße	H
	Zeuthen–Ostbahnhof	HI
	Grünau–Alexanderplatz	D
Als Einführungstermin für die Zuggruppen H, HI und D war ursprünglich der 1. Oktober 1965 geplant.		
1.10.1966	Spindlersfeld–Bernau	N
	Schöneweide–Schönhauser Allee	NI
	Schöneweide–Blankenburg	O

Einführungstermin	Strecke	Zuggruppe
	Schönhauser Allee–Zentralflughafen Schönefeld	L
	Reservezug Ostkreuz (Res Ok)	
	Reservezug Schöneweide (Res Sw)	
1.1.1967	Friedrichstraße–Strausberg	E
	Friedrichstraße–Mahlsdorf	G
	Friedrichstraße–Zentralflughafen Schönefeld	C
	Reservezug Lichtenberg Ost (Res Blo)	
	Reservezug Ostbahnhof (Res Osb)	
Als Einführungstermin für die Zuggruppen E, G und C war ursprünglich der 1. Juli 1966 geplant.		
1.1.1967	Oranienburg–Alexanderplatz	K
	Reservezug Oranienburg (Res Or)	
	Velten–Hennigsdorf	V
	Entlastungszug Velten (Entl Vlt)	
Nach Einführungsabschnitt 5a wurde für die Zuggruppen K und V als neuer Termin der 1. Juli 1967 genannt.		
1.1.1967	Friedrichstraße–Spandau West	E
	Friedrichstraße–Spandau West	H
	Friedrichstraße–Wannsee	L
	Zehlendorf–Düppel	5
	Anhalter Bahnhof–Wannsee	1a
	Reservezug Westkreuz (Res Wk)	
Auch dieser Termin ließ sich nicht halten. Nach Einführungsabschnitt 6 wurde als neuer Termin der 1. Juli 1968 genannt.		
1.1.1968	Wannsee–Frohnau	1
	Gesundbrunnen–Lichterfelde Süd	2
	Heiligensee–Lichtenrade	3
	Reservezug Nordbahnhof (Res Nou)	
1.10.1969	Sonnenallee–Gesundbrunnen	A
	Sonnenallee–Gesundbrunnen	AI
	Gesundbrunnen–Staaken	N
	Zoologischer Garten–Köllnische Heide	G
	Jungfernheide–Gartenfeld	B
	Reservezug Papestraße (Res Par)	
Für die Zuggruppen A, AI, N, G und B war ursprünglich der 1. Januar 1969 als Einführungstermin vorgesehen.		

Am 22. September 1967 gab die Reichsbahn – Rbd Berlin Verwaltung der S-Bahn – einen Maßnahmeplan heraus, in dem folgende neue Termine für die Einführung des Einmannbetriebes genannt wurden:

Einführungstermin	Strecke	Zuggruppe
1.10.1967	Friedrichstraße–Zentralflughafen Schönefeld	C
1.1.1968	Spindlersfeld–Bernau	N
	Schöneweide–Schönhauser Allee	NI
	Reservezug Ostkreuz (Res Ok)	
1.2.1968	Friedrichstraße–Mahlsdorf	G
1.4.1968	Friedrichstraße–Strausberg	E
1.5.1968	Reservezug Lichtenberg Ost (Res Blo)	
	Reservezug Ostbahnhof (Res Osb)	

Die auf der Zuggruppe K zwischen Alexanderplatz und Oranienburg verkehrenden Züge sollten ab dem 1. Oktober 1968 auf Einmannbetrieb umgestellt werden, der Reservezug Oranienburg (Res Or) bis zum Jahresende 1968. Tatsächlich ist die Zuggruppe K als letzte im Ostnetz erst am 1. November 1968 auf Einmannbetrieb umgestellt worden.

Für die im Westnetz verkehrenden Züge wurden im Perspektivplan 1969/70 folgende Einführungstermine genannt:

Einführungstermin	Strecke	Zuggruppe
1.1.1969	Gesundbrunnen–Sonnenallee	A
	Gesundbrunnen–Köllnische Heide	C
1.2.1969	Reservezug Papestraße (Res Par)	
	Reservezug Westkreuz (Res Wk)	
1.3.1969	Zoologischer Garten–Köllnische Heide	G
1.4.1969	Gesundbrunnen–Staaken	N
1.5.1969	Jungfernheide–Gartenfeld	B
1.6.1969	Wannsee–Anhalter Bahnhof	1a
1.8.1969	Wannsee–Frohnau	1
1.10.1969	Heiligensee–Lichtenrade	3
1.11.1969	Gesundbrunnen–Lichterfelde Süd	2

Die Umstellung auf Einmannbetrieb der auf dem Westnetz verkehrenden Züge begann am 1. November 1967 mit der Zuggruppe H und wurde mit den über die Nordsüd-Bahn verkehrenden Zuggruppen 2 und 3 am 1. Oktober 1969 abgeschlossen. Die zwischen Zehlendorf und Düppel verkehrende Zuggruppe 5 wurde im Perspektivplan nicht mehr aufgeführt, da sie wegen der unbesetzten Haltepunkte von dieser Maßnahme ausgenommen wurde.

Für die Rationalisierungsmaßnahme »Einmannbetrieb« wurden zunächst alle Viertelzüge der Bauart 1938/41 umgerüstet. Ab 1965 erfolgte dann der Umbau des größten Teils der »Olympia-/Bankierzüge« sowie der sieben 1952 von der UdSSR zurückgegebenen Peenemünder Viertelzüge, die gleichzeitig generalüberholt wurden. Von den Zügen der beiden Bauarten »Stadtbahn« und »Wannseebahn« wurden 305 bzw. 23 Viertel für den Einmannbetrieb umgerüstet. Finanziert wurde die Umstellung auf Einmannbetrieb – der Kostenaufwand für die elektrische Ausrüstung und die Funkgeräte einschließlich der Montagekosten betrug 10 013,3 TMDN – über einen Rationalisierungskredit durch das Berliner Stadtkontor, der Bank von Groß-Berlin, wie sich der Ostsektor immer noch nannte, in voller Höhe.

Umbau von S-Bahnwagen der Baureihen »Bernau« und »Oranienburg« für die Berliner U-Bahn

Die stark abnehmenden Fahrgastzahlen als Folge der Grenzschließung ließen den Bedarf an S-Bahnwagen im Westteil der Stadt sinken. Die nicht mehr benötigten Fahrzeuge der Baureihen 168 und 169 aus der Anfangszeit des elektrischen Betriebs wurden bis spätestens Ende 1963 – letzte Einsätze von Zügen der BR 169 im November 1963 sind belegt – aus dem Fahrgastbetrieb abgezogen und z-gestellt. Etliche der S-Bahnwagen wurden in den Jahren 1962-64 sowie 1966-68 in die dringend benötigten U-Bahnwagen des Typs E III für die Großprofillinie E (heute: U5) umgebaut. Für die erste Lieferserie wurden die folgenden Viertelzüge der Bauart »Oranienburg« als Spenderwagen verwendet:

Nach der Grenzschließung wurden die überzähligen Altbauzüge der Baureihe 168 wie hier in der südlichen Kehranlage von Schöneweide abgestellt. *Foto: Sigurd Hilkenbach, 30.05.1964*

Im September 1990 stand der aus dem ET 168 040 gebaute U-Bahnwagen 101 022-2 auf dem Außengelände des Raw Schöneweide (heute: Hauptwerkstatt).
Foto: Wolfgang Kiebert, September 1990

Auf einer Fahrzeugausstellung im S-Bw Grünau präsentierte die DR zum 750jährigen Stadtjubiläum Berlins den zum Schlepptriebwagen umgebauten ET 168 043 in der Hauptstadtlackierung.
Foto: Wolfgang Kiebert, September 1987

ET/EB 168 001, 007/012, 009, 017, 018, 019, 020, 021, 022, 024, 028, 031, 036, 037, 040, 042/029, 044, 046/042, 047 sowie EB 168 046.

Ergänzt wurde die erste Lieferserie aus Spenderwagen der Bauart »Bernau«, die ab Ende 1966 vom Raw Schöneweide ausgeliefert wurden. Hierzu wurden folgende Triebwagen verwendet:

ET 169 002a, 002b, 006a, 006b, 008a, 008b, 010a, 010b, 013a, 013b, 015a, 015b, 016a und 016b.

Die nicht mehr benötigten zweiachsigen Beiwagen wurden nach der Ausmusterung verkauft bzw. verschrottet. Die beiden Beiwagen EB 169 006a und 017c wurden vom Raw Schöneweide in offene Güterwagen umgebaut und mit dem ET 168 029 für Materialfahrten gekuppelt. Nach Ausmusterung des Materialzuges Anfang 1973 wurde der Triebwagen für museale Zwecke aufbewahrt und zählt heute ebenso zum Bestand des Vereins »Historische S-Bahn e.V.« wie der lange Jahre vom Raw Schöneweide als Lagerraum genutzte EB 168 030.

1963 ließ die Reichsbahn den ET 168 043 (heute: 478 008) mit einem zweiten Führerstand, der vollautomatischen Scharfenbergkupplung und den normalen Zug- und Stoßvorrichtungen versehen, um ihn für Rangier- und Probefahrten einsetzen zu können.

Die Triebwagen ET 169 017a und 017b sowie die Beiwagen EB 169 017b und 006c wurden 1965 in den Hilfsgerätezug I umgebaut, der im S-Bw Friedrichsfelde stationiert war und 1994 durch den aus zwei Triebwagen der Bauart »Stadtbahn« bestehenden Zug 478 022/522 ersetzt wurde. Auch der ehemalige Hilfsgerätezug gehört heute zum Fahrzeugpark des Vereins »Historische S-Bahn e.V.«.

Ehrgeizige Pläne zur Modernisierung des Fahrzeugparks

Die Ausmusterung von Fahrzeugen aus den Anfängen des elektrischen Betriebs war ein erster Schritt zur geplanten Modernisierung des Fahrzeugparks. Ab 1975 sollten die Vorkriegsbaureihen schrittweise durch einen neu zu entwickelnden, in den fünfziger Jahren schon einmal geplanten 3/3-Triebzug mit der Baureihenbezeichnung 126 ersetzt werden. Auf der Grundlage der mit den beiden Halbzügen der BR 170 gesammelten Betriebserfahrungen sollten standardisierte Triebzüge entwickelt werden, die den jeweiligen Gegebenheiten der Berliner U- und S-Bahn anzupassen waren. Die Wagenkästen des neu konzipierten zukünftigen Einheitsfahrzeugs sollten in Leichtbauweise gebaut werden und eine Länge von 17,65 m über Kupplung nicht überschreiten. Die Drehgestelle sollten als luftgefederte, zweiachsige Jakobs-Einmotoren-Drehgestelle in geschweißter Kastenkonstruktion gebaut werden. Analog zur BR 170 waren die Trieb- und Mittelwagen durch Faltenbalgübergänge miteinander zu verbinden. Um Arbeitsabläufe bei Revisionsarbeiten optimieren und die Vorratshaltung an Ersatzteilen reduzieren zu können, waren Geräte und Tauschteile weitgehend zu standardisieren. Die ersten Triebzüge sollten als Zweispannungszüge für einen 750 und 1500 Volt-Betrieb ausgelegt werden, da die DR die Stromschienenspannung auf 1500 Volt Gleichstrom erhöhen wollte.

Diese ehrgeizigen Pläne im Triebfahrzeugbereich standen im krassen Gegensatz zu den ökonomischen Möglichkeiten einer durch dauerhaften Mangel gekennzeichneten Planwirtschaft und wurden ebenso wenig verwirklicht wie der bereits in den dreißiger Jahren entwickelte Plan, die Reisezeiten zwischen Stadtzentrum und den Außenbezirken sowie dem Umland durch Einrichtung eines FS-Netzes zu verkürzen. Der Schwerpunkt in der Entwicklung der Berliner S-Bahn sollte in der betrieblichen Erschließung der in den siebziger und achtziger Jahren gebauten Trabantenstädte liegen.

CHRONIK DER SECHZIGER JAHRE

1960

29. Mai — Umbenennung des Bahnhofs Reichssportfeld in Olympiastadion

2. Oktober — Umbenennung des Bahnhofs Potsdam in Potsdam Stadt

1961

13. August — Einstellung des durchgehenden S-Bahnverkehrs wegen der Abriegelung der Grenze zwischen Ost- und West-Berlin sowie der DDR auf folgenden Strecken:
Gesundbrunnen–Schönhauser Allee
Sonnenallee–Treptower Park
Köllnische Heide–Baumschulenweg
Heiligensee–Hennigsdorf
Frohnau–Hohen Neuendorf
Spandau West–Albrechtshof
Wannsee–Griebnitzsee
Wannsee–Stahnsdorf (Betriebseinstellung)
Lichterfelde Süd–Teltow
Lichtenrade–Mahlow
Bornholmer Straße–Pankow
Unterbrechung der Stadtbahngleise westlich des Bahnhofs Friedrichstraße (oben)
Schließung der S-Bahnhöfe Bornholmer Straße, Nordbahnhof, Oranienburger Straße, Unter den Linden und Potsdamer Platz
Einstellung des S-Bahnverkehrs auf dem Streckenabschnitt Spandau West–Staaken bis 3. März 1962

August — Stilllegung des Streckenabschnitts Stolpe Süd –Hennigsdorf (vor dem 16.August 1961)

17. August — Aufruf des Deutschen Gewerkschaftsbunds (DGB) zum Boykott der S-Bahn

September	Stilllegung des S-Bahnbetriebs auf dem Streckenabschnitt Mahlow–Rangsdorf (vor dem 12.9.61)
9. Oktober	Einstellung des S-Bahnbetriebs auf den Streckenabschnitten Albrechtshof–Falkensee und Griebnitzsee–Potsdam Stadt
14. November	Rückbenennung des Bahnhofs Stalinallee in Frankfurter Allee
19. November	Aufnahme des elektrischen S-Bahnbetriebs auf dem Streckenabschnitt Blankenburg–Hohen Neuendorf (NAR)
10. Dezember	Inbetriebnahme des separaten zweigleisigen Abschnitts Schönhauser Allee–Pankow

1962

26. Februar	Aufnahme des elektrischen S-Bahnbetriebs auf der Strecke Abzweig Grünauer Kreuz–Schönefeld
	Eröffnung des neu gebauten Mittelbahnsteigs in Altglienicke für den elektrischen S-Bahnverkehr
25. März	Umbenennung des Bahnhofs Schönefeld in Zentralflughafen Schönefeld
18. Mai	Inbetriebnahme des Ein- und Ausreisepavillons am Bahnhof Friedrichstraße (»Tränenpalast«)
27. Mai	Eröffnung der Bahnhöfe Bergfelde und Grünbergallee
15. Juli	Umbenennung des Bahnhofs Zentralflughafen Schönefeld in Zentralflughafen Berlin-Schönefeld
…	Abstellung der S-Bahnwagen der Baureihen 168 und 169/Umbau in U-Bahnwagen des Typs E

1963

September	Abschluss des zweigleisigen Ausbaus Birkenwerder–Lehnitz
20. Dezember	Verstärkung des S-Bahnverkehrs in Ost- und West-Berlin aufgrund des ersten Passierschein-Abkommens (bis 5.1.1964)
…	Umbau und Modernisierung des Bahnhofs Alexanderplatz (bis 1967)

1964

10. April	Abschluss der Arbeiten zur Anschwenkung des Gleises 3 an das Gleis 2 mit Benutzung des Bahnsteigs A für S-Bahnzüge Richtung Osten im Bahnhof Alexanderplatz
1. Juni	Inbetriebnahme der Kehranlage im Bahnhof Alexanderplatz in Richtung Marx-Engels-Platz

1965

25. Februar	Einführung des Einmannbetriebs (EMB) auf der Strecke Friedrichstraße–Erkner
1. Juli	Indienststellung des ersten elektrischen Gerätezuges aus Wagen der BR 169
…	Beginn des Umbaus der BR 165 für den EMB
…	Einführung von Passimetern (Zusammenfassung von Fahrkartenausgabe und Entwertung)

1966

12. April	Stilllegung der Bahnsteige B und C des Bahnhofs Ostkreuz

1967

28. Mai	Umbenennung des Bahnhofs Giebelsee in Petershagen Nord
1. November	Umstellung der Zuggruppe H (Friedrichstraße–Spandau West) auf EMB

1968

1. November	Abschluss der Umstellung auf EMB in Ost-Berlin mit der Zuggruppe K (Oranienburg–Ostbahnhof bzw. Zentralflughafen Berlin-Schönefeld)

1969

1. Oktober	Abschluss der Umstellung auf EMB in West-Berlin, ausgenommen die Zuggruppe 5 (Zehlendorf–Düppel)

Quelle: Berliner Verkehrsblätter, 75 Jahre Berliner S-Bahn – Eine Chronik, 46.Jahrgang, Nr.8, August 1999

DIE SIEBZIGER UND ACHTZIGER JAHRE

Die Entwicklung des geteilten Netzes

Die große Bahnhofshalle ist nur noch für wenige Menschen da. Die Treppen, die früher die Tausende aufschluckten, führen nirgendwo hin. Nur eine mündet in der Passierscheinstelle für Besucher aus der Bundesrepublik. Uniformierte, Schranken, Schreiber, Warteschlangen an Wochenenden und Feiertagen, gelbe Lampen, verbrauchte Luft, Taschenkontrollen, was ist der Mensch? Alte Frauen mit Koffern und Einkaufsnetzen irren in den Gängen umher, verlaufen sich auf den Treppen ins Nirgendwohin, sind aufgeregt, aufgescheucht aus dem Trott der Jahre. Rentnerbesuch im Westen. Sie freuen sich auf die Kinder, die Enkel, oder sie kehren zurück, glanzlos die Augen, die Taschen und Netze voller bunter Tüten.

Bahnhof Friedrichstraße. Draußen unter der Eisenbahnbrücke beginnen und enden die Reisen in die andere Welt.

Ingeborg Drewitz: Bahnhof Friedrichstraße

Die S-Bahn in Ost-Berlin: Netzerweiterung und Ausbauplanung

»Streckenlänge 172 Kilometer. Reisegeschwindigkeit im Netz 38,3 km/h. … v(max) 80 km/h. … Alexanderplatz und Ostkreuz sind die am stärksten frequentierten Bahnhöfe: Alex 130000 Reisende, 838 Züge; Ostkreuz 95000 Reisende, 1398 Züge (hier treffen sich alle Zuggruppen). Es gibt 16 Zuggruppen. … Stromverbrauch in 24 Stunden (werktags) 500 MWh. Die alten Signale (Sv-Verbindungen) werden schrittweise durch den automatischen Streckenblock AB 70 abgelöst. … Seit Oktober 1982 erhalten MITROPA-Einrichtungen auf den Bahnsteigen ihre Waren mittels S-Bahnzüge. Zwischen Ostbahnhof und Erkner wird täglich Gepäck und Expreßgut per S-Bahn transportiert. Auf den Bahnhöfen Ostbahnhof und Greifswalder Straße befinden sich Versorgungsstützpunkte für die Fahrpersonale. Gegenwärtig werden auf folgenden S-Bahnhöfen Rekonstruktionsarbeiten durchgeführt: Buch, Karow, Blankenburg, Pankow-Heinersdorf, Schönhauser Allee, Prenzlauer Allee, Frankfurter Allee, Marx-Engels-Platz, Nöldnerplatz, Kaulsdorf, Mahlsdorf, Rummelsburg, Karlshorst, Köpenick, Friedrichshagen, Adlershof, Grünau, Greifswalder Straße.«

So lautete eine Selbstdarstellung anlässlich des 60. Geburtstages der Berliner S-Bahn im August 1984 in der DDR-Eisenbahner-Zeitung »Fahrt frei«.

Neue S-Bahnlinien nach Ahrensfelde und Wartenberg

Nach den Beschlüssen des Politbüros des ZK der SED vom 27. März 1973 und des Ministerrats der DDR vom 11. April 1973 war die Bebauung landwirtschaftlich genutzten Geländes beiderseits der Wriezener Bahn geplant. Im neuen Stadtteil Biesdorf Nord/Marzahn sollten bis zur Stadtgrenze in Ahrensfelde östlich der Wriezener Bahn 35 000 Wohnungseinheiten für etwa 100 000 Menschen entstehen, westlich der Bahn war der Bau eines Industrie- und Gewerbezentrums vorgesehen. Eine zweite Großsiedlung war zwischen Hohenschönhausen und Wartenberg geplant. Die beiden Neubaugebiete sollten hauptsächlich durch die S-Bahn verkehrlich erschlossen werden, da

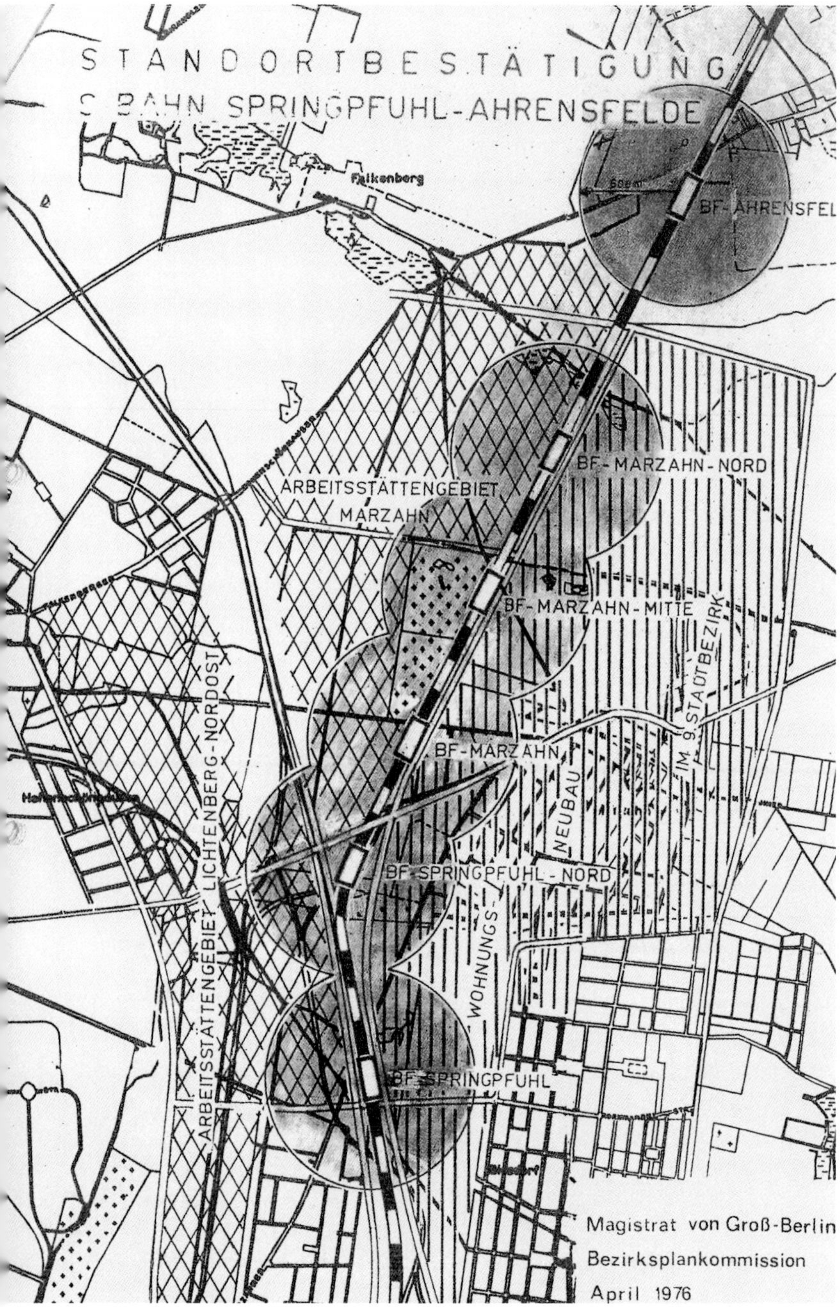

Plan zur Standortbestätigung »S-Bahn Springpfuhl–Ahrensfelde«.
Landesarchiv Berlin, C Rep 309, Nr. A 3446

bis 1980 kein Neubau von U-Bahnstrecken vorgesehen war. Vorrangig hatte die S-Bahn Verbindungen zu den Wohn- und Arbeitsstätten anderer Stadtbezirke, insbesondere zum Stadtzentrum, herzustellen. Die Züge sollten aus diesem Grund entsprechend den Hauptbeziehungen möglichst weit in die Innenstadt geführt werden. Da der S-Bahn eine flächenerschließende Funktion zufiel, waren die Bahnhofsabstände gering zu halten, um den in der Nähe der S-Bahnstrecke wohnenden Menschen die Möglichkeit zu geben, die S-Bahnhöfe innerhalb zumutbarer Zeiten zu Fuß zu erreichen. Neben den bereits bestehenden Bahnhöfen Marzahn und Ahrensfelde sollten die Bahnhöfe Springpfuhl, Springpfuhl Nord (heute Poelchaustraße), Marzahn Mitte (heute Raoul-Wallenberg-Straße) und Marzahn Nord (heute Mehrower Allee) neu geschaffen werden.

Die Bahnhöfe Marzahn und Ahrensfelde waren entsprechend den veränderten Anforderungen umzugestalten. Die neue S-Bahnstrecke sollte in zwei Abschnitten gebaut werden, wobei 1977 mit dem 1. Abschnitt im Bereich Springpfuhl/ Marzahn und 1978 mit dem 2. Abschnitt bis Ahrensfelde begonnen werden sollte. 1982 sollte das Gesamtbauvorhaben beendet werden. Des Weiteren waren im Bauprogramm folgende Maßnahmen gefordert:

1. Bau einer 3,8 km langen zweigleisigen S-Bahnstrecke und einer Kehranlage mit ca. 400 m Gleis,
2. Bau einer 1,5 km langen eingleisigen S-Bahnstrecke zwischen Marzahn Nord und Ahrensfelde,
3. Bau eines Unterwerks für die Bahnstromversorgung und
4. Bau eines Gleisbildstellwerks in Marzahn Nord (Mar N).

1980 sollte die S-Bahn im zweigleisigen Abschnitt bis Marzahn Nord im 10 Minuten-Abstand in Betrieb gehen, 1982 im 20-Minuten-Verkehr bis Ahrensfelde. Für den Verkehr im nicht elektrifizierten Vorortbereich nach Werneuchen war Ahrensfelde als Endbahnhof vorgesehen. Die laut Forderungsprogramm in Ahrensfelde endende Zuggruppe P sollte in Alexanderplatz einsetzen, die zusätzliche Zuggruppe R die Relation Ostbahnhof–Marzahn Nord bedienen. Die bis 1982 zu erwartende Zahl von 240 Zügen pro Tag setzte eine zweigleisige Kehranlage am Bahnhof Alexanderplatz sowie eine 90-Sekunden-Zugfolge garantierende Sicherungstechnik auf der Stadtbahn voraus. Entgegen der ursprünglichen Planung forderte die Reichsbahndirektion Berlin einen zweigleisigen Ausbau der S-Bahnstrecke bis Ahrensfelde, um damit bessere Fahrplanbedingungen für einen 10-Minuten-Verkehr zu erhalten. Bereits in der Planungsphase traten Verzögerungen des Projekts »S-Bahn nach Ahrensfelde« auf, wie aus einem Bericht vom 17. April 1974 *über die Kontrolle des gegenwärtigen Standes der Sicherung der Vorbereitung der verkehrlichen Erschließung des Neubau-Wohnkomplexes Berlin-Biesdorf/ Marzahn* hervorgeht. *An der Planung und Vorbereitung der Maßnahmen des Verkehrswesens zur Erschließung des Wohnkomplexes Biesdorf/Marzahn wird gearbeitet, jedoch bestehen wesentliche Rückstände zu den gesetzlichen Terminen. ... Obwohl entsprechend den gesetzlichen Terminen und den gestellten Realisierungszeiträumen bereits an der unmittelbaren Investvorbereitung gearbeitet werden müßte, werden gegenwärtig die Unterlagen für die Investvorentscheidungen noch nicht erarbeitet. Zum Teil ist dies auch darauf zurückzuführen, daß noch keine bestätigte Bebauungskonzeption bzw. kein bestätigter Bebauungsplan für den neuen Wohnkomplex*

Haltepunkt Springpfuhl im Februar 2004. Nördlich des Haltepunkts verzweigen sich die Strecken nach Hohenschönhausen/Wartenberg und Marzahn/Ahrensfelde. Am Bahnsteig steht ein Vollzug der Linie S7 bereit zur Weiterfahrt nach Zoologischer Garten.
Foto: Wolfgang Kiebert, 20.02.2004

Im Dezember 1985 bei Inbetriebnahme unvorstellbar, heute alltäglich. Am Bahnsteig des Bahnhofs Berlin-Hohenschönhausen wartet ein S-Bahnzug der BR 481/482 auf seine Weiterfahrt nach Wartenberg.
Foto: Wolfgang Kiebert, Februar 2004

Biesdorf/Marzahn vorliegt, in den sich die Maßnahmen der verkehrlichen Erschließung einordnen müssen. ... Die Einhaltung der Termine für die Inbetriebnahme der gegenwärtig im Bau befindlichen S-Bahn Friedrichsfelde Ost–Springpfuhl–Marzahn ist nicht gewährleistet. Das zeigt sich darin, daß wichtige Maßnahmen wie z. B. der Bau, die Montage und die Inbetriebnahme des Gleisbildstellwerkes Biesdorfer Kreuz entsprechend den vereinbarten Terminen nicht gesichert ist und entscheidende Voraussetzungen für die Baudurchführung im Jahre 1974 noch nicht gegeben sind.

Der komplette Umbau des Biesdorfer Fernbahnkreuzes inklusive der Sicherungstechnik war aus Sicht der S-Bahn insofern notwendig, um die neu zu bauende Ahrensfelder S-Bahn mit der Strausberger S-Bahn niveaufrei kreuzen zu können. Gleichzeitig sollte bei der Umgestaltung Rücksicht auf die weiteren Ausbauplanungen der S-Bahn (Bau einer Tangenten-S-Bahn parallel zum Berliner Außenring von Karow über Springpfuhl nach Grünau und Schönefeld) genommen werden. Aus diesem Grund war nördlich des Bahnhofs Springpfuhl eine Verlegung der Trasse für die S-Bahn und das benachbarte Gütergleis auf mehreren hundert Metern Länge vorgesehen, die zudem den Bau eines krümmungsfreien Haltepunkts (Karl-Maron-Straße/heute: Poelchaustraße) ermöglichte. Trotz der in der Planungsphase aufgetretenen Verzögerungen konnte die Neubaustrecke entsprechend dem Baufortschritt des Wohngebiets am 30. Dezember 1982 erstmals bis Ahrensfelde befahren werden.

Noch vor Abschluss der Bauarbeiten an der Ahrensfelder S-Bahn begann die Reichsbahn mit dem Bau einer parallel zum Außenring verlaufenden S-Bahnstrecke zum vorläufigen Endpunkt Wartenberg, die hinter dem Bahnhof Springpfuhl aus der Ahrensfelder Strecke ausgefädelt wurde. Am 20. Dezember 1985 konnte die zur geplanten Tangenten-S-Bahn gehörende Strecke erstmals bis Wartenberg befahren werden.

Die weitere Planung der Reichsbahn sah vor, die Wartenberger S-Bahnstrecke über den zukünftigen Bahnhof Sellheimbrücke an das Karower Kreuz heranzuführen, um sie dann in die über den nördlichen Außenring (NAR) nach Oranienburg führende S-Bahnstrecke einzubinden. Südlich des Bahnhofs Springpfuhl sollte die so genannte Tangenten-S-Bahn über Wuhlheide zum Grünauer Kreuz verlängert werden, um die Strecke von Pankow über Ostkreuz nach Schöneweide zu entlasten. Eine verbindliche Zusage für den Bau der Tangenten-S-Bahn gab die Reichsbahn auf einer Pressekonferenz am 7. Juni 1976, ohne dass sich jedoch etwas tat. Nach einer Mitte der achtziger Jahre aktualisierten Planung sollte die nach Wartenberg führende Strecke bis 1990 nach Malchow verlängert werden. Im Zuge des Bauvorhabens »Karower Kreuz« war der

Bau eines S-Bahnbetriebswerkes in Buchholz geplant, für das der Entwurfs- und Vermessungsbetrieb der Reichsbahn ab August 1981 eine Gleisplanstudie ausarbeitete. Gleichzeitig beabsichtigte die Reichsbahn, die Strecken von Blankenburg über Buch nach Bernau, von Mahlsdorf nach Neuenhagen und vom Grünauer Kreuz nach Altglienicke zweigleisig auszubauen. In den neunziger Jahren sollte die Tangenten-S-Bahn im Nordosten an das Karower Kreuz angebunden werden und im Südosten an das Grünauer Kreuz. Zwischen Neuenhagen und Strausberg sollte das zweite Gleis gelegt werden. Die politische Entwicklung – Fall der Berliner Mauer im Herbst 1989 – führte dann jedoch zu einer erheblichen Reduzierung des Maßnahmekatalogs.

Projekt Elektrifizierung der »Heidekrautbahn«

Neben dem von den Delegierten auf dem IX.Parteitag der SED im Mai 1976 gefassten Beschluss zum Bau der Tangenten-S-Bahn wurde als zweites Projekt die Elektrifizierung der »Heidekrautbahn«, einer beliebten Ausflugslinie der Berliner in die Schorfheide, beschlossen. Der Streckenabschnitt Berlin-Karow–Wandlitzsee, seit dem 1. Februar 1976 mit Leichtverbrennungstriebwagen der BR 171/72 (»Ferkeltaxe«) bedient, sollte an das elektrisch betriebene S-Bahnnetz angeschlossen werden. Einer ersten Planung zufolge sollte montags bis freitags jeder zweite auf der Zuggruppe L zwischen Alexanderplatz und Berlin-Buch verkehrende S-Bahnzug nach Wandlitzsee geführt werden, an den Wochenenden jeder zweite Zug der Zuggruppe U zwischen Schöneweide und Berlin-Buch. Für einen elektrischen Betrieb war die seit 1950 als Hauptbahn betriebene »Heidekrautbahn« entsprechend umzubauen. Die Stromversorgung sollte durch vier Unterwerke mit einer Leistung von je 2500 kVA sichergestellt werden, die über eine 30 kV-Ringleitung an die Unterwerke in Berlin-Karow und Mühlenbeck anzuschließen waren. Bei der notwendigen Oberbauerneuerung waren der Einbau von Bockschwellen zur Aufnahme der Stromschienenhalter zu berücksichtigen und die Gleise mit einer Stromschiene auszurüsten. Die Forderungen nach einer um 20 km/h heraufzusetzenden Höchstgeschwindigkeit und der gleichzeitigen Einfahrt zweier S-Bahnzüge an Kreuzungsbahnhöfen machten die Verlängerung von Gefahrpunktabständen und Durchrutschwegen erforderlich. Neben dem Einbau entsprechender Sicherungstechnik waren die Signalanlagen dem geänderten Anforderungsprofil anzupassen. Zur Steuerung der Weichen und Signale war der Bau eines elektromechanischen Stellwerks in Wandlitzsee notwendig, ebenso die Erhöhung der Bahnsteige auf 960 mm über Schienenoberkante sowie die Sicherung sämtlicher Bahnübergänge auf diesem Streckenabschnitt. Im Rahmen dieses Projekts forderte die Verwaltung der S-Bahn den zweigleisigen Ausbau des Abschnitts Blankenburg–Karow. Zehn Jahre sollte es dauern, bis die Reichsbahn das zweite S-Bahngleis Mitte Dezember 1986 auf diesem Streckenabschnitt in Betrieb nehmen konnte. Dem Projekt zur Elektrifizierung der »Heidekrautbahn« war das gleiche Schicksal beschieden wie dem Bau der Tangenten-S-Bahn, beide Projekte sollten über das Planungsstadium nicht hinauskommen. Wirtschaftliche Gründe, so B. Kuhlmann in dem von ihm verfassten Artikel *»Elektrisch ins Heidekraut«* – die Investitionen hätten sich erst nach 55 Jahren amortisiert – sowie die Eigentumsverhältnisse dürften einer Realisierung dieses Projekts entgegengestanden haben. Die Deutsche Reichsbahn war nach Übernahme der Strecken der Niederbarnimer Eisenbahn (NBE) im Juli 1950 – zu der die »Heidekrautbahn« gehörte – lediglich Verwalter und Nutznießer der Strecken, jedoch nicht deren Besitzer.

Wuhletal – Gemeinschaftsbahnhof von U- und S-Bahn

Um das gestiegene Verkehrsaufkommen aus den Neubaugebieten auf der östlichen Stadtbahn besser bewältigen zu können, baute die Reichsbahn am Bahnhof Warschauer Straße einen weiteren Bahnsteig, der am 22. Dezember 1986 in Betrieb genommen wurde. Gleichzeitig wurde das von Lichtenberg kommende Gleis von der Abzweigstelle Vsr gesondert an den neu erbauten Bahnsteig geführt. Durch die Erweiterung auf fünf Bahnsteiggleise standen für die Züge in und aus Richtung Nordring, Lichtenberg und Schöneweide drei Gleise zur Verfügung, wobei das mittlere Gleis zwei Bahnsteigkanten besitzt und daher als Wende- oder Durchfahrgleis benutzt werden kann.

Das Neubaugebiet zwischen Kaulsdorf und Hellersdorf, das sich bis zum außerhalb der Stadtgrenzen liegenden Ort Hönow ausdehnt, sollte ursprünglich von der S-Bahn erschlossen werden. Zur Diskussion standen ein Abzweig von der Strausberger Strecke in Höhe des Bahnhofs Wuhletal bzw. ein Abzweig von der Strecke nach Erkner bei Rummelsburg, wobei die VnK-Strecke (**V**erbindung **n**ach **K**aulsdorf) benutzt werden sollte. Beide Varianten wurden verworfen, da die Durchlassfähigkeit auf dem Streckenabschnitt Lichtenberg–Warschauer Straße erschöpft und die nach Westen führende Stadtbahn überlastet war. Die der S-Bahn zugedachte Aufgabe übernahm schließlich die U-Bahn. So erlebte die S-Bahn am 1. Juli 1989 eine bislang einzigartige Premiere. Seit Betriebsbeginn halten U- und S-Bahnzüge am gleichen Bahnsteig des Bahnhofs Wuhletal, für den die Berliner Verkehrsbetriebe (BVB) als Grundstücksverantwortlicher zuständig waren. Als Kreuzungsbahnhof mit zwei parallelen Mittelbahnsteigen wird er von den U- und S-Bahnzügen im Richtungsbetrieb angefahren, wobei die S-Bahngleise an den äußeren Bahnsteigkanten liegen. Für den Bau dieses Gemeinschaftsbahnhofs mussten setzungsempfindliche morastige Ablagerungen ausgetauscht und die Gleislage von Fern- und S-Bahn mehrfach verändert werden.

Blick von der Modersohnbrücke auf den Bahnhof Warschauer Straße. Während der Zug im Vordergrund auf dem Weg nach Schönefeld ist, stehen im Bahnhof zwei Züge der Linien S3 und S5 nach Erkner bzw. Friedrichstraße. Im Hintergrund rechts sind die beiden Hallen des Ostbahnhofes zu erkennen. *Foto: Wolfgang Kiebert, 20.02.2004*

Trassierungsstudie unterirdische S-Bahn Pankow–Alexanderplatz

1984 ließ die Reichsbahn eine Trassierungsstudie für eine unterirdische S-Bahntrasse zwischen Pankow und Alexanderplatz anfertigen. Grundlage dieser Planungsstudie war die Absicht des Ost-Berliner Magistrats, im nördlichen Raum Berlins eine weitere Satellitenstadt zu errichten, die verkehrlich durch die S-Bahn erschlossen werden sollte. Um den geplanten Wohnungsbau-Großstandort direkt an das Stadtzentrum anbinden zu können, sollte die neu zu bauende S-Bahntrasse im Bereich Bornholmer Straße aus dem Abschnitt Pankow – Schönhauser Allee ausgefädelt und unterirdisch über Schwedter Straße und Weinbergsweg zur Stadtbahn geführt werden. Westlich des Bahnhofs Alexanderplatz sollte die neue Trasse in die Stadtbahn eingebunden werden, um die Züge in Richtung Osten weiterführen zu können. Für die Ausfädelung der neuen Trasse aus der bestehenden S-Bahnstrecke zum Nordring wurden zwei Planungsvarianten erarbeitet. Die Variante 1 sah die Benutzung eines der beiden Fernbahngleise zwischen den Stellwerken Pks und Vpr vor. Zwischen der Maximilianstraße und der Fernbahnüberwerfung sollte die Trasse aus der Stettiner Bahn ausgefädelt und dann eingleisig auf dem äußeren Fernbahngleis bis in den Bereich der ehemaligen Straßenüberführung zur Behmstraße geführt werden. Nach dem Abzweig von der Fernbahn sollte die Strecke zweigleisig zur Schwedter Straße verlaufen. Die Variante 2 sah einen durchgehend zweigleisigen Betrieb vor. Der Streckenverlauf sollte analog zur Variante 1 erfolgen, jedoch sollte das von Alexanderplatz kommende Gleis noch vor der Überführung der Bornholmer Straße in das nach Pankow führende Gleis eingebunden werden. Für den Streckenabschnitt zwischen Eberswalder Straße und Alexanderplatz wurden drei Varianten entwickelt. Nach der Variante A sollte die Trasse im Zuge der Schwedter Straße, der Kastanienallee und des Weinbergswegs

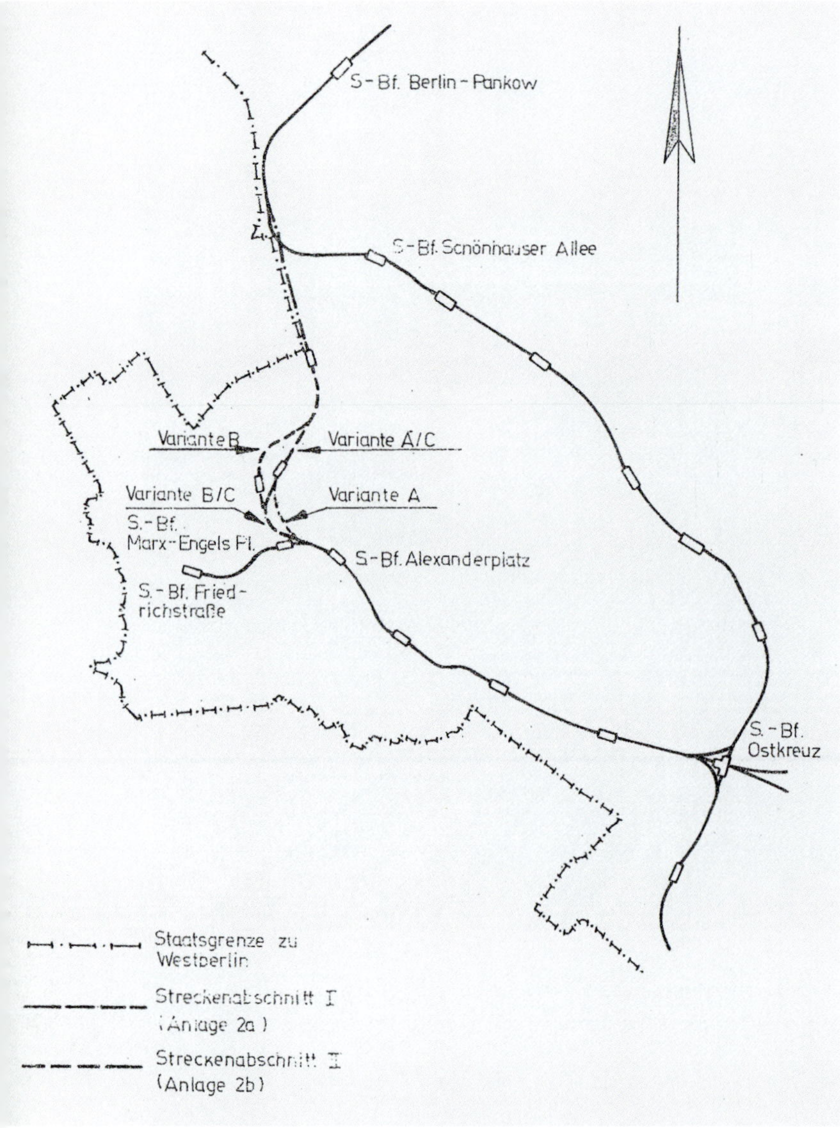

Übersichtsplan zur Studie »S-Bahn Berlin-Pankow–Alexanderplatz«. *Landesarchiv Berlin, C Rep 309, Nr. A3632*

zum Rosenthaler Platz verlaufen. Anschließend sollte die Trasse das Gebiet zwischen Wilhelm-Pieck-Straße (heute: Torstraße), Großer Hamburger Straße, Rosenthaler Straße und Hackeschem Markt unterqueren und dann in die Stadtbahn eingebunden werden. Auf der Tunnelstrecke waren die beiden Bahnhöfe Eberswalder Straße und Rosenthaler Platz vorgesehen.

Abweichend von dieser Planung sollte die Trasse in der Variante B kurz vor der Kreuzung mit der Fehrbelliner Straße von der Variante A abzweigen. Nach Durchquerung des Volksparks Weinbergsweg sollte die Brunnenstraße gekreuzt und das Quartier zwischen Brunnen- und Ackerstraße im Bogen unterquert werden. Die Trasse sollte dann nach Kreuzung der Wilhelm-Pieck-Straße im Zuge der Großen Hamburger und der Oranienburger Straße zum Hackeschen Markt geführt und dort der Trassierung von Variante A angeglichen werden. Bei dieser Variante war an der Eberswalder und der Wilhelm-Pieck-Straße ein Bahnhof geplant. Die Variante C als Kompromiss vereinigt die Vorzüge der beiden beschriebenen Varianten und wurde aus diesem Grund als Vorzugsvariante von den Planern angesehen. Beim Bahnsteigende des Bahnhofs Rosenthaler Platz sollte die Trasse von der Variante A abzweigen, 105 m als Gerade geführt und dann in einem Bogen an die Variante B an-geschlossen werden. Zur Ausführung sollte auch diese Planung nie gelangen.

Modernisierung des Fahrzeugparks

Fehlende Neubaufahrzeuge veranlassten die Reichsbahn zu Beginn der siebziger Jahre, den größten Teil der in den zwanziger und dreißiger Jahren beschafften S-Bahnfahrzeuge grundlegend zu modernisieren (erweiterte Instandhaltung), um den vorhandenen Fahrzeugpark bis in die neunziger Jahre hinein einsatzfähig zu erhalten. Nach Umbau eines Musterzuges begann die Reichsbahn ab 1974 zunächst mit der Modernisierung von Zügen der Baureihen 276.0 (»Bankier-/Olympiazüge«) und 277 (Bauart 1938/41), wobei die Fahrzeuge der Baureihe 276.0 an die der Baureihe 277 angeglichen werden sollten. Um die Züge beider Baureihen freizügiger einsetzen zu können, wurden die »Bankier-/Olympiazüge« mit elektropneumatischer Steuerung bei der Modernisierung mit der elektrischen Steuerung aus den Triebwagen der Bauart

Seit August 1984 erhielten alle zur Neulackierung anstehenden S-Bahnwagen die Farben elfenbeinbeige-bordeauxrot. Auf seinem Weg nach Bernau fährt ein neu lackierter Vollzug aus Stadtbahnwagen aus dem Bahnhof Berlin-Buch aus. *Foto: Wolfgang Kiebert, Mai 1988*

»Wannseebahn« versehen. Zur Kupplung der elektrischen Verbindungen erhielten alle Wagen der Baureihe 276.0 die vollautomatische Scharfenbergkupplung der Baureihe 277. Neben neuen Drehgestellen, fest eingebauten Fenstern mit Lüftungsklappen und Warnlampen an den Türen (optisch-akustisches Warnsignal) erhielten die Triebwagen ab 1976 eine zweigeteilte Panoramascheibe. In die Deckenmitte der Wagen wurde eine Wechselstrombeleuchtung mit Leuchtstoffröhren eingebaut. Die Fahrgasträume wurden mit Kunststoffplatten aus Sprelacart vertäfelt und mit schaumstoffgepolsterten Sitzen ausgestattet. Ausgenommen vom Modernisierungsprogramm wurden die Prototypen der Baureihe 125. Das seit 1974 laufende Modernisierungsprogramm, in das ab 1979 auch ein Teil der Züge der Baureihe 275 (»Stadtbahn-/Wannseebahn«) miteinbezogen wurden, endete im Dezember 1987. Eine äußerliche Veränderung erfuhren die S-Bahnfahrzeuge ab 1984.

Die Ost-Berliner Nahverkehrsmittel sollten in der einheitlichen Grundfarbe elfenbeinbeige lackiert werden und sich in der Lackierung der Frontpartie und der Türbereiche voneinander unterscheiden; für die S-Bahn war eine rote Lackierung der genannten Bereiche vorgesehen. Wegen des beim Vorbeifahren erzeugten »Lattenzauneffekts« entschied man sich nach Erprobung verschiedener Farbvarianten für eine elfenbeinbeige-bordeauxrote Lackierung mit einem mittelbreiten elfenbeinbeigen Farbband oberhalb der Scheuerleiste.

Häufig wurden die Vorserienfahrzeuge der BR 270 im Berufsverkehr auf der Zuggruppe M zwischen Pankow und Schöneweide eingesetzt. Auf dem oberen Bild erwartet der Halbzug 270 001-004 im Bahnhof Schönhauser Allee den Abfahrauftrag nach Pankow. Auf dem unteren Bild ist ein Zug aus Wagen der Nullserie im Haltepunkt Prenzlauer Allee zu sehen.
Fotos: Wolfgang Kiebert, September 1986 (Bild oben) und August 1987 (Bild unten)

Die neue Baureihe 270

Um die Altbaufahrzeuge längerfristig ersetzen zu können, entwickelte das LEW in Hennigsdorf einen achtteiligen Vollzug mit der Baureihenbezeichnung 270, bei dem die im Betrieb bewährte Viertelzugteilung aus Trieb- und Beiwagen beibehalten wurde. Zur Gewichtsersparnis wurden die Wagenkästen aus Aluminiumlegierungen gebaut. Die Trieb- und Laufgestelle wurden in Stahlleichtbauweise erstellt. Nach ausreichender Erprobung in zwei umgebauten Triebwagen der Baureihe 275 führte die Reichsbahn erstmals die Gleichstromstellertechnik ein. Die Gleichstromsteller ermöglichen durch eine kontinuierliche Steuerung der Fahrmotorenspannung ein ruckfreies Anfahren und Bremsen des Zuges sowie die Einspeisung der beim Bremsen gewonnenen Energie in die Stromschiene, sofern in demselben Speisebereich ein anderer Zug Strom aufnimmt. Der in den Farben elfenbein-bordeauxrot lackierte Viertelzug 270 001/02 wurde der Presse im Oktober 1979 in Hennigsdorf vorgestellt, ein Halbzug dieser Baureihe konnte auf der Leipziger Frühjahrsmesse 1980 besichtigt werden.

Nach mehrjähriger Betriebserprobung wurde der Baumusterzug ab 1983 im Fahrgastverkehr eingesetzt. Erst 1987 erfolgte dann die Auslieferung einer im wagenbaulichen wie elektrischen Teil weiterentwickelten Nullserie, die aus acht Viertelzügen bestand. Abweichend von dem 1984 im östlichen S-Bahnnetz eingeführten Wagenanstrich stellte die Reichsbahn 1987 in Leipzig einen rubinrot lackierten Viertelzug mit anthrazitfarben abgesetztem Fensterband aus. Angeblich soll dem damaligen Staatsratsvorsitzenden Erich Honecker auf einem Messerundgang diese Farbvariante so gut gefallen haben, dass nach einer Verfügung alle ab 1988 in Dienst gestellten Triebzüge in diesen Farben lackiert wurden. Die Baumusterzüge 270 001-008 wurden 1990/91 als Splittergattung ausgemustert, da sie nicht im Zugverband mit den Serienfahrzeugen laufen konnten.

Aufarbeitung und Präsentation alter Baureihen als Museumsfahrzeuge

Zum 750jährigen Stadtjubiläum Berlins präsentierte die Reichsbahn 1987 der Öffentlichkeit den am 28. Januar 1929 in Dienst gestellten Viertelzug 2303/5447 der Bauart »Stadtbahn« als Museumszug. Im Frühjahr 1983 überführte die Reichsbahn den auf der im Herbst 1980 stillgelegten Stichstrecke Zehlendorf–Düppel eingesetzten, aus Trieb- und Steuerwagen bestehenden Viertelzug 275 659/60 vom S-Bw Wannsee zum S-Bw Grünau. In zweieinhalbjähriger Bauzeit wurde der zur ersten Lieferserie gehörende Viertelzug im Raw Schöneweide (heute: Hauptwerkstatt S-Bahn) weitestgehend in den Ursprungszustand zurückgebaut und am 31. März 1987 der Verwaltung der S-Bahn übergeben. 1990 wurden dann weitere drei Traditionsviertel der Stadtbahnbauart ausgeliefert: das aus Trieb- und Beiwagen bestehende, im äußeren Erscheinungsbild dem ersten Zug angepasste Viertel mit der alten Betriebsnummer 3662/6121, das als »Bouletten-Susi« bekannte Steuerviertel 275 693/94 (ET/ES 165 231) sowie der Viertelzug 275 783/84 (ET/EB 165 471). Die beiden letztgenannten Züge wurden in den Bauzustand der fünfziger Jahre versetzt.

Die S-Bahn in West-Berlin: Niedergang und Neuanfang

Wie sah die Situation der S-Bahn in West-Berlin zum Jahreswechsel 1980/81 aus?

Streckenlänge 145 km, davon 70 km seit dem Streik im Herbst 1980 stillgelegt. 39 von 77 Bahnhöfen geschlossen, eingeschlagene Scheiben, gestohlene Schilder, zugenagelte Türen. Drei Zuggruppen (SI-Stadtbahn, NI und NII-Nordsüd-Bahn), zwischen denen der Fahrgast am Bahnhof Friedrichstraße wechseln konnte. Betriebsschluss um 21.00 Uhr mit Ausnahme der Stadtbahn. 9000 Reisende täglich, der Anteil am öffentlichen Personennahverkehr unter 5%. Geschätztes Defizit: 100 – 140 Millionen DM jährlich.

Der anhaltende S-Bahnboykott sowie das von der BVG ständig erweiterte Nahverkehrsnetz mit laufend verbesserten Verkehrsmitteln, die z. T. parallel zu den S-Bahnstrecken fuhren, hatten das Defizit der Reichsbahn beständig anwachsen lassen. Die Bilanz der Reichsbahn in West-Berlin sah nach den in einem Sonderheft der Zeitschrift *Eisenbahnkurier* veröffentlichten Zahlen für das Jahr 1976 wie folgt aus:

Im laufenden Jahr wurden 16,838 Millionen Valutamark eingenommen. 15,180 Millionen Valutamark entfielen dabei auf die S-Bahn.

Die Ausgaben beliefen sich auf 114,515 Millionen Valutamark. Dieser Betrag ergab sich aus folgenden Positionen:

(a) 15,361 Millionen Valutamark für Werterhaltung,
(b) 5,067 Millionen Valutamark für Investitionen,
(c) 4,838 Millionen Valutamark für Energie und
(d) 6,322 Millionen Valutamark für Leistungen an Dritte.

Demnach verblieben 82,927 Millionen Valutamark an Personalkosten. Hierzu sei angemerkt, dass die Reichsbahn den in West-Berlin lebenden Angestellten das Gehalt seit 1964 zu 100% in DM-West ausgezahlt hat. Unter betriebswirtschaftlichen Aspekten war der Faktor »Personalkosten« mit einem Anteil von 72,4%, Tendenz steigend, nicht zu rechtfertigen. Da die am 1. September 1972 und 1. Juli 1976 verfügten Fahrpreiserhöhungen keinen nennenswerten Beitrag zur Senkung des Defizits geleistet hatten, versuchte die DDR-Regierung dem West-Berliner Senat die S-Bahn zur Pacht anzubieten. Ein derartiges Pachtangebot wurde erstmals am 26. März 1976 im Zentralorgan der SED, dem »Neuen Deutschland«, in einer Verlautbarung veröffentlicht. Mit dem Hinweis auf den rechtlichen Status lehnte der Senat die wiederholt geäußerten Pachtangebote sowie Subventionsforderungen ab. Der ablehnenden Haltung des Senats begegnete die Reichsbahndirektion Berlin am 1. Juli 1976 mit Einschränkungen des S-Bahnverkehrs in West-Berlin. Der durchgehende Nachtverkehr am Wochenende wurde eingestellt, ebenso der Betrieb auf den Zuggruppen G (Friedrichstraße/Zoologischer Garten–Köllnische Heide) und N (Beusselstraße–Spandau West) nach 20.00 Uhr. Der Bahnhof Köllnische Heide am Ringbahnabzweig wurde nach 20.00 Uhr im Wechsel mit dem Bahnhof Sonnenallee von der Zuggruppe A bedient. Auch die Zuggruppen 1a (Anhalter Bahnhof–Wannsee) und 5 (Zehlendorf–Düppel) stellten nach 20.00 Uhr den Betrieb ein. Auf den Zuggruppen B (Beusselstraße–Gartenfeld) und N wurden die Takte auf 20 bzw. 30 Minuten ausgedünnt, die Umläufe der Zuggruppen 2 (Schönholz–Lichterfelde Süd) und 3 (Heiligensee–Lichtenrade) ab 20.00 Uhr zusammengefasst. Weitere Einschränkungen im West-Berliner S-Bahnverkehr traten am 2. August 1976 in Kraft. Die Zuggruppe A (Gesundbrunnen–Sonnenallee/Köllnische Heide) verkehrte nur noch im 20-Minuten-Takt, die Zuggruppe G entfiel. Die Zuggruppe 1a wurde nur noch im Berufsverkehr eingesetzt, der Takt auf den Zuggruppen H (Friedrichstraße–Staaken) und B außerhalb des Berufsverkehrs auf 20 Minuten ausgedünnt. 1980 sollten die hoch subventionierte Präsenz des einzigen sozialistischen Betriebs auf westlichem Boden und die damit zusammenhängenden Maßnahmen zur Reduzierung des Defizits zum zweiten Eisenbahnerstreik in der Nachkriegszeit führen. Der krisensicher geglaubte Arbeitsplatz geriet in Gefahr, als die Reichsbahn im Januar 1980 anfing, Personal willkürlich zu entlassen; weitere 500 Entlassungen wurden im Einvernehmen mit dem FDGB angekündigt. Die Personalsituation verschärfte sich bis zum Herbst, nachdem 700 Eisenbahner aus dem Betriebsdienst einer Entlassung zuvorkamen und bis zum 15. September von sich aus kündigten. Erneut sollte auch der

S-Bahn-Verkehr zur Minderung des Defizits eingeschränkt werden. Ab dem 1. Juni waren Reduzierungen des 20minütigen Grundtaktes auf 40 Minuten auf wenig frequentierten Zuggruppen vorgesehen. Zudem sollte das Verkehrsangebot durch Wegfall oder Verkürzung von Zuggruppen eingeschränkt werden. Von diesen durch eine Indiskretion bekannt gewordenen und am 2. April vom *Tagesspiegel* detailliert veröffentlichten Plänen nahm die Reichsbahndirektion Berlin Abstand, jedoch nicht von der grundsätzlichen Absicht, den stark defizitären S-Bahnverkehr weiter einzuschränken. *In den Außenbezirken steht die S-Bahn nach 21 Uhr still. Vom 28. September an Verkehr nur noch auf drei Strecken geplant,* so überschrieb der *Tagesspiegel* seinen Bericht am 16. September zu den von der Reichsbahn geplanten Maßnahmen im S-Bahnverkehr. Die seit Jahresbeginn zunehmende Verschlechterung der Arbeitsbedingungen – durchschnittlich waren 80 bis 100 Überstunden im Monat an der Tagesordnung – und sozialen Leistungen sowie die im Vergleich zu den bei der Deutschen Bundesbahn beschäftigten Eisenbahnern deutlich geringere und seit Jahren gleichbleibende Besoldung führten am 16. September 1980 schließlich zum offenen Streik. Am darauffolgenden Tag wurde der S-Bahnverkehr in West-Berlin lahmgelegt, ausgenommen die Strecke Friedrichstraße–Charlottenburg, die im Pendelbetrieb mit DDR-Personalen befahren wurde.

In einer Hausmitteilung der Abteilung Transport- und Nachrichtenwesen im ZK der SED wurde der Staatsratsvorsitzende der DDR, Erich Honecker, am 18. September von den zunehmenden Behinderungen im Güter- und Reiseverkehr sowie von der Einschränkung des S-Bahnverkehrs in West-Berlin unterrichtet. Um Kontakte mit DDR-Eisenbahnern insbesondere in Ost-Berlin und ein damit verbundenes mögliches Übergreifen des Streiks zu verhindern, wurden die zum Betreten Ost-Berlins und der DDR berechtigenden Dienstpässe von den West-Berliner Eisenbahnern eingezogen. Offiziell nahm die DDR zum Eisenbahnerstreik erstmals am 19. September Stellung. In einer Meldung von ADN wurde von *»unverantwortlichen Provokationen« gegen die Eisenbahn in West-Berlin gesprochen, die Streiks und Forderungen der Arbeiter aber nicht erwähnt. Die immer höher gestiegenen Zuschüsse für den S-Bahn-Betrieb in West-Berlin könnten »künftig nicht mehr allein von der DDR und ihren Bürgern getragen werden« Gleichzeitig wird in der Meldung der Senat erneut aufgefordert, sich an den finanziellen Aufwendungen für die S-Bahn zu beteiligen. Die DDR leiste gegenwärtig jährlich einen Zuschuß von über 150 Millionen Mark, ...,* so der *Tagesspiegel.*

Zerrieben zwischen den politischen Standpunkten – der Senat erklärte sich für nicht zuständig und verwies auf die Westalliierten, die Reichsbahndirektion Berlin und der FDGB ignorierten die von den Eisenbahnern in West-Berlin aufgestellten Forderungen – brach der Streik am 25. September zusammen. Die am 16. September vom *Tagesspiegel* veröffentlichten Einschränkungen im S-Bahnbereich traten am 28. September in Kraft. Der Verkehr auf der Siemensbahn, der

Nach dem Streik im Herbst 1980 fuhren die S-Bahnzüge meist leer durch West-Berlin, nur noch einige wenige Fahrgäste nutzten sie. Die Eingänge zu den an der Wannseebahn liegenden Bahnhöfen waren verschlossen. *Fotos: Michael Klinec, Gesundbrunnen (Bild oben) September 1983, Yorckstraße (Bild Mitte) Dezember 1983 und Friedenau (Bild unten) Juli 1991*

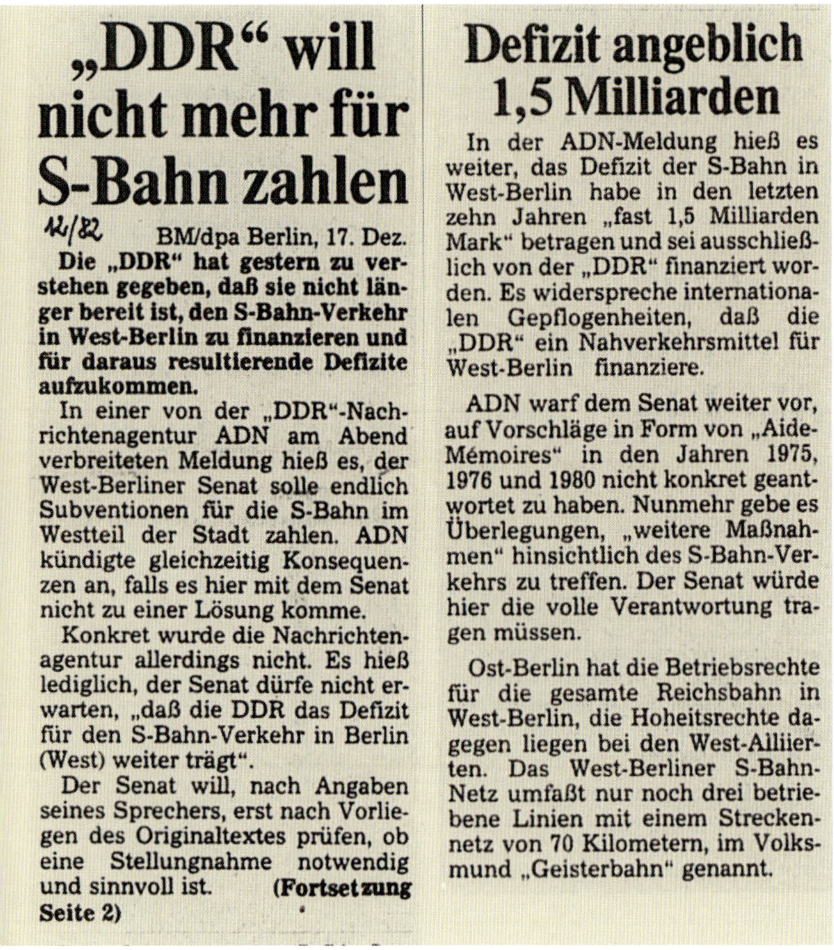

„DDR" will nicht mehr für S-Bahn zahlen

12/82 BM/dpa Berlin, 17. Dez.

Die „DDR" hat gestern zu verstehen gegeben, daß sie nicht länger bereit ist, den S-Bahn-Verkehr in West-Berlin zu finanzieren und für daraus resultierende Defizite aufzukommen.

In einer von der „DDR"-Nachrichtenagentur ADN am Abend verbreiteten Meldung hieß es, der West-Berliner Senat solle endlich Subventionen für die S-Bahn im Westteil der Stadt zahlen. ADN kündigte gleichzeitig Konsequenzen an, falls es hier mit dem Senat nicht zu einer Lösung komme.

Konkret wurde die Nachrichtenagentur allerdings nicht. Es hieß lediglich, der Senat dürfe nicht erwarten, „daß die DDR das Defizit für den S-Bahn-Verkehr in Berlin (West) weiter trägt".

Der Senat will, nach Angaben seines Sprechers, erst nach Vorliegen des Originaltextes prüfen, ob eine Stellungnahme notwendig und sinnvoll ist. **(Fortsetzung Seite 2)**

Defizit angeblich 1,5 Milliarden

In der ADN-Meldung hieß es weiter, das Defizit der S-Bahn in West-Berlin habe in den letzten zehn Jahren „fast 1,5 Milliarden Mark" betragen und sei ausschließlich von der „DDR" finanziert worden. Es widerspreche internationalen Gepflogenheiten, daß die „DDR" ein Nahverkehrsmittel für West-Berlin finanziere.

ADN warf dem Senat weiter vor, auf Vorschläge in Form von „Aide-Mémoires" in den Jahren 1975, 1976 und 1980 nicht konkret geantwortet zu haben. Nunmehr gebe es Überlegungen, „weitere Maßnahmen" hinsichtlich des S-Bahn-Verkehrs zu treffen. Der Senat würde hier die volle Verantwortung tragen müssen.

Ost-Berlin hat die Betriebsrechte für die gesamte Reichsbahn in West-Berlin, die Hoheitsrechte dagegen liegen bei den West-Alliierten. Das West-Berliner S-Bahn-Netz umfaßt nur noch drei betriebene Linien mit einem Streckennetz von 70 Kilometern, im Volksmund „Geisterbahn" genannt.

Zeitungsartikel aus der Berliner Morgenpost vom 17.12.1982.
Slg.: Wolfgang Kiebert

Stillgelegte Bahnhöfe wie der Wannseebahnhof Schöneberg waren dem Vandalismus preisgegeben. *Foto: Michael Klinec, Herbst 1982*

Wannseebahn, der westlichen Ringbahn sowie auf den Strecken von Westkreuz und Beusselstraße nach Staaken bzw. Spandau West und der Stichbahn von Zehlendorf nach Düppel wurde eingestellt, die Triebwagenhallen Hundekehle und Papestraße geschlossen, nicht mehr benötigte Züge nach Ost-Berlin abgefahren. Auf den verbliebenen Strecken von Heiligensee nach Lichterfelde Süd und Frohnau nach Lichtenrade endete der Betrieb um 21.00 Uhr, auf der westlichen Stadtbahn bis Charlottenburg wurde der Nachtverkehr aufrechterhalten.

Haltepunkt Siemensstadt im Sommer 2000. Die Natur hat sich nach 20 Jahren Stilllegung einen Teil der Trasse und Bahnhöfe der Siemensbahn zurückerobert. *Foto: Wolfgang Kiebert, Juli 2000*

Der Haltepunkt Lichterfelde Süd, aufgenommen vom S-Bahngleis Richtung Teltow. Nach 43 Jahren Stilllegung sollen hier im Dezember 2004 wieder S-Bahnzüge nach Teltow Stadt fahren.
Foto: Wolfgang Kiebert, Dezember 1995

Am 20. Dezember 1972 als erster Bahnhofsneubau in West-Berlin eröffnet, hat der Haltepunkt Zehlendorf Süd nur knapp acht Jahre seine Aufgabe erfüllt. Im Herbst 1980 wurde er nach Stilllegung der Strecke nach Düppel geschlossen. *Foto: Wolfgang Kiebert, Mai 2003*

Die BVG übernimmt den S-Bahnbetrieb in West-Berlin

Obwohl der Streik erfolglos verlaufen war, hatte er doch eines bewirkt: die S-Bahn war wieder in den Blickpunkt der Öffentlichkeit und der Politik gerückt. Eingebunden in das bestehende Bus- und U-Bahnnetz der BVG sollte die S-Bahn die Nahverkehrsprobleme langfristig lösen und zur Verminderung

Alliierte stimmen zu – Heute Vertrag – Am 9. geht's los

Senat will die S-Bahn wieder attraktiv machen

fa. Berlin, 30. Dez.

Die Regie für den Betrieb der S-Bahn in West-Berlin geht am 9. Januar morgens auf den Berliner Senat über. Die entsprechende Vereinbarung mit der „Reichsbahn" im Ostteil der Stadt ist gestern im Rathaus Schöneberg paraphiert worden. Sie wird heute in Ost-Berlin unterzeichnet, nachdem die drei Schutzmächte ihre Genehmigung mit einer vom 28. Dezember datierten Anordnung der Stadtkommandanten (BKO) erteilt haben.

In einer Erklärung der Senatskanzlei heißt es dazu: „Die Vereinbarung berührt den Status nicht. Sie trägt der Lage, wie sie sich in und um Berlin entwickelt hat, Rechnung. Die Rechte und Verantwortlichkeiten der Alliierten sind voll gewahrt."

Der Regierende Bürgermeister Richard von Weizsäcker bezeichnete das Ergebnis der seit Oktober geführten S-Bahn-Verhandlungen als „ein wichtiges Ereignis für Berlin und die Ost-West-Beziehungen". Es zeige, „daß ungeachtet vielfältiger Meinungsunterschiede bei beiderseitigem guten Willen die Wahrung des gegenseitigen Interesses möglich ist". Der Senat verbinde damit die Hoffnung auf Lösungen auch in anderen Bereichen.

Die „DDR"-Agentur ADN schreibt, das Verhandlungsergebnis zeige, „daß bei einem realistischen Herangehen beider Seiten und Respektierung der gegenseitigen Belange auch komplizierte Fragen gelöst werden können". Mit der Vereinba. ung werde „der Status der Deutschen Reichsbahn in Berlin (West) nicht berührt".

Die Übernahme der Betriebsrechte durch den Berliner Senat betrifft das gesamte Streckennetz der S-Bahn in den Westsektoren. Jedoch wird die BVG am Morgen des 9. Januar zunächst nur auf zwei Strecken den Verkehr aufnehmen: zwischen Anhalter Bahnhof und Lichtenrade sowie zwischen Bahnhof Charlottenburg und Bahnhof Friedrichstraße. Auf dem Lehrter Bahnhof findet jeweils ein Umtausch des Personals statt.

Eine dritte Strecke zwischen Anhalter Bahnhof über Steglitz und Zehlendorf bis Wannsee kann wegen notwendiger Reparaturarbeiten erst 1985 in Betrieb genommen werden. Das sind zusammen 40 Kilometer. Insgesamt will der Berliner Senat bis Ende der neunziger Jahre 177 Streckenkilometer, etwa 80 Prozent des Netzes, reaktivieren.

Für die Übernahme der Betriebsführung zahlt der Berliner Senat nichts, wohl aber für eine Reihe von der „Reichsbahn" zu erbringender Leistungen. Im kommenden Jahr wird der Berliner Senat dafür 3,4 Millionen DM nach Ost-Berlin überweisen.

Nach der Vereinbarung werden der BVG Nutzungsrechte für den durch Ost-Berlin führenden Nord-Süd-Tunnel zwischen Anhalter Bahnhof und Humboldthain eingeräumt; die „Reichsbahn" verpflichtet sich gegen Bezahlung, ihn solange verkehrsbereit zu erhalten, bis die BVG den Betrieb dort aufnimmt. **(Fortsetzung Seite 5, Kommentar Seite 2)**

BMP 30/12/83

Punkt 4 Uhr startet der erste S-Bahn-Zug

Senatsdirektor Dietrich' Hinkefuß (rechts) und der Hauptdirektor der „Reichsbahn", Herbert Meißner, paraphierten gestern das Abkommen. AP

Datum und Uhrzeiten werden in die Berliner Geschichte eingehen: Am 9. Januar Punkt 4 Uhr rollt unter Regie der BVG der erste S-Bahnzug aus dem Bahnhof Charlottenburg in Richtung Friedrichstraße, um 4 Uhr 10 der erste Zug vom Anhalter Bahnhof nach Lichtenrade. Damit ergibt sich nicht nur für die BVG, sondern auch für die Fahrgäste ein ganzer Katalog von Fragen: Wie oft fahren die Züge? Was ist mit den Fahrkarten? Werden Buslinien eingestellt? Wie steht es mit der technischen Sicherheit?

Um wenigstens einen Teil zu beantworten, hat die BVG rund eine halbe Million Informationsblätter für ihre Kunden drucken lassen. Die gefalteten grünen Bögen sind kostenlos in allen Bussen, in U-Bahn-Stationen und an Schaltern erhältlich.

Zur neuen Tarifeinheit: Es wird keine extra Fahrkarten für die S-Bahn geben, die Fahrpreise ändern sich nicht. BVG-Tickets gelten uneingeschränkt für die neu hinzugekommenen S-Bahnlinien S 2 (Lichtenrade–Anhalter Bahnhof) und S 3 (Charlottenburg–Friedrichstraße).

Vor allem Besitzer von Zeitkarten sollten einen Blick auf das Faltblättchen werfen, weil ihre Dauerfahrausweise – je nach Netz – nur auf bestimmten Streckenabschnitten der S-Bahn gültig sind.

Besonders erfreulich: Die S-Bahn wird in relativ kurzen Abständen fahren. Auf der Strecke Charlottenburg–Friedrichstraße alle zehn Minuten, nach Lichtenrade alle 20 Minuten.

Bis zum 1. März will die BVG alle „Fahrgastbewegungen" sorgfältig registrieren und auswerten. Erst dann sollen überflüssige Buslinien geändert oder eingestellt werden. Ein Trostpflaster: Zugleich ist geplant, den Zugabstand auf der Strecke Lichtenrade–Anhalter Bahnhof auf 15 Minuten zu verkürzen.

Welche Buslinien dem Rotstift zum Opfer fallen werden, will die BVG noch nicht verraten.

In Sachen Betriebssicherheit ist die BVG besonders pingelig: Sie legt als Maßstab die in West-Berlin gültigen Sicherheitsbestimmungen an. Dazu gehört zum Beispiel, daß der Zugführer ständig einen Sicherheitsknopf drücken muß. Stößt dem Fahrer etwas zu – erleidet er zum Beispiel einen Herzanfall – so stoppt der Zug automatisch, weil der Sicherheitsknopf nicht mehr betätigt wird.

Noch dürfen die Handwerker der BVG das S-Bahngelände nicht betreten. BVG-Chef Joachim Piefke: „Uns wurde aber gestattet, Fahrzeuge und Anlagen zu inspizieren. Bis jetzt sieht alles gut aus." Inzwischen hat auch eine weitere Kommission aus Vertretern des Landeskonservators, des Bausenators und der BVG Bahnhöfe und Anlagen unter die Lupe genommen. Die schlimmsten Schäden sollen provisorisch behoben, alles wieder in einen ansehnlichen Zustand gebracht werden.

Und wie steht es mit dem Personal? Piefke: „Wir haben trotz der 670 übernommenen S-Bahner zu wenig Zugführer, Weichensteller und Techniker, dafür aber viel zu viel Fahrkartenverkäufer und Hilfspersonal." **Uwe Dannenbaum**

Zeitungsartikel zur S-Bahn-Übernahme aus der Berliner Morgenpost vom 30.12.1983. *Slg.: Wolfgang Kiebert*

des Individualverkehrs beitragen. So wurde eine S-Bahn-Kommission unter Führung des Regierenden Bürgermeisters Richard von Weizsäcker gebildet, die sich in zwei Arbeitsgruppen mit verkehrspolitischen und statusrechtlichen Fragen der S-Bahn-Integration in das West-Berliner Nahverkehrsnetz seit dem Herbst 1981 auseinandersetzte. Es wurden vier (geheimgehaltene) Varianten ausgearbeitet, von der die vom Senat favorisierte Variante zunächst die Betriebseinstellung mit Ausnahme des Streckenabschnitts Friedrichstraße–Charlottenburg vorsah. Nach einer Totalsanierung sollte die erste S-Bahn ab 1990 von Wannsee nach Gleisdreieck fahren, ab 1994 von Gleisdreieck nach Lichtenrade. 1996 sollte das Ringbahnteilstück Sonnenallee–Jungfernheide eröffnet und bis zur Jahrtausendwende bis nach Frohnau verlängert werden. Bis zum Jahre 2005 sollten dann noch die Abschnitte Charlottenburg–Staaken, Priesterweg–Lichterfelde Süd und Charlottenburg–Wannsee in Betrieb gehen. Der grundlegenden Erneuerung wurde der Vorrang gegenüber einer schnellen Inbetriebnahme eingeräumt. Protesten aus der Bevölkerung begegnete der damalige Stadtentwicklungssenator Volker Hassemer im Juni 1982 mit einer modifizierten Planung, die von der Finanzierbarkeit abhängig gemacht wurde. Die noch befahrenen Strecken Frohnau–Lichtenrade, Anhalter Bahnhof–Lichterfelde Süd und Friedrichstraße–Charlottenburg sollten unter Betrieb modernisiert werden. Eine schnelle Wiederinbetriebnahme der Wannseebahn wurde in Aussicht gestellt. Langfristig sollten 76% des 145 km umfassenden Streckennetzes der S-Bahn in West-Berlin wieder betrieben werden. Für die Klärung statusrechtlicher Fragen wurden folgende Varianten diskutiert:

1. Verzicht der Reichsbahn auf die Betriebsrechte und Neuvergabe an einen Betriebsführer mit Sitz in West-Berlin.
2. Formaler Verbleib der Betriebsrechte bei der Reichsbahn bei gleichzeitiger Übertragung dieser Rechte auf einen Betriebsführer mit Sitz in West-Berlin.
3. Gründung einer Verbundgesellschaft durch BVG und Reichsbahn bei weiterer Ausübung der Betriebsrechte durch die Reichsbahn und
4. Gründung einer Verbundgesellschaft durch BVG und Reichsbahn, wobei die Reichsbahn die Strecke Friedrichstraße–Charlottenburg–(Wannsee) betreibt und die anderen Strecken auf einen Betriebsführer in West-Berlin übergehen.

Nachdem Sondierungsgespräche zwischen Regierungsvertretern der Bundesrepublik und der DDR eine einvernehmliche Regelung der S-Bahn-Problematik erkennen ließen und die Alliierten mit BK/O (83)7 (Berlin Kommandatura Order) offiziellen Verhandlungen zugestimmt hatten, wurden am 31. Oktober 1983 Gespräche mit der Reichsbahn zur Übernahme des S-Bahnbetriebs in West-Berlin aufgenommen. In nur acht Wochen wurde von den beiden Delegationen eine Vereinbarung ausgearbeitet, die nach Zustimmung der drei Westalliierten durch die BK/O (83)9 vom 28. Dezember 1983 am 30. Dezember in Ost-Berlin unterzeichnet wurde. Neben den Protokollvermerken und gegenseitigen Mitteilungen wurden im wesentlichen folgende Vereinbarungen getroffen:

Sonderinformation für unsere Mitarbeiter

Januar 1984

Liebe Mitarbeiterinnen, liebe Mitarbeiter!

Wie Sie bereits aus Presse, Funk und Fernsehen wissen, soll die S-Bahn in Berlin (West) zukünftig durch die BVG betrieben werden. Eine Teilaufnahme dieses Betriebes ist ab 9. Januar 1984 vorgesehen. Wir möchten Sie im Anschluß mit den näheren Einzelheiten bekanntmachen mit der Bitte, dieses Verkehrsmittel mit in die Planung Ihres Fahrweges einzubeziehen. Die BVG wird bemüht sein, den bisher bei den Verkehrsmitteln U-Bahn und Bus bekannten Service auch bei der S-Bahn umzusetzen. Wir bitten aber um Verständnis hierfür, daß dies aus den Gegebenheiten heraus sicher nicht alles von heute auf morgen verbessert werden kann. Wir wünschen Ihnen auch auf dem dritten öffentlichen Verkehrsmittel der BVG eine gute Fahrt.

Ihre
Berliner Verkehrs-Betriebe
BVG

Sonderinformation für die Mitarbeiter der BVG anlässlich der S-Bahn-Übernahme im Januar 1984. *Slg.: Wolfgang Kiebert*

1. Die Deutsche Reichsbahn stellt den Betrieb der S-Bahn in Berlin (West) am 9. Januar 1984 um 3.00 Uhr ein.
2. Die Betriebsdurchführung der S-Bahn einschließlich Unterhaltung, Verkehrssicherung oder Nutzung aller S-Bahnstrecken nebst den dazugehörigen Anlagen, Einrichtungen und Betriebsmitteln wird vom gleichen Zeitpunkt an von einer vom Senat zu bestimmenden Stelle aus Berlin (West) wahrgenommen.
3. Auf dem Streckenabschnitt Lehrter Stadtbahnhof–Friedrichstraße werden die S-Bahnzüge mit Zugpersonal der Reichsbahn besetzt.
4. Der Reichsbahn werden die Kosten für den Betrieb auf der Strecke Lehrter Stadtbahnhof–Friedrichstraße teilweise erstattet.

5. Im S-Bahnbereich eingesetzte Reichsbahner mit Wohnsitz in Berlin (West) gehen auf den neuen Betriebsführer über.
6. Anlagen und Einrichtungen aus dem Betriebsbereich des Einen, die für den Betrieb des Anderen erforderlich sind, werden entsprechend dem Bedarf auch für den Anderen vorgehalten.
7. Statusfragen bleiben von der Vereinbarung unberührt.

Da in den wenigen verbleibenden Tagen bis zur Betriebseinstellung der S-Bahn durch die Reichsbahn keine leistungsfähige Eisenbahnverwaltung in West-Berlin aufzubauen war, wurde die BVG vom Senat mit der Betriebsführung der S-Bahn beauftragt. Um den S-Bahnbetrieb durchführen zu können, hatte die Reichsbahn der BVG 119 Viertelzüge der Bauart »Stadtbahn«, davon 114 Viertelzüge für den Personenverkehr, gemäß den mündlichen Erklärungen zur Verfügung gestellt. Außerdem unterstützten in der Zeit vom 2. bis zum 8. Januar 1984 Fachleute der Reichsbahn die BVG bei den Vorbereitungen zur Übernahme des S-Bahnverkehrs. Am Abend des 8. Januar 1984 wurden dann die über die Nordsüd-Bahn verkehrenden Zuggruppen NI (Lichtenrade–Frohnau) und NII (Heiligensee–Lichterfelde Süd) sowie die auf der Stadtbahn verkehrende Zuggruppe SI (Friedrichstraße–Wannsee) von der Reichsbahn unter reger Anteilnahme vieler West-Berliner eingestellt. Als letzter Zug unter der Betriebsführung der Reichsbahn erreichte der im Plan nicht verzeichnete Halbzug Ps 34550 als »Lumpensammler« den Bahnhof Charlottenburg am 9. Januar 1984 morgens um 2.53 Uhr.

Sieben Minuten später, ab 3.00 Uhr, begann für die S-Bahn in West-Berlin mit der BVG als Betriebsführer eine neue Zukunft, die zunächst mit Einschränkungen verbunden war. Der Senat hatte den S-Bahnbetrieb von zuletzt 72 auf 21 km Streckenlänge reduziert. Neben der westlichen Stadtbahn bis

Seit dem 1. Mai 1984 fuhren die Züge der Linie S2 wieder durch den Nordsüd-Tunnel nach Gesundbrunnen. Hier befindet sich ein Halbzug der Bauart »STADTBAHN« auf der Fahrt zum Nordbahnhof an der ehemaligen Blockstelle Ntm. *Foto: Wolfgang Kiebert, Mai 1986*

Charlottenburg wurde nur noch der Abschnitt Anhalter Bahnhof –Lichtenrade befahren. Der Tunnel der Nordsüd-Bahn sollte entsprechend dem Protokollvermerk Nr. 3 betriebsfähig konserviert, der Streckenabschnitt nach Frohnau nördlich der Behmstraßenbrücke bis zum Bahnhof Wollankstraße konserviert werden.

Diese Senatsentscheidung war auf folgende Gründe zurückzuführen:

Der BVG mangelte es an qualifiziertem Personal wie Triebfahrzeugführern und Weichenstellern.

Die Wannseebahn zwischen Anhalter Bahnhof und Wannsee mit einer Streckenlänge von 18,4 km hatte einen relativ hohen Verkehrswert und sollte beschleunigt in Betrieb genommen werden.

Mit dem von der Bundesregierung zusätzlich zu den Mitteln aus dem Gemeindeverkehrsfinanzierungsgesetz (GVFG) zugesagten Betrag in Höhe von 253 Millionen DM für einen Zeitraum von vier Jahren ließ sich nur ein S-Bahnbetrieb von 40 km Streckenlänge finanzieren.

Der Kritik aus der Öffentlichkeit – die S-Bahn-Integration wurde als Schrumpfbahnpolitik bezeichnet – begegnete der Senat mit der Ankündigung einer Netzerweiterung. So wurden am 1. Mai 1984 die betriebenen Strecken nach Gesundbrunnen bzw. Wannsee verlängert. Einer schnellen Wiederinbetriebnahme der Nordbahn nach Frohnau stand der jahrelange Substanzverlust bei der S-Bahn entgegen.

Außer der Erneuerung der elektrischen Anlagen und Sicherheitseinrichtungen mussten durch schadhafte Isolierungen hervorgerufene Feuchtigkeitsschäden beseitigt und durchgerostete Bahnsteigdachstützen ersetzt sowie stark korrodierte und zum Teil noch kriegsbeschädigte Brücken und Überbauten saniert, in Einzelfällen sogar ausgetauscht werden. Im Zuge der Baumaßnahmen wurden die Bahnhöfe Frohnau und Wollankstraße unter denkmalpflegerischen Gesichtspunkten instand gesetzt und der Bahnsteig in Wittenau (Nordbahn) um 200 m nach Süden halbseitig verlängert, um einen günstigeren Zugang zur S-Bahn für die Bewohner des Märkischen Viertels zu schaffen. Fünf Monate nach den ersten Streckenverlängerungen, am 1. Oktober 1984, wurde die Nordbahn wieder in Betrieb genommen. Zunächst konnte Frohnau nur im 20-Minuten-Takt angefahren werden, da das nördlich von Wilhelmsruh nach dem 2. Weltkrieg demontierte zweite Gleis nicht wieder aufgebaut worden war. Erst zum Ende des Jahres 1986 konnte die Zugfolge nach zweigleisigem Ausbau auf 10 Minuten verringert werden.

Reaktivierung der Wannseebahn

Noch vor der Wiederaufnahme des S-Bahnverkehrs nach Frohnau begannen im Sommer 1984 die Bauarbeiten zur Reaktivierung der Wannseebahn. Im Herbst 1980 nach dem Eisenbahnerstreik für den öffentlichen Verkehr stillgelegt, wurde sie seither nur noch für Betriebsfahrten zwischen der Nordsüd-Bahn und dem S-Bw Wannsee genutzt. Entsprechend desolat war der Zustand dieser Strecke. Neben der Erneuerung des Oberbaus mussten defekte Gleisanlagen ausgetauscht, Bahnsteige überholt, die Bahnstromversorgung ergänzt, korrodierte Brücken grundsaniert und ein bahninternes Nachrichtensystem neu aufgebaut werden. Der U-Bahnhof Rathaus Steglitz wurde durch einen Tunnel mit dem S-Bahnhof verbunden. Die Verwaltung des ehemaligen Reichsbahnvermögens (VdeR) ließ in Zusammenarbeit mit dem Landeskonservator unter Berücksichtigung der künftigen Nutzungserfordernisse die Gebäude der Bahnhöfe Feuerbachstraße, Botanischer Garten, Lichterfelde West, Sundgauer Straße, Lindenthaler Allee (seit 1987 Mexikoplatz) und Nikolassee denkmalgerecht wiederherstellen. Obwohl die Bauarbeiten durch den extrem kalten Winter erheblich behindert wurden, konnte die Wannseebahn termingerecht am 1. Februar 1985 mit einer Parallelfahrt zweier S-Bahnzüge der Bauart »Stadtbahn« von Wannsee nach Schöneberg wieder eröffnet werden. Damit betrieb die BVG knapp 13 Monate nach der Übernahme 71 km S-Bahnstrecke. Eine weitere Inbetriebnahme stillgelegter S-Bahnstrecken war nicht vor Mitte der neunziger Jahre zu erwarten. Dem Senatskonzept von 1984 entsprechend wurde ein Teil der von der Bundesregierung zugesagten Mitteln in Höhe von jährlich 160 Millionen DM zunächst im Wesentlichen für die Instandsetzung und Modernisierung des betriebenen Netzes eingesetzt. Als attraktivitätssteigernde Maßnahme ließ der Senat in den Jahren 1986 und 1988 die beiden letzten eingleisigen Streckenabschnitte auf der Nordbahn zwischen Wilhelmsruh und Frohnau sowie auf der Dresdner Bahn zwischen Marienfelde und Lichtenrade zweigleisig ausbauen. Damit konnte der Takt auf allen Strecken auf 10 Minuten verdichtet werden. Im Zuge des zweigleisigen Ausbaus der Dresdner Bahn musste der Bahndamm südlich des Haltepunkts Buckower Chaussee, beginnend beim Gleichrichterwerk Lichtenrade, auf einer Länge von ungefähr 650 m abgeflacht werden, um die für die Bahnhöfe zulässige Neigung nicht zu überschreiten. Die geringere Streckenneigung hatte man beim notwendigen Brückenneubau im Bereich Schichauweg/Barnetstraße bereits berücksichtigt.

An dieser Stelle ließ die BVG einen neuen Haltepunkt mit zwei Seitenbahnsteigen errichten. Der Haltepunkt Buckower Chaussee, 1946 zur Erschließung und Nutzung des unzerstört gebliebenen ehemaligen Kraftwagenwerks Lichtenrade von den Amerikanern gebaut, musste komplett erneuert werden. An gleicher Stelle wurden nach Abriss zwei neue Seitenbahnsteige mit den für die Aufsicht benötigten Betriebsräumen sowie eine Überdachung auf halber Bahnsteiglänge errichtet. Am südlichen Ende wurde eine die beiden Seitenbahnsteige verbindende überdachte Fußgängerbrücke gebaut. Um den Haltepunkt weithin sichtbar zu machen, errichtete man im nördlich liegenden Hauptzugangsbereich ein Portal als optischen Markierungspunkt. Für die Dammabtragung sowie für den

1946 hatten die Amerikaner zur Nutzung des unzerstört gebliebenen ehemaligen Kraftwagenwerkes an der Buckower Chaussee einen Haltepunkt mit zwei Seitenbahnsteigen und einem einfachen Zugangsbauwerk (Passimeter) gebaut, von denen lediglich der östliche Bahnsteig genutzt wurde.
Foto: Wolfgang Kiebert, Mai 1986

Der Haltepunkt Buckower Chaussee nach dem Neubau. Markante Kennzeichen sind das Portal an der Buckower Chaussee sowie die Fußgängerbrücke, die die beiden Seitenbahnsteige miteinander verbindet.
Foto: Wolfgang Kiebert, Januar 1998

Gleisbau wurde die Strecke ab Marienfelde bis zum 30. September 1988 acht Wochen gesperrt.

Neben diesen Baumaßnahmen wurden die S-Bahnhöfe Lichtenrade, Anhalter Bahnhof, Wannsee, Grunewald, Savignyplatz, Zoologischer Garten und Lehrter Stadtbahnhof nach westlichem Standard instand gesetzt sowie ein Teil der Stadtbahnbögen und sämtliche S-Bahnbrücken zwischen Charlottenburg und Tiergarten generalüberholt. Während der einjährigen Bauzeit wurde der Betrieb zwischen Tiergarten und Charlottenburg eingleisig abgewickelt. Nachdem dieser Streckenabschnitt wegen Gleisbauarbeiten für zwei Tage gesperrt und mit Autobussen im Schienenersatzverkehr bedient worden war, nahm die BVG den durchgehenden zweigleisigen S-Bahnverkehr am 22. Mai 1989 auf der Stadtbahn wieder auf.

Die S-Bahn in West-Berlin als Spielball parteipolitischer Interessen

Schon bald nach der S-Bahnübernahme durch die BVG wurde ein Plan zur Bündelung der beiden Südäste nördlich der Ringbahn entwickelt. Die S2 sollte vom Bahnhof Papestraße entlang dem Südring bis zur Wannseebahn geführt werden. Nördlich des Überwerfungsbauwerks wollte man die S2 mit der S1 vereinigen. Im Zuge dieser Baumaßnahmen sollte der Bahnhof Kolonnenstraße etwa an der Stelle, an der er bis 1944 bestand, neu gebaut werden. Über eine Stichstrecke vom Bahnhof Großgörschenstraße sollte die S2 an die U1 zu einem Gemeinschaftsbahnhof am Gleisdreieck angebunden werden. Mit dieser Streckenführung hätte die BVG den verkehrlich nutzlosen Bahnhof Yorckstraße schließen können. Eine Reaktivierung der Ringbahn anlässlich der geplanten Baumaßnahmen zur Verschwenkung der S2 sowie der Streckenabschnitte Westkreuz–Staaken und Priesterweg–Lichterfelde Süd wurde ohne Angabe von Terminen in Aussicht gestellt, wobei die Lichterfelder Strecke den letzten Platz in der Rangfolge einnahm. Der CDU-geführte Senat präferierte unter dem Druck der Berliner Bauwirtschaft und der BVG, für die die S-Bahn ein ungeliebter Betriebsteil war, offenbar den Ausbau der U-Bahn in das Märkische Viertel (U8) nach Reinickendorf sowie die geplante Verlängerung der U9 nach Lankwitz. Hinsichtlich des Verkehrswertes der Ringbahn war die Haltung des Senats unverständlich, bestanden doch an 13 verschiedenen Punkten Übergangsmöglichkeiten unabhängig von ihrer Lage zu anderen Schnellbahnlinien. So wurde dem Südring in einem standardisierten Bewertungsverfahren auch ein erheblich größerer verkehrlicher Nutzen bescheinigt als der geplanten U9-Verlängerung. Von Interesse war die U9-Verlängerung für den CDU/FDP-Senat aber insofern, als es ihm die Möglichkeit bot, einen Teil des seit 1982 bestehenden Denkmodells zur Führung von U-Bahnzügen auf S-Bahngleisen umzusetzen. In Abänderung der ursprünglichen Planung sollte die U9 nach Südende und von dort auf der S-Bahntrasse nach Lichterfelde Süd geführt werden.

Da ein U-Bahnanschluss in Lankwitz kaum vor Mitte der neunziger Jahre zu erwarten war, sollte der von Daimler-Benz entwickelte Spurbus, auch als O-Bahn-Projekt bezeichnet, die lokalen Nahverkehrsprobleme kurzfristig lösen. Der auch als Duo-Bus konzipierte Spurbus sollte die »Thermometer-Siedlung« in Lichterfelde Süd erschließen und dann südlich des Bahnhofs Lichterfelde Ost auf die S-Bahntrasse einschwenken. Über Betonführungsschienen sollte der Spurbus zum Bahnhof Priesterweg und von dort auf herkömmlichen Straßen in das Bezirkszentrum geführt werden. Investitionskosten in zweistelliger Millionenhöhe für die Sanierung der Bahnhöfe Lichterfelde Ost, Lankwitz, Südende und Priesterweg sowie deren Zugangsbauwerke, der Brücken und Trassen dürften für einen Verzicht auf dieses neuartige Nahverkehrsmittel ausschlaggebend gewesen sein.

Offenbar unter dem Eindruck des bevorstehenden Wahltermins am 29. Januar 1989 kündigte der Baustaatssekretär von der Lancken am 29. November 1988 vor dem parlamentarischen Verkehrsausschuss die Eröffnung des Teilabschnitts Westend–Schöneberg für 1993 an, 1995 sollte der Südring wieder bis Sonnenallee befahren werden. Im Laufe des Jahres 1997 sollte dann der Nordring wieder eröffnet werden. Die Ringbahngleise sollten am Bahnhof Gesundbrunnen nach Norden verschwenkt und in die Nordbahn nach Frohnau eingefädelt werden. Im Hinblick auf die zu erwartende Reaktivierung der Ringbahn ließ die VdeR die Empfangsgebäude der Bahnhöfe Sonnenallee, Schmargendorf (heute: Heidelberger Platz), Hohenzollerndamm, Witzleben und Westend denkmalgerecht restaurieren und führte sie einer gewerblichen Zwischennutzung zu. Im Zuge der Reaktivierung des Südrings waren der Neubau des Haltepunkts Oderstraße sowie nordwestlich davon der Bau einer S-Bahn-Hauptwerkstatt, die Verschiebung, das heißt der Neubau in veränderter Lage der Bahnhöfe Schmargendorf, Wilmersdorf und Papestraße zur Verbesserung der Umsteigerelationen zu den dort kreuzenden Schnellbahnlinien sowie die Inbetriebnahme nur eines der beiden Inselbahnsteige in Halensee, Witzleben und Westend vorgesehen. Finanziert werden sollten die Baumaßnahmen nach Aussagen des damaligen Finanzsenators Günter Rexrodt mit Geldern aus dem Strukturfonds für benachteiligte Bundesländer. Diese als bloßes Wahlversprechen kritisierte Planung erschien aus mehreren Gründen unseriös:

1. Die Planungsunterlagen für den Umbau des Bahnhofs Papestraße zum Turmbahnhof waren unvollständig, da eine mögliche Verschwenkung der S2 auf den Ring nicht berücksichtigt war. Ebensowenig hatten Absprachen mit der Reichsbahn über Verlegungen der Gütergleise im Baubereich stattgefunden.
2. Nach den Wünschen der BVG sollte das neu entwickelte mikroelektronische System EZS 800 als Zugsicherung eingebaut werden, das ein Fahren mit Führerstandssignalisierung unter Verzicht auf Streckensignale erlaubt. Erprobt war das neuartige Zugsicherungssystem bis dahin jedoch nicht. Die von Siemens als Produzent genannten Lieferfristen beliefen sich auf drei Jahre nach Eingang der Bestellung; eine Finanzierungszusage für das Zugsicherungssystem gab es nicht.
3. Der Senat hatte die Mittel aus dem Strukturfonds offenbar für die Verlängerung der U9 verplant, um den U-Bahnbau finanziell nicht unnötig strecken zu müssen. Mittel für den Ausbau des Südrings aus dem Gemeindeverkehrsfinanzierungsgesetz (GVFG) wollte die Verwaltung von Verkehrssenator Edmund Wronski frühestens 1991 einsetzen.

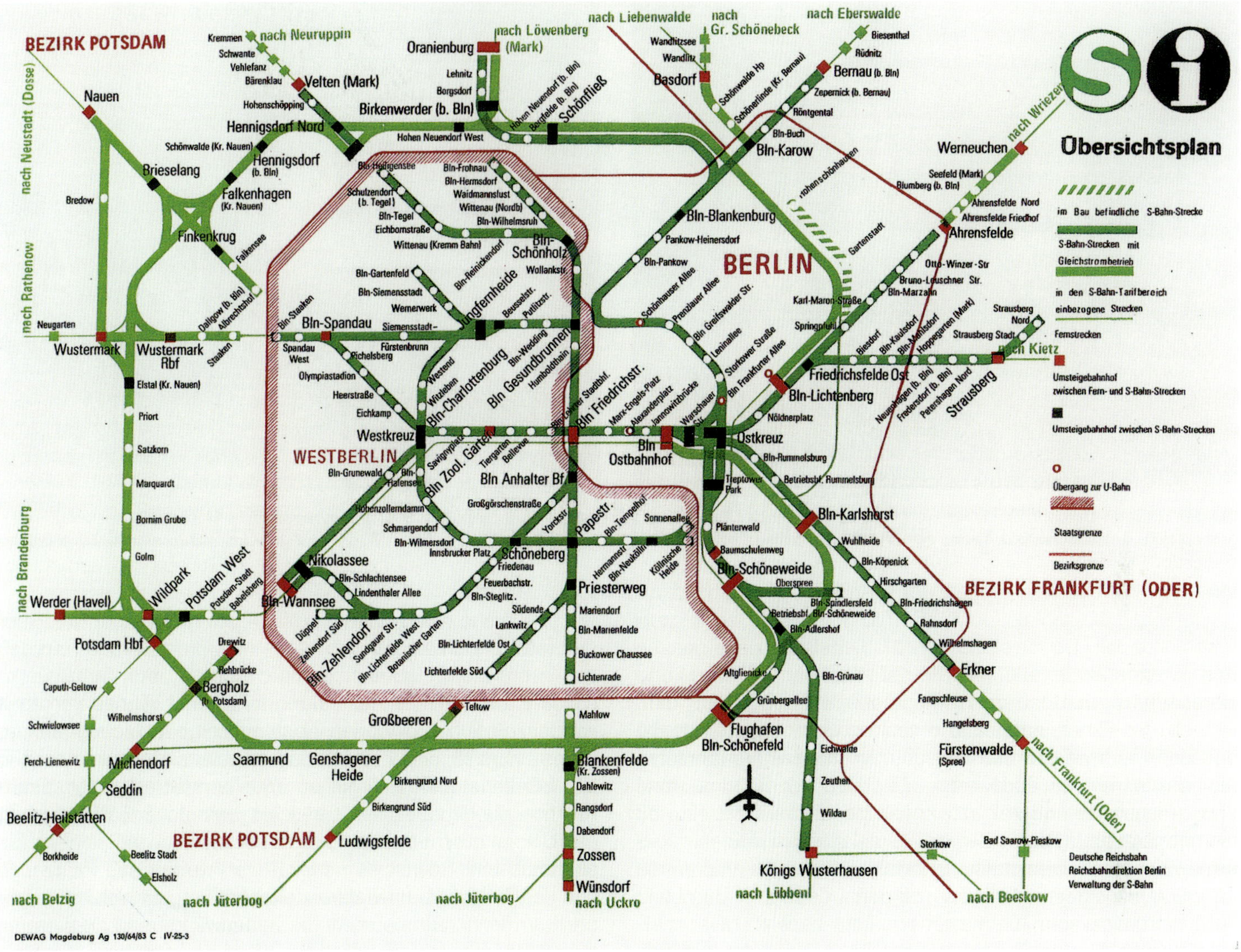

Netzplan von 1983. Bereits bei Drucklegung war der Plan überholt. Er zeigt für Westberlin noch die Strecken mit an, die bereits im Herbst 1980 nach dem Eisenbahnerstreik von der Deutschen Reichsbahn stillgelegt worden waren. *Slg.: Wolfgang Kiebert*

Mit der Wahl des SPD/AL-Senats Ende Januar 1989 wurde der beschleunigten Wiederinbetriebnahme stillgelegter S-Bahnstrecken Priorität eingeräumt; die benötigten Finanzmittel sollten verdoppelt werden. Der S-Bahn-Südring sollte bei einem geschätzten Finanzbedarf von 585 Millionen DM in drei Etappen auf folgenden Abschnitten instand gesetzt werden: Westend–Hohenzollerndamm, Hohenzollerndamm–Schöneberg einschließlich einer Gleisverbindung zur Betriebswerkstatt Papestraße und Schöneberg–Sonnenallee. Die Betriebsaufnahme auf dem Abschnitt Westend–Schöneberg war für Ende 1992 vorgesehen, ab Mitte 1994 sollte der Bahnhof Sonnenallee wieder angefahren werden. 1990 sollte laut Landespressedienst mit dem Bau zur Grundinstandsetzung des Nordrings zwischen Westend und Gesundbrunnen begonnen werden. Die Lichterfelder Vorortbahn sollte 1993 und die Strecke von Westkreuz nach Spandau West spätestens 1994 wieder in Betrieb gehen. Die Trassen aller seit dem Mauerbau 1961 nicht mehr befahrenen Grenzstrecken sowie der Streckenabschnitte Schönholz–Heiligensee, Zehlendorf–Düppel und Neukölln–Köllnische Heide sollten freigehalten werden. Welche Tragweite diese Entscheidung für die Zukunft der S-Bahn haben sollte, zeigte sich im Herbst 1989.

Generalüberholung des alten Wagenparks

Mit der Übernahme des S-Bahnbetriebs im Januar 1984 in West-Berlin standen der BVG 119 Viertelzüge der Bauart »Stadtbahn« zur Verfügung. Einer der Triebwagen (ET 275 531) war mit einem Beiwagen der Bauart »Wannseebahn« (EB 275

Bei der Waggon-Union in Reinickendorf wurden die von der Deutschen Reichsbahn übergebenen Stadtbahnwagen einer Hauptuntersuchung unterzogen. Anlässlich eines Tages der offenen Tür konnte bei einer Werksbesichtigung auch ein 1:1-Modell der geplanten Baureihe 480.0/480.5 besichtigt werden. *Fotos: Bernd Schäfer, 31.08.1986*

974) gekuppelt. Der Bestand von 87 Viertelzügen aus den für das Westnetz zuständigen Betriebswerken Wannsee und Nordbahnhof wurde ergänzt durch 32 Viertelzüge aus dem Ostnetz. Im Fahrzeugbestand enthalten waren der Gerätezug des Bw Wannsee, der Schnellgüterzug des Bw Nordbahnhof und das motorlose Passviertel 275 675/6 der Bahnmeisterei West. Passviertel waren Zweiwagenzüge, die zwar die für den Einmannbetrieb (EMB) nötigen Steuerleitungen hatten, aber keine Sicherheitsfahrschaltung (Sifa). Sie durften nur in die Zugmitte eingestellt werden, es sei denn, der Führerstand war zusätzlich mit einem Triebwagenschaffner besetzt. Dann durften Passviertel auch an der Zugspitze eingesetzt werden. Abzüglich der nur zur Verstärkung des Zugverbandes nutzbaren Passviertel konnten also 95 EMB-Viertelzüge eingesetzt werden, ausreichend für den Betrieb der beiden verbliebenen Streckenäste Anhalter Bahnhof–Lichtenrade und Friedrichstraße–Charlottenburg. Für einen modernen S-Bahnbetrieb in einem erweiterten Netz waren die inzwischen 55 Jahre alten Stadtbahnzüge jedoch kaum geeignet. Da Neubaufahrzeuge nicht vor Ende der achtziger Jahre zu erwarten waren, entschloss sich die BVG, die Altbaufahrzeuge einer Hauptuntersuchung zu unterziehen. Der mechanische Teil sollte von der Waggon-Union in Reinickendorf aufgearbeitet werden, der elektrische Teil abwechselnd von AEG-Telefunken und Siemens. Wegen fehlender Wagenzeichnungen und Schaltungspläne mussten die notwendigen Planungsunterlagen für die Hauptuntersuchung bei der Zerlegung eines Viertelzuges erarbeitet werden. Als Erste wurden die beiden Viertelzüge ET/EB 275 255/6 und 275 563/4 generalüberholt und am 29. August 1984 der Presse vorgestellt. Neben der Aufarbeitung der Tatzlager sowie der Druckluft- und Bremsanlage mussten die Fahrmotoren generalüberholt werden. Die Schaltwerke sowie die elektrische Ausrüstung mussten z. T. neu verkabelt werden. Sofern die Wagen noch hölzerne Schiebetüren besaßen, wurden diese gegen Leichtmetalltüren ausgetauscht. Die Einstiegsbereiche erhielten Tritte aus Streckmetall. Drehgestelle, die für den Einsatz beschlagnahmter S-Bahnwagen in der Sowjetunion umgespurt worden waren, wurden ebenfalls ausgetauscht. Soweit es möglich war, wurden die Fahrzeuge von der Öl- auf die umweltfreundlichere Fettschmierung umgestellt. Im Innenraum wurden die Seitenwände und Decken mit kunststoffbeschichteten Platten (»Hornit«) verkleidet, der Fußboden erneuert und die Trennwand zwischen dem Dienstabteil und dem Fahrgastraum in den Triebwagen ausgebaut. Die Holzsitze wurden erhalten, die Polster- durch Federkernsitze mit einer Stoffauflage ausgetauscht.

Die ersten 29 Viertelzüge erhielten eine neue Lackierung in der traditionellen Farbgebung, später wurden die Farben aufgehellt. Die Probe- und Abnahmefahrten führte die BVG auf der Kremmener Bahn zwischen den Bahnhöfen Tegel und Reinickendorf durch.

Mit der Eröffnung der Wannseebahn am 1. Februar 1985 kamen die eigentlich zur Verstärkung der EMB-Züge gedachten Passviertel zu einem letzten mehrwöchigen Planeinsatz im Solobetrieb. Zahlreiche EMB-Viertel mussten abgestellt werden, da die Motoren durch Nässe und Flugschnee ausgefallen waren. Im Herbst 1985 begann der Umbau von 12 der 20 Passviertel zu EMB-Steuerviertelzügen, die in verkehrsschwachen Zeiten als Zweiwagenzüge eingesetzt werden sollten. Ausgenommen vom Umbau wurden die abgestellten

Passviertel 275 655/6, 685/6, 733/4 und 805/6, der Prototyp der WuMAG 275 625/6, das für das Museum für Verkehr und Technik vorgesehene Steuerpassviertel 275 747/8 und die Passviertel ohne Steuerabteil 275 737/8 und 753/4. Im Zuge der Hauptuntersuchung wurde ein Führerstand in die Steuerwagen eingebaut. Zusätzlich wurden Trieb- und Steuerwagen für das vorgesehene Signalsystem EZS 800 verkabelt. Nach Abschluss der Generalüberholung im August 1987 standen der BVG 107 für den Personenverkehr einsetzbare EMB-Viertelzüge zur Verfügung.

Die neue Baureihe 480.0/480.5 entsteht

Mitte der achtziger Jahre schloss die BVG mit den Firmen AEG, Siemens und Waggon-Union einen Vertrag über die Entwicklung und den Bau eines neuen S-Bahntriebzuges, da ein Nachbau betrieblich bewährter U- oder S-Bahnfahrzeuge wegen der im Nordsüd-Tunnel herrschenden besonderen Bedingungen – enge Kurvenradien und ein in der Höhe eingeschränktes Profil – ausschied. Finanziell unterstützt wurde das Projekt vom Bundesminister für Forschung und Technologie (BMFT) und vom Senator für Wissenschaft und Forschung (SenWissForsch) mit je 25%. Ohne auf die Technik der Altbaufahrzeuge Rücksicht nehmen zu müssen, sollte die Entwicklung innovativer, auf andere Fahrzeuge übertragbarer Komponenten gefördert werden. Neben einem hohen Maß an Energieeinsparung und Attraktivität für die Fahrgäste sollte das neue Fahrzeug möglichst geringe Kosten in der Beschaffung und Instandhaltung verursachen. Die Grundeinheit des Prototyps bildete ein Doppeltriebwagen (DTw) mit zwei Führerständen an den Wagenenden. Für den Bau der Wagenkästen, die über Luftfederbälge auf den Drehgestellrahmen abgestützt werden, wählte man einen korrosionsfreien Chrom-Nickel-Stahl. Zur Energieeinsparung wurde eine elektrische Nutz- und Widerstandsbremse eingebaut, mit der ein Teil der aufgenommenen Energie beim Bremsen wieder in das Netz eingespeist werden kann. Zusätzlich besitzt jeder Doppeltriebwagen eine Druckluft-Scheibenbremse als zweite Betriebsbremse sowie eine Federspeicher-Feststellbremse. Die Gestalt und die Farbgebung der neuen S-Bahnzüge wurde vom Designbüro Lindinger & Partner entworfen. Um Bezüge zur historischen Form mit dem dreigeteilten Führerstandsfenster zu schaffen, entwarf das Designbüro eine schräg gestellte trapezförmige Stirnseite, in der die Linien- und Zugzielanzeige integriert sind. In den kleineren, nach hinten geneigten Seitenfenstern sind Frontscheinwerfer und Zugschlussleuchten nebeneinander angebracht. Im unteren Teil der Frontpartie befinden sich kurze Seitenpuffer als Knautschzone, die Aufstoßgeschwindigkeiten bis zu 23 km/h ohne Beschädigung tragender Teile des Wagenkastens verarbeiten können. Mechanisch und elektrisch gekuppelt werden die Doppeltriebwagen über die Scharfenbergkupplung. Jeder Wagen weist drei breite Teleskop-Schwenkschiebetüren auf, die sich auf Knopfdruck vom Fahrgast öffnen und schließen sowie vom Führerstand zentral verriegeln lassen. In den Türraum integriert ist eine Fahrgastsprechstelle, die bei Betätigung der Notbremse automatisch eine Verbindung zum Triebfahrzeugführer herstellt.

Am Kurzkupplungsende jedes Wagens befindet sich ein Abteil für Gepäck, Fahrräder, Kinderwagen und Rollstühle. Für die Fahrgastinformation wurde eine rechnergesteuerte Bahnhofsansage und eine digital gesteuerte Anzeigetafel an den Wagenenden eingebaut. Der Türschließvorgang wird dem Reisenden wie bei den modernisierten Reichsbahnzügen optisch und akustisch signalisiert. Für die elektrische Ausrüstung wurde die Drehstromantriebstechnik mit Gleichstromsteller und Phasenfolge-Wechselrichter gewählt. Die pro Achse quer eingebauten und voll abgefederten Drehstrom-Asynchronmotoren mit einer Dauerleistung von 90 kWh treiben die Radsätze über einen Kardanantrieb und Stirnradgetriebe an. Die Höchstgeschwindigkeit beträgt 100 km/h.

Mit der neuen Baureihe 480.0/480.5 sollte auch ein neues Farbkonzept für S-Bahnwagen eingeführt werden. Der Wagenkasten sollte in einem hellblaugrauen Farbton (»kristallblau«) mit dunkelblau abgesetztem Fensterband gehalten werden. Lediglich an den Türen sollte das von den Altbaufahrzeugen bekannte Weinrot wiederkehren.

Von vielen Berlinern schon beim Bekanntwerden kritisiert, entschloss man sich, je zwei der vier Prototypen im neuen bzw. traditionellen Farbschema zu spritzen. Gelegenheit zu einer ausführlichen Betrachtung der Neubaufahrzeuge hatten die

Mitte der achtziger Jahre begann die BVG mit den Neubauzügen der BR 480.0/480.5 den vorhandenen Fahrzeugpark zu verjüngen. Im Bahnhof Zehlendorf steht der Viertelzug 480 002/502.
Foto: Wolfgang Kiebert, Februar 1988

Berliner dann bei einer Präsentation am 9. und 10. Mai 1987 auf dem Bahnhof Grunewald. Letztlich konnte sich das neue, nach Auffassung der Designer Eleganz, Schnelligkeit und Modernität symbolisierende Farbkonzept nicht durchsetzen, so dass die Fahrzeuge der ersten Bauserie in den traditionellen Farben sandgelb/rubinrot lackiert wurden. Ein Jahr nach dem »roll out« und einem umfangreichen Testprogramm wurden die Prototypen nach Abnahme durch die Aufsichtsbehörde Ende Oktober 1987 für den öffentlichen Personenverkehr zugelassen. Ab Juli 1990 begann dann die Auslieferung von 41 Viertelzügen der ersten Bauserie an die BVG. Gefördert wurde der Bau von S-Bahnwagen mit 45,6 Millionen DM aus dem EG-Regionalfonds, weswegen die BVG an den Wagenkästen der Viertelzüge 480 005/505-480 023/523 eine Folie mit der blauen Europaflagge anbringen ließ.

Die Mauer fällt

Berlin am Abend des 9. November 1989. Im Internationalen Pressezentrum an der Mohrenstraße im Ostteil der Stadt hatte Günter Schabowski um 18.57 Uhr den Beschluss des Ministerrats der DDR über eine neue Reiseregelung verkündet. Ab sofort konnten die Bürger der DDR ohne Vorliegen von Reiseanlässen und Verwandtschaftsverhältnissen über alle Grenzübergänge der DDR in die Bundesrepublik und nach West-Berlin reisen. Als noch in der folgenden Nacht nach und nach die Grenzübergangsstellen zwischen beiden Stadthälften geöffnet wurden, strömten Tausende von Ost-Berlinern in den Westteil der Stadt.

In den Tagen und Wochen nach der Maueröffnung erlebte die S-Bahn in beiden Stadthälften einen Ansturm von Menschen aus Ost-Berlin und der DDR, wie sie ihn seit Jahrzehnten nicht mehr gesehen hatte. Die Hauptlast hatte die S3 zu tragen, war doch die westliche City um den Kurfürstendamm am besten über die Übergänge Friedrichstraße, Invalidenstraße (S-Bf. Lehrter Stadtbahnhof) sowie Glienicker Brücke (S-Bf. Wannsee) zu erreichen. Bereits in der Nacht vom 9. zum 10. November wurde auf der S3 zwischen Charlottenburg und Friedrichstraße sowie der S2 zwischen Frohnau und Lichtenrade ein durchgehender Nachtverkehr eingerichtet. Am darauf folgenden Tag verstärkte die BVG die Halbzüge auf der S3 auf Dreiviertel-, z. T. sogar auf Vollzüge, um den Besucherstrom bewältigen zu können. Einzelne Umläufe zwischen Wannsee und Anhalter Bahnhof wurden nach Gesundbrunnen durchgeführt, um den Bahnhof Friedrichstraße besser erschließen zu können. Da der Wagenbestand der BVG für eine weitere Zugverstärkung und Taktverdichtung nicht ausreichte, half die Reichsbahn mit zwei Vollzügen der BR 275 aus den Betriebswerken Friedrichsfelde und Grünau aus, die am späten Abend des 10. November über das elektrifizierte Gleis 2 des Bahnhofs Friedrichstraße zum Betriebswerk Wannsee überführt wurden. So konnten am 11. November auf der westlichen Stadtbahn bis Wannsee durchgängig Vollzüge eingesetzt werden. Die DR-Viertel wurden wie Passviertel in die Mitte der BVG-Züge eingestellt, da die andersartige Funkausrüstung sowie fehlende Zielangaben einen separaten Einsatz im West-Berliner Netz nicht zuließen. Zur Verdichtung des Taktes auf 10 Minuten setzte die BVG zwischen Lehrter Stadtbahnhof und Charlottenburg drei Umläufe mit Halbzügen ein. In der Nacht zum 12.

Einmal Kudamm und zurück. Seit der Maueröffnung am 09.11.1989 strömten die Ost-Berliner nach West-Berlin in die Einkaufszentren. Ein Teil des Begrüßungsgeldes wurde auch in den Intershops auf dem Bahnhof Friedrichstraße gelassen. *Fotos: Wolfgang Kiebert, 11.11.1989*

Um den Ansturm der Ost-Berliner bewältigen zu können, setzte die BVG Sonderzüge auf der S-Bahn ein. Soeben ist ein Sonderzug der Linie S3 aus dem westlichen Stadtzentrum im Lehrter Stadtbahnhof angekommen.
Foto: Wolfgang Kiebert, 11.11.1989

Zur Taktverdichtung und Verstärkung half die DR mit S-Bahnwagen der Bauart »STADTBAHN« aus, die in die Zugmitte eingestellt wurden.
Foto: Wolfgang Kiebert, 11.11.1989

November wurde auf der S2 und der S3 ein durchgehender Verkehr im Abstand von 20 Minuten angeboten, der am darauffolgenden Wochenende auf die Stadtbahn beschränkt wurde. Der Einsatz von DR-Viertelzügen, die bei anstehenden Wartungs- und Instandsetzungsarbeiten ausgetauscht werden mussten, endete zunächst am 8. Februar 1990. Nach einer zweiwöchigen Unterbrechung wurden dann ab dem 23. Februar wieder DR-Viertel im West-Berliner Netz eingesetzt.

Die Maueröffnung und die Vereinigung der beiden deutschen Staaten am 3. Oktober 1990 sollte der S-Bahn die ursprüngliche Aufgabe, die Stadt mit den im Umland liegenden Orten zu verbinden, wiedergeben.

CHRONIK DER SIEBZIGER JAHRE

1970

Januar	Umzeichnung der S-Bahnzüge auf das EDV-System der DR
28. Mai	Aufnahme von Bauarbeiten am Bahnhof Westkreuz wegen Gebäudesenkungen (bis 1975)

1972

1. Juni	Schließung des Bahnhofs Innsbrucker Platz wegen des Stadtautobahnbaus (bis 29.09.1979)
20. Dezember	Eröffnung des Haltepunkts Zehlendorf Süd

1973

15. Mai	Rückbenennung des Bahnhofs Düppel-Kleinmachnow in Düppel
...	Vorstellung eines Musterzuges der BR 277mod. zur Fahrzeugmodernisierung (277 273/74, 277 337/38, 276 079/80, 276 083/84)

1974

11. Februar	Einstellung des S-Bahnbetriebs in West-Berlin bis zum 13. Februar (BVG-Streik)

1975

24. Januar	Schließung des Bahnhofs Friedrichsfelde Ost und Ersatz durch einen Behelfsbahnsteig (Bauarbeiten an der Rhinstraßenbrücke)
24. November	Verlegung der S-Bahntrasse östlich des Bahnhofs Tempelhof nach Norden wegen des Autobahnbaus
November	Inbetriebnahme von Fahrkartenautomaten der Fa. Seitz in West-Berlin
16. Dezember	Schließung des Bahnsteigs C in Jungfernheide und Verbreiterung des Bahnsteigs B im Zuge des U-Bahnbaus

1976

1. Juni	Umbenennung des Bahnhofs Zentralflughafen Berlin-Schönefeld in Flughafen Berlin-Schönefeld
1. Juli	Einschränkung des S-Bahnverkehrs in West-Berlin (Verlängerung der Zugfolge von 10 auf 20 Minuten/Einstellung des durchgehenden Nachtverkehrs von Samstag auf Sonntag/teilweise vorgezogener Betriebsschluss)

1976

5. September	Beginn des Erprobungsbetriebs für den Streckenblock AB70S auf dem Streckenabschnitt Grünau–Eichwalde
30. Dezember	Inbetriebnahme der Neubaustrecke Friedrichsfelde Ost–Marzahn mit dem Bahnhof Springpfuhl

1977

15. Oktober	Umbenennung des Bahnhofs Zentralviehhof in Storkower Straße

1978

Herbst	Abriss des Bahnsteigs C in Ostkreuz

1979

30. März	Fertigstellung des ersten modernisierten Viertelzugs der BR 275 (später: BR 276.1/ heute: BR 476)
6. September	Inbetriebnahme des neu erbauten Bahnhofs Friedrichsfelde Ost
28. September	Eröffnung des Bahnhofs Karl-Maron-Straße (heute: Poelchaustraße)
Oktober	Vorstellung des ersten Viertelzugs der BR 270 im Herstellerwerk LEW Hennigsdorf
17. Dezember	Inbetriebnahme des zweiten Gleises zwischen Grünau und Eichwalde

Quelle: Berliner Verkehrsblätter, 75 Jahre Berliner S-Bahn – Eine Chronik, 46.Jahrgang, Nr.8, August 1999

CHRONIK DER ACHTZIGER JAHRE

1980

März	Ausstellung des Halbzuges 270 005-008 auf der Leipziger Frühjahrsmesse
Frühjahr	Abriss des Bahnsteigs B in Ostkreuz
23. August	Inbetriebnahme des zweiten Gleises zwischen Eichwalde und Zeuthen
9. September	Erster Einsatz eines Prototyphalbzuges der BR 270
17. September	Am Abend ist der S-Bahnverkehr aufgrund des am 16. September begonnenen Eisenbahnerstreiks in West-Berlin fast vollständig lahmgelegt. Fortführung des eingeschränkten S-Bahnverkehrs zum Bahnhof Friedrichstraße bis zum Streikende am 23. September
28. September	Wiederaufnahme eines stark eingeschränkten S-Bahnverkehrs im 20 Minuten-Takt auf den Strecken Wannsee–bzw. Charlottenburg–Friedrichstraße, Heiligensee–Lichterfelde Süd und Lichtenrade–Frohnau
6. Dezember	Inbetriebnahme des neuen S-Bahnsteigs in Lichtenberg
15. Dezember	Inbetriebnahme der Neubaustrecke Marzahn–Otto-Winzer-Straße (heute: Mehrower Allee) mit dem Bahnhof Bruno-Leuschner-Straße (heute: Raoul-Wallenberg-Straße)

1982

30. Dezember	Inbetriebnahme des neu erbauten Streckenabschnitts Otto-Winzer-Straße–Ahrensfelde

1983

22. Juni	Zustimmung der West-Alliierten zu S-Bahn-Verhandlungen
21. September	Einstellung des Gleichstrombetriebs auf der Strecke Hennigsdorf–Velten und Schließung der Einsatzstelle Velten (letzter S-Bahnzug: Ps 35024)
28. September	Einrichtung eines Zweistromsystems an den Bahnsteiggleisen in Birkenwerder
31. Oktober	Beginn der Gespräche zur Übernahme der S-Bahnbetriebsführung in West-Berlin
30. Dezember	Unterzeichnung der S-Bahn-Vereinbarungen in Ost-Berlin

1984

8. Januar	Einstellung des S-Bahnverkehrs um 21.00 Uhr auf den Strecke Wannsee–Charlottenburg, Heiligensee–Lichterfelde Süd und Frohnau–Lichtenrade
9. Januar	Letzter S-Bahnzug Ps 34550 unter DR-Regie erreicht 2.53 Uhr den Bahnhof Charlottenburg (275 557/58, 275 551/52); Übernahme der S-Bahn durch die BVG, Betriebsaufnahme um 4.00 Uhr auf den Strecken Charlottenburg–Friedrichstraße und Anhalter Bahnhof–Lichtenrade (Eröffnungszug: 275 415/16, 275 407/08, 275 435/36, 275 419/20)
3. Februar	Überführung des ersten BVG-Halbzuges zur Hauptuntersuchung bei der Waggon-Union (275 255/56, 275 563/64)
…	Einführung eines neuen Farbkonzepts für die Ost-Berliner Nahverkehrsfahrzeuge (S-Bahn: elfenbeinbeige/bordeauxrot)
1. März	Schließung des seit dem 9. Januar 1984 ungenutzten S-Bw Nordbahnhof
1. Mai	Wiederinbetriebnahme der Streckenabschnitte Wannsee–Charlottenburg und Anhalter Bahnhof–Gesundbrunnen
24. Mai	Inbetriebnahme des serienmäßigen Streckenblocks AB70S zwischen Baumschulenweg und Schöneweide
7. Juli	Erster planmäßiger Einsatz von Passviertelzügen durch die BVG

29. August	Vorstellung des ersten bei der Waggon-Union generalüberholten S-Bahnhalbzuges
2. September	Trennung des S-Bahn- und Fernbahn-Verkehrs zwischen Karower Kreuz und Schönfließ und Inbetriebnahme des Bahnhofs Mühlenbeck-Mönchmühle
1. Oktober	Wiederinbetriebnahme des Streckenabschnitts Frohnau–Gesundbrunnen
5. Oktober	Eröffnung des Bahnhofs Hegermühle
14. Dezember	Inbetriebnahme des neugebauten Bahnsteigs im Bahnhof Flughafen Berlin-Schönefeld
20. Dezember	Inbetriebnahme der Neubaustrecke Springpfuhl –Hohenschönhausen mit dem Bahnhof Gehrenseestraße

1985

15. Januar	Vorübergehende Wiederinbetriebnahme des 1980 stillgelegten S-Bw Papestraße wegen Umbauarbeiten im S-Bw Wannsee
1. Februar	Wiederinbetriebnahme der Wannseebahn zwischen Anhalter Bahnhof und Wannsee
1. Februar	planmäßiger Einsatz von Passviertelzügen im Zweimannbetrieb
20. Dezember	Inbetriebnahme der Neubaustrecke Hohenschönhausen–Wartenberg

1986

15. April	Umbenennung des Bahnhofs Greifswalder Straße in Ernst-Thälmann-Park
5. Mai	Stilllegung des Streckenabschnitts Wittenau (Nordbahn)–Frohnau wegen des zweigleisigen Ausbaus (bis 21.Dezember 1986)
16. August	Erster Einsatz des zum EMB-Steuerviertel umgebauten Passviertelzuges 275 695/96, Beschluss der BVG zum Umbau von 12 Passviertelzügen
22. Oktober	Vorstellung der ersten beiden Viertelzüge der BR 480 in der traditionellen Farbgebung sowie in hellblau/dunkelblau
16. November	Inbetriebnahme des aus Grenzsicherungsgründen nach Westen verlegten Gleises zwischen Bornholmer Straße und Wollankstraße
12. Dezember	Übergabe des ersten neu gebauten Viertelzuges 480 001/501 an die BVG (Überführung von der Waggon-Union zum S-Bw Wannsee mit einer DR-Diesellok)
15. Dezember	Inbetriebnahme des zweiten Gleises zwischen Karow und Blankenburg
20. Dezember	Inbetriebnahme des neu gebauten dritten Bahnsteigs C im Bahnhof Warschauer Straße
22. Dezember	Aufnahme des zweigleisigen S-Bahnverkehrs auf der Nordbahn zwischen Wittenau und Frohnau mit einer Zugfolge von 10 Minuten

1987

12. Januar	Nutzung des S-Bw Papestraße für die zweijährig anfallenden Zwischenuntersuchungen der S-Bahnzüge
26. Februar	Beendigung des Instandsetzungsprogramms bei der Waggon-Union (Auslieferung einiger EMB-Steuerviertel bis 31. August 1987)
7. März	Umbenennung des Bahnhofs Lindenthaler Allee in Mexikoplatz
März	Vorstellung des ersten von acht Vorserien-Viertelzügen der BR 270 (heute: BR 485) auf der Leipziger Frühjahrsmesse
31. Mai	Indienststellung des zum Traditionsviertel 2303/5447 umgebauten Steuerpassviertels 275 659/60
29. Juni	Inbetriebnahme des zweiten Gleises zwischen Grünauer Kreuz und Altglienicke
24. Juli	Erster Fahrgasteinsatz eines Zuges der BR 480
15. Dezember	Umbenennung des Ostbahnhofs in Hauptbahnhof

1988

1. Februar	Erster Einsatz der BR 270 im Fahrgastverkehr auf der Zuggruppe M (Pankow–Schöneweide)
April	Abstellung des letzten einsatzfähigen Passviertels 275 815/16 in Ost-Berlin wegen Fristablaufs

1. Mai — Sanierung der Stadtbahnbögen zwischen Hardenberg- und Wielandstraße sowie der Bahnhöfe Zoologischer Garten und Savignyplatz bis Mai 1989 (eingleisiger Zugverkehr im 20 Minuten-Takt)

8. August — Sperrung des Abschnitts Marienfelde–Lichtenrade bis 1. Oktober 1988 wegen des zweigleisigen Ausbaus

1989

Februar — Abstellung des letzten BVG-Passviertelzuges 275 625/26 wegen Fristablaufs

17. April — Inbetriebnahme des zweiten Gleises zwischen Lehnitz und Oranienburg (kurzer eingleisiger Abschnitt im Vorfeld des Bahnhofs Oranienburg)

Juni — Abstellung der Prototypzüge der BR 270 wegen Fristablaufs

1. Juli — Eröffnung des ersten Umsteigebahnhofs mit gemeinsamen Bahnsteigen für U- und S-Bahn in Wuhletal

4. September — Inbetriebnahme des zweiten Gleises zwischen Grünbergallee und Flughafen Berlin-Schönefeld (zweigleisige Einfahrt in den Bahnhof Schönefeld erst ab 16.Oktober 1989)

25. September — Baubeginn zur Wiederherstellung des Südrings am Bahnhof Westend

2. Oktober — Inbetriebnahme des zweiten Gleises zwischen Karow und Buch

6. November — Vorübergehende Stilllegung des Stellwerks Westkreuz wegen Setzungsschäden am Gebäude; Wiederinbetriebnahme am 19. Februar 1990 nach Abschluss der Sicherungsmaßnahmen

10. November — Die DR leiht der BVG wegen des Mauerfalls und des damit verbundenen Fahrgastandrangs zur Verstärkung der S-Bahnzüge zwei Vollzüge der BR 275 aus

11. Dezember — Erster Einsatz eines S-Bahnzuges im Fahrgastverkehr von West- nach Ost-Berlin nach dem Mauerfall über das elektrifizierte Fernbahngleis (Gleis 2) im Bahnhof Friedrichstraße

Quelle: Berliner Verkehrsblätter, 75 Jahre Berliner S-Bahn – Eine Chronik, 46.Jahrgang, Nr.8, August 1999

DIE NEUNZIGER JAHRE

Wiedervereinigung der beiden S-Bahn-Teilnetze

2. Juli 1990, morgens um 3.49 Uhr. Soeben hat »Berta 7« aus Erkner den Bahnhof Friedrichstraße erreicht, um ihn nach kurzem Halt Funken ziehend Richtung Westen wieder zu verlassen. Nach knapp 29jähriger Unterbrechung konnte die Stadtbahn wieder durchgehend befahren werden. Innerhalb von vier Wochen hatte die Reichsbahn die Verbindung vom Bahnsteig C zu den zum Lehrter Stadtbahnhof führenden Gleisen wiederhergestellt. Die Züge aus Schönefeld, Königs Wusterhausen und Erkner kehrten nicht mehr am Bahnsteig C des S-Bahnhofs Friedrichstraße, sondern fuhren weiter nach Charlottenburg bzw. Wannsee. Lediglich für die Züge aus Strausberg und Mahlsdorf blieb der Bahnhof Friedrichstraße zunächst noch Endpunkt. Im morgendlichen Berufsverkehr fand dann der eigentliche Festakt statt. Um 6.11 Uhr erhielt ein festlich geschmückter BVG-Vollzug der Baureihe 275 vom BVG-Direktor Konrad Lorenzen den Abfahrauftrag nach Königs Wusterhausen. Zehn Minuten später wurde der einzige noch in den traditionellen Farben existierende und ebenfalls geschmückte DR-Vollzug vom Präsidenten der Reichsbahndirektion Berlin Manfred Möller auf den Weg nach Wannsee geschickt. Während die Züge der Zuggruppen B und C/F von Reichsbahnern gefahren wurden, fand auf der Zuggruppe H/S3 im Lehrter Stadtbahnhof ein Personalwechsel statt. Am selben Tag wurde als erster der auf der Nordsüd-Bahn geschlossenen Haltepunkte der Bahnhof Oranienburger Straße wieder eröffnet, dem am 1. September 1990 die Bahnhöfe Unter den Linden und Nordbahnhof folgen sollten.

Ersttagsfahrkarte

S BAHN

Wiedereröffnung
des durchgehenden S-Bahn-Verkehrs
auf den Strecken

Erkner/Königs Wusterhausen –
Wannsee
und
Flughafen Berlin-Schönefeld –
Charlottenburg
am 02. Juli 1990

№ 003030 5,00 DM

Sonderfahrkarte zur Vereinigung der beiden S-Bahn-Teilnetze.
Slg. und Repro: Wolfgang Kiebert

BERLINER MORGENPOST 31.3.91 **BERLIN**

Wieder mit der S-Bahn nach Potsdam: So war es 1961 – „Dichtgemacht“

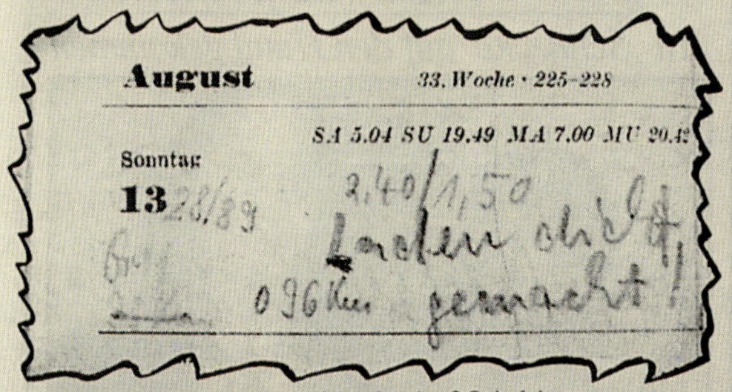

Die Notiz aus dem Kalender des S-Bahnfahrers.

Wie ich vor 30 Jahren meine letzte S-Bahn nach Erkner fuhr

Endstation Friedrichstraße: Alle Signale am 12. August 61 auf Halt

Noch heute ist der 52jährige S-Bahn-Zugfahrer Kurt Rupprecht im Besitz eines kleinen Taschenkalenders aus dem Jahre 1961. In der 33. Woche ist unter dem Datum 13. August vermerkt: „Laden dichtgemacht!“ So lax, wie sich diese Notiz liest, so ernst war der Anlaß: Der Bau der Mauer, die die Stadt mehr als 28 Jahre teilte.

Kurt Rupprecht war einer der letzten Zugfahrer, der die Strecke Potsdam–Erkner durchgehend befuhr. Morgen, wenn die Verbindung nach mehr als 30 Jahren wieder in Betrieb genommen wird, ist er wieder mit von der Partie.

Der gelernte Maurer, der sich vom Wagenreiniger über einen Schaffnerlehrgang bis hin zum Triebwagenführer hocharbeitete, kann sich noch genau erinnern, „so als ob alles gestern passiert ist“. Dann erzählt er: „Am 12. August habe ich meinen Kollegen gegen 21.45 Uhr auf dem Bahnhof Ostkreuz abgelöst. Zunächst ging's nach Potsdam, dann die 57 Kilometer zurück nach Erkner.“

Bei der erneuten Fahrt nach Potsdam mußte der Zug vor dem Bahnhof Friedrichstraße stoppen. Das Signal zeigte Halt an – die Uhren standen auf 0.20 Uhr.

Kurt Rupprecht: „Nach etwa 20 Minuten machte ich die Kollegen im Stellwerk durch einen Pfeifton auf uns aufmerksam. Vergeblich.“ Der Zugfahrer ging zum Fernsprecher, verlangte den Fahrdienstleiter. „Aber ich bekam nur ausweichende Antworten zu hören.“

Inzwischen waren weitere Züge aufgelaufen. Auch die Abstellgleise standen voll. „Irgendetwas lag in der Luft. Viele Fahrgäste stiegen aus und liefen – obwohl das verboten ist – zu Fuß zum Bahnhof.“

Erst nach einer Stunde zeigte das Signal SV 8 freie Fahrt an. Langsam rollte der S-Bahn-Zug aus Erkner in Richtung Potsdam auf das Gleis 6, Bahnsteig C. „Aber eine Zielanzeige Richtung Potsdam war nicht zu sehen. Dafür standen auf den benachbarten Fernbahngleisen Uniformierte mit aufgepflanzten Bajonetten.“

Kurt Rupprecht erhielt die knappe Anweisung, den Zug über eine Kehrweiche zurückzusetzen und wieder nach Erkner zurückzufahren. Erst dort erfuhr er, was sich seit Stunden ereignete: „Die Grenze wurde dichtgemacht.“

Verbittert machte er die Eintragung in seinen Taschenkalender – heute ein privates Dokument deutscher Geschichte. Als der S-Bahn-Fahrer nach einer aufregenden Schicht um 5.30 Uhr seine Wohnung am Baumschulenweg nahe der Sektorengrenze betrat, legte er sich erschöpft schlafen. „Mit der dumpfen Hoffnung, daß schon alles nicht so schlimm werden würde.“ Aber schon zwei Stunden später wurde er von seiner Frau geweckt: „An der Grenze sind Uniformierte, die rammen Betonpfähle in die Erde und spannen Stacheldraht.“ In den nächsten Stunden überschlugen sich die Ereignisse. „Noch bis gegen Mittag beobachteten wir, wie Leute in den Westen flüchteten.“

Und nach kurzen Zögern fügt Kurt Rupprecht hinzu: „Wir überlegten, ob wir uns nicht ebenfalls zu meiner Großmutter in den Westsektor absetzen sollten. Aber wir hatten gerade unsere kleine Wohnung bezogen, uns neue Möbel gekauft, so etwas läßt man nicht im Stich.“ Es dauerte 28 Jahre, bis der Reichsbahner wieder ungehindert seine Verwandten besuchen konnte. *Uwe Dannenbaum*

Kurt Rupprecht fuhr 1961 einen der letzten Züge nach Potsdam. Fotos: Dannenbaum

13. August 1961: Die Gleise ins Berliner Umland werden unterbrochen – wie hier zwischen Falkensee und Spandau. Foto: Ullstein

Zeitungsartikel aus der Berliner Morgenpost vom 31.03.1991 zur Wiedereröffnung des elektrischen Betriebs von Wannsee nach Potsdam.
Slg.: Wolfgang Kiebert

Am 2. Juli 1990 wurden am Bahnhof Friedrichstraße die beiden S-Bahn-Teilnetze wieder miteinander verknüpft. Zur feierlichen Eröffnung setzten Reichsbahn und BVG festlich geschmückte Stadtbahnzüge ein. Im oberen Bild ist der Eröffnungszug der DR im Bahnhof Friedrichstraße zu sehen, im unteren Bild der Eröffnungszug der BVG im Lehrter Stadtbahnhof.
Fotos: Wolfgang Kiebert, 02.07.1990

Morgendlicher Berufsverkehr auf der Berliner S-Bahn. Im Bahnhof Friedrichstraße wartet ein Vollzug der BR 277 auf seine Weiterfahrt nach Wannsee. Im Bahnhof Schöneweide steht ein BVG-Vollzug bereit zur Fahrt nach Königs Wusterhausen. Beide Fahrtziele wurden mit provisorisch angefertigten Zielschildern angezeigt.
Fotos: Wolfgang Kiebert, 02.07.1990

Das Lückenschlussprogramm und die Wiederinbetriebnahme stillgelegter Strecken

Die neunziger Jahre standen im Zeichen des Lückenschlussprogramms und der Wiederinbetriebnahme stillgelegter S-Bahnstrecken im Westteil der Stadt. Mit der Durchbindung der Stadtbahn am Bahnhof Friedrichstraße gingen weitere zwölf Streckenabschnitte bis 19. Dezember 1999 in Betrieb, wobei die Planer ihr Hauptaugenmerk auf den grenzüberschreitenden S-Bahnverkehr in das Berliner Umland richteten. Schon Ende Januar 1990 hatte die Reichsbahn Potsdam an das schienengebundene Berliner Nahverkehrsnetz angeschlossen. Vom Bahnhof Berlin-Wannsee befuhr eine diesellokbespannte vierteilige Doppelstock-Wendezugeinheit bis 20.00 Uhr im Stundentakt die Fernbahngleise bis Potsdam Hbf. (heute: Potsdam Pirschheide), danach im Zweistundenrythmus. Im Bahnhof Griebnitzsee, der seit dem 22. Januar 1990 wieder zum Ein- und Aussteigen von den Reisenden benutzt werden konnte, war ein 20-minütiger Kontrollaufenthalt vorgesehen.

Eine Verlängerung des Zuglaufs nach Charlottenburg bzw. Zoologischer Garten wurde zwischen den Vertretern der BVG

Berlin-Wannsee: Am Gleis 5 des Fernbahnsteigs steht eine vierteilige Doppelstock-Wendezugeinheit bereit zur Fahrt nach Potsdam.
Foto: Wolfgang Kiebert, Februar 1992

und der Reichsbahn zwar angesprochen, jedoch nicht verwirklicht. Die weitere S-Bahn-Planung im grenzüberschreitenden Verkehr wurde am 1. März 1990 im Rahmen einer Pressekonferenz von Bausenator Wolfgang Nagel vorgestellt. Der Inselbahnsteig des Bahnhofs Bornholmer Straße sollte restauriert und an der östlich am Bahnhof vorbeiführenden S-Bahnstrecke Schönhauser Allee–Pankow ein provisorischer Bahnsteig in Seitenlage errichtet werden. Im Süden sollte die S-Bahnstrecke von Lichtenrade über Mahlow nach Blankenfelde eingleisig wiederaufgebaut werden, im Norden der Streckenabschnitt Frohnau-Hohen Neuendorf. Die beiden Streckenabschnitte sollten im Herbst bzw. Ende 1991 in Betrieb gehen. Der Abschnitt Neukölln–Baumschulenweg sollte ab Mitte 1993 im eingleisigen Pendelbetrieb befahren, der Abschnitt Wannsee–Griebnitzsee zweigleisig für einen Zehnminutentakt neu aufgebaut werden. Der Ausbau der Dresdner Bahn wurde durch Klagen der Anwohner in Lichtenrade behindert, die ihre Häuser in unmittelbarer Nähe der seit 1961 stillgelegten Bahntrasse gebaut hatten. Die Klagen wurden vom Oberverwaltungsgericht (OVG) Berlin abschlägig beschieden mit der Begründung, dass eine Strecke, die aus politischen Gründen nicht befahren werden kann, für eine spätere Wiederinbetriebnahme aber vorgehalten wird, als planfestgestellte Bahnanlage gilt. Damit war die geplante Streckenverlängerung nach Blankenfelde im juristischen Sinne kein Neubau, sondern eine Instandsetzung. Nachdem der Pendelzug »Blauer Bock« (genannt nach der blauen Diesellok BR 101 – V15) zwischen Mahlow und Blankenfelde am 16. September 1991 eingestellt worden war, begann die Reichsbahn mit dem Neubau des Inselbahnsteigs in Mahlow und errichtete in Blankenfelde einen Seitenbahnsteig. Hinter der Berliner Stadtgrenze musste die S-Bahnstrecke bis zum Bahnhof Mahlow neu trassiert werden.

Knapp ein Jahr später als geplant konnte die S-Bahnverlängerung nach Blankenfelde am 31. August 1992 in Betrieb genommen werden.

Eine erste auf das Jahr 2000 projizierte S-Bahn-Planung für die Region Berlin gab die Reichsbahn, die sich als zukünftiger Betreiber der S-Bahn sah, auf einer Pressekonferenz am 23. April 1991 bekannt. Danach sollten mit Ausnahme der »Siemensbahn« alle S-Bahnstrecken vom Stand August 1961 reaktiviert werden. Neu gebaut werden sollten die folgenden Strecken: Wartenberg–Karower Kreuz, Falkensee–Nauen, Staaken–Wustermark und Teltow–Stahnsdorf–Wannsee.

Nur knapp zwei Monate später stellte der Verkehrssenator Herwig Haase eine erheblich detailliertere Planung für die Region Berlin vor. Neben den seit März 1990 bekannten Vorhaben plante der Senat mittelfristig die Abschnitte Westend–Baumschulenweg (Südring mit Abzweig nach Grünau) bis Ende 1993, Westend–Gesundbrunnen (Nordring) bis Ende 1995, den Ringschluss am Nord- und Südring bis Ende 1995 und Priesterweg–Lichterfelde Süd bis Ende 1993 wieder in Betrieb zu nehmen. Auf den stillgelegten Strecken Westkreuz–Falkensee und Schönholz–Hennigsdorf sollten zunächst die Abschnitte Westkreuz–Pichelsberg und Schönholz–Tegel eingleisig in Betrieb gehen, die Bahnhöfe Behinderten gerecht ausgebaut und die Stromversorgung saniert und erweitert werden. Kurzfristig wollte man die im Bau befindliche Strecke von Wartenberg nach Sellheimbrücke verlängern und den Abschnitt Mahlsdorf–Hoppegarten zweigleisig ausbauen. In einem Zeitraum von fünf Jahren war dann der zweigleisige Ausbau der Strecken Hoppegarten–Strausberg, Zeuthen–Königs Wusterhausen, Buch–Bernau und Schöneweide–Spindlersfeld vorgesehen. Das Bahndreieck Gesundbrunnen–Schönhauser Allee–Bornholmer Straße (Nordkreuz) sollte so umgestaltet werden, dass Zugfahrten von den Nordstrecken in beide Richtungen des Nordrings möglich sind. Als längerfristige Projekte wurden der Bau einer weiteren Nordsüd-Tunnelstrecke vom Gleisdreieck über Potsdamer Platz zum Lehrter Bahnhof, die Verbindung der »Friedhofsbahn« mit Lichterfelde Süd über Teltow Stadt und die Wiederherstellung der Strecken nach Velten, Rangsdorf und Falkensee genannt. Je nach der Entwicklung des Berliner Stadtgebietes und der Umlandgemeinden wurde die Ausdehnung des S-Bahnbetriebs zum Karower Kreuz, nach Werneuchen im Nordosten und Ludwigsfelde im Süden erwogen. Die »Siemensbahn« sollte wieder in Betrieb gehen und über die Wasserstadt Spandau in das nordwestliche Umland geführt werden. Für einen derart erweiterten S-Bahnverkehr sollten das Betriebswerk Nordbahnhof, die Triebwagenhalle Hundekehle und das von der BVG zur Ausbesserung ihrer Züge benutzte Betriebswerk Papestraße reaktiviert werden.

Von allen genannten Terminen konnte lediglich der zur Wiederinbetriebnahme des Südrings mit dem Abzweig nach Baumschulenweg eingehalten werden.

Der Wiederaufbau der Kremmener Bahn

Erheblich schwieriger als der Ausbau der Dresdner Bahn nach Blankenfelde und der Nordbahn zwischen Frohnau und Hohen Neuendorf gestaltete sich der Wiederaufbau der Kremmener Bahn. Die Kremmener Bahn, seit der Stilllegung am 9. Januar 1984 in das verkehrliche Abseits geraten, sollte nach den Vorstellungen des Senats von Berlin für den elektrischen S-Bahnbetrieb auf dem Abschnitt zwischen Schönholz und Tegel möglichst schnell reaktiviert werden. Dem entgegen standen die ungeklärte Frage nach der Übernahme der Betriebskosten sowie ein fehlendes langfristiges Betriebskonzept. Zudem war eine Verlängerung des Gleichstrombetriebs nach Hennigsdorf bzw. Velten aufgrund des baulichen Zustands der Bahnanlagen etlichen Widrigkeiten ausgesetzt. Im Zuge der Grenzsicherungsmaßnahmen der DDR im August 1961 war der Bahndamm nördlich der Stadtgrenze auf mehreren hundert Metern Länge abgetragen, die Eisenbahnbrücke über die Havel bei Hennigsdorf demontiert worden. Außerdem wurde nach einer Vereinbarung vom August 1985 zwischen der Verwaltungsstelle des ehemaligen Reichsbahnvermögens und dem Land Berlin der Bahndamm zwischen der Ruppiner Chaussee und dem Waidmannsluster Damm für den Bau der Bundesfernstraße A111 abgetragen; der Abschnitt nördlich von Tegel mit den Haltepunkten Schulzendorf und Heiligensee war dem Verfall preisgegeben. Betrieblich genutzt wurde lediglich noch der Abschnitt bis Tegel im Güter- und Militärreiseverkehr der französischen Streitkräfte. Ab Mitte der achtziger Jahre führte die Waggon-Union zwischen den Bahnhöfen Tegel und Reinickendorf Probefahrten mit hauptuntersuchten Stadtbahnzügen sowie den neu gebauten Fahrzeugen der Baureihe 480.0/480.5 durch; eine grundlegende Sanierung der Bahnanlagen inklusive der Sicherungstechnik war von der Senatsverkehrsverwaltung jedoch nicht vorgesehen. Somit kam die Reaktivierung der Kremmener Bahn einem Streckenneubau gleich, bei dem das Land Brandenburg sowie die Reichsbahn einen Regionalbahnverkehr mit Oberleitungs-Wechselstrombetrieb bevorzugten, zumal der Bahnhof Gesundbrunnen im Bereich des Nordkreuzes nach dem »Pilzkonzept« der Deutschen Bahn als Regional- und Fernbahnhof auszubauen war. 1994 fiel dann aufgrund eines Gutachtens die Entscheidung zum Wiederaufbau für einen Gleichstrom-S-Bahnbetrieb und zur Aufnahme des Projekts in das Programm des Gemeinde-Verkehrs-Finanzierungsgesetzes (GVFG). Da eine grundlegende Sanierung bei gleichzeitigem Ausbau für einen zweigleisigen S-Bahnverkehr mittelfristig nicht zu finanzieren war, entschloss man sich, die Baumaßnahmen in drei zeitlich aufeinander abgestimmte Abschnitte zu unterteilen. Für den Abschnitt bis Tegel war betrieblich zunächst ein 20-Minuten-Verkehr mit Dreiviertelzügen gefordert, für den die Stromversorgung neu eingerichtet werden musste. Um den S-Bahnbetrieb unabhängig vom Güterverkehr abwickeln zu können, wurde westlich des Bahnhofs Schönholz ab km 5,36 ein neues Gleis

Von Lichterfelde Ost kommend hält der Eröffnungszug vor dem Einfahrsignal des Bahnhofs Priesterweg, um gleich danach seine Fahrt mit den Premierengästen nach Tegel fortzusetzen.
Foto: Wolfgang Kiebert, 28.05.1995

Auf seiner Fahrt nach Lichterfelde Süd hält der aus Hennigsdorf kommende Eröffnungszug am Bahnsteig in Schönholz.
Foto: Wolfgang Kiebert, 15.12.1995

bis zur Einfahrt in den Güterbahnhof Reinickendorf (Rkd) gebaut. Im Güterbahnhof wurde das Gleis 3 als Ausweichstelle für sich verspätende S-Bahnzüge elektrifiziert. Die Haltepunkte Alt-Reinickendorf (ehemals Reinickendorf), Karl-Bonhoeffer-Nervenklinik (ehemals Wittenau-Kremmener-Bahn) und Eichborndamm (ehemals Eichbornstraße) wurden einseitig auf einer Länge von 120 Metern instand gesetzt und mit Zäunen von der übrigen Bahnsteigfläche abgetrennt. Die Brückenbauwerke wurden nur in dem unbedingt notwendigen Rahmen repariert. Im Wesentlichen waren Arbeiten zum Korrosionsschutz und zur Abdichtung der Fahrbahnwanne auszuführen. Bei einem zweigleisigen Ausbau müssen die Brücken, für die eine Restnutzungsdauer von zehn Jahren genannt wurde, durch Neubauten ersetzt werden. Am 28. Mai 1995 wurde dieser knapp 7 km lange Streckenabschnitt, im Übrigen gleichzeitig mit dem Abschnitt zwischen Priesterweg und Lichterfelde Ost in Betrieb genommen.

Gut 37 Jahre mussten die Hennigsdorfer warten, bis sie wieder einen Anschluss an das Gleichstromnetz der Berliner S-Bahn erhielten. Am 15. Dezember 1998 wurde der ab Tegel wiederaufgebaute Abschnitt mit dem Eröffnungszug 481/482 033+041+042 feierlich in Betrieb genommen.

Wiederholt hatte es den »ersten Spatenstich« gegeben, ohne dass das Projekt »S-Bahn nach Hennigsdorf« in Angriff genommen wurde. Für die mehrmalige Verschiebung des Baubeginns gab es verschiedene Gründe. Wesentlich dazu beigetragen hat die Tatsache, dass die zugunsten des Autobahnbaus im Tegeler Forst abgebaute Trasse wieder aufgebaut werden musste. Nach dem Allgemeinen Eisenbahngesetz (AEG) war für den Trassenneubau ein Plangenehmigungsverfahren mit einer Umweltverträglichkeitsprüfung notwendig. Für die Verlegung der Trasse im Bereich Waidmannsluster Damm-Ruppiner Chaussee war sogar ein Planfeststellungsverfahren erforderlich. Die Wiederaufbauarbeiten in diesem Bereich mussten unter Beachtung der Jahreszeiten und Vegetationsstufen durchgeführt werden. Nach der Betriebseinstellung im Januar 1984 waren für den Wiederaufbau der Strecke benötigte Flächen auf ehemaligen Bahngelände an Fremdnutzer vermietet worden, deren Verträge gekündigt werden mussten. Letztendlich trug auch die zeitweise Ungewissheit über die Finanzierung des Projekts zur Bauverzögerung mit bei. Erst im September 1996 begann man mit vorbereitenden Arbeiten zum Wiederaufbau der Strecke nördlich von Tegel, im Juli 1997 fing man mit der Sanierung der Bauwerke und dem Wiederaufbau der Gleisanlagen an. Zunächst wurden die Vegetation im oberen Dammbereich sowie die Gleisanlagen inklusive Schotterbett entfernt. Um die Tragfähigkeit des Bahnkörpers beim Neuaufbau zu gewährleisten, wurde das verwurzelte Erdreich um 80 cm abgetragen. Beim Wiederaufbau wurde die Dammkrone mit Hilfe von Geotextilien aufgesteilt, da für den Betrieb ein Gleismittenabstand von 3,80 m gefordert war. Die Strecke wurde überwiegend eingleisig aufgebaut, lediglich im Bereich zwischen der Schulzendorfer und der Hennigsdorfer Straße wurde das zweite Gleis errichtet, um bei Zugverspätungen flexibel reagieren zu können. Zehn Brückenbauwerke mussten zwischen Tegel und Hennigsdorf neu gebaut werden, wobei der Neubau der stählernen Stabbogenbrücke über die Oder-Havel-Wasserstraße bei Hennigsdorf am spektakulärsten war. Auf dem Bahndamm am südlichen Kanalufer montiert und fertiggestellt, wurde die Brücke zwischen dem 27. und 29. Juli 1998 eingeschwommen. Die Bahnsteige in Schulzendorf und Heiligensee wurden aufgrund ihres desolaten Zustands im Herbst 1997 abgerissen und wiederaufgebaut, wobei die denkmalgeschützte Dachkonstruktion beider Haltepunkte in einer Werkstatt und nicht vor Ort saniert wurde. Entsprechend den neuen betrieblichen Erfordernissen wurde der Bahnsteig A in Hennigsdorf nach Süden verlängert, um den Reisenden das Umsteigen auf den Regionalverkehr ohne Bahnsteigwechsel zu ermöglichen. Der Bahnsteig A, betrieblich quergeteilt, wird im südlichen Teil für den S-Bahnverkehr genutzt und im nördlichen Teil von den Regionalzügen. Beide Bahnsteiggleise sind wegen der unterschiedlichen und nicht miteinander verträglichen Stromsysteme getrennt und mit Prellböcken gesichert. Im dritten Bauabschnitt soll das östliche Bahnsteiggleis in ganzer Länge für den S-Bahnbetrieb hergerichtet und nördlich des Bahnhofs eine Abstellanlage gebaut werden. Für die Sicherung der Gleisanlagen im Bereich des Kreuzungsbahnhofs Heiligensee sowie der S-Bahngleise in Hennigsdorf musste als Zwischenlösung ein Container-Relaisstellwerk errichtet werden, da für die Stellwerke Hnd und Hno in Hennigsdorf aufgrund der vorhandenen Technik ein Veränderungsverbot bestand. Erst nach der Grundinstandsetzung bis 2006 sollen die Stellwerke in Tegel und Heiligensee durch elektronische Stellwerke (ESTW) ersetzt werden. Wann eine Verlängerung der S-Bahn nach Velten erfolgt, ist derzeit völlig unklar. Nach einer in der Zeitung *«punkt 3«, Nr.12/2001* (herausgegeben von der S-Bahn Berlin GmbH) veröffentlichten Planung ist ein Anschluss Veltens erst nach 2006 geplant, sofern das Land Brandenburg als Auftraggeber überhaupt einen Gleichstrom-S-Bahnbetrieb bestellt.

Die Grundinstandsetzung des Süd- und Nordrings

Am 25. September 1989, neun Jahre nach Stilllegung der Ringbahn im Westteil der Stadt, begannen die Baumaßnahmen zur Grundinstandsetzung des Südrings auf dem Bahnhof Westend. Jahrelanger Substanzverlust und Vandalismusschäden hatten Gleis- und Sicherungsanlagen sowie Bahnsteige in einen derart desolaten Zustand versetzt, dass die Grundinstandsetzung fast einem Neubau gleichkam. Gleisanlagen und Schotter wurden vollständig abgetragen, marode Bahnsteigaufbauten und -dächer abgerissen und erneuert. Im Zuge der Baumaßnahmen, für die ein Finanzbedarf von 585 Millionen DM veranschlagt war, wurden die Bahnhöfe Hermannstraße und Wilmersdorf (heute: Bundesplatz) zur Verbesserung der Umsteigemöglichkeiten auf die U-Bahnlinien 8 und 9 entsprechend versetzt, der Bahnhof Schmargendorf (heute: Heidelberger Platz) erhielt ein Verbindungsbauwerk zur U-Bahnlinie 1. Stadt- und Ringbahnsteig in Halensee wurden abgerissen, ebenso das in den Jahren 1958–1960 von der Deutschen Reichsbahn als Stahlskelettbau neu errichtete Empfangsgebäude wegen (angeblicher?) Baufälligkeit. Von den ehemals zwei Bahnsteigen wurde nur der Ringbahnsteig wieder aufgebaut und mit einem neuen Zugangsbauwerk zum Kurfürstendamm versehen. Für betriebsbedingte Fahrten wurde lediglich eins der beiden Verbindungsgleise zwischen dem Südring (Halensee) und der Stadtbahn (Charlottenburg) wieder aufgebaut. Da in den Planungen keine Zugfahrten zwischen dem Nordring und der Stadtbahn vorgesehen waren, wurden die für die Stadtbahnzüge gebauten Bahnsteige in Witzleben (heute: Messe Nord/ICC) und Westend nicht reaktiviert. Im Bahnhof Westend wurde der Ringbahnsteig im Zuge der Sanierung nach Norden verlängert, um einen zweiten Zugang von der Brücke des Spandauer Damms errichten zu können. Nach den im Landespressedienst veröffentlichten Plänen sollte der Südring in den drei Abschnitten Westend–Hohenzollerndamm, Hohenzollerndamm–Schöneberg einschließlich einer Gleisverbindung zur Betriebswerkstatt Papestraße und Schöneberg–Sonnenallee wiederaufgebaut und bis 1994 in den zwei Etappen Westend–Schöneberg 1992 und Schöneberg–Sonnenallee 1994 in Betrieb gehen.

Der Beginn der Baumaßnahmen für die Grundinstandsetzung des Nordrings bis Gesundbrunnen war für 1990 vorgesehen. Die politischen Ereignisse am 9. November 1989 sollten zu einer gründlichen Änderung der Nahverkehrsplanung führen. Um beide Teilnetze möglichst schnell miteinander verknüpfen zu können, wurde nach einer Senatsabsprache mit der DR die Verbindung des Südringabzweigs über Köllnische Heide nach Baumschulenweg reaktiviert. Welche Bedeutung diesem am 17. Dezember 1993 eröffneten Streckenabschnitt beigemessen wurde, zeigen die Aussagen des damaligen Bausenators W. Nagel. *Die Wiederinbetriebnahme des S-Bahn-Südrings und seines östlichen Anschlußstücks bis Baumschulenweg wird die bedeutendste Etappe seit Jahrzehnten für den öffentlichen Personennahverkehr in Berlin. Denn ab Dezember 1993 fährt die S-Bahn zwischen Westend und Baumschulenweg nicht nur mit Halt auf 15 neuen Bahnsteigen. Noch viel wichtiger ist die Verknüpfung: Es wird 52 neue Umsteigemöglichkeiten geben: mit 7 anderen S-Bahnlinien (teilweise mehrfach); mit 6 (mittelfristig: 7) U-Bahnlinien sowie mit 36 Buslinien. Außerdem wird die neue Strecke zwischen Westkreuz und Baumschulenweg durch eine wesentlich kürzere Reisezeit über 12 Südring-Bahnhöfe Durchgangsverkehr von der Stadtbahn (über 15 Bahnhöfe) abziehen.*

Zur Anbindung von Treptow, Spindlersfeld, Grünau, Königs Wusterhausen und Schönefeld an das Westnetz wurden die Linien S45 und S46 eingerichtet. Mehr als drei Jahre mussten die Berliner warten, bis der Ring um 2,1 km nach Jungfernheide verlängert wurde. Beim Wiederaufbau wurde die Trassenfüh-

Bis auf die Dachstützen und den ehemaligen Erfrischungskiosk blieb vom Ringbahnhof Beusselstraße nichts übrig. *Foto: Michael Klinec, Juli 1995*

rung geringfügig geändert. Die alte Trasse des Streckengleises Jungfernheide–Westend mit der Überführung über die zweigleisige Siemensbahn westlich der Spree wurde aufgegeben, die stählerne Brücke über die Gleise am Güterbahnhof Charlottenburg durch ein aus Stahlbeton errichtetes Kreuzungsbauwerk ersetzt. Die Fachwerkbrücke, auf der die Ringbahn die Fernstrecke der Hamburg und Lehrter Bahn überquert, wurde saniert. Am Nordkopf des Bahnhofs Westend wurde eine doppelte Weichenverbindung eingebaut, auf der die Jungfernheide anfahrenden Züge der S45 und S46 in das jeweils freie Streckengleis übergeleitet werden können. Trotz veränderter Trassenführung wurde eine spätere Einfädelung der Siemensbahn für eine mögliche Anbindung der Wasserstadt Spandau in den Bahnhof Jungfernheide berücksichtigt. Kurz vor der Jahrtausendwende wurde der Betrieb am 19. Dezember 1999 um den 3,1 km langen Abschnitt nach Westhafen erweitert. Für eine bessere verkehrliche Erschließung von beiden Straßenseiten hatte man die Bahnhöfe Beusselstraße und Westhafen (früher: Putlitzstraße) unter die Beussel- bzw. Putlitzbrücke verschoben. Auch dieser Streckenabschnitt wurde fahr- und sicherungstechnisch für einen zweimal eingleisigen Betrieb hergerichtet. Das dazu notwendige Weichentrapez wurde westlich des Haltepunkts Beusselstraße eingebaut. Westlich der Putlitzbrücke entstand als Ersatz ein neues Unterwerk für die Stromversorgung, in das der Bereichsstellrechner zur Steuerung der Weichen und Signale integriert wurde. Nach dem Lückenschluss zwischen Neukölln und Treptower Park am 18. Dezember 1997 befuhren die auf der Linie S4 eingesetzten Züge der Baureihe 485/885 den Abschnitt Westhafen–Bernau, die Züge der Linien S45 und S46 wurden nach Westend zu-rückgezogen.

Projekt »Duo-S-Bahn«

Um die im Zielnetz 2000 von der Reichsbahn zur Elektrifizierung vorgesehenen Strecken schneller an das S-Bahnnetz anbinden zu können, brachte die ASF (AEG Schienenfahrzeuge Hennigsdorf) 1993 ein Projekt ins Gespräch, das als »Duo-S-Bahn« bezeichnet wurde. Neben dem Gleichstromantrieb sollten Viertelzüge der Baureihe 485/885 zusätzlich mit einem dieselelektrischen Antrieb ausgerüstet werden, um nichtelektrifizierte Strecken befahren zu können. Diese bislang einmalige Antriebskombination basiert auf folgenden Grundgedanken:

1. Die mit Gleichstromantrieb ausgerüsteten Serienfahrzeuge lassen sich einfach mit dieselelektrischen Aggregaten ausrüsten;
2. Wartung und Instandsetzung erfordern keinen erhöhten Aufwand;
3. Der Betrieb elektrisch angetriebener Züge ist mit zusätzlich dieselelektrisch angetriebenen Zügen auf Gleichstromstrecken möglich, eine Trennung der Zugeinheiten erfolgt auf den jeweiligen Systemwechselbahnhöfen;
4. Der S-Bahnbetrieb ist nicht mehr nur auf elektrifizierte Strecken beschränkt und
5. Züge könnten bei Bauarbeiten im elektrifizierten Netz auf nichtelektrifizierte Strecken umgeleitet werden.

Nach den Vorstellungen von ASF sollten die mit einem kombinierten Antrieb ausgerüsteten Züge zunächst auf folgenden Strecken eingesetzt werden:

1. Grünau–Südring–Spandau–Nauen
2. Stadtbahn–Spandau–Nauen
3. Nordsüd-S-Bahn–Tegel–Velten und
4. Stadtbahn–Strausberg–Strausberg Nord für den Fall, dass die Stromschiene zwischen Strausberg und Strausberg Nord abgebaut würde.

Als Erprobungsträger wurden die im Oktober 1991 in Dienst gestellten Viertelzüge BR 485/885 114 und 115 ausgewählt und auf Kosten von ASF umgebaut. In die Beiwagen wurden unterflur ein 304 kW starker Sechs-Zylinder-Reihenmotor und ein Drehstromgenerator eingebaut, ebenso ein 670 Liter fassender Kraftstofftank, Kühl- und Steuerungseinrichtungen sowie die nötigen Hilfsbetriebe. Um die Dieselaggregate bei Wartungsarbeiten leicht zugänglich zu machen, wurde in die Fahrzeugmitte eine Fußbodenklappe eingebaut. Hierzu wurden die Querdurch die Längssitzbänke vom Wagenende ausgetauscht, wobei eine der beiden Sitzbänke für die Aufnahme des Abgasschachts verkürzt wurde. Der Geräteschrank zur Steuerung der Dieselaggregate wurde am Wagenende des Triebwagens eingebaut. Da die S-Bahnzüge nur mit einer mechanischen Fahrsperre aus den zwanziger Jahren ausgerüstet waren, musste aus sicherungstechnischen Gründen zusätzlich die induktive punktförmige Zugbeeinflussung PZB 80 für den Betrieb auf Fernbahnstrecken installiert werden. Alle Wagen erhielten zudem im Türbereich Klapptritte, da die Bahnsteige an den nichtelektrifizierten Strecken geringere Höhen über Schienenoberkante aufwiesen. Nach einer mehrmonatigen Leererprobung auf dem Werksgelände von ASF und auf dem Streckenabschnitt Hennigsdorf–Velten Anfang 1994 wurden die beiden als BR 485/885D bezeichneten Duo-Fahrzeuge mit dem Fahrplanwechsel ab dem 29. Mai 1994 im Fahrgastverkehr auf der als S19 bezeichneten Linie zwischen Oranienburg und Hennigsdorf über Birkenwerder und Hohen Neuendorf West wochentags bis zum darauffolgenden Fahrplanwechsel erprobt. Neben den bereits erwähnten Vorteilen zeigten sich bald die Nachteile des dieselelektrischen Betriebs. Die Duo-Fahrzeuge hatten bei einer Dauerleistung von 60 statt 120 kW je Fahrmotor eine zu geringe Anfahrbeschleunigung. Die Höchstgeschwindigkeit von 90 km/h war für einen Mischbetrieb mit Fernschnellzügen auf Hauptbahnstrecken zu gering und hätte für einen verdichteten Taktfahrplan entsprechend breite Fahrplantrassen im Fernverkehr erfordert, wobei auch Verspätungen im S-Bahnverkehr einzukalkulieren waren. Einer Ausweitung des dieselelektrischen Betriebs standen zudem die fehlenden Behandlungsanlagen für Duo-Fahrzeuge entgegen. Da ein Konzept für einen kombinierten S-Bahnbetrieb und auch keine Bestellung für derartige Verkehrsleistungen bei der DB AG vorlagen, wurde der Probebetrieb mit Fahrplanwechsel Ende Mai 1995 eingestellt. Nach mehrjähriger Abstellung wurden die Duo-Fahrzeuge ab August 1999 in der Hauptwerkstatt Schöneweide hauptuntersucht und wieder für den elektrischen Betrieb den Serienfahrzeugen angeglichen.

Die Reaktivierung der S-Bahnstrecke nach Potsdam

Der Durchbindung der Stadtbahn am Bahnhof Friedrichstraße sollte die Reaktivierung der S-Bahnstrecke mit der größten Priorität folgen, nämlich die Strecke in die brandenburgische Landeshauptstadt Potsdam. In dreißig Jahren hatte die Vegetation das zwischen Wannsee und der Stadtgrenze ungenutzte Gleis zurückerobert, jenseits der Grenze war es 1961 bis zum Bahnhof Griebnitzsee abgebaut worden. Seit 9. Oktober 1961 war der elektrische S-Bahnbetrieb wegen der fehlenden Wartungsmöglichkeiten auf der Inselstrecke nach Potsdam eingestellt, Ende Oktober 1961 wurde der Bahnhof Griebnitzsee für den öffentlichen Personenverkehr geschlossen. Zwar hatte die BVG das Potsdamer Gleis 1984 bis zur Teltowkanalbrücke vollständig erneuert und im Sommer 1985 als Prüfgleis des S-Bahnbetriebswerks Wannsee in Betrieb genommen, dennoch galt es erhebliche Probleme zu überwinden. Die Brücken über den Stolper Weg und die Bäkestraße mussten erneuert, die Brücke über den Teltowkanal neu gebaut werden. Kurzfristig ließ sich ein Brückenneubau mit einer Spannweite von 36 Metern, bei dem die Verbreiterung des Teltowkanals für Europaschiffe berücksichtigt war, nur behelfsmäßig mit Segmenten von sechs Metern aus den Beständen der Bundesbahn (heute: Deutsche Bahn AG) realisieren. Neben den Brückenneubauten mussten die Strecke von Kohlhasenbrück zum Bahnhof Griebnitzsee neu trassiert, die Bahnsteigkanten und der Bahnsteig in Griebnitzsee erneuert, der im Gewächshausstil gehaltene Bahnsteigzugang neu gebaut und das für die Stromversorgung zuständige Gleichrichterwerk saniert werden. Im Sommer 1991 hatte die Reichsbahn nach Abbau der beiden Gleise zwischen Babelsberg und Potsdam begonnen, ein neues Gleis in Trassenmitte zu errichten. Den für Express- und Stückgut genutzten Bahnsteig C in Potsdam hatte die Reichsbahn nach dem Abriss im Herbst 1991 neu aufgebaut und die Gleise im Bahnhofsbereich erneuert. Das S-Bahngleis zwischen

Seit dem 1. April 1992 können die Potsdamer wieder mit der elektrischen S-Bahn nach Berlin fahren. Auf seiner Fahrt nach Erkner legt der Eröffnungszug mit 477 022 am Zugschluss einen Zwischenhalt im Bahnhof Berlin-Wannsee ein.
Foto: Werner Kiebert, 01.04.1992

Babelsberg und Griebnitzsee hatte die Reichsbahn bereits im Frühjahr 1990 wiederaufgebaut, um den Bahnhof Babelsberg an den Nahverkehr zwischen Potsdam Hbf. (heute: Potsdam Pirschheide) und Berlin-Wannsee anschließen zu können. Nach nur achtmonatiger Bauzeit wurde die S-Bahnstrecke Wannsee – Potsdam Stadt (heute: Potsdam Hbf.) am 1. April 1992 mit dem Eröffnungszug 477/877 022+160+048+082, der um 9.33 Uhr den Bahnhof Potsdam Stadt verließ, wieder eröffnet. Zunächst konnte Potsdam nur im 20-Minuten-Takt angefahren werden. Erst nach Verlängerung des Kreuzungsgleises in Griebnitzsee und des Baus eines zusätzlichen Kreuzungsgleises in Babelsberg konnte der Takt auf 10 Minuten verdichtet werden.

Die Sanierung der Stadtbahn

Neben dem Wiederaufbau der Ringbahn im Westteil Berlins sollte die Sanierung der Stadtbahn das zweite große Bauvorhaben sein. Nachdem die DB AG die Fernbahntrasse zwischen Zoologischer Garten, Wannsee und Potsdam-Rehbrücke instand gesetzt und elektrifiziert hatte, wurde im Juni 1994 mit bauvorbereitenden Maßnahmen zur Sanierung der Stadtbahnbögen zwischen Zoologischer Garten und Hauptbahnhof (heute: Ostbahnhof) begonnen. Zwar hatte die Reichsbahn nach 1945 die Kriegsschäden so weit beseitigt, dass ein reibungsloser S-Bahnbetrieb gewährleistet werden konnte, jedoch wurde eine Grundinstandsetzung, verbunden mit einer Verstärkung der Viadukte für höhere Achslasten, nicht vorgenommen. Ein Grund dafür mag in der Absicht gelegen haben, die kurvenreiche Stadtbahn zu begradigen. Nach einem Mitte der sechziger Jahre entwickelten Plan des Instituts für Verkehrsforschung sollte die Trasse östlich der Spree hinter der Museumsinsel nach Norden verlegt werden. In einem schlanken Bogen war die Durchquerung des Monbijouparks vorgesehen. Der Haltepunkt Marx-Engels-Platz (heute: Hackescher Markt) sollte aufgegeben und über dem Straßenzug Kleine und Große Präsidentenstraße an der Oranienburger Straße neu gebaut werden. In Höhe der Rochstraße sollten die neue in die alte Stadtbahntrasse einschwenken, der Bahnhof Alexanderplatz, zwischen 1962 und 1964 neu gestaltet, jedoch in seiner Lage verbleiben. Im weiteren Verlauf war die Begradigung zwischen Gruner- und Voltairestraße sowie die Verlegung des in die Spree gebauten Haltepunkts Jannowitzbrücke zur Holzmarktstraße geplant. Für den Trassenverlauf östlich des Haltepunkts Jannowitzbrücke hatte der Magistrat zwei Varianten ausgearbeitet, wobei eine Trasse erst in Höhe der Andreasstraße in das westliche Bahnhofsvorfeld des Ostbahnhofs eingefädelt, die andere Trasse nach Überqueren der Holzmarktstraße an die alte Stadtbahntrasse angeschlossen werden sollte. Bereits 1952 hatte die Reichsbahn einen Plan zur Begradigung der Stadtbahn zwischen Alexanderplatz und Ostbahnhof ausgear-

Eine für Berlin typische S-Bahn-Szenerie, wie man sie jahrzehntelang beobachten konnte. Auf den zum großen Teil an Gewerbetreibende vermieteten Viaduktbögen fährt ein von Bellevue kommender Stadtbahnzug der BR 275 zum Grenzübergang Friedrichstraße.
Foto.: Michael Klinec, Sommer 1984

beitet. Danach war ein Neubau der Trasse zwischen Grunerstraße und dem Westkopf des Ostbahnhofs vorgesehen. Da die Trasse vom Ostbahnhof bis zur Grunerstraße in nordöstlicher Richtung nahezu geradlinig verlaufen sollte, wäre der Neubau des Haltepunkts Jannowitzbrücke nördlich der Holzmarktstraße erforderlich gewesen. Neben städtebaulichen Veränderungen und erheblichen Baukapazitäten mit einer entsprechenden Logistik wäre eine Summe in dreistelliger Millionenhöhe nötig gewesen, um dieses Projekt umzusetzen. Nach einem im Buch »Bahnknoten Berlin« von Bernd Kuhlmann veröffentlichten Schreiben an den Leiter der Abteilung Verkehr, Straßenwesen und Wasserwirtschaft beim Magistrat von Groß-Berlin wurde der Herausnahme des Projekts »Stadtbahnbegradigung« aus dem bestätigten Generalverkehrsplan im Oktober 1969 stattgegeben, da die zu erwartenden betriebs- und verkehrstechnischen Verbesserungen die entstehenden Kosten nicht rechtfertigen würden. Die Neubaukosten zwischen der Museumsinsel und Karl-Liebknecht-Straße am Bahnhof Alexanderplatz wurden auf 110 Millionen Mark beziffert, die Rekonstruktionskosten einschließlich der für den Haltepunkt Marx-Engels-Platz wurden mit 68 Millionen Mark angegeben. Mitte der siebziger Jahre wurde der für die Bahnanlagen der Reichsbahndirektion Berlin zuständige Vizepräsident vom Generaldirektor der Deutschen Reichsbahn, gleichzeitig Verkehrsminister der DDR, mit der Untersuchung und Dokumentation der Standfestigkeit der Stadtbahnviadukte beauftragt. In einer internen Studie kamen Bauingenieure nach statischen Berechnungen über eine mögliche zukünftige Belastung zu dem Ergebnis, dass die Stadtbahn höchstens noch 15 Jahre befahrbar sein würde. Die im Transitzugverkehr eingesetzten sowjetischen Großdiesellokomotiven der BR 132 (heute: BR 232 und 234) mit einer Fahrzeugmasse von 120 Tonnen würden den Verschleiß der Viadukte beschleunigen. Knapp drei Jahre wurde das Papier unter Verschluss gehalten, ehe 1979 das

Problem »Stadtbahnsanierung« als Tagesordnungspunkt auf einer Dienstbesprechung in der Rbd Berlin erschien. Angesichts der geringen Baukapazitäten und der Materialengpässe waren grundlegende Maßnahmen nicht zu erwarten. So beschränkten sich die Bauarbeiten in den achtziger Jahren – nach Aussage des Verkehrsministers Erwin Kramer waren sie im Perspektivplanzeitraum 1976-1980/Beginn 1976 vorzusehen – auf die Sanierung der Viaduktbögen zwischen Marx-Engels-Platz, der zur 750 Jahr-Feier Berlins unter denkmalpflegerischen Aspekten rekonstruiert wurde, und der Spree. Bereits im April und Mai 1978 hatte die Reichsbahn in nächtlichen Sperrpausen den Oberbau der S-Bahngleise zwischen Friedrichstraße und Ostbahnhof erneuert.

Für einen Ausbau Berlins zur Eisenbahnmetropole nach der Wiedervereinigung war also eine Grundinstandsetzung der Viaduktbögen zwingend notwendig. Da ein mehrjähriger Schienenersatzverkehr (SEV) den gut 100 000 Fahrgästen pro Tag auf den überlasteten Straßen der Innenstadt nicht zugemutet werden konnte, musste die Sanierung unter Aufrechterhaltung des S-Bahnverkehrs durchgeführt werden. Bereits bei Ankündigung des milliardenschweren Projekts hatte es wegen der drohenden Behinderungen Proteste der Berliner und der Fahrgastverbände gegeben, zumal die Haltepunkte Tiergarten, Bellevue, Hackescher Markt und Jannowitzbrücke geschlossen werden sollten. Den Bau von Behelfsbahnsteigen lehnte die DB AG aus Kostengründen ab. Lediglich am Hackeschen Markt wurde am nach Osten führenden Fernbahngleis ein behelfsmäßiger Seitenbahnsteig errichtet.

Um unter rollendem Rad bauen zu können, musste der S-Bahnverkehr auf die Ferngleise verlegt werden. Hierzu wurden die Ferngleise mit Stromschienen und Signalanlagen ausgerüstet und das zwischen Friedrichstraße und Alexanderplatz demontierte zweite Fernbahngleis wiederaufgebaut. Mit dem kleinen Fahrplanwechsel am 25. September 1994 wurde der Fernverkehr zwischen Zoologischer Garten und Hauptbahnhof (heute: Ostbahnhof) eingestellt. Nach Abschluss der Elektrifizierung der Fernbahngleise wurden zunächst zwischen dem 14. und 17. Oktober 1994 die Gleise zwischen Hauptbahnhof und Lehrter Stadtbahnhof verschwenkt. Im Hauptbahnhof wurde der durchgehende S-Bahnverkehr über die Gleise 8 und 9 am Bahnsteig D abgewickelt, an den Gleisen 10 und 11 am Bahnsteig E endeten die aus Mahlsdorf, Wartenberg und Ahrensfelde kommenden Züge. Im Bahnhof Friedrichstraße wurde nach Stilllegung des Bahnsteigs C der S-Bahnverkehr über die Gleise 3 und 4 am Bahnsteig B abgewickelt. Während der Bauarbeiten zur Gleisverschwenkung hatte die S-Bahnleitung einen dreimal gebrochenen eingleisigen Pendelbetrieb auf den Abschnitten Hauptbahnhof–Alexanderplatz, Alexanderplatz–Friedrichstraße und Friedrichstraße–Lehrter Stadtbahnhof eingerichtet. Ende Oktober 1994 wurden dann die S-Bahngleise zwischen der westlichen Ausfahrt am Lehrter Stadtbahnhof und dem Ostkopf am Bahnhof Zoologischer Garten verschwenkt, so dass die S-Bahnzüge ab dem 31. Oktober die Stadtbahn auf den Ferngleisen durchgehend befahren konnten. Zwischen Zoologischer Garten und Lehrter Stadtbahnhof richtete die BVG einen Schienenersatzverkehr für die Dauer der Bauarbeiten mit Halt an den Stationen Tiergarten und Bellevue ein. Der Lehrter Stadtbahnhof, bis 1987 mit erheblichem finanziellen Aufwand unter denkmalpflegerischen Aspekten saniert, wurde von den Bauarbeiten ausgenommen, da er kurz nach der Jahrtausendwende für den Bau des neuen Zentralbahnhofs an dieser Stelle abgerissen werden sollte. Neben der Sanierung bzw. Erneuerung von Brücken mussten 530 Bögen, deren Gewölbe durch ein verrottetes Entwässerungssystem unterschiedlich stark durchfeuchtet waren, für einen zunehmenden Verkehr im Fern- und S-Bahnbereich mit höheren Achslasten bei dichter werdender Zugfolge instand gesetzt werden.

Zunächst wurden der gesamte Oberbau abgetragen und die Gewölbe freigelegt. Nach dem Austrocknen und Abdichten wurden Kies in eine hydraulisch gebundene Tragschicht eingebracht und auf den Gewölbebögen eine 25 cm starke Stahlbetonplatte mit einem Gefälle von 1,5% ab Plattenmitte gegossen, die für eine gleichmäßigere Verteilung der Lasten sorgt und damit die gemauerten Gewölbe und Fundamente entlastet. Auf die ausgehärtete Platte wurde eine abdichtende und fahrgeräuschdämmende Elastomerschicht gesprüht. Um die Gleise auf der kurvenreichen Stadtbahn mit wechselnden Neigungen dauerhaft fixieren zu können, wurden sie auf einer »Festen Fahrbahn« der Bauart »Rheda Berlin« verlegt. Dazu wurden auf einer 14 cm starken Schutzbetonschicht Betonwannen in Segmenten von 7,80 m Länge und 2,80 m Außenbreite montiert, in die die Gleisjoche eingelegt wurden. Nach dem horizontalen und vertikalen Ausrichten wurden die Zweiblockschwellen dann einbetoniert. Zur Minderung des Geräuschpegels wurden abschließend schallabsorbierende Dämmplatten aus Porenbeton auf die Fahrbahn aufgelegt. Während der Bauarbeiten zur Sanierung der Stadtbahnbögen wurde gleichzeitig ein neues Entwässerungssystem installiert. Das zum Rand ablaufende Regenwasser gelangt über Sammelleitungen in die Fallrohre, in denen die integrierten Schlammfänge für eine Vorreinigung sorgen. Auf die um 60 cm überkragende Betonplatte wurde ein begehbarer Kanal gebaut, der die Kabel für Signal-, Fernmelde- und Starkstromanlagen aufnimmt. Da die Sv-Signale mit der für die Stadtbahn geplanten elektronischen Stellwerkstechnik nicht kompatibel sind, mussten sie durch Ks-Signale ersetzt werden. Bereits im Frühjahr 1993 wurden mit Inbetriebnahme der Elektronischen Stellwerke (ESTW) in Wannsee und Westkreuz die zwischen Potsdam und Lehrter Stadtbahnhof aufgestellten Ks-Signale zugeschaltet. Während der Rückverschwenkung der S-Bahngleise auf dem Abschnitt Lehrter Stadtbahnhof–Hauptbahnhof zwischen dem 18. und 20. Oktober 1996 wurden das ESTW Hauptbahnhof in Westkreuz mit den Bereichsstellrechnern Fri-S und Bhf-S in Betrieb genommen und die elektromechanischen Stellwerke B2 (Hauptbahnhof), Aw (Alexanderplatz) und Frio (Friedrichstraße, östliche Ausfahrt) stillgelegt. Die moderne Sicherungstechnik lässt Zugfolgen im

Bauarbeiten auf der Stadtbahn. Auf dem oberen Foto ist die fertig gegossene Fahrbahn zwischen Lehrter Stadtbahnhof und Friedrichstraße zu sehen. Auf dem unteren Foto umfährt ein aus Ahrensfelde kommender Zug der Linie S7 die Halle des Haltepunkts Hackescher Markt.
Fotos: Wolfgang Kiebert, 1995

90-Sekunden-Abstand bei einer Höchstgeschwindigkeit von 60 km/h zu. Für die Zeit der Bauarbeiten zur Rückverschwenkung der Gleise auf dem östlichen Stadtbahnabschnitt hatte die S-Bahnleitung einen Pendelbetrieb zwischen Warschauer Straße und Hauptbahnhof sowie Hauptbahnhof und Alexanderplatz im 10-Minuten-Takt eingerichtet. Der in dieser Zeit eingestellte Abschnitt zwischen Alexanderplatz und Lehrter Stadtbahnhof wurde im Schienenersatzverkehr mit Bussen bedient. Nach der Inbetriebnahme des erneuerten Streckenabschnitts zwischen Zoologischer Garten und Lehrter Stadtbahnhof am 26. August 1996 konnte die sanierte S-Bahntrasse ab dem 21. Oktober 1996 mit neunmonatiger Verspätung wieder durchgehend befahren werden. Der Grund für die Verzögerung war ein Munitionsfund auf dem Viadukt nahe der Brücke über den Humboldthafen. Bei der Räumung des Gleisschotters hatten Arbeiter eine russische Werfergranate gefunden, woraufhin die Räumung auf ein maschinelles Verfahren umgestellt wurde, um Menschenleben nicht zu gefährden. Die Wiederinbetriebnahme

Bahnhof Alexanderplatz nach Abschluss der Sanierungsarbeiten.
Foto: Wolfgang Kiebert, Juni 2002

der sanierten S-Bahngleise verlief nicht ohne Pannen. So war am Nachmittag des 21. Oktober der Zugverkehr für ungefähr anderthalb Stunden zum Erliegen gekommen, nachdem der Zentralrechner ausgefallen war. Auch an den darauffolgenden Tagen sollte es wegen Fehlern in den EDV-Systemen wiederholt zu Betriebseinschränkungen kommen. Die Bahnhöfe, an denen nach Abschluss der Stadtbahnsanierung die Bauarbeiten noch andauerten, wurden unter Bewahrung des historischen Ensembles zu modernen Stationen umgebaut. An den Haltepunkten Tiergarten und Bellevue mussten Bahnsteigkonstruktion, Dächer, Aufbauten und Treppenanlagen wegen der maroden Bausubstanz vollständig erneuert werden. Die Haltepunkte Hackescher Markt und Jannowitzbrücke erhielten neue Bahnsteige mit neu gestalteten Aufsichtshäuschen; die Bahnhofshallen wurden unter denkmalpflegerischen Aspekten restauriert. Der Bahnhof Friedrichstraße wurde nach Entkernen völlig neu aufgebaut, wobei er im Zuge der Modernisierung sein zwischen 1924 und 1926 erhaltenes Aussehen wiederbekam. Im Bahnhof Alexanderplatz wurden die Gewölbebögen freigelegt und in das Anlagenkonzept des über 100-jährigen Stadtbahnhofs mit einbezogen. Im Zuge des Neubaus der S-Bahnsteige samt Aufbauten und Treppenanlagen wurden zusätzlich Rolltreppen und ein neues Informations- und Wegeleit- sowie ein Blindenleitsystem eingebaut.

Generationswechsel im Fahrzeugpark – die neue Baureihe 481/482

Mauerfall und Wiedervereinigung sorgten ab Mitte der neunziger Jahre für einen Generationswechsel im Fahrzeugpark der Berliner S-Bahn. Um den Anforderungen an einen modernen Betrieb gerecht zu werden, mussten die bis 1944 ausgelieferten S-Bahnwagen, die bis dahin das Rückgrat des Betriebes bildeten, sukzessive ersetzt werden. Die von der BVG entwickelten Neubaufahrzeuge der Baureihe 480.0/480.5 sowie die Neubaufahrzeuge der Baureihe 270 der Reichsbahn (heute: BR 485/885) sollten aufgrund der ab 1990 ausgelieferten Anzahl an Viertelzügen – 81 Viertelzüge der BR 480, durch eine Reichsbahnbestellung um 40 Viertelzüge ergänzt, und 166 Viertelzüge der BR 270 – dafür allerdings nicht ausreichen. Da an einen Weiterbau einer der beiden Baureihen nicht gedacht war, musste ein Lastenheft für die Entwicklung eines neuen Fahrzeugtyps, basierend auf den Betriebserfahrungen mit den Neubauzügen, erarbeitet werden. Hierzu wurde eine Arbeitsgruppe aus Vertretern der BVG und der Reichsbahn gebildet. Als kleinste betriebliche Einheit wurde der Viertelzug, der aus einem Wagen mit Führerraum (ETA-BR 481) und einem mit dem ETA kurzgekuppelten Wagen ohne Führerraum (ETB-BR 482) besteht, beibehalten. Für Rangierfahrten ist am Kupplungsende des ETB ein Fahrpult eingebaut. Zum schnellen Verbinden oder Trennen von Viertelzügen sind der ETA und ETB mit einer Scharfenbergkupplung an den Wagenenden ausgerüstet. Die Fußböden wurden gemäß Eisenbahnbau- und -betriebsordnung (EBO) auf eine Höhe von 1000 mm über Schienenoberkante abgesenkt. Die Wagenkästen bestehen aus Edelstahl und sind mit stoßverzehrenden Elementen ausgerüstet, die Beschädigungen am Wagenkasten bis zu einer Auffahrgeschwindigkeit von 15 km/h verhindern sollen. Auf jeder Wagenseite sind drei doppelflüglige Schwenkschiebetüren eingebaut, die sich durch Taster öffnen und schließen lassen. Der Schließvorgang wird durch eine optisch-akustische Warnanlage angezeigt. Sechs der acht Achsen werden mit Drehstrom angetrieben, die Steuerung erfolgt mittels Leittechnik über einen 32-Bit-Rechner. Gebremst werden die Züge mit einer elektrodynamischen Bremse, die die beim Bremsvorgang gewonnene Energie je nach Aufnahmefähigkeit in das Fahrleitungsnetz einspeisen oder auf einen Bremswiderstand leiten kann. Zusätzlich ist eine elektropneumatische Bremse eingebaut, die beim Ausfall der elektrodynamischen Bremse selbsttätig eingeschaltet wird. Um die Sicherheit der Fahrgäste zu erhöhen, wurden im Einstiegsbereich Notsprechstellen installiert, die im Gefahrenfall eine Sprechverbindung zum Triebfahrzeugführer herstellen. Die Rückwand des Führerraumes ist verglast, so dass ein Sichtkontakt zum Fahrgastraum besteht. ETB und ETA, in dessen Frontpartie eine großflächige Stirnscheibe eingebaut ist, sind durch einen konturengleichen Übergang im Fahrgastraum miteinander verbunden.

Nach Ausschreibung eines Wettbewerbs wurde ein Firmenkonsortium unter Leitung der Deutschen Waggonbau AG (DWA), an dem Adtranz Deutschland (ehemals: AEG Schienenfahrzeuge Hennigsdorf-ASF) und die Fahrzeugausrüstung Berlin (FAGA) beteiligt sind, mit dem Bau der Viertelzüge beauftragt. Bis zum Jahr 2004 sollen nach einem zwischen der DWA

Werbung von BOMBARDIER TRANSPORTATION für die Neubaufahrzeuge der BR 481/482. *Slg.: Wolfgang Kiebert*

»Unser neuer Zug für Berlin«. Auf seiner Fahrt nach Erkner legt ein Zug der BR 481/482 in Wilhelmshagen einen Zwischenhalt ein.
Foto: Wolfgang Kiebert, 02.11.2003

und der DB AG geschlossenen Vertrag 500 Viertelzüge ausgeliefert werden. Der Wagenbau erfolgt entsprechend einer Vereinbarung beim Waggonbau Ammendorf (bei Halle/Saale) und bei Adtranz in Hennigsdorf.

Ebenfalls von Adtranz werden die Drehgestelle und zusammen mit der Fahrzeugausrüstung Berlin die elektrischen Komponenten geliefert. Nachdem der Presse am 12. Mai 1995 ein 1:1-Modell mit Erster-Klasse-Abteil vorgestellt worden war, wurden 1996 zehn Viertelzüge als Vorausserie gebaut, wobei auf das Werk Ammendorf die Viertelzüge 481/482 001, 003, 005, 007, 009 und 010 und auf Adtranz die Viertelzüge 481/482 002, 004, 006 und 008 entfielen. Die bis zur Inbetriebnahme notwendigen Testfahrten fanden im Adtranz-Kompetenzzentrum in Hennigsdorf statt. Um die fahrdynamischen und lauftechnischen Eigenschaften auch im Alltagsbetrieb erproben zu können, wurden die Vorserienviertel 481/482 001-008 entsprechend ihrer Fertigstellung von Hennigsdorf zum zukünftigen Heimat-S-Bw Friedrichsfelde überführt und einem umfangreichen Testprogramm unterzogen.

Alle aus den Versuchsprogrammen gewonnenen Daten wurden dann beim Bau der letzten beiden Vorserienviertel berücksichtigt. Nach erfolgreichem Abschluss der Leererprobungsfahrten, die meistens zwischen Ahrensfelde und Wannsee stattfanden, erfolgte am 5. Dezember 1996 die Bauart- und Typenzulassung durch das Eisenbahn-Bundesamt (EBA). Im Rahmen einer kleinen Feier, verbunden mit dem ersten Einsatz im Fahrgastverkehr, wurden einen Tag nach Indienststellung die Viertelzüge 481/482 009+010 der Öffentlichkeit am 11. Dezember 1996 präsentiert. Die vorläufige Indienststellung der anderen Vorserienzüge geschah bis zum 13. Mai 1997. Im vierten Quartal 1997 wurden die Züge zur technischen Anpassung an die Serienausführung in die Herstellerwerke überführt. Das Pilotprojekt zur Einführung von zwei Wagenklassen wurde zum Fahrplanwechsel im Mai 1999 abgebrochen, da nach einer Umfrage nur 13% der Kunden bereit gewesen wären, einen höheren Fahrpreis zu bezahlen.

Abgestellt in der Triebwagenhalle des S-Bw Grünau. Den letzten in den traditionellen Farben lackierten Vollzug der Bauart »STADTBAHN« bewahrte die DR für die DEFA auf.
Foto: Wolfgang Kiebert, September 1987

Bereits 1990 wurden neben den nicht mehr benötigten Zügen der BR 277 die ersten Stadtbahnwagen in Spindlersfeld zur Verschrottung abgestellt.
Foto: Wolfgang Kiebert, September 1990

Einige der nicht modernisierten Stadtbahner wurden zu Beginn der neunziger Jahre noch einmal einer Hauptuntersuchung im Raw Schöneweide (heute: Hauptwerkstatt) unterzogen.
Foto: Wolfgang Kiebert, September 1990

Im Bahnhof Friedrichstraße begegnen sich zwei modernisierte Stadtbahnzüge der Linien S5 und S7.
Foto: Wolfgang Kiebert, Dezember 1992

Die Ausmusterung der Altbauzüge

Im Herbst 1997 standen genügend Neubaufahrzeuge zur Verfügung, so dass mit der Ausmusterung der Altbauzüge begonnen werden konnte. 70 Jahre nach Baubeginn sollte für die letzten von der Modernisierung ausgenommenen Fahrzeuge der BR 475/875 das Aus kommen. Die Betriebsgenehmigung für die »Stadtbahner«, die wegen fehlender Sicherheitseinrichtungen den Nordsüd-Tunnel nicht mehr befahren durften, war vom Eisenbahn-Bundesamt auf den 31. Dezember 1997 begrenzt.

Da das Nachrüsten der Altbauzüge mit Feuerlöschern und einer Türblockiereinrichtung zu teuer war, sollte der Planeinsatz am 21. Dezember 1997 mit einer Sternfahrt zum Bahnhof Ost-

Letzter Planeinsatz für die nicht modernisierten Stadtbahnzüge. Am Bahnsteig A des Bahnhofs Ostkreuz stehen zwei Stadtbahnzüge der Linien S86 und S6 nach Warschauer Straße.
Foto: Wolfgang Kiebert, 21.12.1997

kreuz enden. Hierfür wurden folgende Züge letztmalig eingesetzt:

Zug 1: 475/875 605+033+005
Erkner/Friedrichshagen–Westkreuz (S3/50)
Zug 2: 475/875 084+075
»475-Shop« am Bahnsteig A in Ostkreuz (S86/1)
Zug 3: 475/875 049+611+609+051
Erkner–Hauptbahnhof (S3/6)
Zug 4: 475/875 044+614+094+031
Jungfernheide–Schönhauser Allee (S4/12)
Zug 5: 475/875 612+080+043
Kaulsdorf–Hauptbahnhof/Charlottenburg (S5/9)
Zug 6: 475/875 079+076
Grünau–Warschauer Straße (S6/50)
Zug 7: 475/875 086+608+040+055
Ahrensfelde–Potsdam Stadt (S7/50)
Zug 8: 475/875 034+604+032
Grünau–Bornholmer Straße (S8/50)

In wochenlanger Arbeit hatte die S-Bahn Berlin GmbH einen Fahrplan entwickelt, der einen gleichzeitigen Halt aller acht 475er in Ostkreuz an den Bahnsteigen A, D, E und F ab 12.57 Uhr vorsah. Für fünf Minuten standen am Ostkreuz alle Räder still, ehe sieben der acht »Stadtbahner« ihre Fahrt um 13.02 Uhr fortsetzten. Ein seltenes Schauspiel wurde dabei den auf der Modersohnbrücke wartenden Berlinern geboten, denn es fuhren drei 475er nahezu parallel zum Bahnhof Warschauer Straße. Im Laufe des Nachmittags wurden mit Ausnahme von Zug 1 alle anderen Fahrzeuge in Schöneweide ausgesetzt und in der Hauptwerkstatt zur Verschrottung hinterstellt. Für den Zug 1 endete die letzte Fahrt planmäßig um 15.22 Uhr im Bahnhof Charlottenburg. Dort fand ab 16.00 Uhr eine Versteigerung der Ausstattung des Viertelzuges 475/875 033 statt, mit dessen Erlös – ein Betrag in fünfstelliger Höhe wurde erzielt – die Viertelzüge 475/875 005+605 erhalten werden sollen. Mit der Abstellung der 475er endete jedoch nicht der Einsatz aller »Stadtbahner«, waren doch die seit 1979 rekonstruierten Fahrzeuge der BR 476/876 noch im Betrieb. Erst am 22. Juni 2000 endete die Einsatzzeit der letzten Stadtbahnzüge. Während einer kleinen Feier, bei der das Herstellerkonsortium von Bombardier und Adtranz der S-Bahn Berlin GmbH den 250.Viertelzug der BR 481/482 übergab, wurden die Altbaufahrzeuge auf dem Bahnhof Oranienburg verabschiedet.

Der »Gläserne S-Bahnzug« – die Panorama S-Bahn

Neben der Umstrukturierung wurde der Fahrzeugpark im August 1999 zum 75jährigen Jubiläum des elektrischen Betriebs um ein Sonderfahrzeug bereichert. In einem Zeitraum von knapp drei Jahren hatte die S-Bahn Berlin GmbH in Anlehnung an den legendären »Gläsernen Zug« der BR 491 einen dreiteiligen Panoramazug für Sightseeing-Touren im Stadtgebiet und dem Umland in der Hauptwerkstatt

Aus drei Wagen der BR 477/877 (ehemals BR 167) hat die S-Bahn Berlin GmbH einen gläsernen Zug gebaut, den sie zu Sonderfahrten einsetzt. Auf ihrem Weg zum Ostbahnhof hat die Panorama-S-Bahn den Bahnhof Friedrichstraße erreicht.
Foto: Wolfgang Kiebert, Juni 2002

Schöneweide entwickeln und bauen lassen. Die Idee für ein derartiges Sonderfahrzeug geht auf den ehemaligen Geschäftsführer der S-Bahn Berlin GmbH, Axel Nawrocki, zurück, der diesen Zug als S-Bahn-Cabrio geplant hatte. Dem entgegen standen Sicherheitsbedenken und Stabilitätsgründe aus wagenbaulicher Sicht. Je nach Witterung und Jahreszeit lässt sich ein als Cabrio gebautes Fahrzeug zudem nur bedingt einsetzen. Aus diesen Gründen wurde ein geschlossener Zug entwickelt, der den Fahrgästen bei größtmöglichem Komfort einen umfassenden Blick auf die Stadtlandschaft bieten sollte. Um die Zulassungsmodalitäten durch das Eisenbahn-Bundesamt zu vereinfachen, wurden für den Bau des »Gläsernen S-Bahnzuges« zwei Trieb- und ein Beiwagen der Baureihe 477/877 verwendet.

Als Spenderfahrzeuge dienten die ohnehin zur bahnamtlichen Untersuchung anstehenden ET 477 105 und 130 sowie der EB 877 130. Die Wagenkästen der beiden Triebwagen, 1943 von der Waggonbaufabrik Dessau ausgeliefert, sowie der 1958 im damaligen Raw Schöneweide gebaute Beiwagen mussten wegen starker Korrosionsschäden auf den vorhandenen Untergestellen neu aufgebaut werden. In die Seitenwände wurden die von einer Schweizer Firma gebauten Verbund-Thermofenster eingelassen, die als gewölbte Panoramascheiben bis in den Dachbereich hochgezogen sind. Jeder Wagen hat im Gegensatz zu den Altbauzügen nur eine doppelflüglige Schwenkschiebetür, die sich mit einem Taster öffnen und schließen lässt. Die Stirnfront, entsprechend der Signalordnung mit dem dritten Spitzenlicht versehen, hatte man den Triebwagen der BR 477 angepasst. Drehgestelle, Motoren, Antrieb und Zugsteuerungsanlage wurden nach Aufarbeitung übernommen, die einlösige Druckluftbremse durch eine mehrlösige ersetzt. Das äußere Erscheinungsbild wurde in der traditionellen Farbgebung gehalten. Der Fahrgastraum ist mit Teppichboden ausgekleidet und mit neu entwickelten und rotem Plüsch bezogenen Sitzen ausgestattet. Die Triebwagen haben jeweils 26 Sitze mit einer 2+1-Anordnung, wobei die Einzelsitze um 180 Grad drehbar sind. Jeder Sitz verfügt über einen Kopfhöreranschluss, der von einer viersprachigen Multimediaanlage gespeist wird. Der Serviceplatz für die Bedienung der Anlage befindet sich zusammen mit einer Bar und einer behindertengerechten Toilette im Mittelwagen des Zuges. Um den Behinderten genügend Bewegungsfreiheit zu geben, wurden nur 13 Einzelsitze in den Mittelwagen eingebaut. Beleuchtet wird der klimatisierte Zug über ein mittig im Dachbereich angeordnetes Leuchtband, wobei die Lichtstärke über einen Dimmer stufenlos regelbar ist. Entsprechend dem Charakter dieses Zuges sind die beiden Führerstände durch eine Glaswand vom Fahrgastraum abgetrennt, so dass die Fahrgäste jederzeit einen freien Ausblick auf die befahrene Strecke haben. Nach Zulassung durch das Eisenbahn-Bundesamt ging die Panorama-S-Bahn am 6. August 1999 auf ihre erste offizielle Fahrgastfahrt zwischen Ostbahnhof und Grunewald. Zu der am häufigsten von ihr befahrenen Strecke gehört die »halbe Runde« vom Ostbahnhof über den Südring auf die Stadtbahn nach Charlottenburg.

CHRONIK DER NEUNZIGER JAHRE

1990

1. März	Vorstellung einer grenzüberschreitenden S-Bahn-Planung durch die DR und den Berliner Senat
2. Juli	Wiederaufnahme des durchgehenden S-Bahn verkehrs auf der Stadtbahn; Eröffnungszüge: BVG: 275 525+26/542+41/587+88/590+89 DR: 275 529+30/834+33/347+48/582+81
28. Juli	Aufnahme des zweigleisigen Betriebs zwischen Marienfelde und Lichtenrade
1. September	Wiedereröffnung der Bahnhöfe Unter den Linden und Nordbahnhof
27. September	Erprobung eines DR-Zuges der BR 270 im Netz der BVG
15. Oktober	Baubeginn für die Lückenschlüsse Frohnau–Hohen Neuendorf und Lichtenrade–Blankenfelde
...	Erstellung eines Pflichtenheftes für einen neuen S-Bahnzug durch die BVG und die DR vom Herbst 1990 bis April 1991
5. November	Erster Fahrgasteinsatz der Serienzüge der BR 480
1. Dezember	Eröffnung des Haltepunkts Schichauweg
22. Dezember	Wiedereröffnung des Bahnhofs Bornholmer Straße
	Zum Jahresende beginnt die DR die Altbauzüge wieder in den traditionellen Farben ocker/rot zu lackieren.

1991

22. Januar	Erster Einsatz eines BVG-Zuges der BR 480 im DR-Netz
2. April	Einstellung des Zugverkehrs zwischen Gesundbrunnen und Friedrichstraße wegen der Sanierung des Nord-Süd-Tunnels
2. Juni	Einführung eines einheitlichen Liniennummernsystems für alle Verkehrsmittel im Raum Berlin (S-Bahn: farbige Liniennummernschilder)
1. Juli	Beginn der Umzeichnung der S-Bahnzüge auf das ab 1. Januar 1992 gültige Nummernschema der Deutschen Bahnen (DB und DR)
1. August	Einführung eines gemeinsamen Tarifs für alle Nahverkehrsmittel im Raum Berlin
5. August	Eröffnung des Bahnhofs Bornholmer Straße Ost
18. August	Zusätzliche Einstellung des Zugverkehrs zwischen Friedrichstraße und Anhalter Bahnhof wegen der Tunnelsanierung
6. September	Überführung des ersten BVG-Zuges in das Raw Schöneweide zur Hauptuntersuchung

1992

31. Januar	Um- und Rückbenennung folgender Bahnhöfe: Bruno-Leuschner-Straße in Raoul-Wallenberg-Straße; Karl-Maron-Straße in Poelchaustraße; Otto-Winzer-Straße in Mehrower Allee; Leninallee in Landsberger Allee
1. März	Wiedereröffnung des sanierten Nord-Süd-Tunnels sowie des S-Bahnhofs Potsdamer Platz
1. April	Wiederaufnahme des S-Bahnbetriebs auf der Strecke Wannsee–Potsdam; Auflösung der Dienststelle S-Bw Papestraße
31. Mai	Wiederaufnahme des S-Bahnbetriebs auf der Strecke Frohnau–Hohen Neuendorf; Umbenennung folgender Bahnhöfe: Marx-Engels-Platz in Hackescher Markt, Mariendorf in Attilastraße und Steglitz in Rathaus Steglitz
1. August	Rückübertragung der Betriebsrechte zwischen Lehrter Stadtbahnhof und der Landesgrenze bei Griebnitzsee von der BVG an die DR

31. August	Wiederaufnahme des S-Bahnbetriebs auf der Strecke Lichtenrade–Blankenfelde
23. November	Inbetriebnahme des zweiten Gleises zwischen Mahlsdorf und Hoppegarten
21. Dezember	Eröffnung des Haltepunktes Birkenstein

1993

Mai	Inbetriebnahme des ersten elektronischen Stellwerks für die S-Bahn in Westkreuz mit Einführung der Ks-Signale zwischen Lehrter Stadtbahnhof und Westkreuz
23. Mai	Rückbenennung des Bahnhofs Ernst-Thälmann-Park in Greifswalder Straße
Juni	Inbetriebnahme des elektronischen Stellwerks Wannsee für die Strecke Westkreuz–Potsdam Stadt (heute: Potsdam Hbf.)
September	Beginn der Auslieferung der von der DR bestellten zweiten Serie der BR 480
17. Dezember	Wiederaufnahme des S-Bahnbetriebs auf dem Südring zwischen Westend und Baumschulenweg Umbenennung folgender Bahnhöfe: Schmargendorf in Heidelberger Platz und Wilmersdorf in Bundesplatz (Angleichung an die gleichnamigen U-Bahnhöfe)

1994

1. Januar	Beendigung der S-Bahn-Betriebsführung durch die BVG in West-Berlin
29. Mai	Umbenennung der folgenden noch stillgelegten Bahnhöfe: Reinickendorf in Alt-Reinickendorf, Wittenau (Kremmener Bahn) in Karl-Bonhoeffer-Nervenklinik, Eichbornstraße in Eichborndamm und Putlitzstraße in Westhafen
30. Mai	Aufnahme des S-Bahnbetriebs zwischen Oranienburg und Hennigsdorf (S19) mit der Duo-S-Bahn (Diesel- und Elektroantrieb)
17. Oktober	Verschwenkung der S-Bahn- auf die Fernbahngleise zwischen Hauptbahnhof und Lehrter Stadtbahnhof wegen der Sanierung der Stadtbahn; Schließung der Bahnhöfe Jannowitzbrücke und Hackescher Markt; Errichtung eines Notbahnsteigs für den Haltepunkt Hackescher Markt in Richtung Osten
31. Oktober	Verlegung der S-Bahn im Abschnitt Zoologischer Garten–Lehrter Stadtbahnhof auf die Fernbahn und Schließung der Bahnhöfe Bellevue und Tiergarten

1995

1. Januar	Gründung der S-Bahn Berlin GmbH als Tochter der DB AG
26. Mai	Letzter Betriebstag der Duo-S-Bahn auf der Linie S19
28. Mai	Wiederaufnahme des S-Bahnbetriebs auf den Strecken Schönholz–Tegel und Priesterweg–Lichterfelde Ost
3. Juli	Vollsperrung des Abschnitts Adlershof–Flughafen Berlin-Schönefeld wegen Grundinstandsetzung (bis 4. September 1995)

1996

22. Februar	Präsentation der BR 481 in der Hauptwerkstatt Schöneweide
8. Juni	Schließung der Betriebswerkstatt Grünau wegen Abriss und Neubau
26. August	Wiederinbetriebnahme der S-Bahngleise zwischen Zoologischer Garten und Lehrter Stadtbahnhof nach Abschluss der Sanierung
18. Oktober	Wiedereröffnung des Bahnhofs Jannowitzbrücke
21. Oktober	Wiederinbetriebnahme der S-Bahngleise zwischen Lehrter Stadtbahnhof und Hauptbahnhof (heute: Ostbahnhof) nach Abschluss der Sanierung; Wiedereröffnung des Bahnhofs Hackescher Markt
11. Dezember	Erster Fahrgasteinsatz der BR 481

1997

März	Das Steuerviertel 475/875 602 erhält als letzter Viertelzug der Bauart »Stadtbahn« eine Hauptuntersuchung
15. April	Wiederaufnahme des S-Bahnbetriebs auf der Strecke Westend–Jungfernheide
19. Mai	Umbenennung des Bahnhofs Spandau West in Spandau

29. August	Außerbetriebnahme des Bahnsteigs B im Bahnhof Friedrichstraße für den S-Bahnverkehr (abends)
1. September	Aufnahme des durchgehenden zweigleisigen Betriebs auf dem Bahnsteig C des Bahnhofs Friedrichstraße
30. September	Eröffnung und Übergabe des von der Wohnpark GmbH finanzierten S-Bahn-Haltepunkts Bernau-Friedenstal an die S-Bahn Berlin GmbH
1. Dezember	Inbetriebnahme des neu gebauten Bahnsteigs B im Bahnhof Gesundbrunnen; Inbetriebnahme des zum Mittelbahnsteig umgebauten, stadtauswärts führenden Inselbahnsteigs des Bahnhofs Bornholmer Straße
18. Dezember	Wiederaufnahme des S-Bahnbetriebs auf dem Abschnitt Neukölln–Treptower Park
21. Dezember	Letzter Planeinsatz der BR 475 auf den Linien S3, S4, S5, S6, S7 und S8; feierliche Verabschiedung der BR 475 mit einer Sternfahrt zum Bahnhof Ostkreuz

1998

16. Januar	Wiederaufnahme des S-Bahnbetriebs auf dem Abschnitt Westkreuz–Pichelsberg; Inbetriebnahme des ersten Sonderbahnsteigs im Bahnhof Olympiastadion
21. Februar	Stilllegung des Bahnsteigs A im Bahnhof Gesundbrunnen, anschließend Abriss und Neubau
31. März	Vorstellung des »Staubsaugerzuges« der Fa. Wiebe (erstes privates Arbeitsfahrzeug bei der S-Bahn) auf dem Bahnhof Wartenberg
4. Mai	Beendigung des seit 1994 bestehenden Dienstleistungs-Überlassungsvertrags mit der BVG; Übernahme von 300 Mitarbeitern durch die S-Bahn Berlin GmbH
24. Mai	Rückbenennung des Hauptbahnhofs in Ostbahnhof
7. Juli	Vorstellung eines Fahrsimulators für die BR 481 in der Hauptwerkstatt Schöneweide
…	Nach einer Grundsatzentscheidung im Sommer 1998 werden die Züge der BR 481 ab Ende 1999 in der traditionellen Farbgebung ausgeliefert
25. September	Wiederaufnahme des S-Bahnbetriebs auf dem Abschnitt Lichterfelde Ost–Lichterfelde Süd; Inbetriebnahme des neuen Haltepunkts Osdorfer Straße
6. November	Wiederinbetriebnahme der neu gebauten Betriebswerkstatt Grünau
15. Dezember	Wiederaufnahme des S-Bahnbetriebs auf dem Abschnitt Tegel–Hennigsdorf
30. Dezember	Wiederaufnahme des S-Bahnbetriebs auf dem Abschnitt Pichelsberg–Spandau; Umbenennung des Bahnhofs Spandau in Stresow

1999

20. Januar	Vorstellung des dreiteiligen Panorama-S-Bahnzuges 488 001/888 001/488 501 aus den Fahrzeugen der BR 477 (ex 477105/877130/477 130) in der Hauptwerkstatt Schöneweide
6. April	Beginn der Grundsanierung der Strecke Anhalter Bahnhof–Wannsee
5. Mai	Beendigung des im Juli 1998 begonnenen Aufbaus dreier Sonderbahnsteige im Bahnhof Olympiastadion (betriebsbereit ab 29. Mai)
31. Mai	Vollständige Sperrung des Streckenabschnitts Treptower Park–Baumschulenweg wegen Grundsanierung
6. August	Inbetriebnahme des Panorama-S-Bahnzuges mit einer Sonderfahrt
8. August	75-jähriges Jubiläum der elektrischen Berliner S-Bahn. Aus diesem Anlass fanden am 7. und 8. August eine Fahrzeugausstellung im Bahnhof Olympiastadion sowie ein Fahrzeugkorso zwischen Olympiastadion und Pichelsberg statt
Dezember	Umzug der Betriebsleitung der Berliner S-Bahn (BL-S und Zugleitungen Ost, West, Ring und Nord/Süd) von der Invalidenstraße in das Gebäude des Schaltwerks Halensee
19. Dezember	Wiederinbetriebnahme des Ringbahnabschnitts Jungfernheide–Westhafen (früher: Putlitzstraße)

Quelle: Berliner Verkehrsblätter, 75 Jahre Berliner S-Bahn – Eine Chronik, 46.Jahrgang, Nr.8, August 1999

S-BAHN 2000

Die S-Bahn nach der Jahrtausendwende

Kommt sie oder kommt sie nicht? Gemeint ist ein S-Bahnneubau in Nord-Süd-Richtung, der seit 1993 den Projektnamen »S21« trägt. In den dreißiger Jahren des letzten Jahrhunderts im Rahmen des Umbaus von Berlin zur »Welthauptstadt Germania« geplant und durch Krieg sowie die Teilung Berlins im August 1961 in Vergessenheit geraten, wurde der Plan nach Übernahme der S-Bahn in West-Berlin am 9. Januar 1984 durch die BVG wieder aufgegriffen. Wie bereits beschrieben, sollten nach einer von mehreren Planungsvarianten die aus Wannsee und Lichtenrade kommenden Strecken am wiederaufzubauenden Bahnhof Kolonnenstraße zusammengeführt und auf einer Stichstrecke am Gleisdreieck mit der U-Bahnlinie U1 verknüpft werden. Finanzielle Gründe ließen die Bauabsichten in den Hintergrund rücken. Mit dem Fall der Mauer und der Wiedervereinigung wurde 1990 der Plan zum Bau einer zweiten Nordsüd-S-Bahn wieder aktuell. Unter Berücksichtigung alter Reichsbahnplanungen war am Gleisdreieck eine Verknüpfung der U-Bahnlinien U1 und U2 mit der S-Bahn vorgesehen. Am Potsdamer Platz sollte die S-Bahn in den Nordsüd-Tunnel unter Nutzung bereits vorhandener Tunnelstutzen eingefädelt und dann zum Nordring durchgebunden werden. Das oberste Priorität genießende Lückenschlussprogramm zur Wiederherstellung des S-Bahnnetzes von 1961 sowie die wegen des Substanzverlustes notwendigen Sanierungsmaßnahmen ließen das Neubauprojekt abermals in den Hintergrund geraten. Nach politisch kontroverser Diskussion konnte man dem *Tagesspiegel* vom 1. Februar 1995 entnehmen, dass die Trasse für das Projekt »S21« freigehalten werden soll. Eine Entscheidung über den Bau sollte jedoch erst nach der Jahrtausendwende fallen. *Mit diesem Beschluss beugte sich der Senat, der die umstrittene Trassenfreihaltung erst Mitte Dezember abgelehnt hatte, am Dienstag dem Votum des Abgeordnetenhauses vom 26. Januar. Die S21 soll langfristig das Spreebogenareal und das neue Stadtquartier am Potsdamer Platz erschließen und die Anbindung zum Lehrter Bahnhof verbessern. … Für die Freihaltung der Trasse haben sich inzwischen auch die Deutsche Bahn AG, die Industrie- und Handelskammer sowie der Vorstandsvorsitzende der Daimler-Benz-Tochter debis ausgesprochen,* so die weiteren Ausführungen des Zeitungsartikels. Nach parlamentarischer Behandlung und Festlegung der Streckenführung durch die Senatsverkehrsverwaltung im Zielnetz vom Juni 1995 genießt zunächst der Bau der nördlichen Spitzkehre mit Einführung der Gleise in den Nordring nach Westhafen bzw. Wedding Priorität.

Der Hauptzweck der S21 liegt nach Auffassung der Senatsverkehrsverwaltung in der direkten Verbindung von etwa 60 S-Bahnhöfen mit dem Parlaments- und Regierungsviertel sowie dem neuen Zentralbahnhof. Aus diesem Grund wurde der S-Bahnneubau 1997 in den Flächennutzungsplan (FNP) aufgenommen. Im Bereich der Perleberger Brücke ist ein Turmbahnhof in V-Form geplant. In südlicher Richtung soll die Trasse zum Reichstag geführt werden und nördlich des Bahnhofs Potsdamer Platz in die alte Nordsüd-Bahn einmünden. Über den neu zu bauenden Umsteigebahnhof zwischen U- und S-Bahn am Gleisdreieck soll die S21 in die Strecken nach Wannsee sowie Lichterfelde Süd/Teltow Stadt und Blanken-

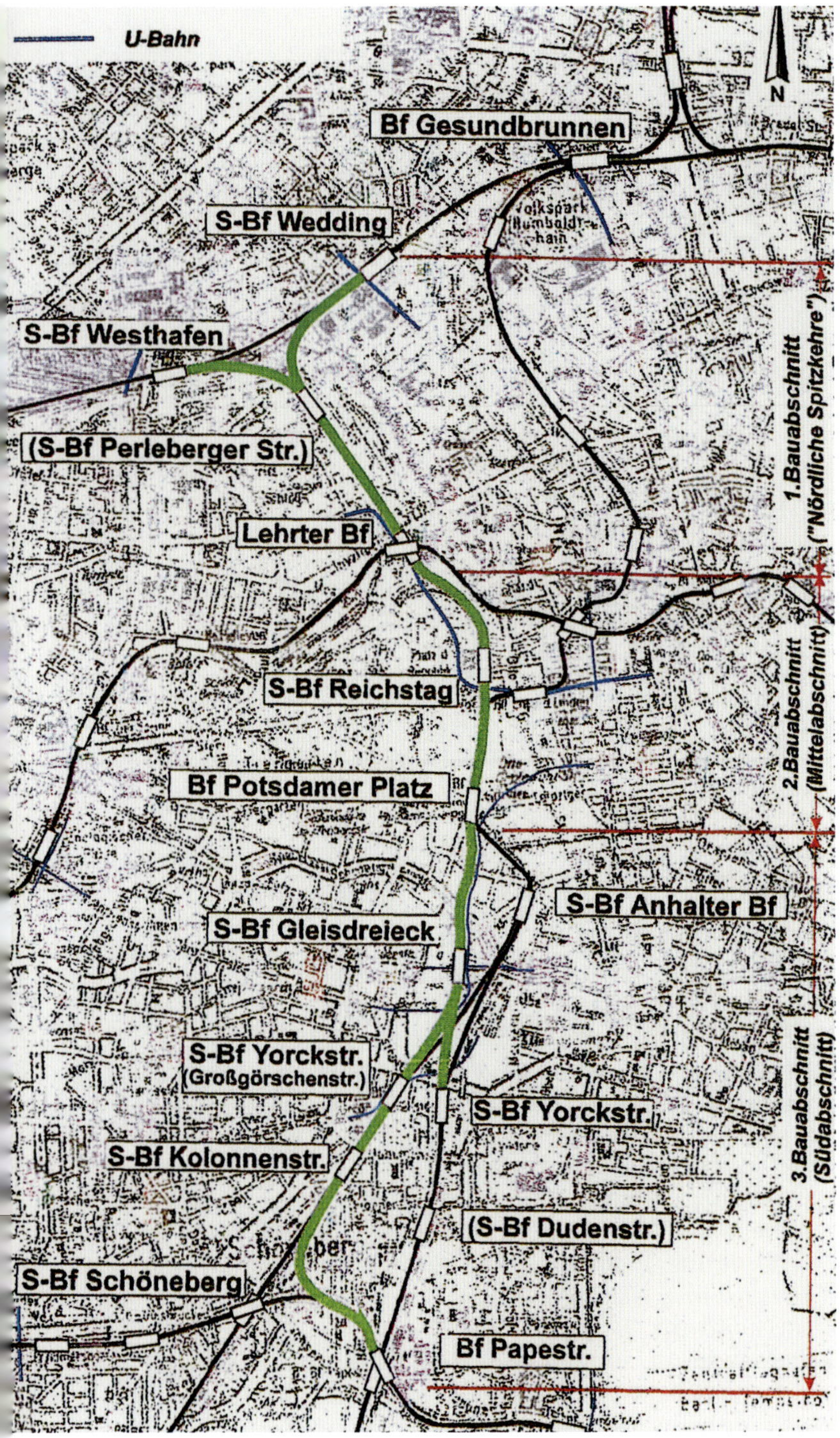

Plan für das »Projekt S21« als zweiter Nordsüd-Tunnelstrecke.
Alfred B. Gottwaldt: Das Berliner U- und S-Bahnnetz, 1. Auflage 2004, transpress Verlag, S.68

felde eingefädelt werden. Am 13. Oktober 2000 wurde nach einer Bestellung des Senats an die Deutsche Bahn AG der Startschuss zum Bau der S21 im Nordabschnitt durch den Verkehrssenator Peter Strieder und Peter Debuschewitz von der DB AG gegeben. Um beim Bau der notwendigen Kreuzungsbauwerke am Nordring Kosten zu sparen und den Betrieb nicht unterbrechen zu müssen, wurde der Ringschluss zwischen Westhafen und Gesundbrunnen auf Juni 2002 verschoben. Wer die Hoffnung hegte, die S21-Spitzkehre würde mit Inbetriebnahme des neuen Zentralbahnhofs – inzwischen auf das Jahr 2006 verschoben – ebenfalls in Betrieb gehen, wurde schnell eines Besseren belehrt. Bis 2006 sollen die Vorsorgemaßnahmen für den Bau der Spitzkehre bis zum Lehrter Bahnhof abgeschlossen sein, nicht jedoch der Bau selbst, so konnte man dem Wochenmagazin des Senders B1 am 9. April 2001 entnehmen. In der Karte zur Grunderneuerung und den Lückenschlüssen von DB Netz – Stand Juni 2001 – ist der S21-Ausbau im Nordabschnitt unter dem Punkt »Weitere Maßnahmen nach 2006« vermerkt. Ebenfalls nach 2006 soll die »Siemensbahn« reaktiviert werden, um die Wasserstadt Oberhavel, für die eine Trasse im Flächennutzungsplan freigehalten wird, über Gartenfeld und Jungfernheide mit der S21 an den Innenstadtbereich besser anbinden zu können. Eine Realisierung der Planung dürfte jedoch erst nach 2010 erfolgen. In die Zeit nach 2010 dürfte auch der Ausbau der S21 im Südabschnitt fallen, für den bei der Bebauung des Potsdamer Platz-Areals Bauvorleistungen erbracht wurden. Inwieweit sich die bislang nur S-Bahn intern veröffentlichte Planung zum Wiederaufbau der Cheruskerkurve in Schöneberg, über die die S21 von der »Wannseebahn« zum Ringbahnhof Papestraße geführt werden soll, umsetzen lässt, bleibt abzuwarten.

Lückenschluss am Nordkreuz

Dem Ringschluss ein Stück näher kam die S-Bahn am 17. September 2001. Nach gut 40 Jahren wurde die letzte durch den Mauerbau 1961 entstandene Lücke zwischen Schönhauser Allee und Gesundbrunnen geschlossen. Mit dem Lückenschluss am Nordkreuz waren Veränderungen in der Linienführung der S2, S4, S8 und S85 verbunden. Die S2, die zwischen Blankenfelde/Lichtenrade und Nordbahnhof/Waidmannslust verkehrte, wurde am Bahnhof Bornholmer Straße in die Stettiner Bahn eingeführt und übernahm bis Bernau die Aufgaben der S4. Die S4 als geplante Vollringlinie befuhr den Abschnitt Gesundbrunnen–Westhafen über Ostkreuz, Papestraße und Westkreuz. Die S8 wurde auf den Zuglauf Grünau–Schönhauser Allee bzw. Gesundbrunnen beschränkt. Ihre Aufgabe im Norden und Nordosten übernahm die neu eingerichtete Linie S26, die von Lichterfelde Süd kommend über die Nordsüd-Bahn, Bornholmer Straße, Blankenburg und Hohen Neuendorf nach Birkenwerder geführt wurde. Im Abend- und Nachtverkehr ersetzte sie gleichzeitig die Linie S25, die nach 20.00 Uhr auf den Zuglauf Hennigsdorf–Potsdamer Platz beschränkt wurde. Die S85, die zwischen Spindlersfeld und Blankenburg verkehrte, wurde bis zum Bahnhof Schönhauser

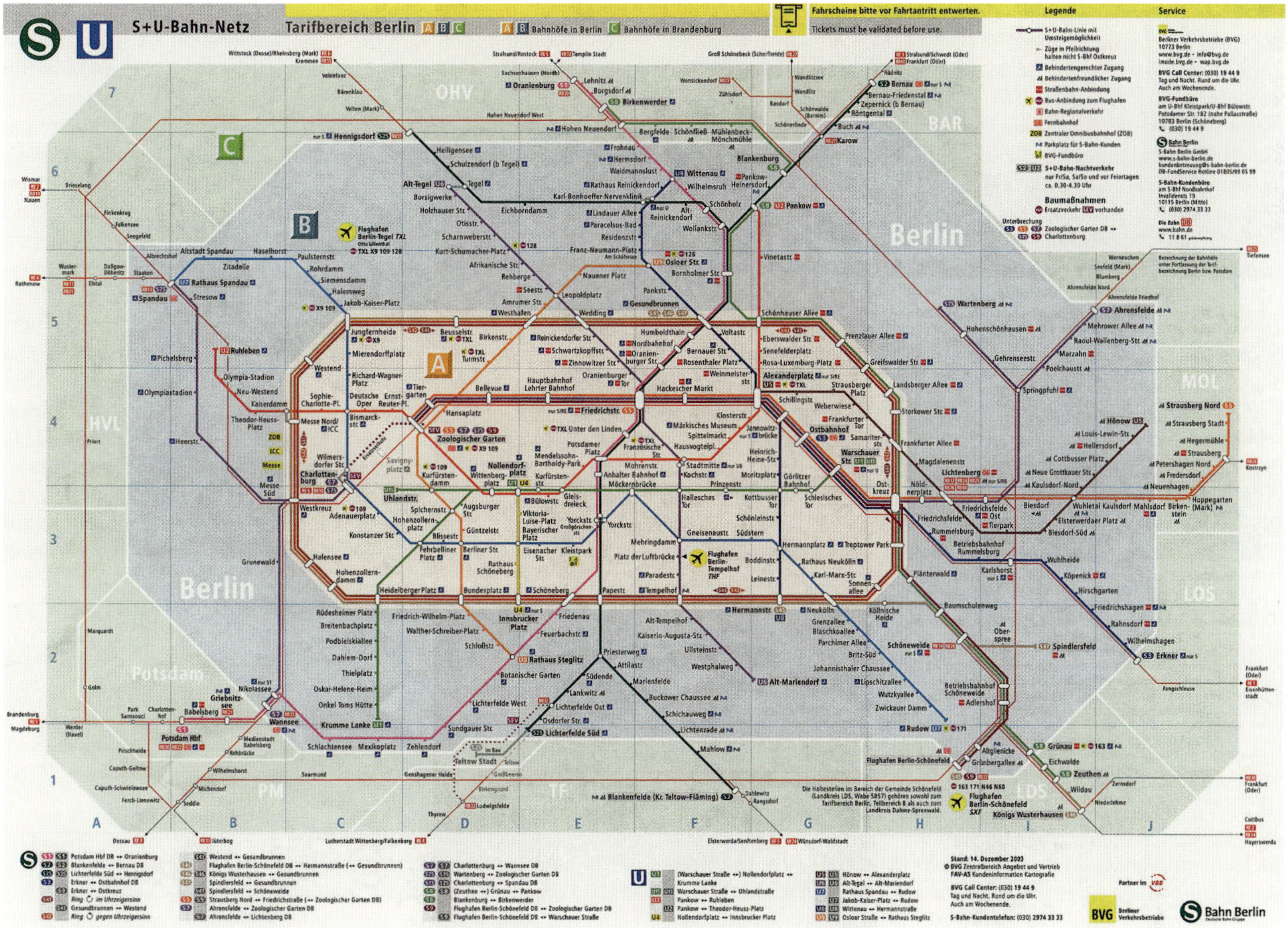

Netzplan von 2004. *Slg.: Wolfgang Kiebert*

Allee zurückgezogen. Um die für die geplanten Linienänderungen notwendigen Bauarbeiten am Nordkreuz durchführen zu können, wurden am 10. September um 4.00 Uhr alle sicherungstechnischen Einrichtungen einschließlich des Streckenblocks AB70 zwischen Greifswalder Straße und Pankow außer Betrieb genommen. Die 1961 errichtete Kurve zur Anbindung des Nordrings an die nach Bernau und Oranienburg führenden Strecken wurde zwischen Schönhauser Allee und Pankow stillgelegt und abgebaut. Gleichzeitig hatte der im August 1991 eröffnete Haltepunkt Bornholmer Straße Ost nach zehn Betriebsjahren ausgedient. Mit der Aufstellung von Ks-Signalen im Bereich Greifswalder Straße–Gesundbrunnen–Bornholmer Straße–Pankow, die von den elektronischen Stellwerken (ESTW) Wkb mit dem Stellrechner Bornholmer Straße (UZ BoS) und Wkn mit dem Stellrechner Nordkreuz (UZ Nkr) gesteuert werden, konnten die Stellwerke Pks und Vpr (S-Bahn) sowie die Blockstelle BoS außer Betrieb genommen werden. Im Zuge der sicherungstechnischen Umstellung wurde das Stellwerk B3 in Greifswalder Straße an den Stellrechner Nordkreuz, das Stellwerk Bkb in Berlin-Blankenburg sowie die Blockstelle BPHD (Pankow-Heinersdorf) an den Stellrechner Bornholmer Straße angepasst. Während der Baumaßnahmen wurde der S-Bahnverkehr durch Gleissperrungen betrieblich unterbrochen und mehrfach verändert durchgeführt. Die von Westhafen kommenden Ringbahnzüge endeten im Bahnhof Greifswalder Straße, die Züge der Linie S85 wurden auf den Abschnitt Spindlersfeld–Ostkreuz verkürzt. Die Aufgaben der S8 wurden auf dem Abschnitt Grünau–Ostkreuz durch die ganztägig eingesetzte Linie S6 übernommen. Im nördlichen Berliner Umland wurde der gebrochene Umlauf der S8 bis zum 14. September auf den Abschnitt Birkenwerder–Mühlenbeck-Mönchmühle beschränkt. Die Lücken im S-Bahnnetz wurden durch Busse im Schienenersatzverkehr (SEV) sowie durch die U-Bahnlinie U2 im Raum Pankow–Schönhauser Allee geschlossen. Der

Streckenabschnitt Pankow–Blankenburg wurde von der S-Bahn im Pendelbetrieb bedient. Am 14. September wurden die Züge der Linien S4 und S8 aus Bernau bzw. Birkenwerder mit Betriebsbeginn bis zum Bahnhof Bornholmer Straße durchgebunden, am 17. September erfolgte dann die Inbetriebnahme der Streckenabschnitte Bornholmer Straße–Gesundbrunnen inklusive der Innengleise im Bahnhof Gesundbrunnen sowie der Kehranlage Nord und der Kehre Süd.

Mit dem Lückenschluss am Nordkreuz ergaben sich auch Änderungen im Fahrzeugeinsatz. Die Züge der letzten Vorkriegsbaureihe 477/877 (ehemals BR 167, später BR 277), von denen in der Betriebswerkstatt Grünau und der Außenstelle Erkner zum Fahrplanwechsel noch 138 Viertelzüge stationiert waren, wurden auf den Linien S3 und S9 eingesetzt. Die Linien S4, S45, S46, S8 und S85 wurden von Zügen der Baureihe 485/885 befahren, die neu eingerichtete Linie S26 von Zügen der Baureihe 481/482. Zwischen Bernau/Buch und Lichtenrade/Blankenfelde verkehrten Züge der Baureihen 480 und 481/482. Für die Zugbildung auf der S2 war die Betriebswerkstatt Wannsee zuständig. Damit konnte die der Betriebswerkstatt Grünau zugeordnete Außenstelle Bernau zum 31. Oktober 2001 geschlossen werden.

Der Ring wird geschlossen

Ein Schrecken mit Ende, so überschrieb die *Berliner Zeitung* vom 28. Mai 2002 ihren Artikel zu den bevorstehenden Baumaßnahmen auf der Stadt- und der Nordsüd-Bahn, die im Juni 2002 begannen. Gleisverschwenkung auf der Fern- und S-Bahn im Bereich des ehemaligen Lehrter Bahnhofs sowie eine viermonatige Sperrung des Nordsüd-Tunnels sollten die an Schienenersatz- und Pendelverkehr gewöhnten Berliner auf eine abermalige Geduldsprobe stellen. Um die Baustellen umfahren zu können und damit einen Verkehrskollaps in der Stadtmitte zu vermeiden, nahm die S-Bahn Berlin GmbH am 15. Juni 2002 den letzten Abschnitt auf dem Nordring zwischen Westhafen und Gesundbrunnen wieder in Betrieb. Nach knapp 41 Jahren war der Ring wieder geschlossen, der S-Bahnhof Wedding als letzte Station nach fast 22 Jahren Dornröschenschlaf wieder am Netz. Eröffnet wurde die »Strecke ohne Ende« mit einem symbolischen Akt auf dem Bahnhof Westhafen, bei dem der im traditionellen gelb/rot neu lackierte und mit einer einteiligen Frontscheibe versehene Halbzug BR 485/885 066+070 mit dem Halbzug BR 485/885 018+141 gekuppelt wurde. Nach dem offiziellen Festakt, der mit einer Fahrt des Sonderzuges zum Bahnhof Wedding beendet wurde, hatten die Berliner Gelegenheit, die Innenstadt auf so genannten Schnupperfahrten zu umrunden. Reine Vollringfahrten, wie sie planmäßig ab 1944 nach Stilllegung der Südringspitzkehre zum Potsdamer Ringbahnhof bis zum Mauerbau 1961 stattfanden, waren im neu entwickelten Konzept nicht mehr vorgesehen, da sich Vollringzüge mit einer Fahrzeit von 63 Minuten nicht in die Fahrpläne der den Ring berührenden Züge einfügen lassen. In der Zeit der Bauphase vom 16. Juni bis zum 12. Oktober wurden die Züge der Linie S2 aus dem Raum Bernau/Buch am Bahnhof Gesundbrunnen in den Ring eingefädelt. Nach anderthalb Umrundungen als S42 verließen die Züge östlich des Bahnhofs Neukölln den Ring als S46 oder S47 nach Königs Wusterhausen bzw. Spindlersfeld. In der Gegenrichtung verkehrten die aus Südosten kommenden Züge als S41 über den Ring und verließen ihn am Bahnhof Gesundbrunnen über das Nordkreuz Richtung Nordosten. Die Züge der Linie S1 aus dem Raum Oranienburg/Frohnau, der Linie S25 aus Hennigsdorf und der Linie S26 aus Birkenwerder über Blankenburg und Pankow verkehrten im Nordabschnitt bis Nordbahnhof. Die aus Wannsee (S1), Lichterfelde Süd (S25/S26) und Blankenfelde/Lichtenrade (S2) kommenden Züge endeten bis zum 18. August auf den Bahnhöfen Yorckstraße (Großgörschenstraße), Papestraße bzw. Yorckstraße. Nach Freigabe des südlichen Tunnelabschnitts – im Anhalter Bahnhof wurden die Gleise erneuert, der Bahnhof Potsdamer Platz fertiggestellt und mit Unterschottermatten zur Lärmdämmung versehen – wurden die Züge der Linien S1 und S2 ab dem 19. August bis zum Bahnhof Potsdamer Platz durchgeführt. Für die anderen Zuggruppen galt ab dem 16. Juni 2002 folgende Linienführung:

S3	Erkner–Charlottenburg/Grunewald (in der HVZ)
S4	Diese Linie ging in der S41 und S42 auf
S45	Diese Linie entfiel während der Bauarbeiten
S5	Strausberg Nord/Strausberg–Westkreuz
S6	Diese Linie entfiel. Das Angebot übernahmen die Linien S8 und S9
S7	Ahrensfelde–Potsdam Hbf
S75	Wartenberg–Spandau
S8	Zeuthen (in der HVZ)/Grünau–Ostkreuz–Gesundbrunnen–Westkreuz–Papestraße–Greifswalder Straße (montags-freitags), an den Wochenenden nur bis Halensee
S85/ S86	Diese Linien entfielen. Das Angebot übernahmen die Linien S47 und S8
S9	Flughafen Schönefeld–Ostkreuz–Stadtbahn–Spandau, alle zehn Minuten bis Warschauer Straße (Tageszuggruppe)

Durch die Sperrung des Nordsüd-Tunnels waren die beiden im Süden befahrenen Streckenäste der S2 zwischen Yorckstraße und Lichtenrade/Blankenfelde und der S26 zwischen Papestraße und Lichterfelde Süd vom übrigen S-Bahnnetz abgetrennt. Ab dem 19. August wurde der Inselbetrieb um die von der S1 befahrene Strecke zwischen Potsdamer Platz und Zehlendorf erweitert. Um notwendige Wartungs- und Reparaturarbeiten durchführen zu können, mussten die auf dem Inselbetrieb Süd eingesetzten Viertelzüge mit einer Diesellok von Mahlow aus über den südlichen Berliner Außenring in die S-Bahnbetriebswerkstatt Friedrichsfelde in den Nachtstunden überführt werden. Für die in Mahlow notwendigen Rangierfahrten wurde der Streckenabschnitt Lichtenrade–Blankenfelde nachts gesperrt und im Schienenersatzverkehr durch Busse bedient. Südlich des Bahnhofs Lichterfelde Süd hatte man für Notfälle den Hilfsgerätezug 478 521+522, zwei Reservezüge sowie einen für Kleinreparaturen eingerichteten Viertelzug der BR 480 auf Stumpfgleisen abgestellt.

Lehrter Stadtbahnhof: Die S-Bahntrasse wird verschwenkt

Nach gut 120 Betriebsjahren kam am 21. Juni 2002 das unwiederbringliche Aus für den Lehrter Stadtbahnhof, der am 7. Februar 1882 als Lehrter Bahnhof mit einem Mittelbahnsteig für den

Einen Tag nach der Stilllegung wurde mit dem Abriss des Lehrter Stadtbahnhofs begonnen . Nur zwei Monate später waren die alte Stadtbahntrasse mit der Bahnhofshalle abgetragen und die Aufräumarbeiten in vollem Gange.
Fotos: Wolfgang Kiebert, 04.07.2002 (Bild oben) und 06.08.2002 (Bild unten)

S-Bahn-Ersatzverkehr auf der Berliner Stadtbahn: Im Ostbahnhof steht 143 305 mit einem Zug aus Bx-Wagen der Regionalbahn Rhein-Ruhr bereit zur Abfahrt nach Berlin-Spandau.
Foto: Wolfgang Kiebert, 30.06.2002

Stadtbahnverkehr eröffnet wurde. In der Wendezeit nach dem 9. November 1989 sollte sich die Berliner Eisenbahnlandschaft gründlich verändern.

1995 wurde im zentralen Bereich auf dem Gelände des ehemaligen Lehrter Fernbahnhofs mit dem Bau eines Turmbahnhofs als Achsenkreuz für die in Nord-Süd- und Ost-West-Richtung verkehrenden Fernzüge begonnen. Der letzten Baugrube stand der, wie bereits erwähnt, 1987 aufwändig restaurierte Stadtbahnhof im Weg. Trotz Denkmalschutz wurde sein Abriss verfügt, der am Tag nach der Außerbetriebnahme begann. Für zwölf Tage musste der S-Bahnverkehr auf der Stadtbahn unterbrochen werden, damit die S-Bahngleise zum neuen Lehrter Bahnhof verschwenkt werden konnten. Die aus dem Osten kommenden S-Bahnzüge der Linie S5, S7, S75 und S9 kehrten im Bahnhof Friedrichstraße, die Züge der Linie S3 im Ostbahnhof. Die Züge der Verstärkungszuggruppen hatten ihre Endpunkte am Bahnhof Warschauer Straße (S5/S7/S75) bzw. Treptower Park (S9). Im westlichen Abschnitt fuhren die Züge der S7 und S75 bis Potsdam Hbf. bzw. Spandau. Endpunkte im Westen waren die Bahnhöfe Charlottenburg (S7) bzw. Zoologischer Garten (S75). Für fünf Tage mussten die baugeplagten Berliner eine zusätzliche Einschränkung des S-Bahnverkehrs auf der westlichen Stadtbahn hinnehmen. Als bauvorbereitende Maßnahme für die Sanierung der S-Bahnstrecke Zoologischer Garten–Westkreuz wurden ab dem 29. Juni 2002 östlich des Bahnhofs Zoologischer Garten zusätzliche Weichenverbindungen eingebaut. Um den für Materialtransporte benötigten Bauzug im Bahnhof abstellen zu können, wurde ein Bahnsteiggleis gesperrt. Der Abschnitt Zoologischer Garten–Charlottenburg wurde in dieser Zeit von einem Pendelzug bedient. Für den ab dem 22. Juni gesperrten Stadtbahnabschnitt zwischen Friedrichstraße und Zoologischer Garten setzte die DB AG Einsatzzüge (EZ) als S-Bahnersatz auf den Ferngleisen ein. Statt der erwarteten S-Bahnzüge der BR 420 befuhren Elektrolokomotiven der Baureihen 112 und 143 mit Bx-Wagen der Regionalbahnen Nürnberg und Rhein-Ruhr sowie Doppelstockwagen der Regionalbahn Berlin-Brandenburg die Relationen Berlin Ostbahnhof–Berlin-Spandau und Berlin Ostbahnhof–Berlin Zoologischer Garten. Zusätzlich konnten die Regionalexpresszüge RE1, RE3, RE4 und RE5 als S-Bahnersatz benutzt werden.

Am 4. Juli 2002, 4.05 Uhr, begann mit dem Zug S7016 nach Potsdam die Ära des neuen Lehrter Bahnhofs. Nach knapp vier Monaten endete die baubedingte Umfahrung des Innenstadtbereichs in Nord-Süd-Richtung; am 13. Oktober 2002 wurde der S-Bahntunnel nach endgültiger Sanierung um 4.00 Uhr wieder in Betrieb genommen. Damit kehrten die Linien S1, S2, S25 und S26 wieder auf ihre angestammten Trassen zurück. Die Ringbahnlinien S41 und S42, die im Norden auf die S2 und im Süden auf die S46 bzw. S47 übergingen, endeten entsprechend der Nachfrage und Infrastruktur auf den Bahnhöfen Westend bzw. Hermannstraße. Die von Grünau kommende und über den Ring bis Greifswalder Straße fahrende S8 wurde in Gesundbrunnen auf die Nordsüd-Bahn bis Nordbahnhof, tagsüber bei Verdichtung auf einen 10-Minuten-Takt im Wechsel über den Ring bis Halensee geführt.

Die Linienführung ab 13. Oktober 2002

S1:	Oranienburg–Zehlendorf (ab 17.02.2003 bis Wannsee),
S2:	Bernau–Blankenfelde,
S25:	Hennigsdorf–Lichterfelde Süd,
S26:	Birkenwerder–Lichterfelde Süd (über Blankenburg/ Pankow),
S3:	Erkner–Ostbahnhof/Charlottenburg/Grunewald,
S41:	Ring (im Uhrzeigersinn),
S42:	Ring (gegen den Uhrzeigersinn)
S45:	Flughafen Schönefeld–Gesundbrunnen (über Westkreuz),
S46:	Königs Wusterhausen–Gesundbrunnen (über Westkreuz),
S47:	Spindlersfeld–Gesundbrunnen (über Westkreuz),
S5:	Strausberg Nord–Westkreuz (über Stadtbahn),
S7:	Ahrensfelde–Potsdam Hbf. (über Stadtbahn),
S75:	Wartenberg–Spandau (über Stadtbahn),
S8:	Zeuthen/Grünau–Nordbahnhof (über Ostkreuz),
S9:	Flughafen Schönefeld–Spandau (über Stadtbahn).

Nur Busse von Schönhauser nach Gesundbrunnen. Vom 10. bis 15. Juli wird die endgültige Lage der Ringbahn hergestellt, so konnte man der Rubrik *fahren & bauen* der Zeitschrift *punkt 3* im Mai 2003 entnehmen. Um die nötige Baufreiheit für die Vervollständigung des Nordkreuzes im Bereich der Nordostkurve zu erhalten, hatte man die von Schönhauser Allee kommenden Ringbahngleise zunächst durch den Fernbahntunnel geführt und dann nach Norden verschwenkt.

Mit den Arbeiten zur Einfädelung der Gleise der in veränderter Lage wiederaufgebauten Nordostkurve in den Ring wurden gleichzeitig auch die Ringbahngleise in den für die S-Bahn vorgesehenen Tunnel verlegt. Am 16. Juni 2003, 4.11 Uhr, wurde dann der neu gebaute Abschnitt Bornholmer Straße–Schönhauser Allee mit dem ersten planmäßigen Zug S8037 nach

Gleisplan Berlin Nordkreuz für die Fern- und S-Bahn.
Repro aus: Berliner Verkehrsblätter 11/1995

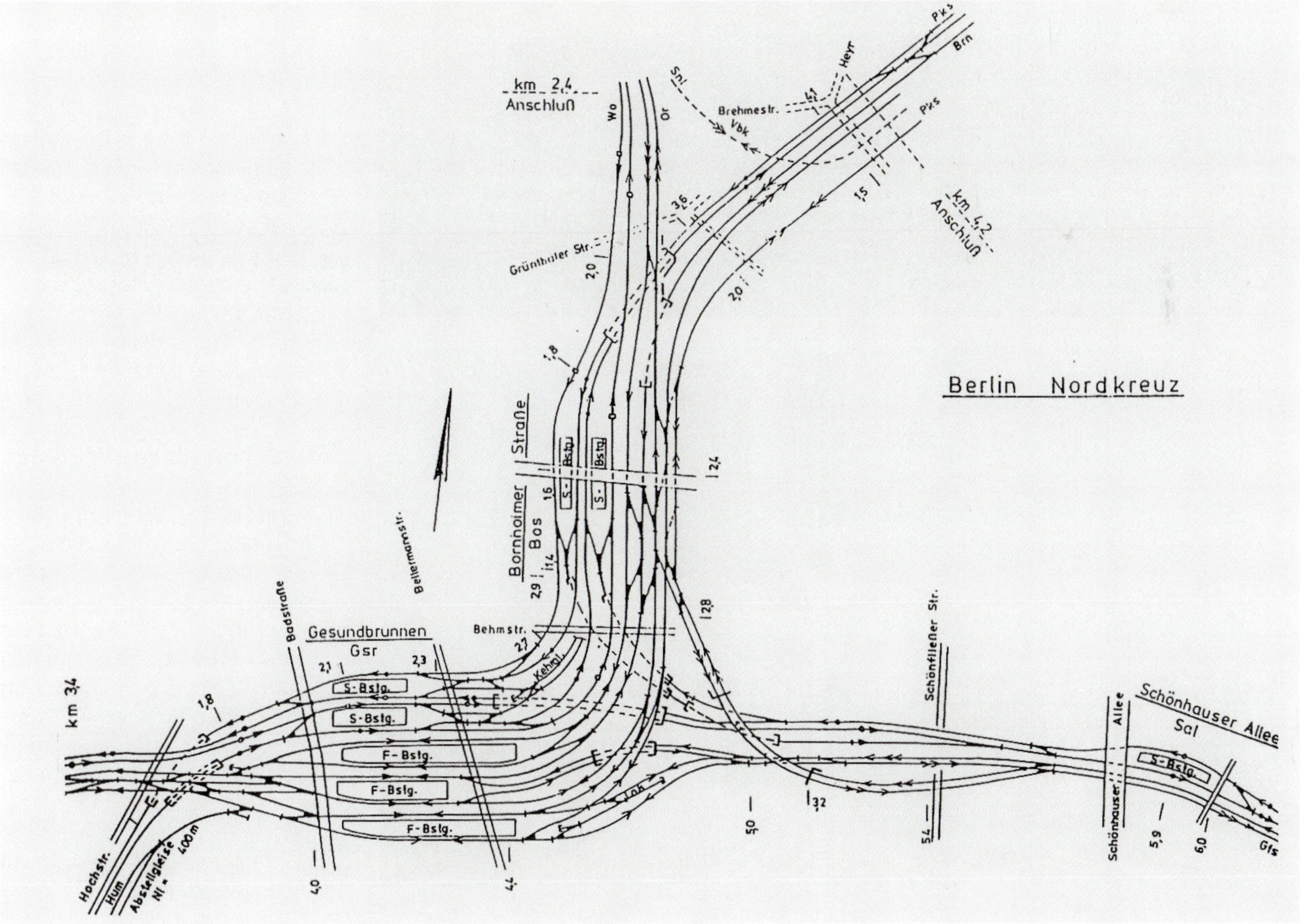

Grünau in Betrieb genommen. Die S26, die bislang den Nordosten Berlins mit Lichterfelde Süd verbunden hatte, wurde durch die S8 ersetzt. Als Tageszuggruppe ging sie in der S25 auf und verkehrt zwischen Lichterfelde Süd und Nordbahnhof. Die S8, die momentan noch in Pankow endet, soll nach Abschluss der Brückenbauarbeiten in Pankow und Blankenburg den an der Nordbahn liegenden Vorort Birkenwerder mit Grünau/Zeuthen verbinden.

Abschied von der Baureihe 477/877

Ende einer Dienstfahrt hieß es am 25. Juli 2003 für die S-Bahnwagen der Vorkriegsbauart 1938/41, den letzten als BR 477/ 877 bezeichneten und im Plandienst auf der S3 nach Erkner fahrenden Altbauzügen. Früher als erwartet standen ausreichend Neubaufahrzeuge der BR 481/482 zur Verfügung, um den 1996 eingeleiteten Generationswechsel

Auf der Fahrt nach Erkner verlässt ein Vollzug der BR 477/877 Berlin-Ostbahnhof.
Foto: Wolfgang Kiebert, März 2001

Auf der Linie S8 eingesetzt, begegnen sich zwei Züge der BR 477/877 am Bahnhof Treptower Park.
Foto: Wolfgang Kiebert, August 2002

Am Ringbahnsteig des Bahnhofs Ostkreuz wartet ein Vollzug der BR 477/877 auf seine Weiterfahrt nach Gesundbrunnen über Papestraße und Westkreuz.
Foto: Wolfgang Kiebert, Oktober 2002

Zugbegegnung in Erkner: Im Mai 2003 wurde die Strecke zwischen Ostbahnhof und Erkner noch hauptsächlich von den Altbauzügen der BR 477/877 befahren.
Foto: Wolfgang Kiebert, 10.05.2003

im Triebfahrzeugpark der Berliner S-Bahn abschließen zu können.

Nur noch im Bedarfsfall wurden die in Erkner als Betriebsreserve stationierten 19 Viertelzüge der BR 477/877 eingesetzt. Bis zum 12. September 2003 kam ein Vollzug der ehemaligen Peenemünder Steuerviertel 477/877 601-608 wochentags auf der S75 zwischen Wartenberg und Warschauer Straße, an den Wochenenden auf der S5 zwischen Friedrichstraße und Strausberg zum Einsatz. Nach 20.00 Uhr wurde der Vollzug in Mahlsdorf in Zweiwagenzüge getrennt, die im Spätverkehr als Zuggruppe »Klein Erna« (E II) den nur noch wenig frequentierten Abschnitt Mahlsdorf–Strausberg Nord befuhren. Am 13. September wurden sie von Viertelzügen der BR 480.0-480.5 (Doppeltriebwagen) abgelöst. Verabschiedet wurden die letzten Altbaufahrzeuge am 2. November 2003 mit einer Party in Erkner, die unter dem Motto »Forever young – S-Bahn Berlin« stand.

Vier Vollzüge der BR 477/877 hatte die S-Bahn Berlin GmbH an diesem Tag als Zubringer nach Erkner mit folgenden Zugläufen eingesetzt:

Zug 1: Oranienburg–Gesundbrunnen–Nordring–Südring–Ostkreuz–Ostbahnhof–Erkner;
Zug 2: Grünau–Pankow–Grünau–Neukölln–Südring–Nordring–Gesundbrunnen–FrankfurterAllee–Ostbahnhof–Erkner;

Forever young – S-Bahn Berlin
Abschiedsparty für die Altbaufahrzeuge

2. 11. 2003, 11 - 16 Uhr

S Bahn Berlin
Deutsche Bahn Gruppe

S-Bahn Berlin GmbH
Zentrale
Invalidenstraße 19
10115 Berlin

www.s-bahn-berlin.de

Verkehrsanbindung
Nordbahnhof
S1, S2, S25
Tram 8, 50
Bus 147, 245

S-Bahn Berlin GmbH · Invalidenstraße 19 · 10115 Berlin

Zentrale **M 4, M 400, M 450, FBG 107** (100), **Betriebsbereich** (140)
Bw **WF** (5), **WG** (4), **WW** (5)
Kundenzentrum BALE, BFRI, BLO, BPD, BSPD, BZOO

Bearbeiter/in	Telefon	Telefax	Datum
Jörg Danckwortt	030 297-43255	030 284453-6255	2003-10-22
	E-Mail		Unser Zeichen
Betrieb	Joerg.Danckwortt@s-bahn-berlin.de		B 52/Dan

Fahrplananordnung 477

Fahrplananordnung zum Abschied der Altbaufahrzeuge bei der Berliner S-Bahn am 2. November 2003 (So)

Am 2.11.2003 (So)

werden die Altbaufahrzeuge der Berliner S-Bahn verabschiedet. Zu Sonderfahrten kommen letztmalig vier Vollzüge der BR 477 zum Einsatz. Außerdem verkehren die Züge der Linie S 3 mit Zugstärke 4/4 sowie mit einem an die Erfordernisse angepaßten Fahr- und Umlaufplan.

Zugbildung:

Umlauf 96
ab Erkner: **477/877 603 + 477/877 608 + 477/877 605 + 477/877 602** an Erkner

Umlauf 97
ab Grünau: **477/877 601 + 477/877 607 + 477/877 604 + 477/877 606** an Erkner

Umlauf 98
ab Grünau: **477/877 074 + 477/877 164 + 477/877 065 + 477/877 031** an Erkner

Umlauf 99
ab Erkner: **477/877 007 + 477/877 081 + 477/877 019 + 477/877 094** an Erkner

Fahrplananordnung 477 zum Abschied der Altbaufahrzeuge am 02.11.2003.
Slg.: Wolfgang Kiebert

Zur Verabschiedung der letzten Altbaufahrzeuge veranstaltete die S-Bahn Berlin GmbH auf dem Gelände der Triebwagenhalle Erkner eine Fahrzeugausstellung. Auf dem oberen Foto sind vier Triebwagen der ehemaligen Peenemünder Werkbahn zu sehen, auf dem unteren Foto einer der letzten beiden Sonderzüge.
Fotos: Wolfgang Kiebert, 02.11.2003

Zug 3: Grünau–Zoologischer Garten–Grünau–Treptower Park–Gesundbrunnen–Nordring–Südring–Ostkreuz–Ostbahnhof–Erkner;
Zug 4: Erkner–Ostbahnhof–Ahrensfelde–Warschauer Straße–Wartenberg–Warschauer Straße–Hoppegarten–Ostbahnhof–Erkner.

Zusätzlich fuhren bis zum späten Nachmittag Züge der BR 477/877 auf ihrer letzten Einsatzstrecke, der Linie S3, zwischen Ostbahnhof und Erkner. Um 16.23 Uhr und 16.28 Uhr ging dann mit den Abschiedsfahrten von Erkner über Ostbahnhof nach Schöneweide die Ära der Vorkriegsfahrzeuge endgültig zu Ende.

CHRONIK 2000 BIS 2004

2000

30. März — Offizielle Einweihung des sanierten Bahnhofs Oranienburg

17. April — Inbetriebnahme des neuen S-Bahnsteigs in Potsdam Hbf.

22. Mai — Inbetriebnahme des dritten neu gebauten Einspeisepunkts für die Stromversorgung der Berliner S-Bahn in Halensee

22. Juni — Verabschiedung der BR 476 und Übergabe des 250sten Viertelzuges der BR 481/482 an die S-Bahn Berlin GmbH vom Herstellerkonsortium Bombardier Transportation/Adtranz auf dem Bahnhof Oranienburg

4. Juli — Letzter Einsatztag der Züge der BR 476/876

29. Juli — Stilllegung des Streckenabschnitts Anhalter Bahnhof–Schöneberg wegen Grundsanierung (bis einschließlich 7. September 2000)

3. Oktober — 75 Jahre elektrischer S-Bahnverkehr nach Oranienburg – Jubiläumsveranstaltung auf dem S-Bahnhof Oranienburg

13. Oktober — Startschuss für den Bau der nördlichen Spitzkehre der S21 bis zum neuen Zentralbahnhof durch Verkehrssenator Peter Strieder und Peter Debuschewitz von der DB AG

2001

1. Januar — Die S-Bahn Berlin GmbH übernimmt für 136 S-Bahnhöfe die Betreuung von der DB Station & Service

Januar — Auftrag der DB AG an ein Konsortium unter Führung von Siemens Transportation Systems zur Erneuerung von 30 Gleichrichterunterwerken (bis Ende 2004)

23. März — Inbetriebnahme des neu gebauten Bahnsteigs A im Bahnhof Gesundbrunnen und des sanierten Bahnsteigs A im Bahnhof Bornholmer Straße

12. Mai — Übergabe des 300.Viertelzuges der BR 481/482 an die S-Bahn Berlin GmbH anlässlich des Tages der offenen Tür in der Betriebswerkstatt Grünau

28. Mai — Sperrung der Wannseebahn (Linie S1) auf dem Abschnitt Sundgauer Straße–Rathaus Steglitz für Sanierungsarbeiten (bis einschließlich 8. Juli)

10. Juni — Teilung der S25 im Abendverkehr ab 21.00 Uhr und Verknüpfung mit der Linie S2 im Nordteil; Zuglauf S2/S25: Blankenfelde–Nordbahnhof–Hennigsdorf
Südteil der S25: Nordbahnhof–Lichterfelde Süd (bis einschließlich 16. September)

9. Juli — Erweiterung der Streckensperrung auf der Wannseebahn auf den Abschnitt Sundgauer Straße–Anhalter Bahnhof (bis einschließlich 19. August)

17. September — Lückenschluss auf dem Nordring zwischen Schönhauser Allee und Gesundbrunnen;
Linienänderungen zum Lückenschluss:
S2 - Blankenfelde/Lichtenrade–Buch/Bernau
S25 - Hennigsdorf–Lichterfelde Süd, im Spätverkehr bis Potsdamer Platz
S4 - (Zuggruppen A/AI) Westhafen–Gesundbrunnen – (Zuggruppe AII) Tempelhof–Gesundbrunnen (HVZ)
S8 - Grünau–Schönhauser Allee, ab 20.00 Uhr Durchführung bis Gesundbrunnen
Auflassung des provisorischen Haltepunkts Bornholmer Straße Ost;
Abbau der Verbindungskurve Schönhauser Allee–Pankow

27. Oktober — Fahrzeugausstellung auf dem Außengelände der ehemaligen Triebwagenhalle Hundekehle (Grunewald) aus Anlass des zehnjährigen Bestehens des Vereins »Historische S-Bahn e.V.«

31. Oktober — Schließung der zur Betriebswerkstatt Grünau gehörenden Triebwagenhalle Bernau

November — Eröffnung des Verbindungstunnels zwischen den beiden S-Bahnsteigen des Bahnhofs Gesundbrunnen

2002

15. Juni	Lückenschluss auf der Ringbahn zwischen Gesundbrunnen und Westhafen, Wiederinbetriebnahme des S-Bahnhofs Wedding Eröffnungszug: 485/885 066+070+018+141
16. Juni	Offizielle Aufnahme des Betriebs auf der Ringbahn mit Betriebsbeginn Folgende Bahnhöfe wurden umbenannt: Witzleben in Messe Nord/ICC, Eichkamp in Messe Süd und Lehrter Stadtbahnhof in Lehrter Bahnhof
16. Juni	Sperrung der Nordsüd-Bahn bis zum 18. August zwischen Nordbahnhof und Anhalter Bahnhof; Linienführung in Nord-Süd-Richtung: S1 - Oranienburg–Nordbahnhof und Yorckstraße (Großgörschenstraße)–Wannsee S2 - Bernau/Buch–Gesundbrunnen–Ringbahn (als S41/S42)–Königs Wusterhausen (als S46) bzw. Spindlersfeld (als S47) und Yorckstraße–Lichtenrade/Blankenfelde S25 - Hennigsdorf–Nordbahnhof S26 - Birkenwerder–Pankow–Nordbahnhof und Papestraße–Lichterfelde Süd (im 10-Minuten-Takt)
22. Juni	Einstellung des S-Bahnverkehrs zwischen Zoologischer Garten und Friedrichstraße wegen Verschwenkung der S-Bahngleise auf die neu gebaute Trasse des zukünftigen Zentralbahnhofs; Stilllegung und Abriss (ab 3. Juli) des Lehrter Stadtbahnhofs Linienführung auf der Stadtbahn: S5 - Strausberg Nord/Strausberg–Friedrichstraße S7 - Ahrensfelde–Friedrichstraße und Zoologischer Garten–Potsdam S75 - Wartenberg–Friedrichstraße und Zoologischer Garten–Spandau (im 10-Minuten-Takt) S9 - Flughafen Schönefeld–Friedrichstraße
29. Juni	Einbau zusätzlicher Weichenverbindungen östlich des Bahnhofs Zoologischer Garten (Sperrung eines Bahnsteiggleises für Bauzüge); die Züge der Linien S7 und S75 enden in Charlottenburg, jeder zweite Zug der S75 in Westkreuz; zwischen Charlottenburg und Zoologischer Garten wurde ein Pendelverkehr eingerichtet
4. Juli	Wiederaufnahme des durchgehenden S-Bahnbetriebs auf der Stadtbahn
19. August	Sperrung der Nordsüd-Bahn zwischen Potsdamer Platz und Nordbahnhof; Einführung der Züge der S1 und S2 in den südlichen Tunnelabschnitt bis Potsdamer Platz; Sperrung der Wannseebahn für die Grunderneuerung zwischen Zehlendorf und Wannsee
13. Oktober	Wiedereröffnung des Nordsüd-Tunnels; Rückkehr der Linien S1, S2, S25 und S26 auf ihre angestammten Trassen; Wiedereinführung der Linie S45 auf dem Abschnitt Flughafen Schönefeld–Gesundbrunnen über Westkreuz
30. Oktober	Sperrung der Stadtbahn für fünf Tage zwischen Lehrter Stadtbahnhof und Bellevue; Verschwenkung der S-Bahngleise westlich des Lehrter Bahnhofs in die endgültige Lage
9. Dezember	Inbetriebnahme des neu errichteten Seitenbahnsteigs Papestraße (Ringbahn) am nach Osten führenden Gleis
15. Dezember	Umbenennung der Bahnhöfe Jungfernheide und Lehrter Bahnhof in Berlin Jungfernheide und Berlin Hauptbahnhof-Lehrter Bahnhof

2003

7. Februar	Erster Fahrgasteinsatz eines durchgehend begehbaren Halbzugs der BR 481/482
17. Februar	Wiederinbetriebnahme des Streckenabschnitts Zehlendorf–Wannsee auf der Wannseebahn
24. Februar	Sperrung der Stadtbahn auf dem Streckenabschnitt Zoologischer Garten–Charlottenburg wegen Grundinstandsetzung; Verlängerung der Linie S1 über Wannsee nach Potsdam Hbf. (ab 21. Februar spätabends)
7. April	Inbetriebnahme des zweiten Seitenbahnsteigs Papestraße (Ringbahn) am nach Westen führenden Gleis
16. Juni	Wiedereröffnung der Nordostkurve zwischen Schönhauser Allee und Pankow; veränderte Linienführung der S8 (Zeuthen/Grünau–Pankow und Blankenburg–Birkenwerder); S26 entfällt und geht in der S25 auf; Erster Zug: BR 485/885 153+121+090+079 (S 8037) nach Grünau
26. Juli	Vollständige Ablösung der Altbaufahrzeuge der BR 477/877 (ab 1942: ET/EB 167; ab 1972: BR 277) durch Fahrzeuge der BR 481/482 auf der Linie S3 (Einsatz nur noch in Bedarfsfällen)

13. September	Außerbetriebnahme der letzten Züge der BR 477/877 aus dem Plandienst (letzter Planzug: 477/877 601+607+608+605 auf der Linie S5)
27. Oktober	Sperrung des Streckenabschnitts Grünauer Kreuz–Altglienicke wegen einer Grundinstandsetzung (bis 30. November 2003)
Oktober	Abriss des Vorortbahnsteigs Papestraße
2. November	Verabschiedung der Altbaufahrzeuge der BR 477/877 auf dem Gelände der Twh Erkner; Letzte Züge: BR 477/877 074+164+065+031 und 477/877 601+603+604+606 von Erkner über Ostbahnhof nach Schöneweide

2004

Februar	Abriss des Bahnhofgebäudes Papestraße (Einlagerung des Uhrenturms, der in den Neubau integriert werden soll)
19. April	Inbetriebnahme des Streckenabschnitts Zoologischer Garten–Charlottenburg; Linienführung auf der Stadtbahn: S3 - Erkner/Friedrichshagen–Ostbahnhof S5 - Strausberg Nord/Strausberg–Spandau Verstärker: Hoppegarten/Mahlsdorf–Westkreuz Mahlsdorf–Warschauer Straße S7 Ahrensfelde–Wannsee S75 Wartenberg–Spandau Verstärker: Wartenberg–Warschauer Straße

Entwicklung des Fahrzeugparks der Berliner S-Bahn

S-Bahn-Versuchszüge 1922 (Zug A – F)

Baujahr 1923/24
Anzahl der Triebwagen (ET): 24
Anzahl der Beiwagen (EB): 36

✷

S-Bahnwagen der Bauart 1924 »Bernau« (ET/EB 169)

Baujahr 1924/25
Anzahl der Triebwagen (ET): 34
Anzahl der Beiwagen (EB): 51

Im Bestand des Vereins »Historische S-Bahn e.V.«:
ET 169 005b (Kopfteil)
ET/EB 169 017a/006c letzte Betriebsnummer : 278 005/06
ET/EB 169 017b/017b letzte Betriebsnummer : 278 007/08
EB 169 002c/006b/015a

✷

S-Bahnwagen der Bauart 1925 »Oranienburg« (ET/EB 168)

Baujahr: 1926
Anzahl der Triebwagen (ET): 50
Anzahl der Steuerwagen (ES): 50

Im Bestand der Hw Schöneweide:
ET 478 006 (ex 168 043)

Im Bestand des Vereins »Historische S-Bahn e.V.«:
ET 278 107 (ex 168 029); EB 278 104 (ex 168 030)

✷

S-Bahnwagen der Bauart 1927–1930 »Stadtbahn« (ET/EB/ES 165.0-6; 275.0-8; 475/875; 476/876)

Baujahr: 1927
Anzahl der Triebwagen (ET): 4
Anzahl der Steuerwagen (ES): 4

Baujahr: 1928
Anzahl der Triebwagen (ET): 327
Anzahl der Steuerwagen (ES): 327

Baujahr: 1929
Anzahl der Triebwagen (ET): 237
Anzahl der Beiwagen (EB): 80
Anzahl der Steuerwagen (ES): 134

Baujahr: 1930
Anzahl der Triebwagen (ET): 44
Anzahl der Beiwagen (EB): 62

Baujahr: 1931
Anzahl der Triebwagen (ET): 30
Anzahl der Beiwagen (EB): 31
Anzahl der Steuerwagen (ES): 4

Im Bestand des Vereins »Historische S-Bahn e.V.«:

ET/ES 275 659/60	historische Wagennummer: Berlin 2303/5447
ET/EB 275 815/16	historische Wagennummer: Berlin 3662/6121
ET/EB 275 693/94	historische Wagennummer: ET/ES 165 231
ET/EB 275 783/84	historische Wagennummer: ET/EB 165 471
ET/ES 475/875 605	
ET/EB 275 625/26	ehemals ET/EB 165 040 (Probezug der WuMAG)
ET/EB 476/876 002	ehemals ET/EB 165 088

Im Bestand des Deutschen Technikmuseums Berlin:
ET/ES 275 747/48

S-Bahnwagen der Bauarten 1932 und 1932a »Wannseebahn« (ET/EB 165.8; 275.9; 276.1; 475/875; 476/876)

Baujahr: 1932/33
Anzahl der Triebwagen (ET): 49
Anzahl der Beiwagen (EB): 49

Versuchszüge: ET/EB 165 824 und ET/EB 165 825 (275 957/58/59/60)

Im Bestand des Vereins »Historische S-Bahn e.V.«:
ET/EB 475 126/875 125 historische Wagennummer: 275 959/954.
Der Triebwagen 165 825 erhielt den Beiwagen 165 329 der Bauart »Stadtbahn«. Der Beiwagen 275 960 wurde im Februar 1986 anlässlich einer T7 verschrottet.

✷

S-Bahnwagen der Bauarten 1934, 1935a, 1936 »Bankier-/Olympiazüge« (ET/EB 125; 166; 276.0; 277.3 – 4; 477/877 165 – 195; 477 606; 877 608)

Bauart 1934 (Versuchszug):
Baujahr: 1934/35
Anzahl der Triebwagen (ET): 4
Anzahl der Beiwagen (EB): 4

Bauart 1935a:
Baujahr: 1936
Anzahl der Triebwagen (ET): 10
Anzahl der Beiwagen (EB): 10

Bauart 1936:
Baujahr: 1936
Anzahl der Triebwagen (ET): 34
Anzahl der Beiwagen (EB): 34

Im Bestand des Deutschen Technikmuseums Berlin:
ET/EB 276 035/36 (ex ET/EB 125 001/ Bauart »Bankierzug«)

Im Bestand des Vereins »Historische S-Bahn e.V.«:
ET/EB 276 031/32 (ex ET/EB 125 003/Bauart »Bankierzug«)

✷

S-Bahnwagen der Bauart 1938 – 1941 (ET/EB 167; 277.0 – 3; 477/877 001 – 164, 196)

Baujahre: 1938 – 1944
Anzahl der Triebwagen (ET): 283
Anzahl der Beiwagen (EB): 261

Im Bestand des Vereins »Historische S-Bahn e.V.«:

ET/EB 277 003/04	historische Wagennummer: Berlin 3839/6401
ET/EB 277 087/88	historische Wagennummer: ET/EB 167 072

✷

S-Bahnwagen aus Peenemünde (ET/EB 167; ET/ES 166; 276.0; 277.4; 477/877.6)

Baujahr: 1941/42
Anzahl der Triebwagen (ET): 16
Anzahl der Steuerwagen (ES): 16

Von den 16 Trieb- und Steuerwagen wurden nach dem Krieg neun Viertelzüge bei der Berliner S-Bahn eingesetzt. Ein Steuerviertel der Peenemünder Werkbahn befand sich bei Kriegsende in Westdeutschland und wurde von der BD München auf der Isartalbahn nach Umbau auf Oberleitungsbetrieb eingesetzt (letzte Betriebsnummer: 426 002/826 602).

Im Bestand des Vereins »Historische S-Bahn e.V.«:

276 069/70	(ab 1952: ET/EB 167 288; ab 1965: ET/ES 166 056)
477/877 602	(ab 1942: ET 167 175, EB 167 242; ab 1970: 277 187/188)

✷

S-Bahnplanungen zum Bau neuer Gleichstromzüge (ET/EB 151 in Stahlleichtbauweise)

Am ***23. Juni 1938*** erteilte die Deutsche Reichsbahn den Auftrag zum Bau von 4 Viertelzügen (ET/EB 151 001 – 008). Im April 1942 wurden die Arbeiten zur Neuentwicklung dieser Baureihe eingestellt.

✷

S-Bahnwagen Bauart 1944 (ET/EB 165.9)

Von der als Kriegs-S-Bahn bezeichneten Bauart sollten 100 Viertelzüge gebaut werden. Über das Planungsstadium sind auch diese »entfeinerten« Züge nicht hinaus gekommen.

✷

Nachkriegsentwicklungen bei der Berliner S-Bahn

S-Bahnwagen der Baureihe 170.0 (Baumusterzug)

Baujahr: 1958
Anzahl der Triebwagen mit Führerstand (Eta): 4
Anzahl der Triebwagen ohne Führerstand (Etb): 4

✷

S-Bahnwagen der Baureihe 270 (485/885)

Baujahr des Baumusterzuges: 1979/80
Anzahl der Triebwagen (ET): 4
Anzahl der Beiwagen (EB): 4

Baujahre der Serienfahrzeuge: 1987; 1990 – 1992
Anzahl der Triebwagen (ET): 166
Anzahl der Beiwagen (EB): 166

Im Bestand des Vereins »Historische S-Bahn e.V.«:
BR 270 001/02

✷

S-Bahnwagen der Baureihe 480.0/480.5

Baujahr der Prototypen: 1986
Anzahl der Triebwagen A (480.0): 4
Anzahl der Triebwagen B (480.5): 4

Baujahre der Serienfahrzeuge: 1990 – 1992; 1993/94
Anzahl der Triebwagen A (480.0): 81
Anzahl der Triebwagen B (480.5): 81
Die erste Serie (480 005/505 – 480 045/545) wurde von der BVG bestellt und von Juli 1990 bis Juli 1992 ausgeliefert. Die zweite Serie von 40 Doppeltriebwagen (DTw) wurde Anfang 1992 von der DR in Auftrag gegeben und in den Jahren 1993/94 ausgeliefert.

✷

S-Bahnwagen der Baureihe 481/482

Baujahr der Vorserienfahrzeuge: 1995/96
Anzahl der Triebwagen A (ETA): 10
Anzahl der Triebwagen B (ETB): 10

Baubeginn der Serienfahrzeuge: November 1996
Anzahl der Triebwagen A (ETA): 90/1.Lieferserie
Anzahl der Triebwagen B (ETB): 90/1.Lieferserie

Anzahl der Triebwagen A (ETA): 400/2.Lieferserie
Anzahl der Triebwagen B (ETB): 400/2.Lieferserie

✷

Quelle: Carl W. Schmiedeke: Der Wagenpark der Berliner S-Bahn, LOKRUNDSCHAU Verlag, Gülzow 1997.

Die S-Bahn-Bauarten und Baureihen im Bild

Im Bahnhof Wannsee steht ein Halbzug der Bauart »BERNAU« (spätere BR 169) bereit zur Abfahrt nach Stahnsdorf.
Foto: Loßberger, Aufnahme um 1954/55

Halbzug der Bauart »ORANIENBURG« mit Triebwagen 2140 an der Zugspitze (spätere BR 168).
Foto: Werkfoto Waggonbau Görlitz, Aufnahme 1926

Das äußere Erscheinungsbild der Stadtbahnwagen hat sich in 70 Betriebsjahren mehrfach geändert. Neben dem Steuerviertel in Ursprungsausführung steht ein für den Einmannbetrieb umgebauter Zug (Bild links). Rechts neben einem Passviertel im Zustand der fünfziger Jahre steht ein seit 1979 umgebautes und modernisiertes Stadtbahnviertel BR 276.1 (Bild unten).

Fotos: Wolfgang Kiebert, 03.10.2000 (Bild links), 12.10.2002 (Bild unten)

Im Triebwagenschuppen Hundekehle wurde der ET 475 126 (Bauart 1932a) nach Übernahme durch den Verein »Historische S-Bahn e.V.« abgestellt.
Foto: Bernd Schäfer, 05.02.1995

Für den Pendelverkehr zwischen Düppel und Zehlendorf hatte die S-Bahn am 13. Juli 1964 die Viertelzüge 166 049 und 166 035 (ehemals 125 001 + 006) eingesetzt. An der Zugspitze ist der ehemalige ET 125 001 zu sehen.
Foto: Sigurd Hilkenbach, 13.07.1964

Ende der sechziger Jahre waren die »Olympiazüge« noch im S-Bw Wannsee stationiert. Im Vordergrund ist der ET 166 015 zu sehen.
Foto: Sigurd Hilkenbach, 03.08.1969

Zum Tag der offenen Tür hatte die S-Bahn Berlin GmbH auf dem Außengelände der Hauptwerkstatt Schöneweide den Traditionszug der BR 167 ausgestellt.
Foto: Wolfgang Kiebert, 12.10.2002

Für einige Zeit hatte der Verein »Historische S-Bahn e.V.« seinen Fahrzeugpark im ehemaligen RAW Tempelhof untergestellt. Hier konnte u. a. der Peenemünder Viertelzug 276 069/70 besichtigt werden.
Foto: Wolfgang Kiebert, Mai 1992

Neben dem Baumusterviertel 270 001/02 steht ein Viertelzug BR 485/885 (ehemals BR 270) der Serienausführung.
Foto: Wolfgang Kiebert, 12.10.2002

Auf seiner Fahrt nach Hennigsdorf verlässt ein Zug der BR 480 den Bahnhof Humboldthain in Richtung Gesundbrunnen.
Foto: Wolfgang Kiebert, Oktober 1998

Im April 2002 fährt ein Vollzug der BR 481/482 auf seinem Weg nach Ahrensfelde in die Halle des inzwischen abgerissenen Lehrter Stadtbahnhofs ein. Rechts im Bild ist der Bau des neuen Zentralbahnhofs zu erkennen.
Foto: Wolfgang Kiebert, April 2002

Literaturverzeichnis

Autorenkollektiv: Die Berliner S-Bahn: Gesellschaftsgeschichte eines industriellen Verkehrsmittels, Katalog zur Ausstellung der Neuen Gesellschaft für Bildende Kunst (NGBK), Berlin 1982, Verlag Ästhetik und Kommunikation.

Autorenkollektiv: Die Berliner S-Bahn, 2. überarbeitete Auflage, Berlin 1968, transpress VEB Verlag für Verkehrswesen

Behrens, Alfred/Noth, Volker: Berliner Stadtbahnbilder, Frankfurt/M.-Berlin-Wien 1981, Verlag Ullstein GmbH

Berliner S-Bahn-Museum (Hrsg.): Vorsicht Hochspannung!, 75 Jahre Berliner S-Bahn, Strom für »zügigen« Großstadtverkehr, Berlin 1999, Verlag GVE e.V.

Berliner S-Bahn-Museum/Historische S-Bahn e.V.: 70 Jahre elektrisch. Zur Entwicklung der Berliner S-Bahn, Berlin 1994, Verlag GVE e.V.

Berliner S-Bahn-Museum: Strecke ohne Ende. Die Berliner Ringbahn. SIGNAL-Sonderausgabe (Hrsg.: IGEB), Berlin 1993, Verlag GVE e.V.

Berliner Verkehrs-Blätter (BVB): diverse

Berliner Verkehrs-Blätter (BVB): 75 Jahre Berliner S-Bahn - Eine Chronik, 46.Jahrgang, Nr. 8 (541)

Bley, Peter: Berliner S-Bahn, Düsseldorf 1993 (6.Auflage), Alba Publikation Alf Teloeken GmbH+Co KG

Braun, Michael: Die Berliner Nord-Süd-S-Bahn, Nordhorn 1997, Verlag Kenning

Braun, Michael: Einsturz. Unglück beim S-Bahnbau, in: LOK-MAGAZIN 9/2000, Nr. 228, GeraNova Zeitschriftenverlag GmbH

Braun, Michael: Blaues Wunder im roten Berlin, in: eisenbahn magazin 8/2002 - 40. Jahrgang, Alba Fachverlag, Düsseldorf

Braun, Michael: Berliner S-Bahn: Kommt die S21 in Fahrt?, in: LOKRUNDSCHAU, Ausgabe 2/2000, Nr. 188, März/April 2000

DTM Berlin: I.4.049 Nr.: 009/032/037

Die DR vor 25 Jahren 1976, Eisenbahn-Kurier Themen 36, EK-Verlag GmbH, Freiburg 2001

Ditfurth, Udo (Berliner S-Bahn e. V. Museum): August 1961. S-Bahn und Mauerbau, Berlin 2003, Verlag GVE

Dost, Susanne: Richard Brademann (1884–1965), Architekt der Berliner S-Bahn, Berlin 2002, Verlag B. Neddermeyer

Drewitz, Ingeborg (Hrsg.: A. Hüfner): Bahnhof Friedrichstraße, Hildesheim 1992, Claassen Verlag GmbH

Drewitz, Ingeborg: Immer billig, immer pünktlich fast bis zum letzten Tag, aus: Die Berliner S-Bahn, Katalog zur Ausstellung der NGBK, Berlin 1982.

»Fahrt frei«, Wochenzeitung der deutschen Eisenbahner, Ritzau KG-Verlag Zeit und Eisenbahn, auszugsweiser Nachdruck 1.-5. Jahrgang, Pürgen 1994

Flemming, Thomas/Koch, Hagen: Berliner Mauer, Geschichte eines politischen Bauwerks, Berlin-Brandenburg 1999, be.bra Verlag

Glöckner, Johannes: Berliner in Kiew, in: LOK-MAGAZIN 1/2002, Nr. 244, GeraNova Zeitschriftenverlag GmbH München

Gottwaldt, Alfred: Das große Berliner Eisenbahnalbum, 1.Spezialausgabe 2000, transpress Verlag Stuttgart

Gottwaldt, Alfred: Das Berliner U- und S-Bahnnetz, Stuttgart 2004, transpress Verlag

Hilkenbach, S.: Berliner in Danzig. Mit der S-Bahn an die Ostsee, in: LOK-MAGAZIN 4/99, Nr. 217, GeraNova Zeitschriftenverlag GmbH, München

Hilkenbach,S.: Die Danziger S-Bahn aus Berlin, in: Der Stadtverkehr 1/1965

IGEB e.V.: Nord-Süd-Bahn. Vom Geistertunnel zur City-S-Bahn. SIGNAL-Sonderausgabe, Berlin 1992, Verlag GVE e. V.

IGEB e.V.: S-Bahn nach Teltow, SIGNAL-Sonderausgabe, Berlin 1995, Verlag GVE e. V.

Jacob, Manuel: Die Berliner S-Bahn im Kalten Krieg, in: BVB Nr.7 (492), Nr.8 (493) und Nr.12 (497) 1995

Knobloch, Heinz: Geisterbahnhöfe: Westlinien unter Ostberlin, Berlin 1992, Links Verlag

Koschinski, Konrad: Der elektrische Betrieb auf der Berliner S-Bahn, Band 5: Auf Zeit getrennt – 1960 bis 1980, Berlin 2002, Verlag Bernd Neddermeyer

Kuhlmann, Bernd: Der Berliner Außenring, Nordhorn 1997, Verlag Kenning

Kuhlmann, Bernd: Eisenbahn-Größenwahn in Berlin, Die Planungen von 1933 bis 1945 und deren Realisierung, Berlin 1996, Verlag GVE e. V.

Kuhlmann, Bernd: Bahnknoten Berlin. Die Entwicklung des Berliner Eisenbahn-netzes seit 1838, Berlin 2000, Verlag GVE e. V.

Landesarchiv Berlin (LAB): A Rep. 080, Nr. 13513/13525/17430/17517/18773
A Rep. 080, Nr. 17505 Bd.1+2+14+15
C Rep. 309, Nr. A0469/A1190/A1441/A3076/A3138/A3139/A3140/A3265/A3432/A3446/A3632/A3760/

Landespressedienst Berlin VIII/Nr.51/30.Dezember 1983

moderne eisenbahn 8/1972: S-Bahn Berlin (me-spezial), Düsseldorf 1972, Alf Teloeken Verlag KG

Neddermeyer, Bernd: Der elektrische Betrieb auf der Berliner S-Bahn, Band 1: Dampf oder Elektrizität? 1900-1927, Berlin 1999, Verlag B. Neddermeyer

Pierson, Kurt: Dampfzüge auf Berlins Stadt- und Ringbahn, Stuttgart/Berlin/Köln/Mainz 1983, Verlag W. Kohlhammer GmbH

Reichardt, Hans: Berliner S-Bahn, 50 Jahre elektrischer Stadtschnellverkehr, Düsseldorf 1974, 2. Auflage 1975, Alba Buchverlag

Remy, Dr.Ing.: Die Elektrisierung der Wannseebahn in ihrer baulichen, wirtschaftlichen und städtebaulichen Bedeutung, in: Verkehrstechnische Woche, Heft 1, 4. Januar 1933, Nachdruck GVE 1983

S-Bahn Berlin GmbH: Sonderdruck der S-Bahn-La, Teil B, gültig ab 14. September 2001

Schmiedeke, Carl: Wagenpark der Berliner S-Bahn, Gülzow 1997, LOKRUNDSCHAU Verlag GmbH

Schmiedeke/Müller/Hiller: Züge der Berliner S-Bahn, Die eleganten Rundköpfe, Berlin 2003, Verlag GVE

Senat von Berlin (Hrsg.): Chronik der Jahre 1959-1960, Schriftenreihe zur Berliner Zeitgeschichte, Band 9, Berlin 1978, Heinz Spitzing Verlag

Straßenbahnspecial: Die Berliner S-Bahn, 75 Jahre elektrisch, München 1999, Gera Nova Zeitschriftenverlag GmbH

vb-kompress: Ausgewählte Beiträge zur Verkehrsgeschichte, Heft 4, Hrsg.: Arbeitsgemeinschaft 1/11 »Verkehrsgeschichte« im Deutschen Modelleisenbahn-Verband der DDR, Berlin 1989

Verkehrsgeschichtliche Blätter e.V.: diverse

Verkehrsgeschichtliche Blätter e. V.: Strom statt Dampf!, 75 Jahre Berliner S-Bahn. Die Große Zeit der Elektrisierung, Berlin 1999, Verlag GVE e. V.

Walinowski, Mario: S-Bw Wannsee – Betriebswerkstatt im Grünen, Berliner S-Bahn-Museum (Hrsg.), Berlin 2000, Verlag GVE e. V.

Wildberger, Erich: Ring über Ostkreuz, Hamburg 1953, Rowohlt Taschenbuchverlag GmbH

Winkler, Dirk: Eisenbahnmetropole Berlin 1935 bis 1955, Freiburg 1998, Eisenbahn-Kurier Verlag

Wolf, Christa: Der geteilte Himmel, veröffentlicht im September 1968 mit Genehmigung des Gebr. Weiß Verlages Berlin